JIANSHE GONGCHENG
YU FANGDICHAN JIUFEN
CAIPAN GUIZE

大成（郑州）专业团队编撰

建设工程与房地产纠纷 裁判规则

下

北京大成（郑州）律师事务所 ◎ 编著

陈维刚 ◎ 主编

中国法治出版社
CHINA LEGAL PUBLISHING HOUSE

目 录

第一章 房屋买卖

第一节 合同成立 ··003

1. 未实际取得安置回迁房的权利人，将其对房屋的取得权转让的，其转让的是房屋所有权，属于商品房买卖合同。/ 003

2. 买受人与出卖人虽仅签订认购书，但房屋价款已经完成支付、房屋已经交付使用的，可以认定双方之间存在房屋买卖合同关系。/ 004

3. 出卖人与买受人签订的定房协议具备当事人名称、房源位置、房屋基本情况、房屋单价和总价、交付日期、付款方式及期限、违约责任等内容，且买受人已经按照约定向出卖人支付了部分购房款，该协议应当认定为商品房买卖合同。/ 005

4. 出卖人与买受人签订商品房买卖合同后又签订回购协议，约定出卖人可在任意时间提出回购，且买受人在房屋交付后未主张房屋权利，不应认定双方为房屋买卖合同关系。/ 005

5. 双方对购房合同未成立均存在过错的，法院可结合双方在缔约过程中的过错程度，合理分担利息损失。/ 006

6. 出卖人在未经合理注意和核实买受人是否符合按揭贷款条件情况下即与买受人签订认购协议、收取定金，因买受人征信问题导致无法获取按揭贷款、双方未能订立商品房买卖合同的，应认定为系因不可归责于双方的事由，出卖人应退还买受人已付的定金。/ 007

7. 出卖人宣传彩页上关于售房赠送飘窗、阳台、空中花园面积的表示内容具体确定，对商品房买卖合同的订立有重大影响，应当视为要约；虽然该允诺未载入商品房买卖合同，亦应当视为合同内容。/ 009

第二节 合同效力 ··010

8. 房屋买卖合同关系是否真实，不仅要从房屋买卖谈判流程、房屋价款支付、委托关系、合同所约定条款等表面特征来看，还要结合各方实质内容和合同履行情况进行确定。房屋买卖合同经认定系基于彼此通谋的虚假意思表示所签订的，应认定为无效。/ 010

9. 房产交易违反法律、行政法规的强制性规定，其买卖协议应为无效。/ 011

10. 国有房产转让中，未依法定程序进行价格评估、未支付合理对价且倒签合同时间的，应认定双方恶意串通，损害国有资产权益，交易行为无效。/ 012

11. 关于国有资产转让应当进行评估、批准等程序的规定，属于规范内部程序的管理性规定，非效力性强制性规定，不应影响与第三人签订合同的效力，出卖人以此为由主张合同无效的，不予支持。/ 013

12. 新型农村社区项目建设的房屋，出卖给当地集体经济组织成员以外的人员，违背了新型农村社区建设的政策规定，其房屋买卖合同无效。/015

13. 出卖房屋系在农村集体用地上建设的新型农村社区项目，相关文件规定可在当地范围内转让的，应认定为房屋买卖协议有效。/015

14. 案涉房屋为保障农村集体组织成员的居住需要而规划建设的新型农村社区，系集体经济组织成员享有的权利，与特定的身份关系相联系，买受人非该集体经济组织成员的，不符合在该区域购买房屋的条件，签订的购房合同应认定为无效。/017

15. 非集体经济组织成员购买农村集体用地上所建房屋，房屋买卖合同因违反效力性强制性法律规定而无效。买受人明知自己不符合购买条件的，对于房屋买卖合同无效亦具有过错。/018

16. 农村村民一户只能拥有一处宅基地，在重新分配新宅基地后，对原有宅基地不再享有占有和使用的权利，也无权对原有宅基地使用权作出处分。/019

17. 建筑物区分所有权中，共有部分归全体业主共同所有，出卖人通过买卖合同约定共有部分归出卖人所有的，该条款为排除全体业主对共有部分主要权利的格式条款，应属无效。/021

18. 政府对商品房市场价格进行管理和调控的行政管理性规定及相关政策不属于认定合同效力的依据，不影响商品房买卖合同当事人对房屋交易价格进行协商行为的效力。买受人主张出卖人销售房屋价格超出备案价格收取房款违反效力性规定应认定无效的，不予支持。/023

19. 零首付销售房屋不必然导致房屋买卖合同无效，但出卖人零首付销售房屋加大了银行贷款的风险，其对买受人不再履行贷款合同的行为具有一定过错，应对银行扣减的利息、罚息承担部分责任。/024

20. 公证处对出卖人提供的材料真实性未尽到审查与核实义务，存在过错，导致房屋买受人无法实现合同目的并造成损失的，应按过错程度酌定公证处对买受人的损失承担部分补充责任。/025

21. 夫妻一方出售夫妻共同所有房屋，买受人有理由相信出卖行为系夫妻双方共同意思表示，一方以配偶不同意或不知道为由主张合同无效不能成立。/027

22. 房屋按份共有人转让他人所享有的份额，属于无权处分行为，但该无权处分行为不影响转让协议的效力，影响的是能否履行协议以及能否发生所有权转移的物权变动结果。/028

23. 当事人基于合作开发建设而取得房屋共有权利，在共有房屋被分割后，一方未经另一方同意或追认，擅自处分另一方房屋的行为，属于无权处分。/029

24. 出卖人签订商品房买卖合同时，未将所售房屋存在抵押的事实告知买受人的，买受人可以出卖人存在欺诈为由主张撤销合同。/030

25. 签订商品房买卖合同时，案涉项目尚不具备法律规定的基础开发条件，属于买受人能够预见可能发生商业风险和法律风险的情形，买受人对此产生的法律后果应当承担一定过错责任。/031

26. 合同无效后，出卖人所赔偿的损失限于信赖利益损失。信赖利益损失的范围一般包括因信赖对方要约邀请或要约而与对方联系、赴实地考察等支出的合理费用，为缔约作各种准备和为谈判支出的合理费用以及已付款项利息等，一般不包括因此而错失机会等间接损失。/032

第三节　商品房预售 034

27. 因出卖人未取得商品房预售许可证导致买受人与出卖人签订的商品房买卖协议无效的，买受人将该房屋转让给第三人的转让协议也无效。/034

28. 因出卖人未取得商品房预售许可证导致买卖合同无效，出卖人承担过错责任。根据诚实信用原则和公平原则，在确定财产返还时，应当充分考虑市场因素，以及双方对合同无效的过错程度和是否从合同中获益的因素，将案涉房屋增值部分即房屋差价在双方之间合理进行分配。/035

29. 现房买卖中，买受人以出卖人未取得预售许可证主张商品房买卖合同无效的，不予支持。/036

30. 签订房屋买卖合同时，出卖人尚未办理商品房预售许可证，但房屋已交付买受人占有，应从维护交易秩序和遵守诚实信用原则的角度认定该房屋买卖合同有效。/036

31. 出卖人具备办理商品房预售许可证的条件而未办理，其主张以未取得商品房预售许可证为由请求确认房屋买卖合同无效的，因违反公平原则及诚实信用原则，不应支持。/037

32. 开发经营主体在未取得项目开发经营权，也未取得商品房预售许可证的情况下，对外签订的商品房买卖合同，不因其关联方取得该项目开发经营权和商品房预售许可证而影响合同效力。/038

33. 房屋买卖合同因出卖人未取得商品房预售许可证被认定为无效，出卖人对合同无效承担主要过错责任，买受人在购买房屋时也应尽到审慎义务，否则也应承担一定的过错责任。/039

34. 买受人以出卖人未取得商品房预售许可证而请求赔偿一倍购房款的主张，没有法律依据。/040

35. 买受人无证据证明出卖人在签订商品房买卖合同时故意隐瞒未取得商品房预售许可证的，要求出卖人承担已付购房款一倍赔偿责任，不予支持。/041

36. 出卖人在具备办理商品房预售许可证条件下而未办理，将房屋出卖并交付买受人后，又以未办理商品房预售许可证为由请求确认房屋买卖合同无效，有违公平原则及诚实信用原则，不予支持。/042

第四节　预约与本约 ·· 044

37. 预约合同的判断标准，应当是当事人是否有意在将来订立一个新的合同，以最终明确在双方之间形成某种法律关系的具体内容，如果当事人存在明确的将来订立本约的意思，那么即使预约的内容和本约已十分接近，仍应当尊重当事人的意思，不能将预约合同认定为本约合同。/044

38. 认购协议中对商品房的交付时间、办证时间、违约责任等直接影响双方权利义务的重要条款没有明确约定，需要双方签订商品房买卖合同予以确认的，应认定该认购协议为预约合同。/045

39. 认购协议属于预约合同，但出卖人授权代表另行向买受人出具承诺书并对房屋总价款、付款时间、费用负担、交房时间、违约责任等进行了补充约定，且买受人支付了购房款，应认定双方成立商品房买卖合同关系。/046

40. 出卖人在取得预售许可证之前以他人名义与买受人签订认购协议的，出卖人、协议上的名义出卖人应共同对买受人承担合同责任。/047

41. 购房合同对房屋坐落位置约定不明确，不符合商品房买卖合同应具备的主要内容，应当视为预约合同。/048

42. 区分商品房买卖合同是预约合同还是本约合同，应依据《商品房销售管理办法》第十六条规定的商品房买卖合同应具备的主要内容认定。/049

43. 预约合同符合《商品房销售管理办法》第十六条规定的商品房买卖合同的主要内容，且出卖人收取了买受人购房款，应认定为商品房买卖合同。/050

44. 预约合同符合《商品房销售管理办法》第十六条规定的商品房买卖合同的主要内容，且出卖人收取了买受人购房款，应认定为商品房买卖合同。出卖人将房屋另行出卖给第三人，应承担商品房买卖合同的违约责任。法院可在综合考虑合同履行情况、过错责任大小，以及合同履行可获得的利益等因素后，酌定调整违约金数额。/051

45. 商品房买卖预约合同中，一方不履行订立本约的义务，另一方要求订立本约的，不予支持；但可以依据预约合同的约定要求违约方承担违约责任或损害赔偿责任。/053

46. 预约合同的履行只是产生签订本约合同的后果，违约责任适用合同约定的定金罚则，买受人主张按照现行房屋价格与预约合同的全部差价赔偿其信赖利益损失以及租房损失的，不予支持。/054

47. 出卖人未按照预约合同约定的时间与买受人签订商品房买卖合同，致使买受人按揭贷款合同签署延迟而发生利率变动的，买受人主张出卖人赔偿利率变动所产生的损失，应承担举证责任。/056

48. 商品房买卖合同的签订需要出卖人和买受人共同完成，预约合同约定的买受人签订买卖合同的

期限，也约束出卖人。/ 057

49. 预约合同中描述的房屋位置与房屋的编号不一致，以合同描述的位置为准。/ 058

50. 出卖人与买受人签署房屋认筹书并向其出具了大额现金房款收据，后买受人将案涉房屋抵偿给第三人，据此出卖人又与第三人签署认筹书并向其出具现金收据，应视为出卖人认可该抵账行为，并与第三人达成新的商品房预约合同。/ 059

51. 预约合同的违约责任不能等同于本约合同的违约责任，买受人依据预约合同主张按照房屋差价赔偿其损失，不予支持。/ 059

第五节　合同履行 061

52. 出卖人未能办理不动产权证，且开发楼盘被列入问题楼盘正在解决后续产权问题，法院为均衡双方利益，将部分购房款预留给买受人待办证后再履行，有利于维护买受人的一定权益。/ 061

53. 办理不动产首次登记是办理不动产证的前置程序，是房地产开发企业的法定义务。/ 062

54. 买受人所购买房屋的套内面积与同户型其他房屋的套内面积相同，因出卖人建设公租房增加设置导致买受人公摊面积多于其他楼层同户型房屋公摊面积，对于多出部分不应由买受人承担购房款支出责任。/ 063

55. 根据交易惯例，在买受人未交付购房款之前，出卖人具有拒绝交付房屋的先履行抗辩权。/ 064

56. 合同约定商品房销售代理公司提交全部资料后开发商再付佣金的，销售代理公司未交付资料构成违约，开发商未支付剩余佣金系行使先履行抗辩权。/ 065

57. 天然气初装费、有线电视初装费、物业费等不属于商品房买卖合同中买受人的合同义务，出卖人不能以买受人拒绝交纳上述费用为由不履行交房义务。/ 065

58. 一房二卖情况下，买受人对他人已经合法占有并居住的房屋进行预告登记，其权利不具有优先性。/ 066

59. 一房数卖纠纷中，多个买受人均要求履行合同的，一般应按照房屋所有权变更登记办理情况、房屋占有情况、合同履行情况以及买卖合同成立先后等内容确定权利保护顺位。/ 067

60. 一房二卖情况下，买受人均要求实际履行合同的，已经办理房屋备案登记的买受人取得优先权，未取得优先权的买受人可向出卖人另行主张权利。/ 068

61. 一房二卖，双方均主张取得房屋所有权的，应综合考虑付款时间、支付金额等因素，确定向付款时间早且付款金额多的一方办理过户手续。/ 069

62. 当事人以订立商品房买卖合同作为民间借贷合同的担保，即使办理了案涉房屋的网签备案，借款到期后借款人不能还款，出借人请求履行商品房买卖合同的，法院不予支持，备案后的案涉房屋仍是借款人的财产。/ 070

63. 房屋买卖合同纠纷中，购房款金额较大，买受人仅以本人的陈述及加盖销售方财务专用章的收据证明已支付购房款的，依据不足。/ 071

64. 先履行抗辩权与抗辩的义务应当具有对价性，交付房屋系出卖人的主要合同义务，在买受人已支付几乎全部购房款后，出卖人再以买受人尚有少许余款未结清为由抗辩，不履行交房义务的，该抗辩不具有对价性。/ 072

65. 出卖人承诺赠送阳台面积未履行，应退还买受人阳台面积房款。阳台面积房款的计算方式为：根据阳台套内实际面积和公摊率推算出产权登记中阳台建筑面积，再用该面积乘以合同约定的购房单价。/ 073

第六节　交付房屋与过户登记 075

66. 案涉项目属于经济适用住房项目，有明确证据证明因市政基础配套工程建设滞后造成逾期交付

的，买受人要求出卖人承担逾期交付责任，不予支持。/075

67. 商品房买卖合同中约定如遇政府作出禁止施工作业（如扬尘治理等）、实施交通管制等决定造成无法正常施工等情况，出卖人可以据实延期交房的，是出卖人对其经营风险的合理规避，没有加重、限制、排除买受人的主要权利，该等约定合法有效。/076

68. 商品房买卖合同中约定的"由于相关政策、法律、法规、规章的强制性规定等原因影响交房的，以及施工期间遭遇自然灾害、恶劣的天气、区域性公共安全事件、重大城市规划、市政工程、地下文物障碍、政府要求停工等非出卖人所能控制的因素影响工期的，交房日期相应顺延或根据实际情况另行确定"条款，是对政策性因素造成延期交房的利益安排，是当事人意思自治的结果，并不是无理由加重买受人责任的格式条款。/077

69. 房屋买卖合同中约定"若由于政策法规或行政命令的改变、市政因素等非出卖人能力所及的情况出现而导致工程逾期交付，买受人免除出卖人责任"的内容没有加重买受人的责任，可以作为出卖人逾期交房的免责事由。/079

70. 商品房买卖合同签订时，重污染天气管控治理工作已经开始，出卖人对签订合同时所约定的交房时间受管控治理措施的影响应当有所预见，在其未提供管控治理造成其实际停工的相关证据的情况下，主张不可抗力要求扣除工期延误天数的，不予支持。/080

71. 商品房买卖合同签订之前，扬尘管控已经存在，出卖人再以无法预见、控制的原因抗辩，要求免除其逾期交房违约责任的，不予支持。/081

72. 出卖人抗辩称政府部门发布的环境治理停工令、大气污染管控措施导致停工顺延交房日期的，应对该抗辩事由是否不可预见、是否与逾期交房存在因果关系承担相应的举证责任。/082

73. 在商品房买卖合同明确约定房屋交接方式的情况下，出卖人以"张贴"方式通知不特定买受人进行房屋交接不符合约定，不能认定出卖人履行了通知交房义务。/083

74. 房屋在查封措施解除前，不具备交付和过户的条件，买受人请求交付和过户的，不予支持。/083

75. 出卖人以买受人未补交房屋面积差价款为由拒绝交付房屋的，违反合同约定，不予支持。/084

76. 商品房买卖合同中，交房时间变更属于合同重大变更事项，出卖人使用预先拟定的格式条款，应进行提前协商，并尽到合理的提示和说明义务；即便买受人同意对交房期限变更，但未明确表示放弃逾期交房违约责任的，仍有权主张逾期交房违约责任。/086

77. 房屋实际交付日期难以确定时，可依据房屋交付惯例和买受人对房屋行使处分权行为的时间推定房屋实际交付日期。/087

78. 房屋未达到合同约定交付条件的，买受人有权拒绝接收房屋。/088

79. 买受人明知或者应当知道房屋尚不符合交付条件而接收房屋的，应视为对房屋交付行为的认可。/088

80. 出卖人交付房屋时未达到合同约定的五大主体竣工验收合格条件的，应以合同约定的验收合格之日为房屋交付日期。/089

81. 商品房买卖合同约定以五大主体竣工验收合格作为房屋交付条件，该约定与地方政府验收规定交付条件不一致的，以合同约定为准。/090

82. 商品房买卖合同以五大主体竣工验收合格作为房屋交付条件的约定合法有效，买受人收房后主张未经消防验收合格及竣工验收备案不产生交付效力的，不予支持。/091

83. 商品房买卖合同约定五大主体竣工验收合格为交房条件，买受人以未经消防机构验收或者验收不合格为由，主张逾期交房违约金的，不予支持。/092

84. 商品房买卖合同中约定以五大主体竣工验收合格作为交付条件的，不违反法律、行政法规的强制性规定，不属于无效格式条款。/093

85. 行政法规取消竣工综合验收的行政审批，并未对于房地产项目进行综合验收作出禁止性规定。双方在商品房买卖合同中约定商品房经综合验收合格为交付条件的，仍应以合同约定为准。/094

86. 房屋竣工验收合格交付时，买受人明知房屋未取得合同约定的竣工验收备案的交付条件而接收房屋，后又以房屋不符合合同约定交付条件为由向出卖人主张逾期交房违约责任的，不予支持。/094

87. 商品房买卖合同约定的交付条件为验收合格的，房屋经竣工验收备案即视为满足交付条件。买受人对《竣工验收备案表》《消防验收意见书》有异议的，可通过其他合法途径解决。/096

88. 合同约定验收合格为交付条件，出卖人在未达到交付条件时交付房屋。买受人接收房屋后，再以房屋未经验收合格为由主张出卖人逾期交房，应承担违约责任的，不予支持。/097

89. 出卖人应自行预判和评估房屋延误交付的原因，延误交付事由发生在商品房买卖合同签订之前，但合同未据此对交付时间进行调整的，交付时间应以合同约定为准。/098

90. 前期物业服务企业在经出卖人授权情况下向买受人发出的收房通知，对买受人产生通知效力。/099

91. 当事人签订的房地产项目转让合同中约定，项目受让方应向转让方交付一定面积的房屋作为支付对价，但该房屋在项目公司名下且项目公司在合同上盖章确认的，项目公司应承担约定房屋交付义务。/099

92. 一般情况下，不动产登记权利人即推定为该不动产实际权利人，但有相反证据证明的，应据实确定实际权利人。/100

93. 两当事人共同借用公司资质以投资建设方式初始取得案涉房屋所有权，仅一方当事人与被借用资质的公司签订商品房买卖合同但未办理转移登记的，仍应认定案涉房屋所有权由两人共同共有。/101

94. 房屋按份共有关系中，各共有人所享有的份额，是各自对房屋所有权、土地使用权的比例，其性质为所有权、使用权，属于物权，除签订转让协议外，对其进行变更、转让须以依法登记为条件。/102

95. 商品房买卖合同解除后，案涉房屋的预告登记也随之失效，买受人应当履行配合注销房屋预告登记手续以及办理撤销房屋买卖合同备案登记手续的合同义务。/103

第七节　合同解除 ... 104

96. 政府部门对大气污染管控的期限具有不确定性，必然对房屋施工造成一定影响，出卖人逾期交房违约程度较轻，不影响双方合同目的实现，买受人诉请解除合同，不应支持。/104

97. 买受人诉请解除房屋买卖合同和担保合同的，在法院判令解除房屋买卖合同时，应一并判令解除担保合同。/105

98. 商品房买卖合同中，出卖人为买受人提供阶段性担保，买受人未按约偿还贷款导致出卖人承担保证责任，且买受人未向出卖人清偿担保款项，出卖人依据合同约定主张解除商品房买卖合同的，应予以支持。/106

99. 商品房买卖合同解除后，担保贷款合同也被解除的，出卖人应当将收受的购房贷款和购房款的本金及利息分别返还担保权人和买受人，买受人对贷款返还不承担连带责任。/107

100. 商品房买卖合同法律关系中，买受人以存在逾期交付导致合同目的无法实现为由主张解除合同，起诉前房屋已经达到交付条件的，法院不予支持。/108

101. 买受人未支付购房款的违约情形处于持续状态，出卖人可以基于新产生的违约事实行使合同解除权。/110

102. 出卖人未告知买受人所购房屋负二层系配电室的客观情况属于影响当事人签订合同的重大因素，买受人有权请求解除合同。/111

103. 出卖人依据合同约定具有单方解除权时，其选择解除或继续履行合同的权利只能择一行使。接受买受人申请降低房屋价款的请求且接受房款并向买受人开具发票等行为，证明出卖人已在事实上放弃其单方解除合同的权利，不能再就买受人迟延支付房款的行为行使单方解除权。/111

104. 项目转让合同履行过程中，一方以通知形式解除合同，另一方签收后未提出异议的，法院应当审查发出解除通知的一方是否享有约定或者法定的解除权来决定合同应否解除。通知方不具有解除权的，不产生合同解除的法律效力，双方应继续履行。/ 112

105. 合同中享有约定解除权的一方当事人在解除权发生之日起一年内未予行使，约定解除权消灭，但该违约行为一直持续致使合同目的不能实现，守约方可依法定解除权解除合同。/ 114

106. 买受人在签订房屋买卖合同时应对办理不动产权证需要一定时间有合理的心理预期，在房屋已具备办理不动产权证条件而未办理的情况下，当事人不能再以合同目的无法实现主张解除合同。/ 115

107. 因出卖人逾期交房导致商品房买卖合同及贷款合同被解除，出卖人除应承担返还购房贷款和购房款本金及利息的责任外，还应承担买受人因订立和履行合同所支出的认购金、代办费等合理费用损失。/ 116

108. 购房协议中约定的定金已经交付，一方诉请解除合同时并未主张返还定金，法院在判令解除合同时应当释明该定金的处理，以便一次性解决争议，减少当事人诉累。/ 117

第八节　违约责任 119

109. 出卖人办理不动产权首次登记是买受人办理不动产权证的必要前提。因出卖人逾期办理首次登记导致买受人无法办理不动产权证的，应承担逾期办证的违约责任。/ 119

110. 因不动产登记政策出现重大调整和变更，导致出卖人逾期报送房屋初始登记资料超出合理时间的，法院应查明造成延迟办证的其他因素，不能仅以政策变化认定出卖人不承担相应违约责任。/ 120

111. 出卖人办理首次登记提交资料的义务发生在不动产登记政策调整和过渡期间，客观上受到政策调整的影响，法院可酌情认定出卖人不构成迟延履约。/ 121

112. 在商品房买卖合同约定的首次登记前，因办理首次登记机关发生变化，出卖人仅以政策和登记机关发生变化为由抗辩不承担逾期办证违约责任的不予支持。/ 122

113. 不动产统一登记机构变化发生在签订商品房买卖合同之前，出卖人再以登记机构变化为由抗辩逾期提交首次登记申请资料不承担违约责任的，不予支持。/ 123

114. 逾期办证的违约责任，应当在查明逾期办证的具体原因（如政府政策调整和规划变更所造成的影响）以及当事人过错等事实，根据公平原则准确认定双方的责任承担。/ 124

115. 在办理不动产权属证书时，出卖人具有协助义务。不动产登记政策调整、登记机关职能变化和实测报告不能及时出具等均不属于出卖人所能控制的因素，致使未能及时办理房屋所有权证的，不应认定出卖人违约。/ 125

116. 出卖人未在商品房买卖合同约定的时间及合理的期限内报送房屋权属登记资料，构成违约，但因房屋登记政策发生变化，可对其承担的违约金酌情核减。/ 126

117. 作为房地产开发及销售的专业公司，出卖人理应熟知房屋在建周期、政府相关部门办理工程竣工备案、首次登记的流程以及期限，在签订商品房买卖合同时，应充分考虑上述期限，未予考虑再以不能按合同约定办理初始登记系情势变更抗辩不承担违约责任的，不予支持。/ 126

118. 不属于商品房买卖合同纠纷司法解释中"商品房"范畴的工业地产房屋买卖合同发生逾期办证情形，房屋买卖合同未明确约定逾期办证违约金且买受人未举证，由此造成损失的，法院可参照合同约定逾期交房违约金的标准认定逾期办证损失。/ 128

119. 出卖人承担逾期办证的违约责任，应当根据买受人在合同约定的期限内取得房屋不动产权属登记证书的结果确定，买受人仅以出卖人逾期办理不动产初始登记主张违约金，理由不足，应在对房屋权属初始登记和转移登记约定内容整体解释后做出认定。/ 129

120. 商品房买卖合同约定购房款支付节点以建设进度为依据，出卖人主张买受人逾期支付购房款的，应就建设进度达到付款节点、已按合同约定方式或者合理方式通知到买受人且买受人拒绝

支付购房款承担举证责任。/131

121. 开发商提前交房，其逾期办证违约责任的起算点仍应从合同约定的最后交房日期起算。开发商向不动产登记机关提交了办证资料的，视为履行了协助办证义务，不应承担逾期的违约责任。/132

122. 买受人主张出卖人承担逾期办证损失，实质上主张的是有效合同下的违约责任，在商品房买卖合同无效的情况下，买受人的诉请不具有请求权基础。/134

123. 出卖人非因恶意拖延办证导致买受人未能在商品房买卖合同约定的期限内取得房屋权属证书的，不应承担违约责任。/136

124. 逾期办证非因出卖人的原因，买受人要求出卖人承担逾期办证违约金的，不予支持，但应判令出卖人在具备条件时履行配合义务。/137

125. 商品房买卖合同未约定逾期办证违约金标准，应参考合同约定的其他违约金标准，并结合同小区其他业主与出卖人所约定的逾期办证违约金标准，依据公平、合理的原则，酌情确定。/138

126. 出卖人逾期交付房屋的，买受人发函要求出卖人承担违约责任，其违约金计算标准低于合同所约定标准的，视为买受人对自己民事权益的处分，出卖人要求据此计算违约金的应予支持。/140

127. 商品房买卖合同约定在买受人未付清房款前出卖人不交房且不视为逾期交房的，不属于"免除其责任、加重对方责任、排除对方主要权利"的无效格式条款情形。/140

128. 出卖人对逾期交房违约金提出诉讼时效抗辩，应以每日的个别债权适用诉讼时效期间的规定，对于超出诉讼时效部分的逾期交房违约金不予支持。/142

129. 在买受人与出卖人协商退房的过程中，买受人虽表示配合退房但未办理解除购房合同手续，出卖人将房屋出售给第三人的，仍应承担违约责任。/142

130. 放弃权利的意思表示必须明确具体，买受人出具的"不再向开发商就商品房的交付和产权办理事宜主张任何权利"的意思表示，并不视为买受人对追究出卖人逾期交房违约责任权利的放弃。/144

131. 买受人按揭贷款未获审批，要求一次性支付剩余房款而出卖人未予处理的，买受人不承担剩余房款未及时支付的责任。出卖人不能据此主张按照合同约定不向买受人交付房屋，并应承担迟延交房的违约责任。/145

132. 以买受人已付购房款占全部应付房款的比例确定房屋的增值损失符合公平原则。/146

133. 房屋买卖合同中，出卖人逾期交房违约金格式条款的约定与买受人逾期付款违约金的约定明显不对等的，买受人有权要求出卖人按照逾期付款违约金标准承担逾期交房违约金。/147

134. 出卖人提供的为重复使用而预先拟定的商品房买卖合同及补充协议系格式合同。合同中对双方违约责任的约定明显不对等，不合理地减轻出卖人逾期交房违约责任的，该违约金条款无效，法院可根据公平原则，按照逾期付款违约金的标准计算出卖人应承担的逾期交房违约金。/148

135. 买受人未按约偿还贷款导致商品房买卖合同解除后，主张违约金条款属于不合理地免除或者减轻出卖人的责任、限制或者排除买受人主要权利的，不能成立，买受人仍应当承担违约责任。/150

136. 违约责任为无过错责任，不以违约方主观上有过错为责任依据，只要发生了违约行为，且没有法定或约定的免责事由，违约方即应承担违约责任。/151

137. 法院增加违约金应当以当事人请求为前提，以实际损失为限额。/152

138. 出卖人所售房屋配建有公租房，买受人对此不知情并主张出卖人未告知该事由要求其承担违约责任的，不予支持。/153

139. 买受人明知自己不符合受让房屋所在地限购政策，企图通过非正常方式在不迁移户口的情况下办理房产过户手续，后导致合同无法履行的，应当承担合同约定的违约责任。/154

140. 中介机构已披露出卖人征信、房屋抵押等情况，并促成了双方交易，买受人因出卖人违约向中介机构主张损失赔偿、返还中介费的，不予支持。/155

141. 中介机构有义务为买卖双方提供规范、详细、条款明确的买卖合同文本，因该合同文本中对于解押等重要条款约定不明产生纠纷的，中介机构应承担主要过错责任。/ 156
142. 中介人在促成房屋交易过程中应当尽到审慎核查义务，否则对买受人的损失承担补充责任，承担责任后可向出卖人追偿。/ 157
143. 中介人依据三方签订的二手房买卖中介合同收取买受人支付的定金并出具收据，系履行保管义务，不改变定金的性质，在出卖人违约时可以适用定金罚则。/ 158
144. 中介人对房屋买卖合同的签订以及履行不存在过错，因出卖人违约导致买卖合同不能履行，中介人主张中介服务费用的，应当予以支持。/ 159
145. 中介机构未对托售房屋权属状况等相关事宜尽到尽职调查、勤勉义务的，法院可根据其过错情况酌定中介机构对出卖人不能赔偿买受人损失的部分，承担补充赔偿责任。/ 160
146. 在房屋出卖人严重违约的情况下，买受人的损失既包括直接损失，亦包括合同履行后可以获得的利益损失，可以并用定金罚则和赔偿损失的规定。/ 161
147. 房屋买卖合同纠纷中违约金的上限标准并不适用民间借贷纠纷中年利率的上限规定。/ 162

第九节　房屋质量 164

148. 买受人主张由出卖人对房屋质量问题进行修复或者支付修复费用的，应当在约定的保修期内主张或者提供其已在保修期内主张过的证据。/ 164
149. 房屋交付时存在影响正常使用的质量问题，买受人有权拒绝收房并可主张由出卖人进行维修。因房屋质量问题导致迟延交付的，应当根据房屋维修时间长短，合理确定出卖人承担逾期交房的违约责任。/ 164
150. 房屋存在影响买受人居住使用的质量问题，买受人要求出卖人支付截至维修完成前逾期交房违约金的，应予支持。/ 165
151. 房屋未经消防验收即投入使用的，出卖人应承担相应的行政责任，买受人以未经消防验收为由拒收房屋的，不予支持。/ 166

第十节　以物抵债 169

152. 当事人为保证民间借贷合同的履行又签订包括商品房在内的买卖合同，双方约定借款人不能清偿债务时，需将标的物的所有权转让给出借人的，可以认定签订买卖合同的真实目的是给民间借贷合同提供担保，并非真实的买卖合同关系。/ 169
153. 商品房买卖合同属于抵押担保还是以物抵债，应审查是办理不动产抵押登记还是办理所有权转移登记以及纳税情况和房产价值是否合理；符合以房抵债，出卖人请求确认合同无效的，不予支持。/ 171
154. 以房抵债协议，不属于一般意义上的商品房买卖合同，不适用《最高人民法院关于审理商品房买卖合同纠纷案件适用法律若干问题的解释》的规定。/ 172
155. 以房屋抵偿相互所拖欠工程款的多方合同，性质上应认定为以物抵债合同。/ 173
156. 以房抵债协议属于诺成合同，自双方达成合意时成立。但未办理物权转移变更登记，不发生物权变动效力，不能当然取得物之所有权。/ 175
157. 在抵债物的物权未发生变动的情况下，债权人依据以物抵债协议享有的仍为债权请求权，对抵债房屋的占有不产生物权效力，不能对抗所有权人的处分行为。/ 176
158. 经济适用房以物抵债给不具有购房资格的主体，以物抵债协议无效。/ 178
159. 以房抵债协议不属于商品房预售合同，出卖人是否取得预售许可证不影响其合同效力。/ 178

建设工程与房地产纠纷裁判规则．下

160. 债权人与债务人在对前期借款本息进行对账结算的基础上签订以房抵债协议的，可认定双方在消灭原债权债务关系的基础上建立了新的房屋买卖合同法律关系。/179

161. 以房抵债法律关系中，债权人指示债务人向其第三人出具收款收据并交付房屋，债务人与第三人之间构成向第三人履行的法律关系，而非房屋买卖合同关系。/181

162. 以房抵债协议签订后，抵债房屋未交付亦未办理不动产权属证书的，为了交易秩序的稳定，受让人有权要求交付房屋并办理不动产权属证书。/182

163. 开发商与施工单位签订以房抵工程款合同后，施工单位又通过开发商直接将工抵房抵给第三方，第三方知情的，开发商出售房屋的行为构成显名代理，房屋买卖合同直接约束施工单位与第三方。/183

164. 开发商与分包单位达成以房抵债协议，分包单位又与第三人达成以房抵债协议，开发商据此与第三人另行签署以房抵债协议，二者之间形成新的法律关系，开发商与分包单位之间、分包单位与第三人之间的原债权债务关系消灭。/184

165. 以房抵债签订的商品房买卖合同的债权人有权要求出卖人继续履行合同，出卖人再以买受人未交房款为由主张解除合同的，不予支持。/185

第十一节 其他 187

166. 建筑物区分所有权中的业主共有权，应当由全体业主共同行使，仅其中一名业主提起诉讼，主体不适格。/187

167. 案涉房屋所在楼盘被当地政府确定为问题楼盘并成立专项工作组进行处理，对外行使权利和承担义务的主体仍是项目的开发商。/188

168. 公司实际控制人的地位相当于股东，债权人可以请求对其类推适用《中华人民共和国公司法》第二十条第三款的规定，对公司的债务承担连带责任。/188

169. 在新型农村社区项目中，出卖人与买受人均系民事主体，一方以政府主导为由，主张出卖人为行政主体并存在行政管理关系，抗辩不属于民事案件受理范围的，不予支持。/190

170. 商品房买卖合同不适用调整普通商品买卖关系的消费者权益保护法，买受人以出卖人存在销售欺诈为由主张出卖人按照其已付购房款的三倍赔偿经济损失的，不予支持。/191

171. 因单位内部建房、分房等而引起的占房、腾房等房地产纠纷，均不属于人民法院主管工作的范围，当事人为此而提起诉讼，人民法院应依法不予受理或驳回起诉。/192

172. 当事人因购买经济适用房签订商品房买卖合同的，系平等主体之间的民事法律关系，属于人民法院民事诉讼受案范围。/193

173. 涉案房屋所在项目被列入问题楼盘，且相关问题楼盘处置化解工作正在稳步推进中，法院可暂驳回买受人起诉，告知其待涉案项目达到相关条件后，再行主张权利。/194

174. 房屋出卖人向买受人收取维修基金和天然气、暖气初装费及有线电视初装费，且未提供相应证据证明其已按照合同约定将相关费用交纳给相应部门的，应将上述费用退还给买受人。/195

175. 管辖权错误不属于法定再审事由。/196

176. 鉴定结论属于诉讼证据，是证明案件事实的材料，不是法院审理和裁判的对象，当事人不得针对鉴定结论提起诉讼。/197

177. 工业用地上开发建设的房屋无法办理商品房预售许可证且政府部门对产业准入、购买主体有特定审批和管理要求的，该类房屋不属于商品房买卖合同纠纷司法解释中规定的"商品房"范畴，房屋买卖争议的处理不适用该司法解释的规定。/198

178. 商品房买卖合同纠纷司法解释中规定的商品房买卖合同系由房地产开发企业与买受人签订，其他主体之间的房屋买卖合同纠纷不能适用该解释的规定。/199

179. 案涉房屋系经济适用房，不属于商品房的范畴，不能适用《最高人民法院关于审理商品房买卖合同纠纷案件适用法律若干问题的解释》的规定来认定相关责任。/ 200

180. 工业用地上建设的房屋不能办理预售许可证，因该房屋产生的争议不适用《最高人民法院关于审理商品房买卖合同纠纷案件适用法律若干问题的解释》的规定。/ 200

181. 现行法律对于持续性违约金债权请求权的诉讼时效并未作出特别规定，诉讼时效期间的起算时间仍应自权利人知道或者应当知道权利受到损害以及义务人之日起计算。/ 201

182. 商品房买卖合同中约定以日为单位累计计算违约金数额的，属于继续性债权，逾期交房违约责任的诉讼时效按每日的个别债权适用诉讼时效期间的规定。/ 204

183. 合同约定的逾期交房之日至实际交房之日的违约金是双方当事人在合同中所确定的一个整体的合同权利，买受人可在该项整体权利没能实现时提出主张。买受人主张逾期交房违约金的，诉讼时效自出卖人实际交房之日起算。/ 205

184. 第三人对已经发生法律效力的判决提起撤销之诉的，不仅应自知道或者应当知道其民事权益受到损害之日起六个月内提出，还应提供存在因不能归责于本人的事由未参加诉讼、发生法律效力的判决的全部或者部分内容错误、发生法律效力的判决内容错误损害其民事权益等情形的证据材料。/ 206

185. 法院认定商品房买卖合同解除时，向当事人释明后，可以同时判令出卖人在扣除买受人应承担的违约金后返还剩余购房款，不违反"不告不理"原则。/ 208

186. 保全保险费不属于诉讼费用的范畴，当事人未就该项提出诉讼请求的，法院可不予处理。/ 209

187. 代理人的代理权限中未包含代为提起上诉，且上诉期限内亦未提交可以代为提起上诉的授权委托书，代理人在上诉期限内提交的没有上诉人签章的上诉状，不能证明是上诉人的真实意思表示，虽事后上诉人提交了盖章的上诉状，但已经超过法定上诉期限，不能认为是事后追认，丧失上诉权。/ 210

188. 抵押人未经抵押权人同意，将抵押房屋出卖，进入破产程序后，抵押权人对该房产的优先受偿权不能对抗已经支付了大部分购房款并已经实际入住的消费者购房人的权益。/ 211

189. 单位按照房改房政策与职工签订了房屋买卖合同并办理了房改手续，职工缴纳购房款后取得了房屋所有权证，即使单位对该房屋没有处分权，职工基于善意取得的规定也能够取得房改房屋所有权。/ 212

190. 出卖人与买受人之间存在民间借贷纠纷和商品房买卖合同纠纷，买受人未交纳购房款，出卖人即为其办理网签备案登记并出具收到全部购房款的现金收据，不符合商品房买卖的交易习惯，一方主张商品房买卖合同为借贷合同担保的，两案应一并统筹处理。/ 213

191. 房屋被查封前，买受人已支付购房款并实际占有房屋，且房屋非因买受人原因未过户，则买受人就该房屋享有排除执行的民事权利。/ 214

第二章 房屋租赁

第一节 合同效力 219

192. 房屋系政府直管公有住房，未经出租人同意，承租人不得将承租的公有房屋转借、转让、转租、调换，不得出卖或变相出卖公有房屋使用权，否则该行为无效。/ 219

193. 出租人出租的房屋未取得建设工程规划许可证，租赁合同被认定无效，出租人对合同无效承担主要过错责任。/ 220

194. 承租人明知出租房屋未取得建设工程规划许可证，租赁合同无效双方均存在过错，但对承租方

因租赁物被拆除所导致的损失，应酌定由出租方承担主要赔偿责任。/ 221

195. 出租房屋建造于《中华人民共和国城乡规划法》实施之前，根据法不溯及既往的原则，承租人以出租房屋未取得建设工程规划许可证为由主张租赁合同无效，不予支持。/ 224

196. 《商品房销售管理办法》第十一条"房地产开发企业不得采取售后包租或者变相售后包租的方式销售未竣工商品房"的规定属于管理性强制性规定，售后包租协议不因违反该规定而无效。/ 224

197. 未经消防验收或消防验收不合格和经依法抽查不合格的房屋，禁止投入使用，因该房屋所签订的租赁合同仅产生租赁合同解除的法律后果，并不导致合同无效。/ 225

198. 租赁房屋未经消防验收合格不得投入使用，但不属于导致租赁合同无效的情形，承租人据此主张合同无效的，不予支持。/ 225

199. 联合建房的联建方未登记为房屋所有人但取得了房屋合法使用权的，其对外签订的租赁合同有效。/ 226

200. 违建部分占整体建筑的比例较小，且有关部门已进行了处罚，不宜以此认定整体出租合同无效。/ 227

201. 一方提供土地一方出资合作建房，约定建成后房屋所有权归土地方，房屋使用权在约定期限内归出资方，且期限届满后出资方将房屋使用权返还提供土地一方的，应认定为房屋租赁合同法律关系。/ 228

202. 未经批准在以划拨方式取得使用权的国有土地上建成房屋进行出租，根据《中华人民共和国城市房地产管理法》第五十六条应当将租金中所含土地收益上缴国家，而非认定该房屋租赁合同无效。/ 229

203. 《中华人民共和国村民委员会组织法》第二十四条第一款第（八）项以借贷、租赁或者其他方式处分村集体财产需要村民会议讨论决定的规定属于管理性规范，村委会未经村民会议讨论决定，将村集体房屋对外出租，并不必然导致租赁合同无效。/ 230

第二节　租金 232

204. 租赁房屋被鉴定为危房后，承租人明知是危房而继续使用租赁房屋，应视为对房屋现状的认可，应当支付租金。/ 232

205. 出租人出租的部分房屋存在权利瑕疵，致使承租人整体租赁的房屋因经营上具有不可分割性而受到重大影响的，承租人可行使不安抗辩权，有权暂缓支付房屋租金、管理费等费用。/ 233

206. 房屋租赁合同中，出租方在转供水、电环节加价牟利的，不予支持。/ 233

207. 出租人未履行供电等义务，承租人据此拒绝交纳租金的，出租人再以承租人拒交租金为由请求解除合同的，不予支持。/ 234

208. 房屋租赁合同终止且已经结算的情况下，出租人认为承租人部分租金未支付且不能有效举证的，其主张不予支持。/ 235

209. 在租赁合同中，承租人是否能够交纳欠付租金是认定租赁合同是否存在合同目的不能实现情形的主要依据。/ 235

210. 租赁合同约定承租方逾期支付租金，出租方有权解除租赁合同，因承租方逾期支付租金非主观恶意并同意履行租金交纳义务，不影响合同目的实现，出租方请求解除租赁合同不予支持。/ 236

211. 租赁合同中，出租人以承租人迟延支付租金达到了合同约定的解除条件为由请求解除合同的，若迟延履行的违约情形轻微，且不影响合同目的实现，出租人请求解除合同，不予支持。/ 237

212. 公司股东认缴出资，享有期限利益，但公司无可供执行财产时，出资义务加速到期，应在未出资范围内对公司不能清偿的房屋租金承担补充责任。/ 238

第三节　合同解除··240

213. 房屋租赁合同签订后，因市政工程施工围堵道路等造成承租人承租房屋进行经营的目的无法实现，双方当事人对此均无过错，亦不存在违约。/240

214. 出卖人先售后租，将商铺租赁给物业公司统一经营。商铺的建筑面积进行了概念分割，商铺之间无固定界线，房屋产权为虚拟的收益权属，无独立使用价值，出租人不能要求返还商铺。/240

215. 出租房屋为军产，租赁合同签订后，政策要求出租人停止一切营利性活动。该等情况属于情势变更，可以判决解除租赁合同。/241

216. 出租方明知房屋因政策性原因不得出租，虽在合同中约定因政策性原因可以解除合同，而后再以政策为由请求解除合同，不予支持。/242

217. 在未就解除合同达成一致，也未通过诉讼程序解决的情况下，出租人即单方发出解除合同通知，组织人员在承租人不在场时清理现场，且将承租人的设备拆除，对此给承租人造成的损失存在一定过错，应当承担损失赔偿责任。/243

218. 出租人长期不向承租人主张租金，也未通知承租人解除合同返还租赁物，不积极采取措施任由损失继续扩大，又对其怠于行使出租人权利而造成的扩大损失要求赔偿的，不予支持。/244

219. 承租人签订房屋租赁合同时，对出租房屋的产权应进行核查，后因出租人不具有产权导致租赁合同无法履行而解除的，承租人未尽到审慎注意义务，也存在一定过错，应承担部分责任。/246

220. 承租方在租赁期间终止租赁合同的，负有返还租赁物的义务。合同到期前承租方搬离租赁房屋，单方终止合同，既未向出租方发出解除通知，亦未返还租赁房屋，应承担未及时返还租赁房屋的租金损失。/246

221. 房屋租赁合同解除后，承租人未按合同约定恢复原状、返还房屋的，应当承担合同解除后房屋的占用损失。/247

222. 租赁合同解除后，承租人应按合同约定恢复租赁物正常使用状态，否则应当承担由此产生的费用。/248

223. 租赁合同解除，承租方搬离后未及时办理返还租赁房屋的交接手续，造成出租方租金损失的，承租方应承担部分赔偿责任。/249

224. 租赁合同、转租合同均解除后，实际占用人未返还租赁房屋的，房屋所有权人有权向房屋实际占用人主张合同解除后的房屋占有使用费。/250

225. 违约方以诉讼方式主张解除房屋租赁合同的，其主观上并非恶意导致房屋租赁合同发生僵局，为实现实质正义，法院可以在综合案件实际情况、探求当事人真实意思、保障守约方利益的基础上判决解除合同。/251

226. 解除合同的意思表示已经达成一致，但就解除合同的法律后果双方并未达成一致，应认定协商解除合同的合意并未有效成立，法院仍应对当事人提出的合同解除后的清算问题予以处理。/252

227. 租赁合同双方均存在违约行为，违约在先的一方不符合违约方解除合同的条件，请求解除合同不予支持。/253

第四节　违约责任··256

228. 租赁合同约定交付标准以现状为准，承租人接收房屋时明知现实状况但未提出异议，不能再以出租方未完整交付房屋为由主张对方承担违约责任。/256

229. 承租人主张承租期间货物毁损的，不仅应提供发票证明物品的购入价值，还应当举证证明物品毁损后的残值，否则对其主张的损失不予认定。/257

230. 当事人主张的逾期交房违约金和经济损失均为逾期交房的违约损失赔偿，在逾期交房违约金不

低于其主张的经济损失的情况下，仅支持逾期交房违约金。/258

231. 出租人在租赁合同中约定因"商场用途改变以及商场升级改造，导致合同无法继续履行的，双方应自行承担损失，互不承担任何赔偿、违约责任"的，属于格式条款，不能免除其赔偿责任。/259

232. 出租人违约导致租赁合同解除，逾期退还租金、保证金的利息属于赔偿损失，承租人未及时主张合同解除和损失赔偿等权利的，对损失的扩大具有过错，利息起算时间应从起诉主张解约合同之日起算。/259

第五节　装饰装修 …………………………………………………………… 261

233. 承租方作为商业主体，在房屋装修前，未将设计图纸提交消防部门审核，也未办理相关消防安全检查合格证且未经消防安全检查即投入使用和营业，导致无法继续营业的，应对其装修损失承担主要责任。/261

234. 次承租人对房屋进行了改造和装饰装修，并约定在次承租人合同解除或终止时归承租方所有，承租方有权根据过错向出租方主张该部分装修残值。/262

235. 因承租人违约导致租赁合同解除，租赁合同对已形成附合的装饰装修物处理没有约定，但出租人同意利用的，应确定装饰装修物残值并在利用价值范围内对承租人进行适当补偿。/264

第六节　承租人优先购买权 …………………………………………………… 265

236. 承租人的优先权为具有物权效力的债权，当该权利受到侵害时，承租人只能要求出租人承担损害赔偿责任，而不能要求继续履行租赁合同。/265

237. 承租人优先购买权受损害的，可以请求出租人承担赔偿责任，且赔偿的范围限于因侵害优先购买权所造成的损失，不同于因租赁合同违约造成的损失。/265

第七节　其他 …………………………………………………………………… 267

238. 在租赁合同纠纷中，承租人和实际占有人共同提起诉讼，法院应当释明应按各自法律关系主张权利，未予释明的属于程序不当。/267

239. 申请鉴定属于当事人举证事项，法院不具有释明职责，因客观原因无法鉴定，当事人应承担举证不能的法律后果。/268

240. 租赁房屋被拆迁的，法院在当事人对房屋装修损失、补偿金损失有明确诉请的情况下，应一并予以处理。/269

第三章　土地使用权出让转让

第一节　合同效力 …………………………………………………………… 273

241. 城市房地产管理法关于土地使用权转让时应完成开发投资总额25%以上的规定，并非效力性强制性规定，不影响土地使用权转让合同的效力。/273

242. 转让方未取得土地使用权证书即与受让方订立合同转让土地使用权，起诉时民法典已经实施的，按照民法典的规定，应认定转让合同有效。/275

243. 以划拨方式取得土地使用权转让房地产时，应按照规定报有批准权的人民政府准予转让，并补缴土地使用权出让金，在未按照规定进行审批转让时，转让合同效力不受影响。/276

244. 经过县级以上人民政府批准的协议出让土地，不损害国家及集体利益的，土地使用权出让合同应为有效合同。/277

第二节 合同解除 279

245. 合作开发过程中合作协议解除的，法律关系为债权纠纷，提供资金一方请求确认是合作开发项目实际所有权人的为物权纠纷，该请求不符合法律规定。/ 279

第三节 土地出让金 281

246. 国有土地使用权出让合同未对土地容积率调整情况将按照何种标准补缴土地出让金作出约定，因当事人申请调整容积率后主管部门作出土地出让金补缴通知并据此起诉的，不属于民事诉讼的范围。/ 281

第四节 其他 283

247. 善意取得受让土地使用权的时间是完成不动产物权转移登记之时，土地价格的合理性可以参考当地政府公布的国有土地基准地价。/ 283

248. 国有土地使用权出让合同属于行政协议，当事人就协议履行及解除发生的争议，不属于民事案件审理范围。/ 285

第四章 房地产合资合作开发

第一节 合同效力 289

249. 对未依法取得国有土地使用权证的集体用地进行开发建设的协议，违反法律法规的强制性规定，应认定为无效。/ 289

250. 合作建房协议约定的土地用途不符合土地规划，且未取得建设工程规划许可证的，该协议违反法律行政法规效力性强制性规定，应认定为无效。/ 291

251. 合资、合作开发房地产合同纠纷中，对未取得国有土地使用权的土地进行开发建设导致合同无效，提供土地一方对合同无效承担主要过错责任。/ 292

252. 国有独资企业名下的土地使用权属于国有资产，其将国有土地使用权投入房地产合作开发项目，系使用国有资金的项目，应采用招投标的方式确定案涉房地产项目的合作方。/ 294

253. 合作开发合同无效，合同当事人仅承担信赖利益损失，预期利益损失不属于合同无效的损失赔偿范畴，一方当事人请求预期利益损失的，不予支持。/ 295

第二节 合同解除 296

254. 项目合作开发一方刻意隐瞒未实际交纳项目开发保证金，虽该保证金列入项目投资成本，但未对项目的建设、销售造成实际影响，另一方不能以此为由主张解除合同。/ 296

255. 项目合作开发协议具有高度的人合性，双方已失去信任基础，虽未达到约定或法定解除条件，法院仍可考虑合同效率、项目开发以及有效解决争议等，判令解除合同。/ 297

256. 通过公开招拍挂方式出让的土地，出让条件已经公示，受让方以出让方出让时未充分告知、提醒受让人有关土地出让需要具备的必要条件，导致受让人无法开展项目建设为由，要求出让人承担过错责任的，不予支持。/ 297

257. 合资、合作开发房地产合同纠纷中，一方主张另一方返还投资款利息的，应以提起诉讼时间作为计算占用投资款产生损失的起始时间。/ 298

第三节　合同履行 ... 299

258. 合资、合作开发房地产合同纠纷中，即使协议中对各方利益分配有约定，但实际履行情况与协议约定相差较大，应根据实际履行情况和公平原则，对协议约定的利润分配进行调整。/299

259. 合资合作开发房地产一方出具的资金证明系为了配合另一方在承诺期限内完成购买土地的合同义务而提供的，该证明不构成合作一方对案涉项目无条件的投资意向，也不构成对合同义务的变更，另一方主张合作一方未履行资金证明载明金额的投资义务导致其未取得案涉地块国有土地使用权的理由，不予支持。/300

260. 时间在后的公司章程与合作开发协议中约定的投资权益内容不一致的，除非合作各方另有约定或实际履行了合作开发协议，否则应当视为在后的公司章程变更了合作开发协议的约定，应以变更后的公司章程约定为准。/300

261. 在业主、业主大会选聘物业服务企业之前，一般由建设单位或其选聘的物业服务企业对其所开发小区的物业进行维护、管理，建设单位依法可以将前期物业管理权予以转让。/302

262. 借用资质开发房地产的项目中，挂靠人以被挂靠人名义对外开发和销售的，被挂靠人应当按照合同约定向买受人承担交付房屋、办理权属登记的义务。/302

263. 合作开发房地产合同中约定的投资分配收益条件虽未满足，但合作开发地块已经通过股权转让形式对外转让开发权利并获益，当事人主张分配转让收益的，应予支持。/303

264. 合作开发房地产合同中，一方主张按照实际投资数额分配利润，因项目无法确定是否存在利润，该主张不予支持。/304

第四节　程序 ... 306

265. 抗诉机关的抗诉理由与申诉人申诉理由不一致的，抗诉案件进入再审后，应以申诉人申诉请求范围为再审审理范围。/306

266. 送达地址确认书作为人民法院确认当事人送达地址的重要依据，法院应核对其真实性，否则送达程序不合法。/306

267. 根据案件情况，确需在个案中适用情势变更的，应当由高级人民法院审核，必要时应提请最高人民法院审核。未按规定程序报经审核的，属适用法律不当。/307

268. 国家机关作出的会议纪要，内容客观，且当事人派人参加并发表意见的，可以作为认定案件事实的证据。/308

269. 公司主张法定代表人的签约行为超越职能权限对其不具有约束力的，还应当就相对方知道或者应当知道法定代表人的行为超越权限承担举证责任。/309

270. 合资、合作开发房地产一方的法定代表人对合作协议的签字和承诺属于职务行为，其并非案涉资金的实际使用主体，不应对案涉资金退还义务承担连带责任。/309

271. 在鉴定范围无法确定时，法院应查明事实、确定鉴定范围，交由鉴定机构鉴定。/310

272. 未办理土地使用权转让权属变更登记的受让人在提起执行异议之诉排除强制执行时，除应满足《最高人民法院关于人民法院办理执行异议和复议案件若干问题的规定》第二十八条的规定外，还需满足《中华人民共和国城市房地产管理法》第三十九条之规定。/311

第五节　其他 ... 313

273. 合作双方为取得、转让、开发宗地而成立项目公司，土地项目资产、公司资产与大股东资产若构成混同，则为此成立的项目公司并无独立人格。/313

274. 两公司的法定代表人相同、住所地相同并委托同一家公司代理房屋销售、使用格式相同的销售代

理合同，且于同一日签订合同、同一日解除销售代理合同的，可认定两公司构成销售混同。/314

275. 房地产合作开发项目中，非名义上的开发主体与买受人签订合同销售房屋的情况下，根据合同相对性原则，买受人向名义上的开发主体主张权利的，不予支持。/315

276. 当事人在合作开发房地产合同中约定承担连带责任的，不能以没有接受涉案项目、没有参与项目开发并分得项目收益等为由主张免除承担连带责任。/316

277. 合作双方在合资、合作开发协议中约定的股权转让条款并未改变合资、合作开发协议中对地块进行合作开发、共享收益、共担风险的本质特征，该协议仍应认定为合资、合作开发协议。/317

278. 合资、合作开发房地产合同纠纷中，双方约定逾期还款一方要将一定比例的股权调整给按时还款一方所有的，因股权未评估作价、缺乏股权转让对价，不符合股权转让合同基本要素的要求，应认定为借款合同。/319

279. 当事人签订的合同中没有关于双方共同投资、共享利润、共担风险约定的，不能认定为合资、合作开发合同。/322

280. 以设立项目公司方式合资、合作开发房地产的，项目公司利润分配既要符合法律规定和合同约定，还要制定相应方案，否则主张利润分配的诉请不能成立，但可以利润提起盈余分配之诉。/322

281. 合作项目土地尚未挂牌出让，一方请求按照合同约定办理房屋建设项目的报批、登记、备案等用地手续的，属于事实上履行不能，不予支持。/324

282. 项目公司盈余利润是否分配是公司的商业决策，本质上属于公司的内部自治事项，除法定情形外，通常情况下司法不宜介入。/326

283. 既存在约定固定收益的投资，又存在投资者提供融资并有项目检查监督职责的，约定固定收益的投资部分不宜认定为借款。应综合投资者是否参与了项目建设、是否承担了一定的经营风险、其负责融资的款项是否能够收回等情况来判断具体法律关系。/327

284. 合作双方约定一方对开发房产具有优先购买权，应结合约定中包含的房屋单价、面积、性质等是否符合买卖合同的基本特征及优先的实质意义，认定该约定是商业房优先购买权还是商业房预售条款。/328

附　录 329

涉不动产异议之诉案件审理的若干问题 /329

后　记 335

01

第一章
房屋买卖

第一节 合同成立

1. 未实际取得安置回迁房的权利人，将其对房屋的取得权转让的，其转让的是房屋所有权，属于商品房买卖合同。

案件名称

再审申请人（一审被告、二审上诉人）石某霞与被申请人（一审原告、二审被上诉人）梅某华房屋买卖合同纠纷案［（2020）豫民申3399号，2020.6.20］

裁判精要 [①]

河南省高级人民法院认为，石某霞于2014年2月20日将自己依照拆迁安置规定获得的安置回迁房的取得权转让给梅某华，价格为375500元，梅某华向石某霞交付了全部购房款，石某霞出具收条一份，载明：今收到现金375500元整。注：梅某华房款82平方一套。双方虽未签订书面合同，但石某霞将其对回迁房的取得权转让给梅某华，梅某华支付了相应对价，二审判决认定双方之间成立房屋买卖合同关系并无不当。石某霞主张双方之间系债权转让而非房屋买卖合同关系。但债权是因合同、侵权行为、无因管理、不当得利以及法律的其他规定，权利人请求特定义务人为或者不为一定行为的权利，其反映的是动态的财产流转关系，而物权反映的是静态的财产支配关系，物权与债权的主体、客体、效力均不同。本案石某霞转让的是房屋的所有权，系典型的物权。石某霞关于涉案回迁房取得权的转让为债权转让，其不应承担逾期交房违约责任的主张不能成立。但石某霞对梅某华承担违约责任后，可以向开发商等相关单位另行主张权利。（曹代鑫整理）

---

① 本书裁判精要部分所涉及法律法规存在修订（修正）及废止等情况，相关内容以现行规定为准。

2. 买受人与出卖人虽仅签订认购书，但房屋价款已经完成支付、房屋已经交付使用的，可以认定双方之间存在房屋买卖合同关系。

案件名称

上诉人（原审原告）田某与被上诉人（原审被告）中信富通融资租赁公司、原审第三人洋洲房地产公司案外人执行异议之诉案［（2021）京民终465号，2021.7.30］

裁判精要

北京市高级人民法院认为，关于田某与洋洲房地产公司是否在人民法院查封之前已经签订合法有效的书面买卖合同的问题。《最高人民法院关于审理商品房买卖合同纠纷案件适用法律若干问题的解释》第五条规定，"商品房的认购、订购、预订等协议具备《商品房销售管理办法》第十六条规定的商品房买卖合同的主要内容，并且出卖人已经按照约定收受购房款的，该协议应当认定为商品房买卖合同"。本案案涉房屋买受人田某与洋洲房地产公司之间虽未最终签订商品房买卖合同，且《认购协议》中约定了"本认购协议为双方正式签署《商品房买卖合同》之前的契约，自买卖双方签订时生效。买卖双方签订《商品房买卖合同》后，《认购协议》自动作废"，但双方签订的《认购协议》具备了双方当事人的基本情况、房屋位置、面积、房屋单价、房屋总价款及付款方式、双方权利义务等《商品房销售管理办法》第十六条规定的商品房买卖合同的基本条款及主要内容，足以使双方的商品房交易行为处于明确稳定的状态，且田某提交了洋洲房地产公司出具的收款收据，证明其已经支付了《认购协议》约定的案涉房屋购房款，洋洲房地产公司对该事实亦予以认可，故本院可以认定案涉《认购协议》的性质为商品房买卖合同。

编者说明

《中华人民共和国民法典》第四百九十条规定："当事人采用合同书形式订立合同的，自当事人均签名、盖章或者按指印时合同成立。在签名、盖章或者按指印之前，当事人一方已经履行主要义务，对方接受时，该合同成立。法律、行政法规规定或者当事人约定合同应当采用书面形式订立，当事人未采用书面形式但是一方已经履行主要义务，对方接受时，该合同成立。"商品房买卖合同法律关系中，出卖人主要义务为交付房屋、配合办理不动产权登记，买受人主要义务为支付房屋价款，双方虽未签订商品房买卖合同，但已经履行主要合同义务的，应视为构成商品

房买卖合同关系。（杨贺飞整理）

3. 出卖人与买受人签订的定房协议具备当事人名称、房源位置、房屋基本情况、房屋单价和总价、交付日期、付款方式及期限、违约责任等内容，且买受人已经按照约定向出卖人支付了部分购房款，该协议应当认定为商品房买卖合同。

案件名称

再审申请人（一审原告、二审上诉人）刘某与被申请人（一审被告、二审被上诉人）一美可公司房屋买卖合同纠纷案［（2019）豫民申6046号，2019.10.23］

裁判精要

河南省高级人民法院认为，根据《最高人民法院关于审理商品房买卖合同纠纷案件适用法律若干问题的解释》第五条规定，商品房的认购、订购、预订等协议具备《商品房销售管理办法》第十六条规定的商品房买卖合同的主要内容，并且出卖人已经按照约定收受购房款的，该协议应当认定为商品房买卖合同。本案中，刘某与一美可公司签订的《定房协议》具备了当事人名称、房源位置、房屋基本情况、房屋单价和总价、交付日期、付款方式及期限、违约责任等内容，且刘某已经按照约定向一美可公司支付了部分购房款，《定房协议》应当认定为商品房买卖协议，生效判决认定该协议为预约合同错误，应予纠正。同时，应对一美可公司在订立合同时是否存在欺诈行为进一步查明，以确定本案处理是否适用《最高人民法院关于审理商品房买卖合同纠纷案件适用法律若干问题的解释》第九条的规定。综上，刘某再审申请符合《中华人民共和国民事诉讼法》第二百条第（二）项、第（六）项的规定。（李亚宇整理）

4. 出卖人与买受人签订商品房买卖合同后又签订回购协议，约定出卖人可在任意时间提出回购，且买受人在房屋交付后未主张房屋权利，不应认定双方为房屋买卖合同关系。

案件名称

再审申请人（一审原告、二审上诉人）李某红与被申请人（一审被告、二审被

上诉人）恒欣公司、（一审第三人）张某军房屋买卖合同纠纷案［（2020）豫民申3959号，2020.8.17］

裁判精要

河南省高级人民法院认为，本案争议的焦点是恒欣公司与李某红之间是民间借贷法律关系还是房屋买卖合同关系。恒欣公司与李某红签订的三份《商品房买卖合同》中所涉及的三处房屋每平方米单价（8049.7元）与商品房交易习惯明显不符；双方在签订《商品房买卖合同》后又签订了《回购协议书》，约定回购期内恒欣公司可以在任意时间提出回购，李某红必须按恒欣公司要求无条件履行回购义务，这一约定更说明双方并非正常的房屋买卖合同关系。房屋约定交付日期为2017年5月30日，2019年李某红才起诉恒欣公司，李某红两年多时间内没有向恒欣公司主张过房屋权利，对房屋的实际交付情况并不关心。李某红虽为涉案房屋的备案登记人，但房屋备案是一种行政管理行为，不是物权登记行为。在本案中，恒欣公司提供双方系民间借贷法律关系的证据能够形成完整的证据链，而李某红不能提供充分、有力的证据进行反驳。故生效裁定认定李某红与恒欣公司之间并非房屋买卖合同关系，而是民间借贷法律关系并无不当。综上，李某红的再审申请不符合《中华人民共和国民事诉讼法》第二百条第（二）项、第（六）项规定的情形。

编者说明

双方在签订《商品房买卖合同》后又签订回购协议，应从以下几个方面判断双方是民间借贷法律关系还是房屋买卖合同关系：一是《商品房买卖合同》中房屋单价、总价是否与商品房交易习惯相符；二是收取购房款及开具发票时间是否符合交易习惯；三是是否实际交付房屋。（胡玉芹整理）

5. 双方对购房合同未成立均存在过错的，法院可结合双方在缔约过程中的过错程度，合理分担利息损失。

案件名称

再审申请人（一审原告、二审上诉人）李某杰与被申请人（一审被告、二审被上诉人）彤辉公司、李某武房屋买卖合同纠纷案［（2020）豫民申4241号，2020.9.16］

裁判精要

河南省高级人民法院认为，彤辉公司与中国人民解放军某部队签订水天伊色项目定向开发建设协议，协议约定中国人民解放军某部队于彤辉公司具备预售条件后7日内组织享受购房政策的全部用户直接与彤辉公司签订正式《商品房买卖合同》。该定向开发建设协议签订后当月李某杰向彤辉公司法定代表人李某武的账户支付15.4万元，但是李某杰与彤辉公司并未签订商品房买卖合同，房屋至今未交付，李某杰主张退还购房款及利息，形成诉讼。经查，除彤辉公司收取李某杰部分款项外，彤辉公司与李某杰未签订书面购房合同，亦不存在一方已经履行主要义务、对方接受的情形，因此，双方的购房合同未成立。李某杰作为购房者，其应当对案涉房屋的性质、购房人资格、订立合同条件和风险有所了解和评估，但其在缔约过程中未尽到审慎义务，因此，对于合同未成立，李某杰应承担相应过错责任。原审综合双方在缔约过程中的过错程度，判决彤辉公司承担自李某杰起诉之日起的利息并无不当。

编者说明

缔约过失责任的赔偿范围一般包括缔约费用、履约费用、合理的信赖利益损失。其中，信赖利益损失限于直接损失，一般不包括因此错失的机会等间接损失；信赖利益损失属于财产损失，不包括人身损害或精神损害。信赖利益的赔偿范围原则上不能超出履行利益，在合同无效或者不成立的情况下，当事人所应获得的信赖利益的赔偿数额不应超过合同有效且全部履行时所应获得的全部利益。缔约过失责任也应遵循过失相抵原则。（郭俊利整理）

6. 出卖人在未经合理注意和核实买受人是否符合按揭贷款条件情况下即与买受人签订认购协议、收取定金，因买受人征信问题导致无法获取按揭贷款、双方未能订立商品房买卖合同的，应认定为系因不可归责于双方的事由，出卖人应退还买受人已付的定金。

案件名称

再审申请人（一审被告、二审上诉人）群鑫公司与被申请人（一审原告、二审上诉人）刘某芳商品房预约合同纠纷案［（2021）豫民申7801号，2021.12.1］

裁判精要

河南省高级人民法院认为，二审判决认定导致本案商品房买卖合同未能订立的主要原因系刘某芳丈夫征信问题无法办理按揭贷款，群鑫公司虽不认可该事实，但其并未提供足以推翻该事实的相关证据，对其所主张的系因刘某芳的丈夫对户型不满意而要求退房，拒绝履行《认购协议》，亦未能提供相应证据加以印证。从案件现有的证据看，双方均未能提供有效证据证明对方违约，而对于未能订立正式的商品房买卖合同，双方均有一定的责任。群鑫公司作为从事房地产开发经营的专业公司，相对于普通购房者而言，应更为关注、了解国家对于房地产方面的政策和规定，在购房者咨询有关购房事宜时，尤其对于需要办理按揭贷款的购房者，应了解其是否符合相关的按揭贷款条件以及是否存在征信等影响办理按揭贷款的问题。具体到本案，群鑫公司在无法确定刘某芳能否办理银行贷款情况下，即与刘某芳签订《认购协议》，并收取其1万元购房定金，是有一定责任的。刘某芳在明知其丈夫征信方面存在一定问题的情况下，却没有进一步了解清楚其能否办理按揭贷款事宜即向群鑫公司支付了定金，亦有一定的责任。在群鑫公司与刘某芳均有签订正式买卖合同的意愿，同时又不存在恶意违约的情形下，根据《最高人民法院关于审理商品房买卖合同纠纷案件适用法律若干问题的解释》第四条的规定，一、二审判决认定导致买卖合同未能订立应属于不可归责于当事人双方的事由，判令群鑫公司将1万元定金返还刘某芳并无不当，群鑫公司申请再审称原一、二审判决认定事实、适用法律错误的理由不能成立，本院不予支持。

编者说明

关于签订认购协议后因征信影响按揭贷款而无法签订商品房买卖合同的问题，实践中存在另一种观点，即商品房买卖中，买受人主要义务为支付购房款项，买受人应对自身的购房资金状况、贷款征信情况充分了解，以保证其有能力签订和履行相应的商品房买卖合同，并应对自身购买能力瑕疵带来的不利影响承担相应违约责任。（杨贺飞整理）

7. 出卖人宣传彩页上关于售房赠送飘窗、阳台、空中花园面积的表示内容具体确定，对商品房买卖合同的订立有重大影响，应当视为要约；虽然该允诺未载入商品房买卖合同，亦应当视为合同内容。

案件名称

再审申请人（一审原告、二审上诉人）李某红与被申请人（一审被告、二审上诉人）宏达公司房屋买卖合同纠纷案〔（2018）豫民申7183号，2019.2.27〕

裁判精要

河南省高级人民法院认为，在宏达公司的宣传彩页上关于售房赠送飘窗、阳台、空中花园面积的表示具体确定，对商品房买卖合同的订立有重大影响，应当视为要约；虽然该允诺未载入商品房买卖合同，亦应当视为合同内容。双方签订的《商品房买卖合同补充协议》字体明显比《商品房买卖合同》字体小，其中第八条免除宏达公司义务的条文没有采取加粗加黑等方式提请对方注意。故应查明该补充协议文本是否为宏达公司提供及宏达公司是否采取了其他方式对第八条予以说明，并结合签订补充协议时是否让购房人有充分时间阅读等情节，进而判断该条款是否属格式条款以及该条款的效力。此外，原审还存在对关联案件类案不同判情况。

编者说明

指令开封市中级人民法院再审本案。（苗卉整理）

第二节 合同效力

8.房屋买卖合同关系是否真实，不仅要从房屋买卖谈判流程、房屋价款支付、委托关系、合同所约定条款等表面特征来看，还要结合各方实质内容和合同履行情况进行确定。房屋买卖合同经认定系基于彼此通谋的虚假意思表示所签订的，应认定为无效。

案件名称

再审申请人（一审被告、二审上诉人）曾某元与被申请人（一审原告、二审被上诉人）新国公司合同纠纷案［（2019）最高法民再304号，2019.12.26］

裁判精要

最高人民法院认为，根据本案已查明事实以及当事人的起诉请求及陈述，案涉《商品房买卖合同》签订的背景及真实目的，系曾某元与新国公司之间存在借贷合同法律关系，为担保新国公司债务的履行，由新国公司以其开发建造的车位通过办理预购商品房预告登记手续将曾某元作为登记权利人的形式进行担保。曾某元与新国公司之间并无商品房买卖合意，双方的真实意思表示系通过由新国公司将案涉车位办理预告登记至曾某元名下作为新国公司履行债务的担保，当且仅当新国公司不履行到期债务时，曾某元有权就案涉车位处置后所得价款受偿。对此，双方当事人明知且均不持异议。根据《中华人民共和国民法总则》第一百四十六条关于"行为人与相对人以虚假的意思表示实施的民事法律行为无效。以虚假的意思表示隐藏的民事法律行为的效力，依照有关法律规定处理"的规定，曾某元与新国公司之间关于商品房买卖的意思表示并非双方的真实意思表示，属于虚假的意思表示，对双方不具有法律约束力。

编者说明

实践中，双方以恶意通谋的方式签订《房屋买卖合同》，从而逃避债务的情况屡见不鲜。在房产纠纷中，认定恶意串通可从以下四个方面进行考虑：1.买受人是否尽到普通买受人应尽的必要且合理的审慎注意义务。若买受人购买现房却不实地考察房屋、不了解房屋居住使用情况而直接签订房屋买卖合同则主观上对侵害先买受人的利益具有重大过失。2.审查房屋实际交易价格，买受人是否实际支付了合理对价。3.审查具体的交易方式、交易过程以及房屋买卖合同的内容是否完整详尽。4.审查交易双方的关系，后买受人的身份、交易双方是否有不合理的经济往来等。（郭俊利整理）

9. 房产交易违反法律、行政法规的强制性规定，其买卖协议应为无效。

案件名称

再审申请人（一审原告、二审被上诉人）孙某霞与被申请人（一审被告、二审上诉人）平顶山市高升房地产开发有限公司房屋买卖合同纠纷案〔（2021）豫民申7263号，2022.3.29〕

裁判精要

河南省高级人民法院经审查认为，小产权房交易违反法律、行政法规的强制性规定，故《商品房预约保留协议书》应为无效合同，孙某霞以涉案房屋为小产权房为由主张《商品房预约保留协议书》为有效合同与法律规定相悖，其该项再审申请理由亦不能成立。

编者说明

小产权房不属于法律概念，主要用以区别已取得合法产权、能够在市场上自由流通的商品房。由于小产权房是在农村集体经济组织所有的土地上建设的房屋，且没有缴纳土地出让金，其产权证不是由国家房管部门颁发，而是由乡政府或村颁发。因此，虽然购房者购买了房屋，但无法取得不动产权属证书，购房者的占有、使用行为并不能取得物权，只能对房屋出卖人享有房屋的债权，一旦发生交易纠纷、拆迁，购买者的利益将无从保证。再者，因缺乏监管，小产权房的开发建设单位、施工单位的专业资质、房屋质量无法得到充分保障，也会影响到购房者的居住安全。故，司法实践中，通常认为小产权房交易行为属于违反法律法规强制性规定的行为，当事人签订的房屋买卖协议，一般应属于无效协议。（吴利波整理）

10. 国有房产转让中，未依法定程序进行价格评估、未支付合理对价且倒签合同时间的，应认定双方恶意串通，损害国有资产权益，交易行为无效。

📡 案件名称

再审申请人（一审被告、二审上诉人）李某鹏与被申请人（一审原告、二审被上诉人）车站库公司房屋买卖合同纠纷案［（2020）豫民申461号，2020.5.28］

🔍 裁判精要

河南省高级人民法院经审查认为，车站库公司属于国有控股有限公司，该企业所有的资产属于国有资产。李某鹏诉称涉案房屋不属于国有资产范畴，但其没有相应的证据予以证明。《中华人民共和国企业国有资产法》第五十五条规定："国有资产转让应当以依法评估的、经履行出资人职责的机构认可或者由履行出资人职责的机构报经本级人民政府核准的价格为依据，合理确定最低转让价格。"本案涉案房产的转让应符合上述法律规定，而该房产在出售前并未采取上述法律规定的任一种方式对涉案房产进行合理估价。2017年度，车站库公司以45万元的价格将房屋出卖给李某鹏，而驻马店恒信资产评估事务所对涉案房产12间门面房的评估价为199万元，二者存在较大差距。涉案房产的实际交易时间是2017年夏天，为规避房价较低的事实，合同签订日期时间、售房收据出具时间均为2016年7月25日。《中华人民共和国企业国有资产法》第七十二条规定："在涉及关联方交易、国有资产转让等交易活动中，当事人恶意串通，损害国有资产权益的，该交易行为无效。"因此，原审认定案涉合同无效，并无不当。

✏️ 编者说明

《中华人民共和国企业国有资产法》第五十五条规定："国有资产转让应当以依法评估的、经履行出资人职责的机构认可或者由履行出资人职责的机构报经本级人民政府核准的价格为依据，合理确定最低转让价格。"本案涉案房产为国有资产，应遵守上述法律规定，而该房产在出售前并未采取上述法律规定的任何一种方式对涉案房产进行合理估价。买受人以与评估价差距较大的价格购买案涉房屋，且采用倒签合同签订日期的方式规避房价较低的事实，应认定为双方恶意串通。根据《中华人民共和国企业国有资产法》第七十二条规定："在涉及关联方交易、国有资产转让等交易活动中，当事人恶意串通，损害国有资产权益的，该交易行为无效。"

故案涉交易行为无效。（丁一整理）

11. 关于国有资产转让应当进行评估、批准等程序的规定，属于规范内部程序的管理性规定，非效力性强制性规定，不应影响与第三人签订合同的效力，出卖人以此为由主张合同无效的，不予支持。

案件名称 I

再审申请人（一审被告、二审上诉人）银城公司、农行营业部与被申请人（一审原告、二审被上诉人）信联公司国有土地使用权转让合同纠纷案［（2016）最高法民申876号，2016.6.30］

裁判精要

最高人民法院经审查认为，银城公司在原审中即主张其与信联公司于2006年3月17日签订的《协议书》无效，理由是《协议书》违反了国务院《企业国有资产监督管理暂行条例》第三条、国务院《国有资产评估管理办法》第三条、财政部《企业国有产权转让管理暂行办法》和《湖北省企业国有产权交易操作规则》的相关规定，转让作为国有资产的土地使用权时没有报上级主管部门批准，没有进行评估，也没有在规定场所交易，所以应当适用《中华人民共和国合同法》第五十二条第（五）项的规定认定《协议书》无效。但按照《最高人民法院关于适用〈中华人民共和国合同法〉若干问题的解释（二）》第十四条规定："合同法第五十二条第（五）项规定的'强制性规定'，是指效力性强制性规定。"而上述行政和地方法规均属管理性规定。原判决据此没有认定《协议书》无效，不存在适用法律错误的问题。《中华人民共和国企业国有资产法》第七十二条规定："在涉及关联方交易、国有资产转让等交易活动中，当事人恶意串通，损害国有资产权益的，该交易行为无效。"《中华人民共和国合同法》第五十二条也规定，恶意串通，损害国家、集体或第三人利益的合同应当认定无效。但在本案中，《协议书》系于2006年签订，约定涉案土地交易价格为2950万元代表了双方当事人的真实意思，银城公司和农行营业部以其在该协议签订之后十年估算的现在市场价值逾两亿元作为标准，判断双方当事人在当时恶意串通损害国家利益，要求认定《协议书》无效的证据不足，本院不予支持。

案件名称 Ⅱ

再审申请人（一审被告、二审上诉人）付某春与被申请人（一审原告、二审被上诉人）柘城县商务局房屋买卖合同纠纷案［（2020）豫民申5008号，2020.10.15］

裁判精要

河南省高级人民法院认为，关于涉案《房屋买卖契约》的效力问题。2009年11月18日，柘城县商务局与赵某峰签订《房屋买卖契约》，柘城县商务局将坐落于柘城县中原大街与黄山路的房产以60万元的价格出售给赵某峰，赵某峰支付了合同约定的60万元房款，双方于2010年5月27日完成了房屋过户登记手续。付某春占有使用涉案房屋多年。二审判决以涉案房屋为国有资产未经本级人民政府批准和评估为由确认《房屋买卖契约》无效不当。《最高人民法院关于适用〈中华人民共和国合同法〉若干问题的解释（二）》第十四条规定，《中华人民共和国合同法》第五十二条第（五）项规定的"强制性规定"，是指效力性强制性规定。《中华人民共和国企业国有资产法》中关于国有资产转让应当进行评估、批准等程序的规定，系对履行出资人职责的机构及相关人员行为的规范，是法律对国有资产管理者科以的义务，要求管理者审慎地履行自己的职责，上述规定属规范内部程序的管理性规定，非效力性强制性规定，不应影响与第三人签订合同的效力。结合本案实际情况，柘城县商务局作为涉案国有资产的管理者，对涉案资产的处置作出《关于处置东关百货大楼的决定》，述明经局党组研究同意处置该房产，全部资金用于缴纳职工养老保险金。赵某峰于2009年11月18日支付了60万元的购房款，由柘城县商务局出具收据，双方共同办理了涉案房产的过户登记手续。可见，涉案《房屋买卖契约》为双方当事人的真实意思表示，双方主体适格，在无证据证明转让双方存在恶意串通损害国有资产权益的情况下，二审判决认定涉案《房屋买卖契约》无效适用法律不当。

编者说明

鉴于目前司法实践中对国有资产占有单位转让国有资产未经批准、未经评估或者未在规定场所交易是否会导致合同无效的裁判规则并不统一，且部分地方存在细化的地方性法规。本书作者建议：拟受让国有资产的民事主体"按照规则办"，应当在洽商阶段就要求转让方与当地国资管理部门、上级主管部门沟通，确认转让的具体程序，并且按照规定完成国资转让的审批、评估、进场交易等程序，以确保能顺利受让国有资产，避免合同被认定为无效，或者虽然没有被认定为合同无效，但是交易却被提起无效之诉，进而经历冗长诉讼的一波三折。（郭俊利整理）

12. 新型农村社区项目建设的房屋，出卖给当地集体经济组织成员以外的人员，违背了新型农村社区建设的政策规定，其房屋买卖合同无效。

案件名称

再审申请人（一审原告、二审上诉人）金昌公司与被申请人（一审被告、二审被上诉人）吕某丽房屋买卖合同纠纷案［（2021）豫民申9393号，2021.12.23］

裁判精要

河南省高级人民法院经审查认为，关于金昌公司主张的涉案房屋属于符合国家政策的新型农村社区房屋，不应判定涉案房屋买卖合同无效的理由。虽然金昌公司在本案再审审查期间，提交了当地政府关于同意进行朱集社区建设规划的请示批复文件等证据材料，但并不能改变涉案房屋占用集体土地以及未取得建设规划审批手续的事实，仍然属于二审判决认定的违反法律禁止性规定的情形。并且，即便涉案房屋按照新型农村社区规划进行建设，但金昌公司公开将涉案房屋向当地集体经济组织成员以外的人员进行销售的行为，违背国家关于新型农村社区建设的政策规定，仍然属于二审判决认定的合同无效情形。

编者说明

新型农村社区项目建设的房屋系政府为支持新农村建设而产生，其交易对象限于当地集体经济组织成员范围内，不能向社会公开销售。（杨贺飞整理）

13. 出卖房屋系在农村集体用地上建设的新型农村社区项目，相关文件规定可在当地范围内转让的，应认定为房屋买卖协议有效。

案件名称

上诉人（原审被告）雅兰公司与被上诉人（原审原告）赵村村委会及原审被告兆群公司确认合同效力纠纷案［（2020）豫民终72号，2020.9.24］

裁判精要

河南省高级人民法院认为，本案双方争议的焦点为……（二）关于《房屋团购买卖协议》及《补充协议》的性质及效力问题。1.从《房屋团购买卖协议》及《补充协议》的约定内容看，该协议包含三个方面的法律关系：（1）141套已建成房屋的买卖关系；（2）4栋楼（27、28、29、30号楼）烂尾工程及物业配套房的开发转让关系；（3）物业管理权的转让关系。一审判决认定雅兰公司和兆群公司之间属于简单的房地产开发项目转让合同关系不当。针对以上三个方面合同约定的效力，本院分项评析如下：一是关于141套已建成房屋的买卖合同关系，系兆群公司与雅兰公司的真实意思表示，合法有效。该141套房屋所占用的土地虽为集体用地，但涉案项目属于新型农村社区建设项目，根据新乡市的相关文件规定，新型农村社区的住房可在本市范围内转让。因此，赵村村委会以涉案房屋所占用的土地系赵村集体土地、雅兰公司非其集体组织成员为由，主张《房屋团购买卖协议》及《补充协议》无效不能成立。二是兆群公司将4栋楼（27、28、29、30号楼）的烂尾工程及物业配套房的建设经营权转让给雅兰公司，双方就该部分工程形成开发项目转让合同关系。《房地产开发企业资质管理规定》第三条第二款规定"未取得房地产开发资质等级证书……的企业，不得从事房地产开发经营业务"，该条规定的目的在于规范房地产开发市场，保障建设工程质量，维护房地产交易安全，以确保房地产开发市场的有序发展。而本案兆群公司是在资金困难、无力继续开发涉案项目的情况下，才与雅兰公司签订的《房屋团购买卖协议》及《补充协议》，由雅兰公司接手4栋烂尾楼工程及物业配套房的建设经营。雅兰公司的接手行为可以保障涉案项目的继续开发经营，避免工程烂尾，有利于房地产开发市场的稳定。而且参照《最高人民法院关于审理涉及国有土地使用权合同纠纷案件适用法律问题的解释》第十五条第一款的规定，合作开发房地产合同的一方当事人具备房地产开发经营资质的，即应当认定合同有效，并不要求所有参与开发经营的主体均具有房地产开发经营资质。本案中，雅兰公司系涉案项目的受让方，这并不意味着雅兰公司就是涉案项目的唯一开发经营主体。因此，雅兰公司是否具有房地产开发经营资质并不影响涉案《房屋团购买卖协议》及《补充协议》的效力。一审判决依据中华人民共和国住房和城乡建设部发布《房地产开发企业资质管理规定》第三条的规定，认定涉案的《房屋团购买卖协议》及《补充协议》无效不符合法律规定。三是赵村村委会称兆群公司与雅兰公司签订《房屋团购买卖协议》及《补充协议》的行为系无权处分行为，侵害了其优先购买权。《中华人民共和国物权法》第一百零六条规定,"无处分权人将不动产或者动产转让给受让人的,所有权人有权追回"。但所有权人的追回行为并不影响无权处分人与受让人之间的合同效力。根据本案查明的事实,现赵村村委会已经将涉案的项目及物业管理权收回,雅兰公司也已撤出雅兰花园小区。至于兆群公司与雅兰公司之间《房屋团购买卖协议》及《补充协议》的效力及协议不能履行的赔偿问题应由双方另行解决。赵村村委会以兆群公司对涉案项目的转让系无权处分为由主张《房屋团购买卖协议》及《补充协议》无效不能成立。综上,兆群公司与雅兰公司签订的《房屋团购买卖协议》及《补充协议》并不存在违反法律、行政法规强制性规定的情形。一审判决依据《中华人民共和国合同法》第五十二条第(五)项的规定认定涉案的《房屋团购买卖协议》及《补充协议》无效缺乏事实和法律依据,本院依法予以纠正。(姚池整理)

14. 案涉房屋为保障农村集体组织成员的居住需要而规划建设的新型农村社区,系集体经济组织成员享有的权利,与特定的身份关系相联系,买受人非该集体经济组织成员的,不符合在该区域购买房屋的条件,签订的购房合同应认定为无效。

案件名称Ⅰ

再审申请人(一审原告、二审上诉人)澳星公司与被申请人(一审被告、二审上诉人)邵某香房屋买卖合同纠纷案[(2020)豫民申4094号,2020.9.23]

裁判精要

河南省高级人民法院经审查认为,因澳星公司与邵某香2015年4月10日签订的三份购房合同所涉房屋系为了保障老庄镇农村集体组织成员的居住需要而规划建设的新型农村社区,系老庄镇集体经济组织成员享有的权利,与特定的身份关系相联系,邵某香非老庄镇居民,不符合在该区域购买房屋的条件,故双方签订的购房合同应认定为无效,因该合同取得的财产,应当予以返还。

案件名称Ⅱ

再审申请人(一审被告、二审上诉人)李某英与被申请人(一审原告、二审被上诉人)赵某英、一审被告王某东农村房屋买卖合同纠纷案[(2021)京民申2268

号，2021.3.31］

🔍 裁判精要

北京市高级人民法院经审查认为，关于再审申请人李某英提出的与其二审上诉意见基本一致的申请再审理由问题，二审法院在判决理由中作出了相应的阐释，本院认为，并无不当。根据查明的事实，案涉房屋的集体土地建设用地使用证登记在被申请人名下，被申请人为杨镇地区一街村农村集体经济组织成员。房屋购买人即再审申请人及其家人均非杨镇地区一街村农村集体经济组织成员，根据宅基地使用权系农村集体经济组织成员享有的权利，与享有者特定的身份相联系，非本集体经济组织成员无权取得宅基地使用权的相关规定，再审申请人不具备购买案涉房屋的权利，因此双方当事人所签订的买卖房屋草契违反了法律法规的强制性规定，一、二审法院认定双方当事人所签订的买卖房屋草契无效的处理结果，本院认为，并无不妥，即再审申请人李某英主张的本案应当再审的申请理由因依据不足而不成立。

✏️ 编者说明

新型农村社区项目建设的房屋系政府为支持新农村建设而产生，其交易对象限于当地集体经济组织成员范围内，不能向社会公开销售。（郭俊利整理）

15. 非集体经济组织成员购买农村集体用地上所建房屋，房屋买卖合同因违反效力性强制性法律规定而无效。买受人明知自己不符合购买条件的，对于房屋买卖合同无效亦具有过错。

📡 案件名称

申诉人（一审原告、二审上诉人、再审申请人）张某平、徐某波与被申诉人（一审被告、二审被上诉人、再审被申请人）杨某、王某波农村房屋买卖合同纠纷案［（2020）鲁民再190号，2020.6.15］

🔍 裁判精要

山东省高级人民法院认为，申诉人张某平、徐某波与被申诉人杨某、王某波于2002年2月28日签订《房屋买卖协议》后，登记在徐某波名下的涉案农村宅基地、房屋及相关证件即已交付给杨某、王某波居住使用，而被申诉人杨某、王某波均为城镇户口，并非涉案房屋所在村集体经济组织成员。《中华人民共和国土地管理法》及相关法律法规和国家政策对农村宅基地使用权的流转作出严格的限制性规定，其目的在于禁止农村宅基地的使用权流转至集体经济组织之外，以保护集体组织成员利益。《中华人民共和国土地管理法》1998年修改时删除了原第四十一条有关城镇非农业户口可以使用集体土地建住宅的规定，2004年修改时第六十三条规定"农民集体所有的土地的使用权不得出让、转让或者出租用于非农业建设"；国家政策层面上，国务院办公厅于1999年5月6日发布《关于加强土地转让管理严禁炒卖土地的通知》（国办发〔1999〕39号）第二条第二款规定"农民的住宅不得向城市居民出售，也不得批准城市居民占用农民集体土地建住宅，有关部门不得为违法建造和购买的住宅发放土地使用证和房产证"，《国务院关于深化改革严格土地管理的决定》（国发〔2004〕28号）以及《国土资源部印发〈关于加强农村宅基地管理的意见〉的通知》（国土资发〔2004〕234号）等规范性文件均明确严禁城镇居民购买宅基地上的农村房屋。故涉案《房屋买卖协议》违反了法律和国家政策对农村宅基地使用权流转的强制性规定，应认定涉案房屋买卖行为无效。

编者说明

我国对土地使用权的管理较为严格，禁止农村集体经济组织以外的人员购买集体土地使用权。《第八次全国法院民事商事审判工作会议（民事部分）纪要》第十九条第二款也规定："在非试点地区，农民将其宅基地上的房屋出售给本集体经济组织以外的个人，该房屋买卖合同认定为无效……"（曹亚伟整理）

16. 农村村民一户只能拥有一处宅基地，在重新分配新宅基地后，对原有宅基地不再享有占有和使用的权利，也无权对原有宅基地使用权作出处分。

案件名称 I

再审申请人（一审原告、二审上诉人）胡某合与被申请人（一审被告、二审被上诉人）胡某芝、郭某辉及（一审第三人）葛某成、洛阳市涧西区七里河社区居民委员会房屋买卖合同纠纷案〔（2021）豫民申10346号，2022.2.28〕

裁判精要

河南省高级人民法院经审查认为，根据原审查明的事实，案涉宅基地属于胡某合家的老宅基地，位于涧河边的淹没区，20世纪50年代后期因涧河涨水对居住在该村的村民造成安全影响，原村委会将住在该处的村民逐步搬迁，另行分配宅基地。根据土地管理法等相关法律规定，宅基地属于集体所有的土地，农村村民一户只能拥有一处宅基地。胡某合重新分配新宅基地后，已不再对原有宅基地享有占有和使用的权利，也无权对该宅基地使用权作出处分，生效判决认定案涉转让合同无效，符合法律规定。胡某芝的《集体土地建设用地使用权证》系经土地管理部门批准取得，并非从胡某合处转让所得。胡某合未经依法确权，诉请将案涉宅基地判归其所有并变更宅基地使用权手续，没有事实和法律依据，生效判决未予以支持正确。

案件名称 Ⅱ

再审申请人（一审原告、二审上诉人）邱某英、孙某与被申请人（一审被告、二审被上诉人）沙河村委会房屋买卖合同纠纷案［（2019）苏民申1451号，2019.9.10］

裁判精要

江苏省高级人民法院经审查认为，孙某龙与沙河村委会于2010年10月10日订立《协议》，约定孙某龙以25000元的价格购买案涉五间旧教室作为住宅使用，孙某龙当天即向沙河村委会支付了购房款25000元。后因房屋维修遭到附近村民阻挠，孙某龙家未能对案涉房屋进行维修，并实际入住。后沙河村委会协助孙某龙另行申请了宅基地，并于2010年12月30日与其签订《中心村建房协议书》，孙某龙亦在该宅基地上建造了房屋，居住使用至今。沙河村委会主张，《中心村建房协议书》项下的5万元基础设施费，孙某龙实际仅向沙河村委会支付了25000元，另外的25000元系以孙某龙2010年10月10日交纳的25000元房款进行了冲抵，并提供了沙河村委会留存的《江苏省农村合作经济组织结算凭证》、账册等予以佐证。沙河村委会提供的证据系原始账册，结算凭证系沙河村委会留存的记账联，故未加盖印章并不足以否定该证据的真实性。邱某英、孙某认为孙某龙向沙河村委会另行交纳了全部50000元基础设施费，应当提供相应的证据予以证实，但本院审查过程中，其明确表示不能提供相应的交款凭证或者其他交款证据。因此，可以认定，在孙某龙与沙河村委会订立《协议》后，因客观因素孙某龙家无法入住案涉房屋，在此情形下，沙河村委会另行为孙某龙家安排了新宅基地，孙某龙家亦在新宅基地上建房，并入住至今，现有证据表明，孙某龙家原支付的25000元购房款亦冲抵了新宅基地的基础设施费，且在《中心村建房协议书》订立后至本案起诉止的七年多时间里，孙某龙家从未向沙河村委会主张要求交付案涉房屋，故沙河村委会与孙某龙已经以实际行为表明案涉《协议》不再履行。邱某英、孙某依据《协议》约定要求确认其对案涉房屋享有所有权，并要求沙河村委会协助办理案涉房屋集体土地变更手续和产权变更手续，依据不足。此外，《中华人民共和国土地管理法》亦规定，"农村村民一户只能拥有一处宅基地"，在孙某龙家已另行申请了宅基地并已建房入住的情况下，其要求确认案涉房屋归其所有并办理土地使用权和房屋所有权变更手续，亦与上述法律规定相悖。因此，一、二审法院判决驳回邱某英、孙某的诉讼请求，结果并无不当。

编者说明

"一户一宅"中关于"户"的认定是什么标准？《中华人民共和国土地管理法》第六十二条第一款规定："农村村民一户只能拥有一处宅基地，其宅基地的面积不得超过省、自治区、直辖市规定的标准。"《河南省农村宅基地用地管理办法》（已于2022年9月废止）第八条第（二）项规定："具备下列条件之一的，可以申请宅基用地：（二）农村居民户除身边留一子女外，其他成年子女确需另立门户而已有的宅基地低于分户标准的。"第九条第（三）项规定："有下列情况之一的，不得安排宅基地用地：（三）一户一子（女）有一处宅基地的。"该办法虽已废止，但对司法实践中确定"户"的具体认定标准有一定参考价值。（吴利波整理）

17. 建筑物区分所有权中，共有部分归全体业主共同所有，出卖人通过买卖合同约定共有部分归出卖人所有的，该条款为排除全体业主对共有部分主要权利的格式条款，应属无效。

案件名称

再审申请人（一审原告、二审上诉人）常某峰、李某从与被申请人（一审被告、二审被上诉人）美好家园公司商品房预售合同纠纷案〔（2020）豫民再188号，2020.6.15〕

裁判精要

河南省高级人民法院认为，本案再审争议的焦点是常某峰、李某从请求确认案涉合同第17条第1、2项内容无效的主张应否得到支持。首先，根据《中华人民共和国物权法》第七十条规定："业主对建筑物内的住宅、经营性用房等专有部分享有所有权，对专有部分以外的共有部分享有共有和共同管理的权利。"第七十二条第一款规定："业主对建筑物专有部分以外的共有部分，享有权利，承担义务；不得以放弃权利不履行义务。"《最高人民法院关于审理建筑物区分所有权纠纷案件具体应用法律若干问题的解释》第十四条第一款规定："建设单位或者其他行为人擅自占用、处分业主共有部分、改变其使用功能或者进行经营性活动，权利人请求排除妨害、恢复原状、确认处分行为无效或者赔偿损失的，人民法院应予支持。"本案中，双方合同约定的建筑物的屋面、外墙面是建筑物的基本结构部分，属于建筑物的共有部分，根据上述法律规定，该共有部分的所有权归业主共同所有，系业主的重要权利。案涉合同约定屋面、外墙面的使用权归出卖人所有，本身就与上述法律规定的精神相悖。虽然美好家园公司认为案涉合同约定的是屋面、外墙面的使用权归出卖人，而非常某峰、李某从主张的共有部分的所有权归出卖人，故不能直接确认该约定无效。但不动产的使用权是所有权的重要权能之一，即业主对建筑物共有部分当然享有共同使用、共同管理的权利。其次，既然建筑物共有部分归业主共同共有，那么常某峰、李某从作为单个业主就无权将建筑物共有部分所有权（包括使用权）让渡给出卖人，更不得以放弃权利为由不履行义务，而应该由业主共同决定对该建筑物共有部分的处分。美好家园公司利用自己的优势地位，在签订合同时与购房人单独约定处分该权利，实质是要求购房人预先放弃自己的权利，该约定显失公正。最后，《中华人民共和国合同法》第三十九条规定："采用格式条款订立合同的，提供格式条款的一方应当遵循公平原则确定当事人之间的权利和义务，并采取合理的方式提请对方注意免除或者限制其责任的条款，按照对方的要求，对该条款予以说明。格式条款是当事人为了重复使用而预先拟定，并在订立合同时未与对方协商的条款。"经查，案涉合同第17条第1、2项记载该商品房所在楼宇的屋面使用权、外墙面使用权后面为下画线，下画线上打印为"归出卖人所有"，而案涉合同的说明第4条记载"本合同文本中涉及的选择、填写内容以手写项为优先"，由此可见，案涉合同第17条第1、2项的内容系美好家园公司为重复使用、事先打印好后，与业主签订，该条款属于格式条款。而且，美好家园公司也没有提供证据证明其履行了采取合理方式提请业主注意该格式条款和说明的义务，甚至美好家园公司与常某峰对该约定中"屋面"的含义也有不同的理解。根据《中华人民共和国合同法》第四十条的规定："格式条款具有……情形的，或者提供格式条款一方免除其责任、加重对方责任、排除对方主要权利的，该条款无效。"案涉条款排除了业主对

建筑物共有部分的主要权利，应认定为无效条款。综上，本院确认案涉合同第17条第1、2项应为无效条款。（曹代鑫整理）

18. 政府对商品房市场价格进行管理和调控的行政管理性规定及相关政策不属于认定合同效力的依据，不影响商品房买卖合同当事人对房屋交易价格进行协商行为的效力。买受人主张出卖人销售房屋价格超出备案价格收取房款违反效力性规定应认定无效的，不予支持。

案件名称

上诉人（一审原告）蒙某玲与被上诉人（一审被告）广西嘉和置业集团有限公司商品房预售合同纠纷案〔（2021）桂民终22号，2021.3.25〕

裁判精要

广西壮族自治区高级人民法院认为，关于上诉人主张案涉合同以合同形式掩盖非法目的以及违反法律法规强制性规定，损害国家和社会公共利益而无效的问题。第一，虽然目前商品房交易市场处于卖方市场的行业状态，但是购房者仍具有基于对房屋地段、环境、质量、户型、品牌、价格等因素的考量从而决定购买与否的选择权，故不存在被上诉人利用优势地位误导购房者作出非理性判断的问题。第二，双方当事人签订案涉高迪山别墅合同的目的在于购买高迪公馆房屋，该隐藏目的并非"非法目的"。第三，《中华人民共和国价格法》第十三条属于管理性强制规定，而《商品房销售明码标价规定》《关于进一步规范房地产开发企业经营行为维护房地产市场秩序的通知》《关于进一步加强房地产市场调控－促进房地产市场平稳健康发展的通知》是相关国家行政部门为了规范房地产行业所制定的调控政策。依据《最高人民法院关于适用〈中华人民共和国合同法〉若干问题的解释（一）》第四条之规定，以上均不属于否定合同效力的效力性强制性规定。第四，案涉商品房销售的业主具有特定性，不涉及不特定社会公众，故不属于侵犯公共利益，也不违背公序良俗。第五，商品房销售中的备案价是政府近年来为了遏制部分城市房价过快上涨而采取的调控措施，开发商对于其违反备案价销售的行为，可能面临责令限期整改、罚款等行政处罚，故应由房地产行政主管部门进行规范和处理。关于上诉人请求返还已付案涉高迪山别墅合同项下房款及赔偿利息损失应否支持的问题。如前所述，双方当事人虽以虚假的意思表示签订了案涉高迪山别墅合同，但该虚假意思表示下所隐藏的真实意思表示是购买被上诉人所开发建设的高迪公馆房屋，双方当事人均清楚知悉案涉高迪山别墅合同项下所支付的定金实为支付高迪公馆房屋的部分房款，且房屋也已经交付完毕，所隐藏的真正合同目的已经实现，故上诉人依据《中华人民共和国合同法》第五十八条的规定主张返还案涉高迪山别墅合同项下购房款及利息损失理据不足，本院不予支持。

编者说明

《中华人民共和国民法典》第一百五十三条规定"违反法律、行政法规的强制性规定的民事法律行为无效"，地方政府对房屋备案价格政策的条款属于政策要求，并非法律法规的强制性规定，不影响商品房买卖合同交易双方关于合同价格约定的效力。（杨贺飞整理）

19. 零首付销售房屋不必然导致房屋买卖合同无效，但出卖人零首付销售房屋加大了银行贷款的风险，其对买受人不再履行贷款合同的行为具有一定过错，应对银行扣减的利息、罚息承担部分责任。

案件名称

再审申请人（一审被告、二审上诉人）王某杰与被申请人（一审原告、二审被上诉人）大溪地公司房屋买卖合同纠纷案［（2019）豫民再912号，2019.12.20］

裁判精要

河南省高级人民法院认为，关于原审判决王某杰向大溪地公司支付利息、罚息问题。王某杰称，因为大溪地公司系零首付销售房屋，违反了国家关于房屋销售的强制性规定，属于违法套取银行贷款的行为，案涉贷款利息和罚息不应当由王某杰承担。本案中，案涉房屋买卖发生时，案涉房屋面积超过90平方米，按照中国人民银行、中国银行业监督管理委员会有关贷款首付比例不得低于30%的规定，大溪地公司销售案涉房屋的做法违反了上述规定，虽然不属于导致合同无效的情形，但其零首付销售房屋的做法加大了银行贷款的风险，其对于银行贷款未能如约履行具有一定过错。且王某杰自2015年10月不再偿还银行贷款，大溪地公司直至2018年3月才向王某杰催收和发出解除合同通知，客观上导致银行利息、罚息的计收持续了近三年，高达73318.8元，甚至远远超过了贷款本金。因此，本院酌定其对于上述银行扣减的利息、罚息部分承担50%，即73318.8元×50%=36659.4元。因其存在违反银行业贷款行业规定申请贷款，贷款也打入了大溪地公司的账户，大溪地公司不应从违规行为中获益，原判王某杰支付的资金占用费28291.54元不当，应予纠正。

编者说明

实践中，零首付购房现象并非个例，且表现形式多样，如出卖人直接垫资、由房产中介公司垫资、分期支付首付款、高评高贷等。但无论何种形式，对于出卖人而言，除了面临民事责任外，还可能面临行政责任，甚至刑事责任。例如本案中，出卖人与买受人串通，采取欺骗手段帮助买受人骗取银行贷款，从而实现零首付购房的目的，出卖人可能会面临行政处罚，情节严重的，甚至可能构成刑事犯罪，如骗取贷款罪。（郑舒文整理）

20. 公证处对出卖人提供的材料真实性未尽到审查与核实义务，存在过错，导致房屋买受人无法实现合同目的并造成损失的，应按过错程度酌定公证处对买受人的损失承担部分补充责任。

案件名称

再审申请人（一审原告、二审上诉人）常某云与被申请人（一审被告、二审被上诉人）惠济公证处、陈某华房屋买卖合同纠纷案［（2019）豫民再32号，2019.4.11］

裁判精要

河南省高级人民法院认为，本案再审争议的焦点是惠济公证处在常某云与陈某华签订及履行房屋买卖合同过程中无法实现合同目的造成常某云损失应否承担赔偿责任及责任方式。

（一）关于惠济公证处应否承担赔偿责任的问题。《中华人民共和国公证法》第四十三条第一款规定："公证机构及其公证员因过错给当事人、公证事项的利害关系人造成损失的，由公证机构承担相应的赔偿责任；公证机构赔偿后，可以向有故意或者重大过失的公证员追偿。"《关于审理涉及公证活动相关民事案件的若干规定》第四条第（五）项规定：公证机构在公证过程中未尽到充分的审查、核实义务，致使公证书错误或者不真实的，人民法院应当认定公证机构有过错。本案中，惠济公证处未充分审查、核实陈某华提交的申请人为梅某隆公证委托书签名是否系本人所签，且梅某隆已于申请公证之前死亡，导致（2014）郑惠证民字第1472号公证书被撤销，从而造成常某云无法实现房屋买卖合同目的的后果，并产生相应损失。对此，惠济公证处没有尽到对相关材料真实性的审查与核实义务，可以认定惠济公证处存在一定过错。常某云基于对该公证书的信赖与陈某华签订了房屋买卖合同，常某云属于公证事项利害关系人，因此而遭受的损失与惠济公证处的过错存在一定的因果关系，故惠济公证处应当承担赔偿责任。

（二）关于惠济公证处承担赔偿责任的方式问题。《关于审理涉及公证活动相关民事案件的若干规定》第五条规定："当事人提供虚假证明材料申请公证致使公证书错误造成他人损失的，当事人应当承担赔偿责任。公证机构依法尽到审查、核实义务的，不承担赔偿责任；未依法尽到审查、核实义务的，应当承担与其过错相应的补充赔偿责任；明知公证证明的材料虚假或者与当事人恶意串通的，承担连带赔偿责任。"本案中，从惠济公证处依据申请办理公证的过程来看，没有证据证明该公证处明知公证证明的材料是虚假的，也没有证据证明惠济公证处与陈某华存在恶意串通的事实。因此，综合本案实际，按照惠济公证处未尽到审查、核实义务的过错程度，酌定其对常某云的损失承担40%的补充赔偿责任。

编者说明

《公证程序规则》以及《办理房屋委托书公证的指导意见》对公证机关在办理房屋委托事项时如何开展公证业务作出了明确规定。中国公证协会《公证机构审查自然人身份的指导意见》第九条明确规定："经辨认当事人的相貌特征与其提交的身份证件上相片的相貌特征差距较大且难以认定同一时，公证人员应当要求当事人提交书面说明并提交其他证明材料，同时可以采取其他方式作为辅助确认手段。当事人拒绝提交书面说明及其他证明材料，或者当事人提交的其他证明材料经核查无法认定人证同一，公证机构应当根据《公证程序规则》第四十八条的规定不予办理公证。"上述案例中，一审法院判决陈某华以梅某隆的名义与常某云签订的《房屋买卖合同》无效及陈某华退还常某云购房款200000元及利息损失；二审法院在此基础上另支持了常某云双倍返还定金的诉请。再审法院省高院按惠济公证处未尽到审查、核实义务的过错程度，酌定其对常某云的损失承担40%的补充赔偿责任。（苗卉整理）

21. 夫妻一方出售夫妻共同所有房屋，买受人有理由相信出卖行为系夫妻双方共同意思表示，一方以配偶不同意或不知道为由主张合同无效不能成立。

案件名称 I

再审申请人（一审原告、二审上诉人）阮某华与被申请人（一审被告、二审被上诉人）黄某敏、范某进第三人撤销之诉案［（2017）最高法民申2219号，2017.6.16］

裁判精要

最高人民法院认为，关于案涉房产转让合同的效力问题。经查，黄某敏、范某进2009年9月15日签订《房屋有偿转让合同书》时，范某进已取得案涉房产房屋所有权证、国有土地使用权证，阮某华提出的案涉合同签订时其与范某进未取得房产权属证书的主张，与事实不符。《最高人民法院关于适用〈中华人民共和国婚姻法〉若干问题的解释（一）》第十七条第（二）项规定："夫或妻非因日常生活需要对夫妻共同财产做重要处理决定，夫妻双方应当平等协商，取得一致意见。他人有理由相信其为夫妻双方共同意思表示的，另一方不得以不同意或不知道为由对抗善意第三人。"案涉房产转让发生于范某进和阮某华婚姻关系存续期间，转让价格不存在明显低于市场价格的情形，二审判决认定黄某敏有理由相信转让案涉房产系范某进和阮某华共同意思表示，其受让案涉房产属于善意，并无不当。阮某华在案涉房产转让合同订立、房屋交付近五年后，才提出范某进出售案涉房产并非夫妻双方共同意思表示，且未能提供证据证明。故二审法院依据上述司法解释规定，对其该项主张不予支持，并无不妥。综上所述，阮某华关于案涉房产转让合同无效的理由，不能成立。

案件名称 II

再审申请人（一审被告、反诉原告、二审被上诉人）梁某林与被申请人（一审原告、反诉被告、二审上诉人）中行周口分行房屋买卖合同纠纷案［（2018）豫民申7852号，2019.3.20］

裁判精要

河南省高级人民法院认为，关于梁某林所提其妻作为共有人不同意对外销售房屋，故其与中行周口分行签订的房屋买卖合同无效的申请理由，本院认为，梁某林与中行周口分行签订的《房地产买卖契约》《房产交易补充协议》系双方协商一致的结果，内容不违反法律行政法规的强制性规定，且已实际履行，即便案涉房产为梁某林夫妻共同财产，梁某林在就夫妻共同财产做重要处理决定时，即应平等协商取得一致意见，中行周口分行有理由相信梁某林的行为为夫妻双方共同意思表示，梁某林以其妻不同意或不知道为由主张合同无效不能成立。

编者说明

夫妻一方出卖房屋并签订房屋买卖合同的效力问题，应当结合案件事实，根据买受人对房屋买卖合同是否明知、受让人是否为善意等因素进行综合分析认定。本案关键在于案涉《房地产买卖契约》《房产交易补充协议》系中行周口分行与梁某林双方协商一致的结果，内容不违反法律行政法规的强制性规定，应为有效合同，且合同已经履行，中行周口分行有理由相信梁某林的出卖行为系其夫妻双方共同意思表示。（苗卉整理）

22. 房屋按份共有人转让他人所享有的份额，属于无权处分行为，但该无权处分行为不影响转让协议的效力，影响的是能否履行协议以及能否发生所有权转移的物权变动结果。

案件名称

上诉人（原审第三人）杨某明与被上诉人（原审被告）刘某生、刘某力、靳某欣及原审被告陈某增、张某威，原审原告张某成房屋所有权份额转让纠纷案[（2020）豫民终65号，2020.9.27]

裁判精要

河南省高级人民法院认为，《中华人民共和国物权法》第十五条规定："当事人之间订立有关设立、变更、转让和消灭不动产物权的合同，除法律另有规定或者合同另有约定外，自合同成立时生效；未办理物权登记的，不影响合同效力。"《最高人民法院关于审理买卖合同纠纷案件适用法律问题的解释》第三条第一款规定"当事人一方以出卖人在缔约时对标的物没有所有权或者处分权为由主张合同无效的，人民法院不予支持"。以上规定体现了不动产物权变动的原因与结果的区分原则，2013年4月6日转让协议是物权变动的原因行为，刘某力、刘某生、靳某欣在缔约时对陈某增25%不动产份额没有所有权，但并不影响作为原因行为的转让协议的效力，影响的是刘某力、刘某生、靳某欣能否履行合同以及能否发生所有权转移的物权变动结果。因此，在无处权分不影响2013年4月6日转让协议效力的情形下，该协议既无《中华人民共和国合同法》第五十二条规定的无效情形，亦不存在侵犯其他共有人优先购买权的情形，所以2013年4月6日转让协议应为有效。

编者说明

在买卖合同法律关系中，买卖合同是物权变动的原因，所有权转移则是物权变动的结果，出卖人在缔约时对标的物没有所有权或处分权并不影响作为原因行为的买卖合同的效力，但能否发生所有权转移的结果则取决于出卖人嗣后能否取得所有权或处分权，物权变动属于效力待定状态，因无权处分人导致标的物不能转移的，出卖人应承担违约赔偿责任。（李亚宇整理）

23. 当事人基于合作开发建设而取得房屋共有权利，在共有房屋被分割后，一方未经另一方同意或追认，擅自处分另一方房屋的行为，属于无权处分。

案件名称

上诉人（原审原告）赵某、王某喜与被上诉人（原审被告）中房公司、隆昌公司、张某军及被上诉人（原审第三人）王某红第三人撤销之诉案［（2020）豫民终121号，2020.8.27］

裁判精要

河南省高级人民法院认为，关于王某喜、赵某能否出于善意而依法取得案涉房屋所有权的问题。物权是权利人依法对特定的物享有直接支配和排他的权利。但是，为了保护交易安全和善意受让人的信赖利益，法律设立善意取得制度，排除物之权利人的追回权。《中华人民共和国物权法》第一百零六条规定的善意取得制度应当同时符合三种情形，即受让人受让该不动产或者动产时是善意的；以合理的价格转让；转让的不动产或者动产依照法律规定应当登记的已经登记，不需要登记的已经交付给受让人。其中对于不动产转让的善意取得需要具备已经进行不动产登记这一法定要件，否则不能构成善意取得。本案中，中房公司与隆昌公司基于合作开发建设而享有案涉房屋的共有权利，双方对共有房源分割后已确定案涉房屋归中房公司所有。隆昌公司法定代表人张某军出卖案涉房屋给王某喜、赵某时，既未经中房公司同意，亦未事后取得中房公司追认，其出卖案涉房屋的行为系无权处分行为。王某喜、赵某提供的与隆昌公司的法定代表人张某军签订的协议书虽然为复写件，但作为一方当事人签字的张某军对协议书的真实性并无异议，一审法院对该协议书的真实性未予确认不符合民事证据的认证规则，应予纠正。王某喜、赵某与隆昌公司的法定代表人张某军签订购房协议，且支付了大部分款项，但未办理房屋所有权登记，尚不满足《中华人民共和国物权法》第一百零六条规定的善意取得案涉房屋所有权的条件，故王某喜、赵某基于购房协议仅对隆昌公司享有普通债权，并未取得案涉房屋所有权。（阮崇翔整理）

24. 出卖人签订商品房买卖合同时，未将所售房屋存在抵押的事实告知买受人的，买受人可以出卖人存在欺诈为由主张撤销合同。

案件名称

再审申请人（一审原告、二审上诉人）刘某洋与被申请人（一审被告、二审被上诉人）安瑞公司商品房预售合同纠纷案［（2020）豫民申4866号，2020.10.23］

裁判精要

河南省高级人民法院经审查认为，关于刘某洋提出要求撤销涉案《协议》应否得到支持的问题。刘某洋购买安瑞公司贵和世嘉2号楼商铺二间。刘某洋已支付了350万元的房款，安瑞公司已将涉案商铺交付刘某洋，二审判决认定双方于2019年8月7日签订的《协议》具备商品房买卖合同的基本要素，认定双方之间签订了书面商品房买卖合同正确，但涉案房屋设定了在建工程抵押，抵押权人为中原银行股份有限公司开封分行，债务履行期限为2018年10月30日至2019年10月29日，且涉案房屋曾被开封市中级人民法院查封，查封的期限为2019年6月26日至2021年6月25日，现涉案房屋的查封已于2019年11月19日解除，但抵押未解押。在刘某洋主张安瑞公司存在故意隐瞒涉案房屋存在抵押的事实，安瑞公司未提交有效证据证明已将涉案房屋抵押的事实告知刘某洋的情况下，应认定安瑞公司存在欺诈，故意隐瞒了涉案房屋存在抵押的事实，故刘某洋要求撤销合同的请求应得到支持。二审判决驳回刘某洋的诉讼请求错误。

编者说明

根据相关法律的规定，房屋买卖过程中，作为出卖人的房地产开发商至少有两个基本的合同义务：一是对房屋拥有所有权，二是保证不存在权利瑕疵。如果该房屋存在权利瑕疵，出卖人在出卖之时至少应尽到告知义务。如果出卖人未尽到告知义务，其行为实际上已构成民法典上的欺诈行为，根据《中华人民共和国民法典》第一百四十八条一方以欺诈、胁迫的手段或者乘人之危，使对方在违背真实意思的情况下订立的合同，受损害方有权请求人民法院或者仲裁机构变更或者撤销之规定，买受人可以据此行使撤销合同的权利，并要求其承担损失赔偿责任。（郭俊利整理）

25. 签订商品房买卖合同时，案涉项目尚不具备法律规定的基础开发条件，属于买受人能够预见可能发生商业风险和法律风险的情形，买受人对由此产生的法律后果应当承担一定过错责任。

案件名称

再审申请人（一审原告、二审上诉人）王甲、王乙与被申请人（一审被告、二审上诉人）金荣公司、取予房地产开发公司、隆竹泽建筑工程公司房屋买卖合同纠纷案［（2020）豫民申3376号，2020.7.29］

裁判精要

河南省高级人民法院认为，关于损失赔偿问题。金荣公司在未取得案涉项目国有建设土地使用权和商品房预售许可的情况下即与王甲、王乙签订《协议》，对合同无效的后果应当承担主要责任。王甲、王乙在与金荣公司签订《协议》时，案涉房地产项目尚不具备法律规定的基础开发条件，王甲、王乙应当能够预见可能发生的商业风险和法律风险，仍与金荣公司签订协议，二审判决认定王甲、王乙也存在一定过错，并无不当。王甲、王乙没有提供有效证据证明金荣公司存在故意隐瞒没有取得商品房预售许可证明的行为，金荣公司转让案涉项目的行为亦不属于"一房两卖"，本案不应适用《最高人民法院关于审理商品房买卖合同纠纷案件适用法律若干问题的解释》第八条、第九条有关惩罚性赔偿的规定，二审法院对王甲、王乙主张金荣公司应当承担惩罚性赔偿责任的请求不予支持，并无不当。二审法院根据缔约时双方的过错程度，并结合郑州经济技术开发区管理委员会前期对其他大多数购房户问题的处理情况，衡平各方利益后判决按年息6%赔偿王甲、王乙的损失，系在正确认定案件事实和适用法律的基础上依法行使自由裁量权，并无不当，不属于应当再审的法定情形。（胡玉芹整理）

26. 合同无效后，出卖人所赔偿的损失限于信赖利益损失。信赖利益损失的范围一般包括因信赖对方要约邀请或要约而与对方联系、赴实地考察等支出的合理费用，为缔约作各种准备和为谈判支出的合理费用以及已付款项利息等，一般不包括因此而错失机会等间接损失。

案件名称

再审申请人（一审原告、二审上诉人）范某文与被申请人（一审被告、二审被上诉人）天隆公司及被申请人（一审被告、二审上诉人）农科院房屋买卖合同纠纷案〔（2021）豫民申1719号，2021.3.25〕

裁判精要

河南省高级人民法院经审查认为，（一）关于涉案合同效力问题，涉案的建设用地是国有划拨土地，且经过政府部门审批，明确为建设科技培训楼的科研用地性质。2006年10月5日天隆公司与范某文签订《商品房认购书》，将上述地块上修建的房屋作为商品房出售，未经有关政府部门审批，未取得商品房预售许可证，违反了法律禁止性规定，生效判决认定涉案合同无效符合法律规定。（二）关于农科院是否应当承担返还购房款责任的问题。因《商品房认购书》的签订主体是天隆公司与范某文，天隆公司收取了范某文的购房款，根据合同相对性原则，在该认购书被认定无效后，应当由天隆公司承担返还责任，范某文认为农科院应当对购房款承担连带责任的理由缺乏法律依据。（三）关于赔偿损失问题。一审判决因当事人上诉而未生效，故一审判决结果是否正确不属于本院的审查范围。因《商品房认购书》被认定无效，天隆公司所赔偿的损失限于信赖利益损失。信赖利益损失的范围一般包括因信赖对方要约邀请或要约而与对方联系、赴实地考察等支出的合理费用，为缔约作各种准备时支出的合理费用，为谈判支出的合理费用，已付款项利息等，一般不包括因此而错失的机会等间接损失。本案中范某文支付相应购房款项，未取得相应房屋，生效判决认定其损失范围应为购房款项的利息并无不当。范某文请求支付房屋增值的损失实质是履行利益损失，不属于信赖利益损失的范围，二审判决未予支持并无不当。（四）关于路某与天隆公司、农科院的类似纠纷案件，河南省新乡市中级人民法院（2013）新中民五终字第193号民事判决已经法定程序被撤销，最终处理结果与本案一致，不能作为本案进入再审的依据。

编者说明

《中华人民共和国民法典》第一百五十七条规定："民事法律行为无效、被撤销或者确定不发生效力后，行为人因该行为取得的财产，应当予以返还；不能返还或者没有必要返还的，应当折价补偿。有过错的一方应当赔偿对方由此所受到的损失；各方都有过错的，应当各自承担相应的责任。法律另有规定的，依照其规定。"（李振锋整理）

第三节　商品房预售

27. 因出卖人未取得商品房预售许可证导致买受人与出卖人签订的商品房买卖协议无效的，买受人将该房屋转让给第三人的转让协议也无效。

案件名称

再审申请人（一审被告、二审上诉人）丁某与被申请人（一审原告、二审被上诉人）武某莆、被申请人（一审被告）爱丁堡公司房屋买卖合同纠纷案〔（2020）豫民申2538号，2020.6.18〕

裁判精要

河南省高级人民法院经审查认为，丁某与武某莆签订的《转让协议》中，并未约定仲裁条款；武某莆与爱丁堡公司签订的《内部员工认购协议书》（以下简称《认购协议书》）虽约定有仲裁条款，但武某莆基于上述两份协议向丁某支付535000元，原审法院对武某莆与丁某、爱丁堡公司之间的纠纷一并处理，并无不当。武某莆与爱丁堡公司所签订《认购协议书》中约定的房屋截至一审法庭辩论终结之日仍未取得商品房预售许可证明，原审法院根据相关司法解释的规定，认定《认购协议书》无效并无不当。作为基础法律关系的《认购协议书》已经确认无效，故武某莆与丁某所签订的《转让协议》亦应属无效。上述《认购协议书》及《转让协议》被认定无效后，爱丁堡公司基于该协议所收取的认购款166131元，以及丁某基于《转让协议》从武某莆处另收取的房屋加价款368869元应当予以返还。综上，原审法院在认定合同效力和合同无效后财产返还的处理上并无不当。

编者说明

《最高人民法院关于审理商品房买卖合同纠纷案件适用法律若干问题的解释》（2020年修正）第二条规定："出卖人未取得商品房预售许可证明，与买受人订立的商品房预售合同，应当认定无效，但是在起诉前取得商品房预售许可证明的，可以认定有效。"本案中《认购协议书》签订时案涉房屋尚未取得预售许可证，应当认定无效，当事人未取得拟购买房屋的相应权利，无权对该房屋进行处分。作为基础法律关系的《认购协议书》已经确认无效，由此再就该房屋做出的法律行为也无效。（曹代鑫整理）

28. 因出卖人未取得商品房预售许可证导致买卖合同无效，出卖人承担过错责任。根据诚实信用原则和公平原则，在确定财产返还时，应当充分考虑市场因素，以及双方对合同无效的过错程度和是否从合同中获益的因素，将案涉房屋增值部分即房屋差价在双方之间合理进行分配。

案件名称

再审申请人（一审原告、二审上诉人）马某梅与被申请人（一审被告、二审被上诉人）爱丁堡公司、江山房地产开发公司房屋买卖合同纠纷案[（2020）豫民申6505号，2020.11.27]

裁判精要

河南省高级人民法院认为，《中华人民共和国合同法》第五十八条规定，合同无效或者被撤销后，因该合同取得的财产，应当予以返还；不能返还或者没有必要返还的，应当折价补偿。有过错的一方应当赔偿对方因此所受到的损失，双方都有过错的，应当各自承担相应的责任。本案中，取得商品房预售许可证属于出卖人爱丁堡公司的法定义务，爱丁堡公司未取得商品房预售许可证即与马某梅订立《商铺认购协议》，导致该协议被认定无效，过错在于爱丁堡公司。根据诚实信用原则和公平原则，在确定财产返还时，应当充分考虑市场因素，以及双方对合同无效的过错程度和是否从合同中获益的因素，将案涉房屋增值部分即房屋差价在双方之间合理进行分配。马某梅一审提交了郑州市房地产市场区域销售数据，再审时应当参照该证据对马某梅主张的房屋差价酌情予以支持。综上，马某梅的再审申请符合《中华人民共和国民事诉讼法》第二百条第（二）项规定的情形。

编者说明

指令河南省郑州市中级人民法院再审本案。（郭红春整理）

29. 现房买卖中，买受人以出卖人未取得预售许可证主张商品房买卖合同无效的，不予支持。

案件名称

再审申请人（一审被告、二审上诉人）丁某鹏与被申请人（一审原告、二审被上诉人）安业公司商品房销售合同纠纷案［（2021）豫民申8518号，2021.12.13］

裁判精要

河南省高级人民法院经审查认为，根据安业公司提交的证据，安业公司前期售房时五证齐全，符合商品房预售条件，2017年8月10日丁某鹏与安业公司签订商品房买卖合同时，安业公司商品房预售许可证（预售有效期为2013年4月27日至2015年4月27日）已过期属实，但丁某鹏所购房屋是现房，且已实际交付，故此种情形与未取得预售许可证销售房屋在性质上完全不同，故双方之间的合同为有效合同，各方均应按照合同约定履行自己的合同义务。丁某鹏主张合同无效的申请理由不能成立。

编者说明

《最高人民法院关于审理商品房买卖合同纠纷案件适用法律若干问题的解释》虽规定出卖人未取得商品房预售许可证明，与买受人订立的商品房预售合同，应当认定无效，但现房销售情况下无须也无法办理预售许可证，商品房买卖合同不因无预售许可证而无效。（杨贺飞整理）

30. 签订房屋买卖合同时，出卖人尚未办理商品房预售许可证，但房屋已交付买受人占有，应从维护交易秩序和遵守诚实信用原则的角度认定该房屋买卖合同有效。

案件名称

再审申请人（一审原告、反诉被告、二审上诉人）宏座公司与被申请人（一审被告、反诉原告、二审上诉人）刘某庚合同纠纷案［（2020）最高法民申6217号，2020.12.31］

裁判精要

最高人民法院经审查认为，宏座公司与刘某庚于2013年8月7日签订的《盛世郡沿街商铺认购协议》以及2014年1月10日签订的两份《商品房买卖合同》是双方真实意思表示，应当对双方具有约束力，双方当事人应当依照合同约定履行各自义务。本案诉争房产在出售时虽未取得商品房预售许可证，但是《盛世郡沿街商铺认购协议》中的4号商业4层645.66平方米及《商品房买卖合同》中盛世郡一期会战道第四层商铺1200平方米房屋，均系盛世郡一期房产，已经实际交付刘某庚使用，表明宏座公司和刘某庚已经实际履行合同，现刘某庚亦有继续履行合同的意愿；而《盛世郡沿街商铺认购协议》中的9号住宅楼1~4层底商、9号宅裙楼（原名称为6号商业1~4层商铺）共计6032.27平方米取得了住房预售证2017第0712024号《商品房预售许可证》，《商品房买卖合同》中的二期10#1层底商1000平方米中的692.92平方米取得了住房预售证2017第0712023号《商品房预售许可证》。故为维护商品房交易稳定、保护交易现状，基于诚实信用原则，双方上述诉争房产涉及的房屋买卖合同应当认定有效。

编者说明

最高人民法院以案涉房产已交付使用且有继续履行合同的意愿为基础，为维护商品房交易稳定、保护交易现状，基于诚实信用原则，认定案涉房屋买卖合同有效。（苗卉整理）

31. 出卖人具备办理商品房预售许可证的条件而未办理，其主张以未取得商品房预售许可证为由请求确认房屋买卖合同无效的，因违反公平原则及诚实信用原则，不应支持。

案件名称

再审申请人（一审原告、二审被上诉人）鑫胜公司与被申请人（一审被告、二审上诉人）裴某臣房屋买卖合同纠纷案〔（2018）豫民申9717号，2019.2.28〕

裁判精要

河南省高级人民法院认为，关于鑫胜公司提出的涉案房屋买卖行为为无效行为，裴某臣应返还涉案房屋的问题。鑫胜公司以涉案房屋至今未取得商品房预售许可证为由，主张依据《最高人民法院关于审理商品房买卖合同纠纷案件适用法律若干问题的解释》第二条的规定，要求判令其与裴某臣之间的房屋买卖行为无效。商品房预售相关法律规定商品房预售许可证是商品房预售条件之一，是因为预售合同订立时，买卖房屋尚在建设之中，房屋所有权还没有登记设立，为了维护交易的安全，保护消费者的利益，故国家对商品房预售行为建立了商品房预售许可制度。鑫胜公司在一审时已经取得涉案房屋《国有土地使用证》《建设用地规划许可证》和《建设工程规划许可证》，且本案涉案房屋已于2009年现房交付裴某臣使用至今。根据《中华人民共和国城市房地产管理法》第四十四条和《城市商品房预售管理办法》第五条、第七条的规定，商品房预售应当符合下列条件：已交付全部土地使用权出让金取得土地使用权证书；持有建设工程规划许可证；按提供预售的商品房计算，投入开发建设的资金达到工程建设总投资的25%以上，并已经确定施工进度和竣工交付日期；工程施工合同及商品房预售方案。鑫胜公司在具备上述办理商品房预售许可证条件的情况下而未办理，其提起诉讼要求以未办理审批手续为由请求确认涉案房屋买卖行为无效，并要求裴某臣返还涉案房屋违反公平原则及诚实信用原则，不应得到支持。（苗卉整理）

32. 开发经营主体在未取得项目开发经营权，也未取得商品房预售许可证的情况下，对外签订的商品房买卖合同，不因其关联方取得该项目开发经营权和商品房预售许可证而影响合同效力。

案件名称

再审申请人（一审原告、二审上诉人）王甲、王乙与被申请人（一审被告、二审上诉人）金荣公司、取予公司、隆竹泽建筑工程公司房屋买卖合同纠纷案［（2020）豫民申3376号，2020.7.29］

裁判精要

河南省高级人民法院认为，关于王甲、王乙与金荣公司签订的《协议》效力的问题。二审法院根据《协议》的内容和金荣公司已经收取王甲、王乙购房款的事实，将《协议》认定为商品房买卖合同，符合法律规定。为维护交易秩序，保护消费者的利益，防止国家对国有土地的利益遭受损害，国家对商品房预售行为作出特殊要求和规定，建立了商品房预售的行政许可制度，《最高人民法院关于审理商品房买卖合同纠纷案件适用法律若干问题的解释》明确规定，出卖人取得商品房预售许可证为商品房预售合同有效的条件之一。金荣公司作为出卖人与买受人王甲、王乙订立《协议》时未取得商品房预售许可证明，二审法院认定《协议》无效符合上述司法解释的规定。因金荣公司不能履约造成购房户多次群体上访，郑州市经济技术开发区管理委员会成立工作组专门负责处理此问题。2016年7月，河南碧桂园置业有限公司以受让股权的形式取得案涉项目，金荣公司退还了大部分购房户的购房款本息。虽然案涉项目整体转让后仍以取予公司的名义进行开发，取予公司在2017年9月28日取得了案涉项目的《商品房预售许可证》，但案涉项目转让后，开发经营主体实质上已经变更为河南碧桂园置业有限公司，金荣公司不再享有项目开发利益以及对项目处分的权利，取予公司后期取得《商品房预售许可证》的事实不能视为对前述《协议》效力的补正。故二审法院认定金荣公司与王甲、王乙所签订的《协议》无效正确。（胡玉芹整理）

33. 房屋买卖合同因出卖人未取得商品房预售许可证被认定为无效，出卖人对合同无效承担主要过错责任，买受人在购买房屋时也应尽到审慎义务，否则也应承担一定的过错责任。

案件名称

再审申请人（一审原告、二审上诉人）黄某晶与被申请人（一审被告、二审被上诉人）华北公司房屋买卖合同纠纷案［（2019）豫民申1743号，2019.5.15］

裁判精要

河南省高级人民法院经审查认为，因华北公司不具有商品房预售许可证，涉案房屋买卖合同违反效力性强制性规定，属于无效合同，双方当事人对此并无异议。对于因合同无效造成的损失，华北公司因未取得商品房预售许可证存在主要过错；同时，黄某晶作为合同标的较大的房屋买卖的消费者，在签订合同时未对华北公司是否具备商品房预售许可证尽到审慎的注意义务，对合同无效及损失的发生亦有过错。二审判决在考虑双方当事人过错程度的基础上，根据《最高人民法院关于审理商品房买卖合同纠纷案件适用法律若干问题的解释》第十八条第二款之规定，对一审判决华北公司给付黄某晶利息部分进行调高，按照中国人民银行规定的金融机构计收逾期贷款利息的标准支付给黄某晶相应的利息以弥补其所受的损失，属于正确行使自由裁量权，并无不当。本案中，没有证据证实华北公司在双方签订购房协议及补充协议中存在恶意欺诈行为，故二审判决认为不能适用《最高人民法院关于审理商品房买卖合同纠纷案件适用法律若干问题的解释》第九条的规定，也无不当。（阮崇翔整理）

34. 买受人以出卖人未取得商品房预售许可证而请求赔偿一倍购房款的主张，没有法律依据。

案件名称

再审申请人（一审原告、二审被上诉人）付某遨与被申请人（一审被告、二审上诉人）馨星永仁公司房屋买卖合同纠纷案［（2022）豫民申148号，2022.3.21］

裁判精要

河南省高级人民法院经审查认为，关于本案的法律适用问题。本案中，付某遨主张馨星永仁公司故意隐瞒没有取得商品房预售许可证明的事实而要求赔偿一倍的购房款，但2020年12月23日修正的《最高人民法院关于审理商品房买卖合同纠纷案件适用法律若干问题的解释》已经删除了有关出卖人订立商品房买卖合同时故意隐瞒没有取得商品房预售许可证明事实或提供虚假商品房预售许可证明，买受人可以请求出卖人承担不超过购房款一倍的赔偿责任的内容，适用于尚在一审、二审阶段审理的案件。故二审判决未支持付某遨该项主张，适用法律并无不当。

编者说明

《最高人民法院关于审理商品房买卖合同纠纷案件适用法律若干问题的解释》（2020年修正）已经删除了《最高人民法院关于审理商品房买卖合同纠纷案件适用法律若干问题的解释》（法释〔2003〕7号）第九条："出卖人订立商品房买卖合同时，具有下列情形之一，导致合同无效或者被撤销、解除的，买受人可以请求返还已付购房款及利息、赔偿损失，并可以请求出卖人承担不超过已付购房款一倍的赔偿责任：（一）故意隐瞒没有取得商品房预售许可证明的事实或者提供虚假商品房预售许可证明；（二）故意隐瞒所售房屋已经抵押的事实；（三）故意隐瞒所售房屋已经出卖给第三人或者为拆迁补偿安置房屋的事实。"（吴利波整理）

35. 买受人无证据证明出卖人在签订商品房买卖合同时故意隐瞒未取得商品房预售许可证的，要求出卖人承担已付购房款一倍赔偿责任，不予支持。

案件名称

再审申请人（一审原告、二审上诉人）陈某华与被申请人（一审被告、二审被上诉人）南郡公司房屋买卖合同纠纷案〔（2020）苏民申4524号，2021.1.19〕

裁判精要

江苏省高级人民法院认为，关于南郡公司是否应当承担90万元购房款一倍赔偿责任的问题。本案《南郡新城商铺认购合同变更与补充条款》（以下简称《变更与补充条款》）在约定南郡公司于2017年6月30日办理案涉商铺房产证相关手续的同时，进一步约定：如届时仍无法按时办理，如因政府土地解押程序延缓，如陈某华同意商铺房屋产权证顺延办理，不视为南郡公司违约；如陈某华不同意产权证顺延办理，预付款项依照当时居民活期利率的双倍加息无条件返还给陈某华。上述约定表明，南郡公司已经告知陈某华案涉商铺无法办理产权证的原因涉及政府土地解押程序，即南郡公司在办理案涉商铺土地使用权证书方面存在不可预知的客观困难。事实上，南通市国土资源局通州湾示范区分局于2018年8月14日出具的《情况说明》载明，案涉项目于2014年12月开工建设，该地块因土地未解押而延迟挂牌，现南郡公司已于2018年5月通过土地挂牌获得该地块国有建设用地使用权，并于2018年7月取得不动产权证书。《情况说明》以及南郡公司在土地挂牌出让以后即办理建设用地规划许可证、国有建设用地使用权证、建设工程规划许可证等行为可以证明《变更与补充条款》载明的内容客观属实。因土地使用权问题在性质上属于《商品房销售管理办法》规定的房地产开发企业现售商品房的基本条件，亦是办理后续批准许可手续的前提条件，在结果上与陈某华取得案涉房屋的产权证实现购房目的直接相关，南郡公司在《变更与补充条款》中已经予以告知，并未使陈某华陷入错误判断而作出意思表示。陈某华作为具有一定社会经验和相当交易判断能力的民事主体，签订合同时应当尽到善良注意义务，了解南郡公司房屋销售手续是否齐全，其在缔约时已经明知案涉商铺办理土地使用权证存在客观障碍，不仅未提出异议，而且同意因此造成无法如期办理房屋产权证书将不视为南郡公司违约。在此情形下，一、二审法院认定南郡公司并未故意隐瞒没有取得商品房预售许可证的事实，并判决驳回陈某华要求南郡公司承担已付购房款一倍赔偿责任的诉讼请求，并无不当。

编者说明

2003年通过的《最高人民法院关于审理商品房买卖合同纠纷案件适用法律若干问题的解释》第九条规定："出卖人订立商品房买卖合同时，具有下列情形之一，导致合同无效或者被撤销、解除的，买受人可以请求返还已付购房款及利息、赔偿损失，并可以请求出卖人承担不超过已付购房款一倍的赔偿责任：（一）故意隐瞒没有取得商品房预售许可证明的事实或者提供虚假商品房预售许可证明；（二）故意隐瞒所售房屋已经抵押的事实；（三）故意隐瞒所售房屋已经出卖给第三人或者为拆迁补偿安置房屋的事实。"上述司法解释已于2020年修正，上述第九条已删除，特此说明。（胡玉芹整理）

36. 出卖人在具备办理商品房预售许可证条件下而未办理，将房屋出卖并交付买受人后，又以未办理商品房预售许可证为由请求确认房屋买卖合同无效，有违公平原则及诚实信用原则，不予支持。

案件名称

再审申请人（一审原告、二审被上诉人）鑫胜公司与被申请人（一审被告、二审上诉人）施某军房屋买卖合同纠纷案［（2018）豫民申9725号，2019.2.20］

裁判精要

河南省高级人民法院认为，关于鑫胜公司提出的涉案房屋买卖行为是无效行为，施某军应返还涉案房屋的问题。鑫胜公司以涉案房屋至今未取得商品房预售许可证为由，主张依据《最高人民法院关于审理商品房买卖合同纠纷案件适用法律若干问题的解释》第二条的规定，要求判令其与施某军之间的房屋买卖行为无效；涉案房屋建于2007年，施某军已于2009年装修入住使用至今；商品房预售相关法律规定商品房预售许可证是商品房预售条件之一，是因为预售合同订立时，买卖房屋尚在建设之中，房屋所有权还没有登记设立，为了维护交易的安全，保护消费者的利益，故国家对商品房预售行为建立了商品房预售许可制度；鑫胜公司在本案一审时已经取得涉案房屋《国有土地使用证》《建设用地规划许可证》和《建设工程规划许可证》，且本案涉案房屋已于2009年现房交付施某军使用至今；根据《中华人民共和国城市房地产管理法》第四十四条和《城市商品房预售管理办法》第五条、第七条的规定，商品房预售应当符合下列条件：已交付全部土地使用权出让金取得土地使用权证书；持有建设工程规划许可证；按提供预售的商品房计算，投入开发建设的资金达到工程建设总投资的25%以上，并已经确定施工进度和竣工交付日期；工程施工合同及商品房预售方案；鑫胜公司在具备上述办理商品房预售许可证条件的情况下而未办理，其提起诉讼要求以未办理审批手续为由请求确认涉案房屋买卖行为无效，并要求施某军返还涉案房屋违反了公平原则及诚实信用原则，不应得到支持，原审判决驳回鑫胜公司的诉讼请求并无不当。综上，鑫胜公司的再审申请理由不能成立。（徐润浈整理）

第四节 预约与本约

37. 预约合同的判断标准，应当是当事人是否有意在将来订立一个新的合同，以最终明确在双方之间形成某种法律关系的具体内容，如果当事人存在明确的将来订立本约的意思，那么即使预约的内容和本约已十分接近，仍应当尊重当事人的意思，不能将预约合同认定为本约合同。

案件名称

再审申请人（一审原告、二审上诉人）和某民与被申请人（一审被告、二审被上诉人）广佳欣公司房屋买卖合同纠纷案［（2020）豫民申7074号，2020.11.17］

裁判精要

河南省高级人民法院经审查认为，一、判断当事人之间订立的合同系本约还是预约合同的标准，应当是当事人是否有意在将来订立一个新的合同，以最终明确在双方之间形成某种法律关系的具体内容，如果当事人存在明确的将来订立本约的意思，那么即使预约的内容和本约已十分接近，仍应当尊重当事人的意思，不能将预约合同认定为本约合同。和某民与广佳欣公司签订《认购协议书》，对和某民购买房屋的位置、价款、面积等作出约定，具备了商品房买卖合同的主要内容，但是，该协议同时约定，在广佳欣公司取得商品房预售许可证后，和某民与广佳欣公司签订《商品房买卖合同》。因此，案涉《认购协议书》非本约合同，而系预约合同。该预约合同不违反法律、行政法规的强制性规定，原审认定《认购协议书》合法有效正确。和某民关于《认购协议书》系商品房买卖合同的主张不能成立，本院不予支持。二、2018年12月21日，安阳市文峰区处置广佳欣公司非法集资案件工作组对购房户或集资参与人选房、订房的事宜进行公告，并告知逾期不参加选房、订房、实物兑付的，视为放弃，房源将另行处理。和某民未按时参与，在此情形下，2019年11月25日广佳欣公司将案涉房屋出售给他人。和某民主张广佳欣公司与第三人恶意串通损害其利益，但未提供二者恶意串通的证据，其该项主张不能成立，本院不予支持。三、在案涉房屋已经被出卖给第三人,《认购协议书》约定的签订商品房买卖协议以及房屋交付义务客观上均已履行不能,和某民应当向广佳欣公司主张解除《认购协议书》、赔偿损失以保障自己的权利。对此,一、二审法院均向和某民释明可依据《认购协议书》向广佳欣公司主张解除合同,询问其是否变更诉讼请求,然而和某民明确其不变更诉讼请求,故原审驳回和某民的诉讼请求并无不当。综上,和某民的申请理由均不能成立。(郭红春整理)

38. 认购协议中对商品房的交付时间、办证时间、违约责任等直接影响双方权利义务的重要条款没有明确约定,需要双方签订商品房买卖合同予以确认的,应认定该认购协议为预约合同。

案件名称

再审申请人(一审被告、二审被上诉人)李某与被申请人(一审原告、二审上诉人)永丰公司房屋买卖合同纠纷案〔(2022)豫民申711号,2022.4.21〕

裁判精要

河南省高级人民法院经审查认为,关于涉案认购协议的性质认定及应否解除的问题。2014年10月21日李某、永丰公司签订的《永丰·财富新街认购协议》对当事人基本信息,商铺具体位置、面积、单价、房款总价、支付方式(银行按揭)等均有明确约定。但关于商品房的交付时间、办证时间、违约责任等直接影响双方权利义务的重要条款在认购协议中没有明确约定,需要双方签订《商品房买卖合同》予以确认,因此,该认购协议系预约合同,并非本约。该认购协议中约定:买受人须于2014年10月21日前携带本认购协议书、认购金收据及身份证原件与出卖人签署《商品房买卖合同》,并支付不低于总价款50%的首付款(含认购定金),余款由银行按揭方式支付;待买受人交付首期(或全款)与出卖人签署《商品房买卖合同》之后,本协议自动作废;如遇房产新政法规变动和银行信贷政策变动,买受人必须依据房产新政、法规和银行信贷政策在7日内提交补充资料,提高首付款的比例或一次性付清该房屋的所有款项,否则出卖方有权处置该套房屋。2014年12月30日永丰公司履行了交付涉案商铺的义务,同日,李某出具《承诺书》,承诺在接到永丰公司电话或书面通知之日起7日内办理完毕按揭手续,如因本人因素导致按揭手续无法按时办理,本人同意在确认按揭贷款手续无法办理之日起15日内一次性缴纳剩余房款，否则永丰公司有权解除《商品房买卖合同》，收回商铺并有权追究本人逾期付款的违约责任。由此可见，若李某未按约定期限交付剩余房款，永丰公司享有解除权。根据永丰公司提交的2018年3月期间的录音资料、2018年5月期间的微信聊天记录，可以证明永丰公司已请求李某履行支付剩余房款180万元的义务，李某以其贷款未下来、正在办理中为由未及时支付。因此，双方已对《认购协议》中约定的余款以银行按揭支付的方式进行了变更，李某未按《承诺书》的内容一次性支付剩余房款。根据永丰公司提交的微信聊天记录，可以证明在2020年5月期间，永丰公司要求李某网签备案合同，李某则要求永丰公司确定办理房屋产权证时间。李某提交的2021年1月9日录音证据，也可以证明永丰公司要求李某签订备案合同，李某以永丰公司不能办理产权证为由不予签订。二审法院因此认定李某未按《承诺书》支付剩余房款，也未依约签订《商品房买卖合同》构成违约。且依据永丰公司提交的涉案项目的相关证件、业主张某文办理的不动产登记证等证据，可以证明涉案商铺并不存在办证障碍，涉案商铺早已于2014年交付李某并对外出租，李某关于永丰公司应当承担不能办理产权证而导致其合同目的无法实现，解除认购协议的请求，没有事实及法律依据，二审法院驳回李某的诉讼请求并无不当。综上，李某的再审申请理由不能成立。

编者说明

《最高人民法院关于审理商品房买卖合同纠纷案件适用法律若干问题的解释》（2020年修正）第五条规定："商品房的认购、订购、预订等协议具备《商品房销售管理办法》第十六条规定的商品房买卖合同的主要内容，并且出卖人已经按照约定收受购房款的，该协议应当认定为商品房买卖合同。"本案中，由于预约合同对商品房的交付时间、办证时间、违约责任等直接影响双方权利义务的重要条款没有明确约定，因此，不符合《商品房销售管理办法》第十六条规定的商品房买卖合同的主要内容，法院仍认定其为预约合同，而非商品房买卖合同。（吴利波整理）

39. 认购协议属于预约合同，但出卖人授权代表另行向买受人出具承诺书并对房屋总价款、付款时间、费用负担、交房时间、违约责任等进行了补充约定，且买受人支付了购房款，应认定双方成立商品房买卖合同关系。

案件名称

再审申请人（一审被告、二审上诉人）金泰利公司与被申请人（一审原告、二

审被上诉人）刘某玲房屋买卖合同纠纷案［（2019）豫民再802号，2019.12.13］

🔍 裁判精要

河南省高级人民法院认为，《最高人民法院关于审理商品房买卖合同纠纷案件适用法律若干问题的解释》第五条规定："商品房的认购、订购、预订等协议具备《商品房销售管理办法》第十六条规定的商品房买卖合同的主要内容，并且出卖人已经按照约定收受购房款的，该协议应当认定为商品房买卖合同。"金泰利公司与刘某玲签订的《润景时代楼宇认购协议》，仅约定了认购房屋的坐落位置、楼号、楼层、房间号与面积，不具备商品房买卖合同的要件，属于预约合同；但张某琦（金泰利公司执行副董事长）后来出具的承诺书，对房屋总价款、付款时间、费用负担、交房时间、违约责任等商品房买卖合同的主要条款均进行了书面承诺，刘某玲对此也认可，可视为该承诺书是双方对认购协议的补充。且刘某玲已经按照约定支付了购房款。该承诺书作为认购协议的补充，与认购协议作为一个整体构成房屋买卖合同。据此，可以认定双方成立了商品房买卖合同，且金泰利公司已经收取刘某玲45万元购房款。（郑舒文整理）

40. 出卖人在取得预售许可证之前以他人名义与买受人签订认购协议的，出卖人、协议上的名义出卖人应共同对买受人承担合同责任。

📡 案件名称

再审申请人（一审被告、二审被上诉人）中牟普罗旺世新农村建设发展有限公司、郑州普罗房地产开发有限公司与被申请人（一审原告、二审上诉人）陈某杰房屋买卖合同纠纷案［（2019）豫民申793号，2019.7.15］

🔍 裁判精要

河南省高级人民法院认为，……（三）关于责任承担。中牟普罗旺世新农村建设发展有限公司（以下简称中牟普罗公司）在与陈某杰签订《委托认购协议》时，郑州普罗房地产开发有限公司（以下简称郑州普罗公司）尚未取得预售许可证，本案所涉《委托认购协议》双方均认可在郑州普罗公司售楼部签订，且中牟普罗公司、郑州普罗公司均不能解释中牟普罗公司与陈某杰签订《委托认购协议》时的身份、郑州普罗公司又认可其保证中牟普罗公司对外所签订的委托认购协议的实现,故生效判决认定"《委托认购协议》的相应法律后果,应由郑州普罗公司、中牟普罗公司共同承担"并无不当。(四)关于程序。中牟普罗公司、郑州普罗公司申请所称的涉诉房屋已经出售给案外人周某朋,法院未准许周某朋参加诉讼剥夺了其权利,《委托认购协议》不具有可执行性等理由并非法定再审事由,该项理由不能成立。(姚池整理)

41. 购房合同对房屋坐落位置约定不明确,不符合商品房买卖合同应具备的主要内容,应当视为预约合同。

案件名称

再审申请人(一审被告、二审上诉人)六顺公司与被申请人(一审原告、二审被上诉人)王某房屋买卖合同纠纷案[(2020)豫民申755号,2020.6.1]

裁判精要

河南省高级人民法院经审查认为,六顺公司与王某签订的《购房合同》对房屋位置仅约定"15层到21层之间,第18层除外"的一套房屋,面积约99平方米。该合同对房屋坐落位置并不明确,应当视为购买商品房签订的预约合同,生效判决认定涉案《购房合同》具备商品房买卖合同的主要内容不当。无论是预约合同还是商品房买卖合同,因六顺公司不具备售房条件,所以其对《购房合同》无效负有过错,生效判决判令六顺公司返还购房款并按月息2%赔偿损失并无不当。

编者说明

根据《商品房销售管理办法》(建设部令第88号)第十六条"商品房销售时,房地产开发企业和买受人应当订立书面商品房买卖合同。商品房买卖合同应当明确以下主要内容:(一)当事人名称或者姓名和住所;(二)商品房基本状况;(三)商品房的销售方式;(四)商品房价款的确定方式及总价款、付款方式、付款时间;(五)交付使用条件及日期;(六)装饰、设备标准承诺;(七)供水、供电、供热、燃气、通讯、道路、绿化等配套基础设施和公共设施的交付承诺和有关权益、责任;(八)公共配套建筑的产权归属;(九)面积差异的处理方式;(十)办理产权登记有关事宜;(十一)解决争议的方法;(十二)违约责任;(十三)双方约定的其他事项"的规定,商品房买卖合同应当明确商品房的基本状况。在本案中,双方签订的《购房合同》对房屋位置仅约定为"15层到21层之间，第18层除外"，对房屋坐落位置并不明确，不应认定涉案《购房合同》具备商品房买卖合同的主要内容，应当视为预约合同。（丁一整理）

42. 区分商品房买卖合同是预约合同还是本约合同，应依据《商品房销售管理办法》第十六条规定的商品房买卖合同应具备的主要内容认定。

案件名称

再审申请人（一审原告、二审上诉人）李某远与被申请人（一审被告、二审上诉人）葆翔公司商品房预约合同纠纷案〔（2021）最高法民申1544号，2021.3.29〕

裁判精要

最高人民法院认为，关于《认购协议》的性质，2003年施行的《最高人民法院关于审理商品房买卖合同纠纷案件适用法律若干问题的解释》第五条规定："商品房的认购、订购、预订等协议具备《商品房销售管理办法》第十六条规定的商品房买卖合同的主要内容，并且出卖人已经按照约定收受购房款的，该协议应当认定为商品房买卖合同。"因此，判断《认购协议》是预约合同还是本约合同，关键在于该协议是否具备《商品房销售管理办法》第十六条规定的商品房买卖合同的主要内容。一方面，《认购协议》虽约定当事人与案涉商品房屋的基本情况、总价款、付款方式等，但未约定《商品房销售管理办法》第十六条规定的基础设施和公共设施的交付承诺和有关权益、责任以及公共配套建筑的产权归属、面积差异的处理方式、办理产权登记等有关事宜；对于交付时间和装修标准，也仅约定以将来签订的《重庆市商品房买卖合同》及其附件为准。根据上述规定，《认购协议》应当属于预约合同。另一方面，葆翔公司作为甲方与李某远作为乙方签订的《认购协议》第四条第二款约定："甲乙双方在本认购书签订后，若甲方关于该物业承诺的租赁事宜未与江北嘴中央商务区管委会达成一致，甲方应告知乙方（包括电话、短信、微信等形式），若乙方仍愿意购买则购买价格不得超过本认购协议约定的总价格，乙方享有本认购书约定价格的优先购买权；若乙方放弃购买，则甲方需将诚意认购金全额退还乙方，乙方不予追究甲方任何责任。若甲方关于该物业的租赁事宜与江北嘴中央商务区管委会达成一致，则乙方须于收到甲方通知（包括但不限于电话、函件、短信等）后七日之内按2000万元的房价签订《重庆市商品房买卖合同》，逾期签约甲方可以另售该物业，乙方不得追究甲方任何责任，诚意金甲方无息退还乙方。"可见，关于案涉房屋的《重庆市商品房买卖合同》最终能否签订，取决于案涉房屋是否带租约出售的事实确定之后李某远的表态。综上，本院认为，综合考虑《认购协议》的形式、内容及另行签订买卖合同的必要性等因素，一、二审法院认定《认购协议》为商品房买卖预约合同，并无不当。

编者说明

现行有效的《最高人民法院关于审理商品房买卖合同纠纷案件适用法律若干问题的解释》（2020年修正）第五条规定："商品房的认购、订购、预订等协议具备《商品房销售管理办法》第十六条规定的商品房买卖合同的主要内容，并且出卖人已经按照约定收受购房款的，该协议应当认定为商品房买卖合同。"《商品房销售管理办法》第十六条规定："商品房销售时，房地产开发企业和买受人应当订立书面商品房买卖合同。商品房买卖合同应当明确以下主要内容：（一）当事人名称或者姓名和住所；（二）商品房基本状况；（三）商品房的销售方式；（四）商品房价款的确定方式及总价款、付款方式、付款时间；（五）交付使用条件及日期；（六）装饰、设备标准承诺；（七）供水、供电、供热、燃气、通讯、道路、绿化等配套基础设施和公共设施的交付承诺和有关权益、责任；（八）公共配套建筑的产权归属；（九）面积差异的处理方式；（十）办理产权登记有关事宜；（十一）解决争议的方法；（十二）违约责任；（十三）双方约定的其他事项。"司法实践中，可根据上述法律规定判断双方签订的协议是否为商品房买卖合同。（胡玉芹整理）

43. 预约合同符合《商品房销售管理办法》第十六条规定的商品房买卖合同的主要内容，且出卖人收取了买受人购房款，应认定为商品房买卖合同。

案件名称

再审申请人（一审被告、二审上诉人）新华富公司与被申请人（一审原告、二审被上诉人）慕某民房屋买卖合同纠纷案[（2019）豫民再374号，2019.6.21]

裁判精要

河南省高级人民法院认为，关于案涉两份认购协议的性质，是预约合同还是商品房买卖合同问题。预约合同以缔结义务行为作为标的，合同内容一般并不涉及本约应有的内容。从案涉认购协议约定内容看，虽然也有认购人取得优先购买权及签订商品房买卖合同的内容，但还约定了购买商铺的基本状况、价款、付款方式及时间、商铺交付时间、违约责任等事项，基本包含《商品房销售管理办法》第十六条规定的内容。且慕某民支付了相应房款，新华富公司亦收取了购房款。依据《最高人民法院关于审理商品房买卖合同纠纷案件适用法律若干问题的解释》第五条规定，该协议应当认定为商品房买卖合同。新华富公司再审称该两份认购协议性质是预约合同，双方之间未成立商品房买卖合同的理由不能成立，本院不予支持。（阮崇翔整理）

44. 预约合同符合《商品房销售管理办法》第十六条规定的商品房买卖合同的主要内容，且出卖人收取了买受人购房款，应认定为商品房买卖合同。出卖人将房屋另行出卖给第三人，应承担商品房买卖合同的违约责任。法院可在综合考虑合同履行情况、过错责任大小，以及合同履行可以获得的利益等因素后，酌定调整违约金数额。

案件名称 I

金华公司（一审被告、二审被上诉人）与苏某水（一审原告、二审上诉人）、皓羽公司（一审被告）商品房买卖合同纠纷案〔（2012）民抗字第24号，2013.7.1〕

裁判精要

最高人民法院认为，根据《最高人民法院关于审理商品房买卖合同纠纷案件适用法律若干问题的解释》第八条规定，"具有下列情形之一，导致商品房买卖合同目的不能实现的，无法取得房屋的买受人可以请求解除合同、返还已付购房款及利息、赔偿损失，并可以请求出卖人承担不超过已付购房款一倍的赔偿责任：（一）商品房买卖合同订立后，出卖人未告知买受人又将该房屋抵押给第三人；（二）商品房买卖合同订立后，出卖人又将该房屋出卖给第三人"。可见，只要出卖人在商品房买卖合同订立后事实上存在将该房屋出卖给第三人的行为，无法取得房屋的买受人即可请求出卖人承担不超过已付购房款一倍的赔偿责任，且上述规定中并不存在此种赔偿责任的适用以出卖人具有恶意违约故意为前提的规定。2006年4月皓羽公司作为委托代理人与苏某水订立×号合同与××号合同，法律后果上即为被代理人金华公司已与苏某水订立×号合同与××号合同，此后金华公司向苏某水之外的第三人出卖房屋并导致苏某水无法取得×号、××号商铺，苏某水即有权依据《最高人民法院关于审理商品房买卖合同纠纷案件适用法律若干问题的解释》第八条第（二）项规定请求金华公司承担不超过其已付购房款一倍的赔偿责任。而金华公司的相关申诉请求实质上系将其选择及监督委托代理人的经营风险不当转嫁于购房者，本院不予支持。在金华公司另售商铺导致×号、××号合同已无继续履行可能的情况下，二审法院依据苏某水的诉讼请求而判令解除×号、××号合同并无不当。同时，二审酌情判决金华公司向苏某水承担购房款金额50%的赔偿责任，作为相关权利的有权处分人苏某水在再审中表示尊重二审该判决结果，故本院对该赔偿比例不予调整。

案件名称Ⅱ

再审申请人（一审被告、二审被上诉人）骏龙公司与被申请人（一审原告、二审上诉人）马某记房屋买卖合同纠纷案［（2021）豫民申3293号，2021.9.16］

裁判精要

河南省高级人民法院经审查认为，马某记与骏龙公司就案涉三套房屋签订三份《认购协议书》后，分别支付了定金、维修基金和首付款共计1863640元。因骏龙公司将案涉房屋另售，马某记以骏龙公司违约为由诉请解除三份《认购协议书》并赔偿损失。经查，《认购协议书》中确认，购房人"对拟签订《商品房买卖合同》及附件（含补充协议，均已公示）的内容已充分了解，所有条款均获双方认可"。故原审认定《认购协议书》内容以及当时双方共同确认的骏龙公司公示的商品房买卖合同文本的主要内容，构成该协议书整体，《认购协议书》具备《商品房销售管理办法》第十六条规定的商品房买卖合同的主要内容，并且骏龙公司已经按照约定收受购房款，故该三份认购协议书被认定为商品房买卖合同，并无不当。骏龙公司和马某记对该认定也无异议。

骏龙公司申请再审主张，其仅应按照《认购协议书》"若甲方（骏龙公司）无故将乙方（马某记）认购房产另行出售予他人，甲方应双倍返还乙方已付定金，超出定金部分的预付款按同期贷款利率支付利息"的约定承担违约责任。就此本院认为，虽然双方在《认购协议书》中就出卖人另行出售案涉房屋的违约责任进行了约定，但根据《认购协议书》订立时正在施行的《最高人民法院关于审理商品房买卖合同纠纷案件适用法律若干问题的解释》第八条规定，对出卖人一方二卖的违约行为，守约方有权主张惩罚性赔偿。骏龙公司作为有资质的房地产开发企业，应当知悉相关司法解释和政策规定。骏龙公司与马某记订立的《认购协议书》是该公司提供的可重复使用的预先拟定合同文本,其中有关出卖方违约责任承担的条款,明显减轻骏龙公司责任,且未进行特别提示和说明。原审法院综合考虑本案合同履行情况、过错责任大小,以及合同履行后可以获得的利益等因素,酌定骏龙公司赔偿马某记已付购房款的50%,并驳回了马某记过高部分诉讼请求,符合本案具体案情。

编者说明

《最高人民法院关于审理商品房买卖合同纠纷案件适用法律若干问题的解释》(法释〔2003〕7号)已被修正,原第八条"具有下列情形之一,导致商品房买卖合同目的不能实现的,无法取得房屋的买受人可以请求解除合同、返还已付购房款及利息、赔偿损失,并可以请求出卖人承担不超过已付购房款一倍的赔偿责任:(一)商品房买卖合同订立后,出卖人未告知买受人又将该房屋抵押给第三人;(二)商品房买卖合同订立后,出卖人又将该房屋出卖给第三人"已废止,在具体案件中是否适用应严格按照《最高人民法院关于适用〈中华人民共和国民法典〉时间效力的若干规定》之规定处理。(王兴整理)

45. 商品房买卖预约合同中,一方不履行订立本约的义务,另一方要求订立本约的,不予支持;但可以依据预约合同的约定要求违约方承担违约责任或损害赔偿责任。

案件名称

再审申请人(一审原告、二审上诉人)宋某康与被申请人(一审被告、二审被上诉人)华川置业公司商品房销售合同纠纷案〔(2019)鲁民申2980号,2019.7.8〕

裁判精要

山东省高级人民法院认为,本案中宋某康与华川置业公司未就商品房买卖达成书面的买卖合同,原审认定双方之间的商品房买卖合同未成立是正确的。但宋某康向华川置业公司交纳了购房定金,房号明确具体,应认定双方达成预约合同。违反预约合同的约定应当承担违约责任,但这并不意味着违反预约合同应当承担与本约合同同样的违约责任。《最高人民法院关于审理商品房买卖合同纠纷案件适用法律若干问题的解释》第四条规定，出卖人通过认购、订购、预订等方式向买受人收受定金作为订立商品房买卖合同担保的，因当事人一方原因未能订立商品房买卖合同，应当按照法律关于定金的规定处理。该条规定只明确了守约方可以主张预约合同约定的定金罚则违约责任。宋某康主张的机会损失548160.6元系以其交纳定金至华川置业公司拒绝签订买卖合同期间的房屋差价计算而来，该房屋差价损失是履行本约合同的可得利益损失，本案不能以商品房买卖本约合同的违约责任来判断宋某康的损失。因此，宋某康主张上述损失，原审未予支持，认定事实和适用法律均无不当。

编者说明

预约，又称预备性契约，是谈判当事人一方或双方为将来订立确定性本约合同达成的书面承诺或协议。商品房买卖的认购、订购、预订等协议一般是指商品房买卖合同双方当事人在签署预售契约或买卖契约之前所订立的文书，是对双方交易房屋有关事宜的初步确认，其性质即属于商品房买卖预约合同。《中华人民共和国民法典》第四百九十五条第一款规定："当事人约定在将来一定期限内订立合同的认购书、订购书、预订书等，构成预约合同。"预约合同本质是约定将来一定期限内订立本约合同，其与本约合同是两个独立的合同，两者有着重大不同。基于意思自治原则，当事人对于是否订立商品买卖合同有完全的意思表示自由，不受他人和组织的强制，法院不能强迫该方当事人配合，即不能强制双方缔约。对于违反预约合同的违约责任，根据《中华人民共和国民法典》第四百九十五条第二款的规定，当事人一方不履行预约合同约定的订立合同义务的，对方可以请求其承担预约合同的违约责任。（曹代鑫整理）

46. 预约合同的履行只是产生签订本约合同的后果，违约责任适用合同约定的定金罚则，买受人主张按照现行房屋价格与预约合同的全部差价赔偿其信赖利益损失以及租房损失的，不予支持。

案件名称

再审申请人（一审原告、二审上诉人）黄某贵与被申请人（一审被告、二审被上诉人）宁科置业公司、（一审第三人）唐某兰房屋买卖合同纠纷案〔（2019）最高法民申2826号，2019.6.28〕

裁判精要

最高人民法院认为，关于《定制开发协议》解除后赔偿数额应如何认定的问题。第一，预约合同以未来签订本约合同为目的，预约合同的意向购房人所支付款项的性质和数额均与商品房预售合同中的房屋交付的对价相距甚远，故基于预约合同与本约合同的目的和对待给付的内容不同，除非合同另有约定，根据权利义务对等的原则，预约合同的违约责任不能等同于本约合同违约责任。本案中，黄某贵原审诉讼和申请再审请求参照合同相对方所获房屋溢价（获益）确定损失数额，并无合同依据和法律依据，不予支持。

第二，签订预约合同并不等同于必然签订本约合同，本约合同的签订与否仍具有不确定性，双方当事人正是基于客观上签订条件、时机不具备或者主观上特殊的考虑，才签订预约合同而非直接签订本约合同，双方当事人对此均应有所预见。如因客观情况发生变化不能签订本约合同，合同双方应遵循诚实信用原则，在明知或应知上述情形发生时应采取适当措施防止损失扩大，否则无权就扩大部分的损失主张赔偿。本案中，关于损失时间节点的认定问题，二审认定并无不当。理由如下：首先，结合唐某兰意向购买的房屋系位于商业园区定制开发的办公业态产品，本案《定制开发协议》第二条约定的商品房的用途为"办公"，以及唐某兰一次性意向购买包括9个楼层建筑面积8000余平方米房屋等事实，可以看出唐某兰意向购买涉案房屋并非用于居住等基本生活保障，判断投资性购买的标准与是否首次购房无关，二审认为唐某兰系投资性购房人并无不当。其次，《定制开发协议》中对于将来要签订商品房预售合同虽有约定，但《定制开发协议》第七条已明示案涉房地产项目尚未取得规划验收批准文件等情况，投资性买受人对案涉房产交易固然可以产生合理的信赖，但其对交易中存在的风险和不确定因素亦应属于明知。在出卖人取得预售许可等销售条件具备之后，买受人应当积极联系签订商品房预售合同事宜，为一般防控风险的通常做法。故，二审判决关于唐某兰称其在2016年6月30日之前完全不知情且其从未向宁科置业公司催促或询问不合常情的认定，并无不当。此外，本案二审审理时，宁科置业公司举示了杨某平的证人证言以及另案黄某成的询问笔录，证明在购房政策变化之时，即2014年4~5月已经及时通知不符合条件的自然人购房者协商善后事宜，黄某贵对上述情况不予认可，主张其在2016年6月30日之前并不知晓上述政策变动，对其主张未能举示相应的证据，且唐某兰本人亦未能出庭进一步证实。二审对黄某贵上述主张不予支持，亦无不当。

第三，签订预约合同对于意向购房人而言，可以支付较少比例的金额，以当时的市场价格获取未来签订预售合同的机会，而对于出卖人而言，在不具备法定销售条件之时就可以回笼部分开发资金，故唐某兰与宁科置业公司签订具有预约合同性质的《定制开发协议》符合双方利益。如本约合同没有签订，结合《定制开发协议》第十四条关于违约一方承担违约责任赔偿实际损失的约定，二审向黄某贵释明关于履行利益的主张不能成立，且认定预约合同的违约责任可以酌情考虑机会损失，符合损失填补原则，并无不当。

编者说明

《中华人民共和国民法典》第四百九十五条规定："当事人约定在将来一定期限内订立合同的认购书、订购书、预订书等，构成预约合同。当事人一方不履行预约合同约定的订立合同义务的，对方可以请求其承担预约合同的违约责任。"第五百八十八条规定："当事人既约定违约金，又约定定金的，一方违约时，对方可以选择适用违约金或者定金条款。定金不足以弥补一方违约造成的损失的，对方可以请求赔偿超过定金数额的损失。"因此，违约赔偿以弥补损失为原则，实践中出现违约情形，应首先适用定金罚则，要求对方承担责任，如无法弥补损失的，可要求赔偿超过定金数额的损失，这时由主张赔偿的一方承担证明实际损失的举证责任。（郭俊利整理）

47. 出卖人未按照预约合同约定的时间与买受人签订商品房买卖合同，致使买受人按揭贷款合同签署延迟而发生利率变动的，买受人主张出卖人赔偿利率变动所产生的损失，应承担举证责任。

案件名称

再审申请人（一审原告、二审被上诉人）魏某玉与被申请人（一审被告、二审上诉人）万众公司房屋买卖合同纠纷案［（2020）豫民申1238号，2020.6.18］

裁判精要

河南省高级人民法院经审查认为，本案二审卷宗显示，魏某玉申请再审所称的新证据均在二审中已经提供，二审法院也已经组织双方当事人对该证据进行了质证。现魏某玉又向本院提交该证据，并将有新的证据，足以推翻原判决作为其申请再审的理由，显然不能成立。本案现有证据显示，万众公司未及时与魏某玉签订《商品房买卖合同》是造成魏某玉直到2018年2月8日才与贷款银行签订《个人住房（商业用房）借款合同》的重要原因。对于因此给魏某玉造成的损失，由于魏某玉未能提供证据证明其贷款银行在万众公司迟延与其签订《商品房买卖合同》期间同种类贷款利率的变动情况，故本院认为其主张的损失，因证据不足，不应支持。另外，魏某玉申请再审主张，本案应当适用《中华人民共和国合同法》第五条、第六条、第七条、第八条、第九条、第四十二条、第一百一十二条、第一百一十三条，《中华人民共和国消费者权益保护法》第五十五条及《最高人民法院关于审理商品房买卖合同纠纷案件适用法律若干问题的解释》第五条的规定，因本案情形不符合上述条款的适用条件，故其该项主张亦不能成立。（曹代鑫整理）

48. 商品房买卖合同的签订需要出卖人和买受人共同完成，预约合同约定的买受人签订买卖合同的期限，也约束出卖人。

案件名称

再审申请人（一审原告、二审被上诉人）魏某旭与被申请人（一审被告、二审上诉人）万众公司房屋买卖合同纠纷案［（2020）豫民申1235号，2020.6.18］

裁判精要

河南省高级人民法院经审查认为，万众公司与魏某旭签订的《商品房定购书》第三条约定，魏某旭须于2017年1月5日前至万众公司销售中心交纳相应房款，并签订《商品房预售合同》。该条约定为魏某旭设定了在2017年1月5日前交纳房款和签订合同的义务，同时，鉴于签订合同须由万众公司与魏某旭共同完成，故应认定该条约定也为万众公司设定了在2017年1月5日前与魏某旭签订合同的义务。2017年1月5日前，魏某旭按约定交纳了相应房款，但万众公司却未与魏某旭签订合同，其行为构成违约。二审判决认定魏某旭与万众公司签订的《商品房定购书》中没有约定签订《商品房买卖合同》的时间，与事实不符。本案现有证据显示，万众公司未按约定时间与魏某旭签订《商品房买卖合同》是造成魏某旭直到2017年9月12日才与贷款银行签订《个人购房借款/担保合同》的主要原因，对于因此给魏某旭造成的损失，由于魏某旭未能提供证据证明其贷款银行在万众公司迟延与其签订《商品房买卖合同》期间同种类贷款利率的变动情况，故本院认为其主张的损失，因证

据不足，不应支持。本案二审判决结果并无不当，故对魏某旭的再审申请，不予支持。（曹代鑫整理）

49. 预约合同中描述的房屋位置与房屋的编号不一致，以合同描述的位置为准。

案件名称

再审申请人（一审原告、二审上诉人）乔某辉、乔某营与被申请人（一审被告、二审被上诉人）安昇公司、胡某荣、高某俊商品房预售合同纠纷案〔（2020）豫民申1383号，2020.6.18〕

裁判精要

河南省高级人民法院认为，本案争议的焦点为该认购协议书中约定的第八间商铺是否为编号108商铺的问题。新郑市房屋面积测绘报告书显示，安昇之家12号楼自西向东第7间商铺编号为1-1-07，产权面积为233.40平方米；第8间商铺编号为1-1-06，产权面积为175.20平方米；编号为1-1-06商铺在编号为1-1-07商铺的相邻东边。乔某辉、乔某营认为的安昇公司已出售的108号商铺即12号楼编号为1-1-08、产权面积为266.38平方米的商铺在编号为1-1-07商铺的相邻西边。安昇公司提交的在房管部门联机备案的新建商品房网上备案系统显示：安昇之家项目12号楼1层编号为106，面积为175.20平方米的商铺为待售状态。根据乔某辉、乔某营与安昇公司所签认购协议书的约定，其主张的自西向东第8间商铺编号应为1-1-106，而非1-1-108号商铺，因此，乔某辉、乔某营关于安昇公司将其购买的案涉商铺另售他人并主张赔偿的申请理由不能成立。原审判决驳回其诉讼请求并无不当。

编者说明

房屋在设计、建设时，开发商会按照其自身规范要求对房屋进行一定的编号，并体现在图纸、沙盘、合同、广告宣传页等内容上，同时合同条款中也会对房屋的具体位置进行描述，并将房屋所在楼层的平面图作为合同的附件，以边框加粗、字母或数字标注等方式标明合同描述房屋在该楼层的具体位置。但是实践中，也常有因开发商工作人员工作失误，将合同条款描述的房屋位置对应编号与其他材料展示的位置编号写错，甚至将合同附件中的平面图贴错，以及各方对合同中关于房屋位置的表述理解存在不一致,导致业主认为开发商未按合同约定交付其购买的房屋的情况。另外,在房屋建成后当地相关管理部门按照政府规范要求也会进行统一的编号,两者的编号也有可能不一致,以上情形下均可能导致纠纷发生。本案系双方对房屋位置描述与编号理解不一致产生的纠纷,结合本案及其他相关案件裁判结果,法院一般以合同正文部分描述或记载的编号房屋作为商品房买卖合同的标的物。所以,业主在签订合同时,须对各类材料中记载房屋位置的描述、编号、附图等进行认真核对。(曹代鑫整理)

50. 出卖人与买受人签署房屋认筹书并向其出具了大额现金房款收据,后买受人将案涉房屋抵偿给第三人,据此出卖人又与第三人签署认筹书并向其出具现金收据,应视为出卖人认可该抵账行为,并与第三人达成新的商品房预约合同。

案件名称

再审申请人(一审被告、二审上诉人)园林园公司与被申请人(一审原告、二审被上诉人)刘某明商品房预约合同纠纷案[(2019)豫民申3579号,2019.9.26]

裁判精要

河南省高级人民法院经审查认为,刘某萍因其他债权债务关系将涉案房屋抵偿给刘某明。园林园公司与刘某明签订了认筹书、出具了房款收据,应视为园林园公司认可该抵账行为,并与刘某明达成了新的商品房预约合同。园林园公司虽然认为刘某萍用大额现金450余万元的交易方式不符合房屋买卖交易市场习惯和常理,进而主张刘某萍并未实际支付房款,不享有对涉案房屋的债权请求权,但园林园公司否认刘某萍支付房款的主张,不能对抗其与刘某明之间商品房预约合同的效力。(李亚宇整理)

51. 预约合同的违约责任不能等同于本约合同的违约责任,买受人依据预约合同主张按照房屋差价赔偿其损失,不予支持。

案件名称

再审申请人(一审原告、二审上诉人)黑某坤与被申请人(一审被告、二审被

上诉人）众磊地产公司、修某刚商品房预约合同纠纷案〔（2021）鲁民申12500号，2022.1.4〕

🔍 裁判精要

山东省高级人民法院经审查认为，黑某坤与众磊地产公司在《鑫都合苑商品房认购书》中明确约定"双方签订《青岛市商品房预售合同》后本认购书效力自行终止"，可见双方签订的认购书为预约合同而非本约合同。众磊地产公司在取得预售许可证后拒绝签订本约即《青岛市商品房预售合同》，构成违约，其应承担预约合同的违约责任或本约合同的缔约过失责任，该责任应限于不能签订本约合同所产生的损失，而非因拒绝履行本约所产生的违约损失。黑某坤主张按照房屋现实价值与合同约定价格之间的差价计算损失，本质是要求众磊地产公司承担本约合同的违约责任，缺乏法律依据，原审法院未予支持，并无不当。黑某坤主张被申请人承担律师费损失8600元，没有提交依据，原审法院未予支持，并无不当。黑某坤主张以月息二分的标准计算利息，没有事实和法律依据，原审法院未予支持，并无不当。黑某坤主张被申请人承担已付购房款一倍的赔偿金23万元，因黑某坤与众磊地产公司签订的系预约合同，黑某坤请求众磊地产公司承担违约责任赔偿损失后再行承担已付购房款一倍的赔偿金，没有法律依据，原审法院未予支持，并无不当。

✏️ 编者说明

《最高人民法院关于审理商品房买卖合同纠纷案件适用法律若干问题的解释》（2020年修正）第四条规定："出卖人通过认购、订购、预订等方式向买受人收受定金作为订立商品房买卖合同担保的，如果因当事人一方原因未能订立商品房买卖合同，应当按照法律关于定金的规定处理；因不可归责于当事人双方的事由，导致商品房买卖合同未能订立的，出卖人应当将定金返还买受人。"根据该规定以及相关民法理论，本约合同和预约合同存在明显区别，因此，预约合同一方违约的，守约方只能请求违约方按照预约合同的约定承担违约责任。（吴利波整理）

第五节 合同履行

52. 出卖人未能办理不动产权证，且开发楼盘被列入问题楼盘正在解决后续产权问题，法院为均衡双方利益，将部分购房款预留给买受人待办证后再履行，有利于维护买受人的一定权益。

案件名称

再审申请人（一审被告、二审上诉人）张某艳与被申请人（一审原告、二审被上诉人）顺发公司房屋买卖合同纠纷案［（2021）豫民申10458号，2022.3.24］

裁判精要

河南省高级人民法院经审查认为，本案的主要争议焦点是顺发公司主张的购房款张某艳是否应当支付的问题。根据查明的事实，2011年7月15日，张某艳和顺发公司签订《CBD中心城自愿认购协议》，约定购买中心城1号楼502室，认购协议签订后未签订正式的《商品房买卖合同》。对于购房余款双方于2012年8月17日签订《CBD中心城客户借款协议》，约定了剩余房款的支付方式和时间。2013年顺发公司将房屋交付张某艳并入住至今。张某艳辩称，顺发公司未能为其办理房屋不动产权证，所以才拒绝支付剩余房款。本院认为，张某艳与顺发公司签订上述两份合同后于2013年已经装修入住至今，其未因顺发公司没有商品房预售许可证主张合同无效，也未要求顺发公司退房和退还已付房款，说明张某艳实际履行了购房合同，那么其应当按照双方签订的协议支付剩余房款。至于办理不动产权证的问题，顺发公司表示政府已将该项目列为问题楼盘正在解决后续产权问题，顺发公司应当积极作为，尽早为购房客户办理产权登记。一、二审法院为均衡双方利益，将总房款的10%即33000元作为保证金预留，待办证后再履行，也维护了张某艳的一定权益。故，原审判决张某艳支付顺发公司房款149000元并无不当。

编者说明

近年来房地产行业整体下滑，国家层面也采取了利率调整等相关政策，但房地产企业开发链条较长，涉及人员众多，任一环节出现问题，都可能引发重大问题。当前，一些地方出现了问题楼盘，而问题楼盘的处理错综复杂，不仅涉及法律问题，还涉及民生问题。司法实践中，在出卖人未能办理不动产权证、买受人未完全支付购房款时，若不允许买受人行使抗辩权，将会导致买受人权益无法保障。故，在开发楼盘被列入问题楼盘且正在解决后续产权问题时，法院为均衡双方利益，将部分购房款预留给买受人，待其办证后再履行付款义务，有利于维护买受人的一定权益。（吴利波整理）

53. 办理不动产首次登记是办理不动产证的前置程序，是房地产开发企业的法定义务。

案件名称

再审申请人（一审原告、二审上诉人）崔某清与被申请人（一审被告、二审被上诉人）河南六合置业有限公司房屋买卖合同纠纷案〔（2020）豫民申1331号，2020.6.23〕

裁判精要

河南省高级人民法院认为，办理不动产首次登记是办理不动产证的前置程序，是房地产开发企业的法定义务，买受人有权要求出卖人依据合同约定履行协助办理不动产证的义务，生效判决径直驳回崔某清协助办证的诉讼请求属于适用法律错误，应予纠正。且崔某清向本院提交了郑州市不动产登记中心于2019年12月23日出具的不动产登记资料查询结果证明（房屋）一份，可以证明案涉房屋登记在河南六合置业有限公司名下，该公司已经履行了首次登记的义务。再审过程中，应当在对崔某清持有的《商品房认购协议书》的性质、效力等作出判定的基础上，查明案件事实，依法裁决。综上，崔某清的再审申请符合《中华人民共和国民事诉讼法》第二百条第（一）项、第（六）项规定的情形。

编者说明

商品房买卖中，出卖人的主要义务是交付合格的房屋并协助买受人办理不动产权登记。而办理不动产首次登记（初始登记）是办理独立的不动产证的前置程序，是房地产开发企业的法定义务，买受人有权要求出卖人依据合同约定履行协助其办理不动产证的义务。（曹代鑫整理）

54. 买受人所购买房屋的套内面积与同户型其他房屋的套内面积相同，因出卖人建设公租房增加设置导致买受人公摊面积多于其他楼层同户型房屋公摊面积，对于多出部分不应由买受人承担购房款支出责任。

案件名称

再审申请人（一审被告、二审上诉人）信和公司与被申请人（一审原告、二审被上诉人）张某飞房屋买卖合同纠纷案〔（2020）豫民再123号，2020.7.8〕

裁判精要

河南省高级人民法院认为，关于张某飞认为信和公司对公共区域改建，致其多支出占用公摊面积的房款，信和公司应赔偿其损失的主张应否支持问题。对比案涉楼房分层分户图及实际现状，存在不相符之处：张某飞房屋所在楼层公租房的厨房向外延伸1.05米，走道比分户图多出一堵可出入每户公租房的墙，使楼层格局与13层以上相同。张某飞主张信和公司在建造案涉楼房时存在占用公共区域的情况符合客观事实，因此其主张信和公司赔偿其多支出的房款应当予以支持。参照测绘部门的测绘报告，张某飞房屋与13层以上无公租房楼层相同位置的房屋套内面积相同，13层以上该位置房屋的公摊面积为18.92平方米，比张某飞所购房屋合同约定的公摊面积少1.2平方米，比实测面积少1.43平方米。张某飞所购房屋单价为9150.01元，一、二审酌定张某飞多支出房款的损失为10000元较为合理，本院予以维持。信和公司认为其不应当承担该部分损失的理由不能成立，本院不予支持。

编者说明

我国大部分地区采用按建筑面积计价方式计算销售房屋的价格，建筑面积包括公摊面积和专属面积。公摊面积是为公共服务由全体业主共有使用权的部分，包括大堂、公共墙、走廊、电梯、楼梯等的面积，其非专属某一业主而是服务于全体业主，该部分按一定比例计算后与业主购买的专属面积结合在一起作为销售面积由业主支付对价。但本案中，因开发商的改造使本应服务于全体业主的公摊部分面积成

为某一业主的专属面积，对该等面积不应当再由未享受该公摊面积的其他业主承担相应的对价。（曹代鑫整理）

55. 根据交易惯例，在买受人未交付购房款之前，出卖人具有拒绝交付房屋的先履行抗辩权。

案件名称 Ⅰ

再审申请人（一审被告、二审上诉人）刘某委与被申请人（一审原告、二审被上诉人）锦美公司房屋买卖合同纠纷案［（2021）豫民申8219号，2021.12.22］

裁判精要

河南省高级人民法院认为，关于逾期交房的问题，根据交易惯例，在购房人未交付购房款之前，锦美公司具有拒绝交付房屋的先履行抗辩权，故锦美公司未按照合同约定交付房屋的行为并不构成违约行为。

案件名称 Ⅱ

上诉人（原审原告）于某成与被上诉人（原审被告）亿发公司商品房预售合同纠纷案［（2020）陕民终600号，2020.6.24］

裁判精要

陕西省高级人民法院认为，于某成请求亿发公司继续履行合同、限期向其交付房屋，但首先，依据合同约定，于某成应先付清全部购房款，亿发公司后交付房屋，而于某成目前尚有购房款586.82万元未交纳；其次，一审中于某成认可房屋尚未建成不具备交付条件，故案涉房屋在客观上尚无法交付，且目前案涉房屋复工时间并不明确，亦无从确定交房的期限。在此情形下，一审向于某成释明可变更诉讼请求但于某成坚持不予变更，故一审对于某成关于继续履行合同、限期交付房屋的诉讼请求未予支持，并无不当。

编者说明

商品房买卖合同法律关系中，出卖人的主要义务为向买受人交付房屋及配合买受人办理不动产权登记，买受人的主要义务为支付房屋价款。关于其履行顺序，通常交易惯例为先付款后交房。在合同未明确约定履行先后顺序或约定不明时，依据《中华人民共和国民法典》第十条、第五百一十条的规定，可依交易惯例确定。（杨贺飞整理）

56. 合同约定商品房销售代理公司提交全部资料后开发商再付佣金的，销售代理公司未交付资料构成违约，开发商未支付剩余佣金系行使先履行抗辩权。

案件名称

再审申请人（一审被告、二审上诉人）正泰公司、正泰公司镇平分公司与被申请人（一审原告、二审上诉人）三才公司商品房委托代理销售合同纠纷案〔（2019）豫民申4670号，2019.9.30〕

裁判精要

河南省高级人民法院认为，双方合同佣金支付期限的约定为"支付期限不得迟于三才公司交付全部资料后的五个工作日"，三才公司一直未将251份商品房买卖合同交付正泰公司镇平分公司构成违约，正泰公司镇平分公司未支付剩余佣金系行使先履行抗辩权，二审判决酌定正泰公司镇平分公司承担10%的违约责任缺乏事实和法律依据。此外，渠某等8户土地置换户、孙某等36户性质的认定亦不符合合同约定。正泰公司、正泰公司镇平分公司的再审申请符合《中华人民共和国民事诉讼法》第二百条第（二）项、第（六）项规定的情形。（李亚宇整理）

57. 天然气初装费、有线电视初装费、物业费等不属于商品房买卖合同中买受人的合同义务，出卖人不能以买受人拒绝交纳上述费用为由不履行交房义务。

案件名称

再审申请人（一审被告、二审上诉人）建业公司与被申请人（一审原告、二审被上诉人）马某琴房屋买卖合同纠纷案〔（2019）豫民申5846号，2019.12.24〕

裁判精要

河南省高级人民法院认为，2014年11月29日，建业公司与马某琴签订了一份《商品房买卖合同》。2015年10月30日前后，因建业公司交付房屋时向马某琴收取天然气初装费、有线电视初装费、物业费等，马某琴不同意，导致本案诉讼。建业公司在本案二审判决结果作出后向马某琴履行了交房义务。关于建业公司应否向马某琴交付房屋的问题。涉案《商品房买卖合同》系双方当事人的真实意思表示，不违反法律禁止性规定，合法有效，当事人双方应当按照合同的约定全面履行自己的义务。马某琴已完成交付房款的义务，依据《商品房买卖合同》的约定，建业公司应当在2015年10月30日前将涉案商品房交付马某琴使用，故原审判决判令建业公司履行交房义务并无不当。关于建业公司以马某琴不交纳天然气初装费、有线电视初装费、物业费等费用为由拒不交付涉案商品房的行为是否合法的问题。交纳公共维修基金、天然气和有线电视初装费等，不属于双方签订的《商品房买卖合同》中买受人的合同义务，建业公司以马某琴拒绝交纳上述费用为由拒绝交付房屋，没有事实和法律依据。

编者说明

实践中，出卖人在通知买受人交付房屋后，双方要进行房屋交接的相关程序，但在办理交接过程中，出卖人往往要求买受人交纳一定期限物业费或其他设备安装费等费用，否则不向买受人交付房屋钥匙，甚至不允许买受人验房。出卖人向买受人交付房屋是商品房买卖合同法律关系项下的合同义务，而物业费等费用则是买受人与物业服务公司及相关主体因物业服务等法律关系产生的义务，二者系不同的法律关系，出卖人不能以买受人未交纳物业费等费用为由拒绝交付房屋。（郑舒文整理）

58. 一房二卖情况下，买受人对他人已经合法占有并居住的房屋进行预告登记，其权利不具有优先性。

案件名称

再审申请人（一审第三人、二审上诉人）胡某阳与被申请人（一审原告、二审被上诉人）张某侠、（一审被告、二审被上诉人）河南龙呈房地产开发有限公司房屋买卖合同纠纷案［（2019）豫民申4557号，2019.11.29］

裁判精要

河南省高级人民法院认为，本案中，张某侠的房屋买卖合同签订于2014年5月16日。张某侠在签订合同后即对涉案房屋进行了装修，并入住至今。而胡某阳的房屋买卖合同签订于2016年9月27日，晚于张某侠的房屋买卖合同签订时间，胡某阳虽对涉案房屋办理了预告登记，但在胡某阳签订合同及办理预告登记时，张某侠已经在涉案房屋内居住生活。作为一般的房屋买受人，在购买房屋时都会对所购房屋的状态进行查看，胡某阳对他人已经合法居住的房屋进行预告登记，其权利不能优先于已经合法占有涉案房屋的张某侠。胡某阳以生效判决适用法律错误、实际不能履行为由申请再审依法不能成立。

编者说明

《最高人民法院关于审理商品房买卖合同纠纷案件适用法律若干问题的解释》（2020年修正）第八条第一款规定："对房屋的转移占有，视为房屋的交付使用，但当事人另有约定的除外。"（郑舒文整理）

59. 一房数卖纠纷中，多个买受人均要求履行合同的，一般应按照房屋所有权变更登记办理情况、房屋占有情况、合同履行情况以及买卖合同成立先后等内容确定权利保护顺位。

案件名称

再审申请人（一审第三人、二审上诉人）黄某与被申请人（一审原告、二审被上诉人）张某荣及一审被告六合公司房屋买卖合同纠纷案［（2018）豫民申5601号，2019.3.18］

裁判精要

河南省高级人民法院认为，张某荣与六合公司签订的商品房认购协议书不违反法律、行政法规的强制性规定，为有效协议。张某荣交纳了房款，六合公司向张某荣交付了房屋，张某荣交纳了维修基金、天然气初装费、有线电视初装费等费用，并连续多年交纳了物业费。黄某与六合公司的房屋买卖合同虽进行了备案，但并非产权登记，且其合同签订时间在张某荣与六合公司签订购房协议之后。原审法院认定事实清楚，判决涉案房屋归张某荣所有并无不当。

编者说明

我国对一房数卖情形的审判依据主要有二：一是《最高人民法院关于审理买

卖合同纠纷案件适用法律问题的解释》（2020年修正），该解释第六条规定："出卖人就同一普通动产订立多重买卖合同，在买卖合同均有效的情况下，买受人均要求实际履行合同的，应当按照以下情形分别处理：（一）先行受领交付的买受人请求确认所有权已经转移的，人民法院应予支持；（二）均未受领交付，先行支付价款的买受人请求出卖人履行交付标的物等合同义务的，人民法院应予支持；（三）均未受领交付，也未支付价款，依法成立在先合同的买受人请求出卖人履行交付标的物等合同义务的，人民法院应予支持。"二是《第八次全国法院民事商事审判工作会议（民事部分）纪要》规定的："15.审理一房数卖纠纷案件时，如果数份合同均有效且买受人均要求履行合同的，一般应按照已经办理房屋所有权变更登记、合法占有房屋以及合同履行情况、买卖合同成立先后等顺序确定权利保护顺位。但恶意办理登记的买受人，其权利不能优先于已经合法占有该房屋的买受人。对买卖合同的成立时间，应综合主管机关备案时间、合同载明的签订时间以及其他证据确定。"（苗卉整理）

60.一房二卖情况下，买受人均要求实际履行合同的，已经办理房屋备案登记的买受人取得优先权，未取得优先权的买受人可向出卖人另行主张权利。

案件名称

再审申请人（一审原告、二审上诉人）刘某与被申请人（一审被告、二审被上诉人）广翰公司房屋买卖合同纠纷案［（2019）豫民申1376号，2019.10.12］

裁判精要

河南省高级人民法院经审查认为，《中华人民共和国物权法》第九条规定，不动产物权的设立、变更、转让和消灭，经依法登记，发生效力；未经登记，不发生效力。本案中，虽然刘某与广翰公司签订有《商品房买卖合同》，但在房屋交付登记之前，刘某并不能取得对房屋的物权，其对房屋享有的是债权请求权。本案刘某的诉讼请求为要求广翰公司立即向其交付金翰公馆1幢2单元401号、501号房产。经二审法院查明，刘某诉请交付的房产已经出售给案外人，且依法办理了合同备案登记，二审法院认为合同登记备案的案外人取得优先权，刘某与广翰公司之间的房屋买卖合同目的不能实现不违背法律规定，以此为由驳回刘某要求交付案涉房屋的诉讼请求并无不当。对于合同目的不能实现的法律后果及产生的纠纷，双方可依法另行解决，二审法院建议刘某可依法就其他问题另行主张权利亦无不妥。二审法院系基于案涉房屋已经出售给案外人并办理备案登记的事实认定合同目的不能实现，对双方是否存在以房抵债行为等事实并未评述认定，刘某再审申请中主张的以房抵债等事实对本案处理结果不产生影响，本院不作审查。

编者说明

一房二卖的债权系基于物的所有权及使用权而产生，其债权人系对涉案标的物产生争夺、支配关系的非金钱债权人，不属于普通的债权人范畴。一房二卖的债权人可以被认定为有独立请求权的第三人，具有提起第三人撤销之诉的主体资格。（李亚宇整理）

61. 一房二卖，双方均主张取得房屋所有权的，应综合考虑付款时间、支付金额等因素，确定向付款时间早且付款金额多的一方办理过户手续。

案件名称

再审申请人（一审被告、二审上诉人）武某柯与被申请人（一审原告、二审被上诉人）杨某彬及一审被告武某、一审第三人中国建设银行股份有限公司河南省分行房屋买卖合同纠纷案〔（2020）豫民申5733号，2020.11.26〕

裁判精要

河南省高级人民法院认为，武某、武某柯均认可武某系借用武某柯名义购买涉案房屋，购房合同中武某柯签名系武某所签，首付款项亦是由武某支付，二审判决认定武某为涉案房屋的实际权利人并无不当。案涉房屋买卖合同虽系武某以武某柯名义与杨某彬所签，但该合同是武某与杨某彬的真实意思表示，对双方具有法律效力。武某柯主张房屋买卖合同签订时武某所持委托书伪造，未经其追认，应驳回杨某彬要求履行合同的诉讼请求的理由不能成立。关于涉案房屋应否判归杨某彬所有的问题。武某将涉案房屋出售给杨某彬后，又收取武某柯支付的购房款，实际上已经构成"一房二卖"。在涉案房屋尚未办理转移登记，双方均主张取得涉案房屋所有权的情况下，二审判决综合考虑杨某彬支付房款时间比武某柯早近一年时间，支付金额超过武某柯数万元，按揭贷款前期亦由杨某彬连续偿还近两年时间，杨某彬的工作、生活地点在涉案房屋所在地及郑州市相关购房政策限制等因素，确定由杨某彬继续履行合同，武某、武某柯协助杨某彬办理涉案房屋相应过户手续并无不当。

62. 当事人以订立商品房买卖合同作为民间借贷合同的担保，即使办理了案涉房屋的网签备案，借款到期后借款人不能还款，出借人请求履行商品房买卖合同的，法院不予支持，备案后的案涉房屋仍是借款人的财产。

案件名称

上诉人（一审被告）宗某英与被上诉人（一审原告）中广发公司请求确认债务人行为无效纠纷案［（2022）豫民终345号，2022.4.8］

裁判精要

河南省高级人民法院认为，2020年3月，中广发公司与宗某英签订借款协议，约定借款500万元，同时约定中广发公司自愿同意将本公司正在开发建设的安阳市大美城地上商业二层、三层临紫薇大道其中1786平方米的商业网签备案到宗某英名下，作为中广发公司按照合同履行还本付息义务的担保，在中广发公司将担保房产网签备案至宗某英名下后五个工作日内，宗某英一次性向中广发公司支付借款。后中广发公司就案涉房屋分别与宗某英签订了40份《商品房买卖合同（预售）》，宗某英通过中广发公司实际控制人乔某生支付了案涉借款500万元。根据双方上述合同约定及双方履行情况，可以认定中广发公司将案涉40套房屋网签至宗某英名下，并非宗某英与中广发公司之间具有买卖房屋真实意思表示，其实质上是对案涉500万元借款的担保。双方关于通过签订《商品房买卖合同（预售）》对案涉借款进行担保，也是双方的真实意思表示，不违反法律法规的禁止性规定，一审法院认定案涉《商品房买卖合同（预售）》无效不妥，本院予以纠正。

在宗某英按约履行支付借款的义务后，中广发公司未按期归还借款，并进入破产程序，根据《最高人民法院关于审理民间借贷案件适用法律若干问题的规定》第二十三条第一款关于"当事人以订立买卖合同作为民间借贷合同的担保，借款到期后借款人不能还款，出借人请求履行买卖合同的，人民法院应当按照民间借贷法律关系审理"的规定，宗某英和中广发公司之间的真实法律关系是借款关系，人民法院应按照借款关系对双方之间的权利义务进行界定，宗某英不得请求继续履行买卖合同，其对中广发公司仅具有相应的债权，在中广发公司进入破产程序后，案涉40套房屋仍应属于中广发公司的财产，应当纳入破产程序统一处理，中广发公司请求宗某英协助办理撤销网签手续的请求成立，一审法院予以支持并无不当。宗某英对中广发公司享有的债权其可以通过破产程序进行解决。

编者说明

《最高人民法院关于审理民间借贷案件适用法律若干问题的规定》（2020年第二次修正）第二十三条第一款规定了"当事人以订立买卖合同作为民间借贷合同的担保，借款到期后借款人不能还款，出借人请求履行买卖合同的，人民法院应当按照民间借贷法律关系审理"，本案是一种非典型的担保行为。根据《中华人民共和国民法典》第四百零二条规定，以房屋抵押（如本案中作为借贷关系的担保）应当办理抵押登记，抵押权自登记时设立。本案中这种"担保"其实没有设立不动产抵押权，不产生抵押担保的效力，且没有办理不动产证，将房屋所有权登记在债权人名下，特别是在债务人破产的情况下，没有担保的债务是一般债权，一般处于劣后位次，不利于保护债权人的利益。对债权人而言，要确保担保债权的实现，较安全的办法是对房屋做抵押登记。（曹代鑫整理）

63. 房屋买卖合同纠纷中，购房款金额较大，买受人仅以本人的陈述及加盖销售方财务专用章的收据证明已支付购房款的，依据不足。

案件名称

再审申请人（一审原告、申请执行人，二审上诉人）河间联社与被申请人（一审被告、案外人，二审被上诉人）王某及一审第三人（被执行人）任丘公司执行异议之诉纠纷案［（2018）最高法民申2512号，2018.6.26］

裁判精要

最高人民法院认为，关于本案二审判决认定王某已经支付全部购房款是否缺乏证据证明问题。一审判决认定，2011年1月4日房款收据金额（631106元）与2011年1月4日房屋买卖合同约定全款金额（631106元）一致，银行打款不是支付的唯一方式，故河间联社关于"购房款收据不具备公示效果，没有银行打款记录无法证明王某支付了相应价款"的主张不成立。二审判决认定，虽然王某不能提交向任丘公司支付房款的转账凭证及正规销售发票，但其提交的原始收据，已可以证明其已交纳全部房款，在河间联社不能提供反证的情况下，可以支持一审法院关于王某已交付全部房款的认定。可见，一、二审判决认定王某已交纳全部房款的证据，除当事人陈述外，只有任丘公司出具的房款收据。本院认为，仅凭任丘公司出具的房款收据尚不足以认定王某已支付了全部购房款。理由如下：第一，任丘公司于2011年1月4日出具的房款收据，载明金额为631106元，王某二审答辩时自称支付方式是现场刷卡，因时间较长，查不到记录，但现场刷卡属于通过银行转账支付方式，即使王某的刷卡支付凭证丢失，也可以由其提供付款账户的银行流水账单，或者由任丘公司提供收款账户的银行流水账单，或者从银行调取后台转账记录等来证明王某已经支付购房款的事实。即使所有转账凭证因客观因素确实已不存在，也应对王某所付房款的来源予以查实。第二，王某支付全部购房款后，任丘公司只出具了房款收据，未出具正式发票，交易行为亦不规范。王某对其是否索要过正式发票、因何原因未取得正式发票等应作出说明和合理解释。第三，因涉及申请执行人河间联社的利益，涉案房屋买卖合同双方当事人的自认或默认并不足以认定已经支付购房款的事实。第四，任丘公司是本案当事人、执行程序中的被执行人，其利益与执行程序中的案外人王某、申请执行人河间联社均可能存在冲突，与案件处理结果有直接的利害关系，故其所出具的房款收据证明力较低，在无其他证据补强、形成可靠的证据链条的情况下，一、二审判决仅凭这一孤证就认定王某已经支付全部购房款，属于认定的基本事实缺乏证据证明的情形。

编者说明

司法实践中，大额的资金交易应提供银行转账凭证，当事人主张以现金进行交易的，人民法院通常会结合交易金额、款项交付、当事人的经济能力、当地或者当事人之间的交易方式、交易习惯、当事人财产变动情况以及证人证言等事实和因素，综合判断现金交易的事实是否发生。如当事人提供的证据不能达到民事诉讼"高度盖然性"标准的，法院往往不予支持。（曹亚伟整理）

64. 先履行抗辩权与抗辩的义务应当具有对价性，交付房屋系出卖人的主要合同义务，在买受人已支付几乎全部购房款后，出卖人再以买受人尚有少许余款未结清为由抗辩，不履行交房义务的，该抗辩不具有对价性。

案件名称

再审申请人（一审被告、二审上诉人）新华富公司与被申请人（一审原告、二审被上诉人）慕某民房屋买卖合同纠纷案［(2019)豫民再374号，2019.6.21］

裁判精要

河南省高级人民法院认为，关于慕某民是否已足额交纳购房款、存在违约，新华富公司是否因而享有先履行抗辩权问题。慕某民认可新华富公司于2016年7月5日出具的情况说明，该情况说明显示，慕某民于该日交纳200万元房款后，尚有304200元未付，其余房款全部付清。该情况说明与2016年6月30日新华富公司出具的房款全部交清的证明存在时间上的逻辑矛盾，虽然慕某民作出解释称，《协商协议》中双方有在限期内核算账务并一次性交清下欠房款的约定，新华富公司正是基于该约定才出具房款已结清的证明以便于办理各种手续。但事实是在2016年6月30日慕某民并未付清房款，原审直接以该证明认定慕某民已于该日付清房款不妥，应予纠正。对该304200元款项，慕某民称已被新华富公司免除交付，虽未提交直接证据证明，但从慕某民提供的房产测绘部门出具的房屋测量报告看，存在房屋实际面积比约定面积少20多平方米的情形，新华富公司也未举出自2016年7月5日之后向慕某民催要该30多万元款项的证据。且即使未被免除交付该房款，该未付款项的数额，也不足以让新华富公司享有先履行抗辩权。抗辩与被提出的义务应该具有对价性，交付房屋等系新华富公司的主要合同义务，在慕某民已经交纳1900多万元几乎全部房款后，新华富公司以慕某民尚有30多万元款项未交作为其不履行交房等主要义务的抗辩不具有对价性。故，新华富公司称其享有先履行抗辩权的主张不能成立，本院不予支持。（阮崇翔整理）

65. 出卖人承诺赠送阳台面积未履行，应退还买受人阳台面积房款。阳台面积房款的计算方式为：根据阳台套内实际面积和公摊率推算出产权登记中阳台建筑面积，再用该面积乘以合同约定的购房单价。

案件名称

再审申请人（一审被告、二审被上诉人）文盛公司与被申请人（一审原告、二审上诉人）刘某房屋买卖合同纠纷案［（2019）豫民申1127号，2019.10.29］

裁判精要

河南省高级人民法院经审查认为，关于事实认定问题。1.关于文盛公司是否应当退还刘某阳台面积房款的问题。刘某称在购房时售楼人员承诺赠送阳台面积，文盛公司对此予以否认。刘某提交了其与售楼人员的微信聊天记录以及购房人朱某琴、胡某霞、姚×、周某晶、聂某媛（刘某之女）与文盛公司副总林某的谈话录音，证明售楼人员曾向刘某承诺赠送阳台面积，文盛公司副总林某也认可赠送阳台的事实。刘某提交的同为文盛国际公馆第一幢五楼5××、5××、5××购房户的证言，证明购房时售楼部销售人员明确表示赠送阳台面积，且在随后办理的房屋产权证书中登记的建筑面积实际大于房屋销售合同中登记的面积时，文盛公司也并未要求上述住户补交多出面积的房款。刘某与上述住户的购房时间临近，且在同一幢楼、同一楼层，售楼人员也均作出了赠送阳台的承诺，故生效判决依据上述事实，按照诚实信用原则，判令文盛公司退还刘某阳台面积款并无不当，文盛公司称没有证据证明其他购房人未补交阳台面积款及售楼人员承诺赠送阳台面积的再审申请理由与事实不符，该理由依法不能成立。2.关于如何计算退还阳台面积款的问题。涉案房产产权登记建筑面积为100.8平方米，套内实际面积为87.216平方米，可知公摊率为13.47%。阳台套内实际面积为9.216平方米，根据公摊率可计算出产权登记中阳台建筑面积为10.6514平方米，乘以购房单价7206.68元，可算出阳台面积款为76761.23元。生效判决认定的阳台面积价款并无不当，文盛公司该项再审申请理由依法不能成立。（李亚宇整理）

第六节 交付房屋与过户登记

66.案涉项目属于经济适用住房项目，有明确证据证明因市政基础配套工程建设滞后造成逾期交付的，买受人要求出卖人承担逾期交付责任，不予支持。

案件名称

再审申请人（一审原告、二审上诉人）冀某玲与被申请人（一审被告、二审被上诉人）三六九公司房屋买卖合同纠纷案［（2020）豫民申5359号，2020.10.29］

裁判精要

河南省高级人民法院认为，从本案查明的事实来看，三六九公司逾期交房的原因属于不能归责于其自身的客观事由。因包括涉案房屋在内的华悦世家小区项目属于经济适用住房项目，而经济适用住房项目建设有别于正常的商品房开发项目建设，其能否按期建成并达到交付使用条件，并非经济适用住房项目开发商可以控制。从平顶山市房产管理局在人民网地方政府留言上对群众反映涉案房屋所属的华悦世家经济适用房项目相关问题的回复，以及平顶山市自来水有限公司、平顶山蓝祥众惠燃气热力安装工程有限公司向一审法院的回函可以看出，涉案经济适用住房项目迟延交房的主要原因在于市政基础配套工程建设滞后。且在约定的交房时限届满时，因部分业主迫切要求交付入住，三六九公司也积极采取应急措施，提供临时用电、用水等解决住户生活饮水和用电问题，为尽快交房作出了积极努力，并不存在怠于履行合同责任的行为。故原审判决不予支持冀某玲的诉讼请求并无不当。

编者说明

司法实践中，开发商会在与业主的合同中明确约定逾期交房的免责范围，一般包括不可抗力和政府行为，其中不可抗力是法定的免责事由。所以各开发商都把免责范围的重点放在政府行为上，尽可能多地列举出可能导致逾期交房的政府行为。

法院一般会认定，此免责条款为有效条款，对双方均有约束力。如政府行为属于免责范围内明确约定的情形，法院则会认定开发商可以按照合同的约定免责。如开发商对逾期交房也存在过错，则开发商可以部分免责。如政府行为不属于免责范围内明确约定的情形或开发商不能提供充分有效的证据证明是政府行为导致的逾期，法院则会认定开发商须按合同约定承担逾期交房的违约责任。（郭俊利整理）

67. 商品房买卖合同中约定如遇政府作出禁止施工作业（如扬尘治理等）、实施交通管制等决定造成无法正常施工等情况，出卖人可以据实延期交房的，是出卖人对其经营风险的合理规避，没有加重、限制、排除买受人的主要权利，该等约定合法有效。

案件名称

再审申请人（一审原告、二审上诉人）贾某向与被申请人（一审被告、二审被上诉人）绿地御湖公司、中信银行新乡分行商品房预售合同纠纷案［（2021）豫民申10483号，2022.2.14］

裁判精要

河南省高级人民法院认为，贾某向与绿地御湖公司签订《商品房买卖合同（预售）》约定，绿地御湖公司应于2020年12月30日前向贾某向交付该商品房，逾期超过60日贾某向有权解除合同。双方同时在合同附件十一补充协议第二十九条中约定，如遇"政府作出禁止施工作业（如扬尘治理等）、实施交通管制等决定，造成无法正常施工"等情况，绿地御湖公司可以据实延期交房。该约定系双方真实意思表示，不违反国家法律、行政法规的强制性规定，不违背公序良俗，是绿地御湖公司对其经营风险的合理规避，没有加重、限制、排除贾某向的主要权利，合法有效。绿地御湖公司一审提交了大量政府大气管控措施文件等证据，证明存在因大气污染管控而无法施工的约定情形。2020年1月，我省启动重大突发公共卫生事件一级响应，全面停工停产，属于不可抗力情形。绿地御湖公司可依约顺延交房，但涉案房屋目前仍未交房，尚未竣工验收备案，不符合交付条件，且贾某向提供的绿地御湖公司于2021年12月22日向其送达的延期交房通知书显示，绿地御湖公司又将涉案房屋的交房日期延至2022年8月31日。涉案绿地泰晤士新城四期项目分为东地块、西地块，东地块已具备交房条件，西地块经二审法院现场勘查，目前仍在施工中，不具备交房条件，即使停工天数，目前已距双方约定的交房时间2020年12月30日一年有余，且绿地御湖公司又将交房时间向后推迟至2022年8月31日，绿地御湖公司的违约行为已达到双方合同约定解除合同的标准和条件。生效判决驳回贾某向要求解除合同的请求不当。

编者说明

《中华人民共和国民法典》第一百五十三条规定："违反法律、行政法规的强制性规定的民事法律行为无效。但是，该强制性规定不导致该民事法律行为无效的除外。违背公序良俗的民事法律行为无效。"第四百九十七条规定："有下列情形之一的，该格式条款无效：（一）具有本法第一编第六章第三节和本法第五百零六条规定的无效情形；（二）提供格式条款一方不合理地免除或者减轻其责任、加重对方责任、限制对方主要权利；（三）提供格式条款一方排除对方主要权利。"第五百零六条规定："合同中的下列免责条款无效：（一）造成对方人身损害的；（二）因故意或者重大过失造成对方财产损失的。"因此，认定合同条款无效应严格审查其是否违反了法律法规的强制性规定。双方当事人在商品房买卖合同中约定关于如遇政府作出禁止施工作业（如扬尘治理等）、实施交通管制等决定造成无法正常施工等情况，出卖人可以据实延期交房的，是出卖人对其经营风险的合理规避，只要不违反关于合同条款无效的规定，就不应认定合同约定条款无效。（吴利波整理）

68.商品房买卖合同中约定的"由于相关政策、法律、法规、规章的强制性规定等原因影响交房的，以及施工期间遭遇自然灾害、恶劣的天气、区域性公共安全事件、重大城市规划、市政工程、地下文物障碍、政府要求停工等非出卖人所能控制的因素影响工期的，交房日期相应顺延或根据实际情况另行确定"条款，是对政策性因素造成延期交房的利益安排，是当事人意思自治的结果，并不是无理由加重买受人责任的格式条款。

案件名称

再审申请人（一审原告、二审上诉人）杨某娥与被申请人（一审被告、二审被上诉人）多元公司及（一审第三人）中国工商银行股份有限公司郑州陇海路支行房屋买卖合同纠纷案［（2021）豫民申693号，2021.2.22］

裁判精要

河南省高级人民法院经审查认为，不可抗力是不能预见、不能避免且不能克服的客观情况，因不可抗力不能履行民事义务的，不承担民事责任。可见，不可抗力系违约责任的法定免责事由。杨某娥与多元公司签订的《商品房买卖合同》第八条约定：多元公司应当在2019年1月15日前交房，由于相关政策、法律、法规、规章的强制性规定等原因影响交房的，以及施工期间遭遇自然灾害、恶劣的天气、区域性公共安全事件、重大城市规划、市政工程、地下文物障碍、政府要求停工等非出卖人所能控制的因素影响工期的，交房日期相应顺延或根据实际情况另行确定。该条款是对交房期限进行顺延的约定，即遇到不可归责于多元公司的事由，可以顺延交房期限。根据多元公司举证的情况，郑州市政府确实多次因大气污染治理管控下发停工令，符合交房期限顺延的情形，尚无证据证明多元公司交房构成违约。在未确定多元公司违约的情况下，不须援引不可抗力的规定处理违约责任问题，故杨某娥以郑州市大气污染管控、环保治理等政策不构成不可抗力为由请求认定多元公司违约缺乏事实和法律依据。杨某娥认为《商品房买卖合同》第八条系多元公司自行添加缺乏证据证明，该条约定是对政策性因素造成延期交房的利益安排，是当事人意思自治的结果，并非无理由加重购房者责任的格式条款，杨某娥认为该条款无效的理由不能成立。

编者说明

《中华人民共和国民法典》第四百九十六条规定："格式条款是当事人为了重复使用而预先拟定，并在订立合同时未与对方协商的条款。采用格式条款订立合同的，提供格式条款的一方应当遵循公平原则确定当事人之间的权利和义务，并采取合理的方式提示对方注意免除或者减轻其责任等与对方有重大利害关系的条款，按照对方的要求，对该条款予以说明。提供格式条款的一方未履行提示或者说明义务，致使对方没有注意或者理解与其有重大利害关系的条款的，对方可以主张该条款不成为合同的内容。"第四百九十七条规定："有下列情形之一的，该格式条款无效：（一）具有本法第一编第六章第三节和本法第五百零六条规定的无效情形；（二）提供格式条款一方不合理地免除或者减轻其责任、加重对方责任、限制对方主要权利；（三）提供格式条款一方排除对方主要权利。"因此，格式条款具备上述三种情形之一的，才属于无效条款，否则，协议约定条款即使为格式条款，也有效。（曹亚伟整理）

69. 房屋买卖合同中约定"若由于政策法规或行政命令的改变、市政因素等非出卖人能力所及的情况出现而导致工程逾期交付，买受人免除出卖人责任"的内容没有加重买受人的责任，可以作为出卖人逾期交房的免责事由。

案件名称

再审申请人（一审被告、二审被上诉人）兆康公司与被申请人（一审原告、二审上诉人）冯某辉房屋买卖合同纠纷案［（2021）豫民申2284号，2021.5.24］

裁判精要

河南省高级人民法院认为，兆康公司与冯某辉签订的《商品房买卖合同（预售）》约定的交房时间是2019年12月31日前交付。双方在合同附件约定了"若由于政策法规或行政命令的改变、市政因素、该房屋建设范围内的政府或相关部门的配套设施及安装之延误、施工过程中遇到不能及时解决的非常规困难及重大技术问题等非出卖人能力所及的情况出现而导致工程逾期交付，买受人免除出卖人责任"。该条款是关于房屋交付的补充约定，是对此种情形下开发商逾期交房免责事由，虽系兆康公司事先拟定，但没有加重对方责任。冯某辉主张该合同条款系格式条款无效的理由不能成立。该房屋工程承建期间，遇到了大气污染防控和重大突发公共卫生事件，客观上影响了施工进度。兆康公司提供的环境污染防控文件有多种情形：有启动轻中度污染管控的文件，有启动黄色级别的预警文件，有启动橙色和红色级别的预警文件，不同程度的管控与工程作业施工种类紧密相关。涉案楼盘的工程进度与兆康公司提供的管控文件对应的停工日期是否存在必然联系，文件规定的管控措施是否影响涉案楼盘的施工，影响的具体天数，原审未予审查。从合同约定的交房时间2019年12月31日到冯某辉发出解除合同的时间2020年6月9日，扣除正当顺延交房的时间外，还要结合兆康公司取得竣工验收备案的时间来认定兆康公司的违约性质是轻微违约，还是严重违约，能否影响双方合同目的的实现。兆康公司主张竣工验收备案时间是2020年9月3日，冯某辉对此持有异议（认为仅有复印件），再审时应当核实。

70. 商品房买卖合同签订时，重污染天气管控治理工作已经开始，出卖人对签订合同时所约定的交房时间受管控治理措施的影响应当有所预见，在其未提供管控治理造成其实际停工的相关证据的情况下，主张不可抗力要求扣除工期延误天数的，不予支持。

案件名称

再审申请人（一审被告、二审上诉人）民旺公司与被申请人（一审原告、二审被上诉人）罗某、路某商品房预售合同纠纷案［（2021）川民申2796号，2021.6.15］

裁判精要

四川省高级人民法院认为，关于民旺公司主张的因重污染天气以及政府管控措施而导致的停工天数以及受重大突发公共卫生事件影响的天数是否应当扣减的问题。根据查明的事实，民旺公司未按照案涉《商品房买卖合同》及《补充协议书》约定的交房时间向罗某、路某交付房屋，应当承担逾期交房的违约责任。民旺公司虽然在原审诉讼中提出因政府部门要求大气污染防治、环保管控等导致停工及逾期交房，应当扣减相应的天数，但其在原审诉讼中提交的证据不足以证明相关职能部门向其发出了停工的通知或要求，即使相关职能部门对建设工程的土石方作业等可能出现扬尘的行为进行限制，但并未要求停止房地产项目的建设施工，且大气污染治理系长效机制，相关政策也并非2017年、2018年才开始实施，开发商在约定交房日期时应当对可能影响交房的政策性因素予以充分考虑，更何况对可能导致大气污染的扬尘整治措施亦不属于不可抗力范畴，不能成为民旺公司免责的理由。同时，民旺公司在2019年与案涉楼盘业主所签订的《补充协议书》中另行约定了交房时间，但亦未约定应当扣减前期逾期天数，故原审法院对民旺公司的该项抗辩理由不予支持，并无不当。

编者说明

近年来，在房屋开发建设过程中，可能存在重污染天气管控，如扬尘治理等诸多导致延误施工进度的情形，出卖人在商品房买卖合同中应对上述交付进度不利的影响因素进行预判，合理确定房屋交付时间。若延误交付事由发生在商品房买卖合同签订之前，但合同未对交付时间进行调整，出卖人未提供充分证据证明上述事由与逾期交付之间存在因果关系，其主张扣除工期延误天数的，不予支持。（郭俊利整理）

71. 商品房买卖合同签订之前，扬尘管控已经存在，出卖人再以无法预见、控制的原因抗辩，要求免除其逾期交房违约责任的，不予支持。

案件名称

再审申请人（一审被告、二审上诉人）润田公司与被申请人（一审原告、二审被上诉人）王某明商品房销售合同纠纷案〔（2020）豫民申1294号，2020.6.30〕

裁判精要

河南省高级人民法院认为，案涉《商品房买卖合同》附件十一《补充协议》第一条约定，润田公司如遇以下情况可以延期交房：影响工程进度但是非润田公司过错且润田公司无法预见和控制的客观原因（如自然灾害、交通管制、市政停水、天然气、自来水公司、热力公司、电力公司等）造成工期延误，还有其他不可抗力导致的延误。润田公司免予承担任何利息支付责任及违约、赔偿责任，交房时间根据工期导致延期相应顺延。根据这一约定，对于非润田公司过错，且润田公司无法预见和控制的客观原因造成的工期延误，应当免除润田公司逾期交房的违约责任。润田公司申请再审主张，其因政府行为、环保因素而导致的逾期交房属于该条约定的免责事由。但从其一审提交的政府因治理大气污染要求停工的文件看，其中部分形成于案涉《商品房买卖合同》签订之前，也就是说，政府早在润田公司与王某明签订《商品房买卖合同》之前，就对建筑工地扬尘污染等环保问题提出了整治要求，故政府环保治理对于润田公司来说，并非无法预见，不属于上述约定中的免责事由。润田公司以政府环保治理致其工期延误为由主张其逾期交房的违约责任应因此而免除，不能成立。

编者说明

近几年，较多房地产项目在施工过程中因扬尘管控、大气污染治理等被政府部门要求停工，导致项目逾期交付。由此引发与逾期交付违约金、逾期交付解除合同相关的纠纷。就开发商如何防控和应对该类诉讼建议如下：一、合理确定项目开发周期和交房时间。因扬尘管控而停工近几年每年都有，什么时候开始、持续多长时间无法确定，但可根据往年情况适当预测停工时间，在正常开发周期的基础上适当延长工期、延长交房时间。二、完善合同条款。将因扬尘管控等导致停工进而造成逾期交房可以免责延期的事项尽可能详细地约定，并以字体加粗、加下画线等方式特别标注，提醒客户注意对该项的约定；根据项目开发期间遇到的风险点定期更新合同；对合同中的交房时间不统一打印上固定的日期，根据项目开发进度调整交付时间，表述为"在××××年××月××日前交房"，明确约定可以提前交房。三、针对政府的通知做好证据留存。扬尘管控停工通知，从市、区到街道办都有，越到基层要求越详细、严格，通知形式也各不相同，除政府网站公告、报纸、新闻播报、纸质公告、通告、通知等形式外，还有些仅是街道办工作人员发的微信，甚至电话、口头通知。对此，应当特别注意留存。针对微信、电话通知的，要注意保存好微信内容、电话录音内容的载体。四、做好施工日志、监理日志记录与留存工作。五、临近合同约定的交房日期而无法交房时，向业主发送延期通知，并说明理由。（曹代鑫整理）

72. 出卖人抗辩称政府部门发布的环境治理停工令、大气污染管控措施导致停工顺延交房日期的，应对该抗辩事由是否不可预见、是否与逾期交房存在因果关系承担相应的举证责任。

案件名称

再审申请人（一审被告、二审上诉人）江山天成公司与被申请人（一审原告、二审被上诉人）张某芳商品房预售合同纠纷案〔（2021）豫民申8818号，2022.2.28〕

裁判精要

河南省高级人民法院认为，关于江山天成公司提出的生效判决未对其施工周期给予顺延错误的问题。江山天成公司主张本案存在因政府部门发布的环境治理停工令、大气污染管控措施而停工的客观事实，应对双方约定的交房时间予以相应顺延。其应对前述抗辩事由是否不可预见、是否与逾期交房存在因果关系承担相应的举证责任，原审中江山天成公司提交的证据不足以证明其主张，故江山天成公司的此项理由不能成立。（吴利波整理）

编者说明

扬尘质量、环保管控系近年来常见的导致停工的客观因素，出卖人通常在商品房买卖合同中将其作为顺延交房的免责事由之一，但政府管控文件因其管控项目、类别、级别不一而对工期的影响程度不同。在诉讼中，除提供政府相关管控文件外，

出卖人还应就政府管控与逾期交房之间的因果关系进行举证。（杨贺飞整理）

73. 在商品房买卖合同明确约定房屋交接方式的情况下，出卖人以"张贴"方式通知不特定买受人进行房屋交接不符合约定，不能认定出卖人履行了通知交房义务。

案件名称

再审申请人（一审原告、二审被上诉人）乐某与被申请人（一审被告、二审上诉人）永兴公司房屋买卖合同纠纷案［（2019）豫民申8229号，2020.1.8］

裁判精要

河南省高级人民法院认为，本案争议的核心是永兴公司是否在合同约定期限内按照约定完成交付房屋义务。二审判决据以改判的关键证据是永兴公司提供的2016年3月5日向各位业主的通知。结合案件事实，本院评判如下：（一）根据涉案合同第十一条"交接"的约定，永兴公司应书面通知买受人办理交付手续。双方进行验收交接时，出卖人还需提供《住宅质量保证书》和《住宅使用说明书》。2016年3月5日向各位业主的通知无论真伪，从形式上均不符合合同约定的房屋交接方式。（二）从2016年3月5日向各位业主的通知的内容来看，系永兴公司以张贴的方式向不特定业主所发，既不符合合同约定通知业主的方式，也没有针对合同相对人乐某，而且落款和印章并不一致，达不到认定本案核心事实的证明力。综上，乐某的申请再审理由充分，原审判决不当，应予纠正。

编者说明

本案河南省高级人民法院指令信阳市中级人民法院再审。（郑舒文整理）

74. 房屋在查封措施解除前，不具备交付和过户的条件，买受人请求交付和过户的，不予支持。

案件名称

再审申请人（一审原告、二审上诉人）贺某鑫与被申请人（一审被告、二审被上诉人）科瑞公司商品房销售合同纠纷案［（2020）豫民申3570号，2020.10.26］

裁判精要

河南省高级人民法院经审查认为，贺某鑫主张继续履行合同，具体内容为交付房屋和办理所有权转移登记。因涉案房屋处于另案有效查封期间，客观上不具备办理过户手续的条件，贺某鑫要求转移执行标的的所有权依据不足。在此情况下，贺某鑫可以科瑞公司根本违约使其不能实现合同目的为由，要求解除合同并向科瑞公司主张债权，或依法提起案外人执行异议之诉，确认对涉案房屋享有民事权利，以排除人民法院的强制执行。在查封措施尚未解除之前，因案涉房屋不具备交付和办理产权过户手续的条件，故原审法院驳回贺某鑫的诉讼请求并无不当。

编者说明

根据《中华人民共和国城市房地产管理法》第三十八条第（二）项的规定，司法机关和行政机关依法裁定、决定查封或者以其他形式限制房地产权利的，该房地产不得转让。因此，法院查封房屋不能过户，解封后才可以过户。房地产存在被查封的障碍，导致房地产不能办理过户的，买受人请求出卖人履行过户义务的，不予支持。（郭俊利整理）

75. 出卖人以买受人未补交房屋面积差价款为由拒绝交付房屋的，违反合同约定，不予支持。

案件名称 I

再审申请人（一审原告、二审上诉人）陈某与被申请人（一审被告、二审被上诉人）光利公司房屋买卖合同纠纷案〔（2020）豫民申4858号，2020.8.26〕

裁判精要

河南省高级人民法院认为，本案陈某请求光利公司支付逾期交房违约金及交付车位，光利公司以陈某未补交房屋差价款为由拒绝交付房屋。双方签订的《商品房买卖合同》第五条约定"以建筑面积为依据进行面积确认及面积差异处理"，同时约定"商品房交付后，产权登记面积与合同约定面积发生差异，双方同意以最终产权界定面积为准，多退少补"。双方在《商品房买卖合同》签订前签订有《晋河花园业主购买房屋协议书》，该协议第七条购买人资格及购买细则约定，乙方应为晋河花园业主,其购买人的资格由晋河花园业主委员会确认,确认及购买房屋的选房流程、相关选房细则以晋河花园业主委员会确认结果或通知要求为准。为保证晋河花园大多数购房业主的利益,晋河花园购房业主必须遵守晋河花园业主委员会制定的各项规章制度,晋河花园业主委员会有权对违约的购房业主进行处理,直至取消其购房资格。光利公司主张团购委员会的《会议纪要》对逾期交房违约责任有明确记载,应当依据团购委员会的会议决定计算逾期交房违约金。但《晋河花园业主购买房屋协议书》最后明确约定:"本协议自双方签字盖章之日起生效,至签订商品房买卖合同之日起或本协议规定的不可抗力情形出现时本协议自行失效。"故双方签订正式《商品房买卖合同》后,该购房协议不再对双方产生约束力,应以《商品房买卖合同》的条款约定为准。根据《商品房买卖合同》约定,光利公司房屋交付义务在先,面积差价退补在后。涉案房屋光利公司通知交房后,陈某领取房屋钥匙时光利公司以陈某未补交房屋差价款为由拒绝交付房屋,违反合同的上述约定。故陈某的再审申请符合《中华人民共和国民事诉讼法》第二百条第(二)项规定的情形。

编者说明

指令开封市中级人民法院再审本案。

案件名称Ⅱ

再审申请人(一审被告、二审上诉人)展特公司与被申请人(一审原告、二审被上诉人)费某商品房销售合同纠纷案[(2022)新民申378号,2022.5.7]

裁判精要

新疆维吾尔自治区高级人民法院审查过程中,展特公司辩称其已履行了相应的协助义务,费某至今未能办理房屋产权登记的原因在于其未足额支付剩余购房款及面积差价款。本院认为,展特公司超过合同约定的期限履行了案涉房产首次登记、开具发票等义务,并不能据此否认其已构成违约的事实。本案中费某已支付了大部分购房款,履行了合同主要义务,根据公平原则,其有权要求展特公司按照合同约定协助其办理案涉房屋权属登记。二审中展特公司提供的库尔勒天平房地产价格评估事务所所作的测绘报告系由展特公司单方委托作出,在其未向买受人费某出示该测绘报告的情况下,费某并不当然知晓案涉房屋存在需支付面积差价款的情况。案涉房屋于2014年11月19日交付，而该测绘报告是在2018年9月4日作出的，且双方所签合同中并未特别约定付款和办理权属登记的顺序。因此，展特公司以费某未支付面积差价款及剩余21万元购房款为由抗辩其不负有协助费某办理房屋产权证的义务并免除其逾期办证违约责任，理据不充分，本院不予支持。本案一、二审中展特公司并未就上述剩余21万元购房款及面积差价款提出反诉，现其申请再审以费某支付剩余购房款及面积差价款作为履行协助办理产权转移登记义务的条件，不属于本案再审范围，且费某应补足的房屋面积差价不足全部房产面积的3%，并不构成展特公司不按合同约定期限办理权属登记的先履行抗辩事由，展特公司可另行主张。

编者说明

若《商品房买卖合同》中明确约定了房屋交付义务在先，面积差价退补在后，出卖人以买受人未补交面积差价而不履行房屋交付义务的，不予支持。根据公平原则，买受人已支付房屋款项，履行了合同主要义务的情况下，有权要求出卖人按照合同约定协助其办理案涉房屋权属登记；出卖人以买受人未支付面积差价款为由抗辩不负有协助办理房屋产权证的义务并免除其逾期办证违约责任的，不予支持。（胡玉芹整理）

76. 商品房买卖合同中，交房时间变更属于合同重大变更事项，出卖人使用预先拟定的格式条款，应进行提前协商，并尽到合理的提示和说明义务；即便买受人同意对交房期限变更，但未明确表示放弃逾期交房违约责任的，仍有权主张逾期交房违约责任。

案件名称 I

再审申请人（一审原告、二审被上诉人）黄某然与被申请人（一审被告、二审上诉人）远中公司房屋买卖合同纠纷案[（2022）豫民申691号，2022.4.24]

裁判精要

河南省高级人民法院认为，黄某然与远中公司在《商品房买卖合同》中约定出卖人远中公司应当于2017年6月30日前交房，远中公司于2018年9月24日向黄某然交付案涉房屋时，其中交房手续材料中的《交房流转单》最后一栏加盖方章内容为"双方同意将交房时间变更为2018年8月19日"。房屋交付时间变更属于合同重大变更事项，远中公司未提供与黄某然对此进行协商的证据，也未以补充协议等方式与黄某然重新作出约定。《交房流转单》由远中公司为了重复使用而预先拟定，未与黄某然提前协商，远中公司应尽到提示与说明义务。即便认定《交房流转单》对原购房合同约定的交付房屋时间进行了变更，但民事权利的放弃必须采取明示的意思表示才能发生法律效力，黄某然并未明确放弃远中公司2018年8月19日之前逾期交付房屋的违约责任，且远中公司在2018年9月24日实际交房，仍然构成违约。生效判决认定远中公司在约定时间内交付房屋不构成违约，认定事实和适用法律错误。

编者说明

指令河南省南阳市中级人民法院再审本案。（吴利波整理）

77. 房屋实际交付日期难以确定时，可依据房屋交付惯例和买受人对房屋行使处分权行为的时间推定房屋实际交付日期。

案件名称

上诉人（原审原告、反诉被告）水某英与上诉人（原审被告、反诉原告）宏矗公司房屋买卖合同纠纷案[（2020）豫民终897号，2020.11.11]

裁判精要

河南省高级人民法院认为，关于宏矗公司是否按照合同约定向水某英交付了案涉房屋的问题。根据2012年5月25日房屋买卖合同第六条约定，宏矗公司应在2012年8月31日前将房屋交给水某英使用，房屋产权证在2012年12月31日前办理至水某英名下。另结合原审查明的该合同条款实际履行情况，受托人冯某伟代表水某英于2013年7月24日领取了宜阳房权证城关镇字第××、×号房屋所有权证，水某英于2013年11月12日将案涉房屋出租给刘某友，在此之后用上述房产证为他人提供抵押担保，并办理了他项权证。从上述事实结合双方举证情况可以看出，各方均未列举出案涉房屋交付时间的直接证据，但依据房屋交易惯例和房产证交付后水某英对房屋行使处分权的行为，原审将水某英于2013年11月12日把案涉房屋出租给刘某友的时间推定为房屋交付时间并无不当；水某英主张宏矗公司一直将房屋大门紧锁、房屋未通水电、2014年起至今宏矗公司一直将公共通道及电梯间对外出租盈利、尚未消防验收等，与房屋是否交付的待证事实并无关联性，二审中水某英所列举证据也不足以证明其上诉主张，本院不予采信。（阮崇翔整理）

78. 房屋未达到合同约定交付条件的，买受人有权拒绝接收房屋。

案件名称

再审申请人（一审被告、二审上诉人）新蔡皓祥置业有限公司与被申请人（一审原告、二审被上诉人）李某可、李某商品房销售合同纠纷案［（2021）豫民申8417号，2021.12.21］

裁判精要

河南省高级人民法院认为，新蔡皓祥置业有限公司与李某可、李某签订的《商品房买卖合同》第八条约定，房屋交付期限为2018年12月31日前，交付的房屋应具备取得建设工程竣工验收备案文件，并符合合同约定。李某可、李某已经按约交付了购房款，新蔡皓祥置业有限公司应当按照合同约定的交付期限和交付标准履行交付房屋的义务。新蔡皓祥置业有限公司未提供案涉房屋已经竣工验收合格及备案的证据，不能证明案涉房屋已经符合合同约定的交付条件，李某可、李某可以拒绝接收房屋。新蔡皓祥置业有限公司主张已经于2020年9月1日向李某可、李某邮寄交房手续，证据不足，且不符合合同约定。

编者说明

出卖人通常在商品房买卖合同中约定"如买受人收到通知后不配合收房则以通知收房之日作为交付日期，并转移房屋相关风险"，但该约定的适用应以房屋本身达到合同约定的交付条件为前提，且该交付条件的约定不能低于《中华人民共和国建筑法》《建设工程质量管理条例》等规定的标准。（杨贺飞整理）

79. 买受人明知或者应当知道房屋尚不符合交付条件而接收房屋的，应视为对房屋交付行为的认可。

案件名称

再审申请人（一审原告、二审上诉人）杨某森与被申请人（一审被告、二审

被上诉人）康之源公司、刘某昌商品房销售合同纠纷案〔（2022）新民申672号，2022.5.18〕

裁判精要

新疆维吾尔自治区高级人民法院认为，关于案涉建设工程未竣工验收及消防验收是否影响案涉房屋有效交付的认定问题。本院认为，开发商交付未经竣工验收合格及未经消防验收合格房屋的行为不能构成有效交付，开发商理应承担逾期责任，但在买受人明知房屋未经竣工验收及未经消防验收的情况下依旧同意接收房屋，应视为买受人对其向开发商主张逾期交房责任权利的放弃。本案审查过程中，双方当事人对2017年7月29日前案涉工程未竣工验收及未经过消防验收的事实均不持异议，本院予以认定。如上所述，案涉房屋已于2017年7月29日前交付杨某森，故本案应当审查杨某森在接收房屋时是否知晓案涉工程未经竣工验收及消防验收的事实。根据已查明事实，杨某森与康之源公司签订的《合同补充协议》中约定由杨某森对案涉工程进行施工，该约定内容可以证实杨某森作为施工方定然知晓案涉工程尚未完工、未经竣工验收及消防验收的事实。另外，杨某森再审申请书中称，案涉工程一直处于烂尾停工、不能竣工的状态，该陈述亦可证实其在接收案涉房屋时知晓案涉工程未经竣工验收及消防验收的事实。故在杨某森明知案涉房屋未经竣工验收及消防验收的情况下依旧同意接收房屋并进行装修后，再以房屋不具备交付条件为由主张逾期交房责任，有违诚信原则，原审法院不予支持，亦无不当。

编者说明

买受人明知房屋不具备交付条件而接收房屋，再以房屋不具备交付条件为由主张逾期交付责任的，不予支持。（胡玉芹整理）

80. 出卖人交付房屋时未达到合同约定的五大主体竣工验收合格条件的，应以合同约定的验收合格之日为房屋交付日期。

案件名称

再审申请人（一审原告、二审上诉人）胡某静与被申请人（一审被告、二审被上诉人）锦诚公司商品房销售合同纠纷案〔（2021）豫民申8607号，2021.12.29〕

裁判精要

河南省高级人民法院认为，关于原判认定2017年11月10日为交付日期是否正确的问题。胡某静及锦城公司于2014年12月1日签订的《商品房买卖合同》是双方真实意思表示，合法有效。双方在合同中约定，出卖人应当在2016年5月1日前，将具备工程竣工经建设、勘察、设计、施工、监理单位共同验收合格并符合合同约定的商品房交付买受人胡某静使用。锦城公司的业主钥匙物品签领确认表显示胡某静于2017年9月19日领取钥匙，一般情况下，领取钥匙日期即为交房日期，但本案案涉房屋的五大主体验收合格的时间是2017年11月10日，故二审判决将2017年11月10日认定为交付日期更符合合同的约定。

编者说明

商品房买卖合同关于五大主体验收合格作为交付条件的约定，符合《中华人民共和国建筑法》《建设工程质量管理条例》关于房屋交付使用的法定条件的规定，系合法有效的约定。（杨贺飞整理）

81. 商品房买卖合同约定以五大主体竣工验收合格作为房屋交付条件，该约定与地方政府验收规定交付条件不一致的，以合同约定为准。

案件名称

再审申请人（一审原告、二审上诉人）董某与被申请人（一审被告、二审被上诉人）天基公司房屋买卖合同纠纷案〔（2021）豫民申7337号，2021.12.10〕

裁判精要

河南省高级人民法院认为，就涉案房屋的交付标准，双方签订的商品房买卖合同第八条中约定，"依照国家和地方人民政府的规定，将商品房经勘察、设计、建设、施工、监理五大参建主体联合验收合格，并符合合同约定的商品房交付买受人使用"。根据建设工程竣工验收的相关规定及惯例，双方所约定的"经五大参建主体联合验收合格"应为建设单位组织进行的工程竣工验收合格。本案中，涉案房屋已于2018年11月30日通过竣工验收，符合商品房买卖合同约定的交付条件。董某主张的《许昌市人民政府关于印发市区住宅小区综合验收管理办法（试行）的通知》，系住宅小区综合验收的相关规定，与商品房买卖合同中约定的经竣工验收合格的交付条件不符，故其据此主张天基公司通知交房时不符合交付标准的理由不能成立。

编者说明

地方政府关于房屋综合验收的监管规定，并非法律法规强制性规定，不影响商品房买卖合同交易双方关于交付条件约定的效力。（杨贺飞整理）

82. 商品房买卖合同以五大主体竣工验收合格作为房屋交付条件的约定合法有效，买受人收房后主张未经消防验收合格及竣工验收备案不产生交付效力的，不予支持。

案件名称 I

再审申请人（一审原告、二审上诉人）李某媛与被申请人（一审被告、二审被上诉人）浩德鑫公司商品房预售合同纠纷案［（2021）豫民申7372号，2021.10.28］

裁判精要

河南省高级人民法院认为，关于生效判决认定案涉房屋符合交房条件是否正确的问题。李某媛与浩德鑫公司签订的《商品房预售合同》中明确约定，"该商品房经验收合格"是指由勘察单位、设计单位、施工单位、监理单位、建设单位对该工程质量验收出具《单位（子单位）工程质量竣工验收记录》。该约定符合《建设工程质量管理条例》的规定，亦不违反法律、行政法规的强制性规定，因此该约定合法有效。再者，2016年1月16日，李某媛在《收楼资料签收单》及《领取钥匙一览表》上签字，领取了收楼文件及房屋钥匙，涉案房屋已实际交付李某媛使用，且后续使用过程中并未出现房屋质量问题。至于李某媛主张的案涉房屋未经消防验收合格及竣工验收备案登记均不能产生否定房屋交付行为的法律效力，故生效判决认定案涉房屋符合交房条件并无不当。

案件名称 II

再审申请人（一审原告、二审上诉人）郑某与被申请人（一审被告、二审被上诉人）锦华公司商品房预售合同纠纷案［（2022）鄂民申217号，2022.4.11］

裁判精要

湖北省高级人民法院认为，申请人郑某与锦华公司签订的《商品房买卖合同》系双方当事人真实意思表示，不违反法律、行政法规的强制性规定，合法有效。《商品房买卖合同》第九条约定了商品房交付条件，即该商品房应当取得建设工程竣工验收备案证明文件和房屋测绘报告。锦华公司向申请人发出《交房通知书》时案涉房屋确实未经竣工验收合格，但申请人办理交房手续时，未对交付的房屋不符合合同约定提出异议，应认定锦华公司已按期将案涉房屋交付给申请人使用。申请人作为完全民事行为能力人，对合同内容明知，作为买受人应当尽到审慎注意义务，申请人主张锦华公司隐瞒了房屋现状进行交房，未尽到合理提醒义务，事实和法律依据不足。

83. 商品房买卖合同约定五大主体竣工验收合格为交房条件，买受人以未经消防机构验收或者验收不合格为由，主张逾期交房违约金的，不予支持。

案件名称

再审申请人（一审原告、二审上诉人）纪某与被申请人（一审被告、二审被上诉人）锦诚公司商品房销售合同纠纷案〔（2020）豫民申1741号，2020.6.23〕

裁判精要

河南省高级人民法院认为，涉案房屋于2017年8月22日经建设单位、监理单位、施工单位、设计单位及勘察单位等有关单位验收合格，符合合同约定的交付条件，虽然锦诚公司于2017年6月2日向纪某邮寄了交房通知，但此时还不具备交房条件，故原审从合同约定的交房时间2016年5月1日至达到合同约定的交房条件即2017年8月22日计算锦诚公司逾期交房违约金并无不当。纪某再审申请称涉案房屋没有经消防验收不具备交房条件，原审按验收时间计算锦诚公司逾期交房违约金不当。本院认为，虽然《中华人民共和国消防法》规定必须经公安消防机构进行消防验收，未经验收或者经验收不合格的，不得投入使用。但涉案合同约定的经相关部门验收合格系交房条件，而不是入住条件，是否经消防验收不是双方合同约定的交房条件。因此，纪某再审申请称涉案房屋未经消防验收不具备交房条件的理由不能成立，本院不予采信。原审根据合同关于锦诚公司逾期交房应承担的违约责任认定锦诚公司支付纪某违约金的数额也无不当，纪某再审申请称原审判决锦诚公司支付纪某逾期交房违约金19250元适用法律错误没有事实根据和法律依据，本院不予支持。

编者说明

《中华人民共和国建筑法》《建设工程质量管理条例》等关于房屋交付使用的条件均表述为"验收合格"，但对"验收合格"的具体内容，如验收主体、验收具体事项、验收标准等没有详细的规定，而是由商品房买卖合同进行约定。商品房买卖合同关于五大主体验收合格作为交付条件的约定不违反法律法规的强制性规定，合法有效，应当遵守。商品房买卖合同没有将消防验收等行政监管部门的验收、竣工备案表、综合验收、政府行政规范文件要求等明确约定为交付条件的，应当以合同约定交付条件为准。（曹代鑫整理）

84. 商品房买卖合同中约定以五大主体竣工验收合格作为交付条件的，不违反法律、行政法规的强制性规定，不属于无效格式条款。

案件名称

再审申请人（一审原告、二审上诉人）郭某伟与被申请人（一审被告、二审上诉人）尧当置业公司商品房销售合同纠纷案〔（2020）豫民申6110号，2020.10.29〕

裁判精要

河南省高级人民法院认为，案涉商品房买卖合同虽为尧当置业公司提供的范本合同，但关于房屋交付使用条件的约定，双方意思表示真实、一致，并不违反法律、行政法规的强制性规定，对双方有法律约束力，不存在提供格式条款一方免除其责任、加重对方责任、排除对方主要权利的情形，不属于无效格式条款。国务院已经取消了对房地产开发项目竣工验收和住宅小区竣工综合验收的行政审批。案涉房屋已经建设单位、勘察单位、设计单位、监理单位、施工单位五大责任主体验收合格，符合《建设工程质量管理条例》的规定，且尧当置业公司提供了商品住宅质量保证书和使用说明。据此，案涉房屋经验收合格，符合双方约定的交付使用条件。

85. 行政法规取消竣工综合验收的行政审批，并未对于房地产项目进行综合验收作出禁止性规定。双方在商品房买卖合同中约定商品房经综合验收合格为交付条件的，仍应以合同约定为准。

案件名称

再审申请人（一审原告、二审被上诉人）闻某与被申请人（一审被告、二审上诉人）万城公司房屋买卖合同纠纷案〔（2020）豫民再118号，2020.4.26〕

裁判精要

河南省高级人民法院认为，关于商品房经综合验收合格的约定问题。双方签订的《商品房买卖合同》系双方真实意思表示，其中第八条对交房的期限及条件进行了约定，"该商品房经综合验收合格"为具备交付房屋的必要条件。虽然万城公司提出根据《国务院关于第三批取消和调整行政审批项目的决定》（国发〔2004〕16号）第83项，住宅小区等群体房地产开发项目竣工综合验收已被取消行政审批。但该批复仅仅取消了房地产项目综合验收的行政审批，并未对房地产项目进行综合验收作出禁止性规定，万城公司也未提交该条约定违反法律、行政法规的强制性规定而无效的证据，因此，该约定仍然合法、有效。

编者说明

虽然根据《国务院关于第三批取消和调整行政审批项目的决定》（国发〔2004〕16号）第83项，住宅小区等群体房地产开发项目竣工综合验收已被取消行政审批。但该批复仅仅取消了房地产项目综合验收的行政审批，并未对房地产项目进行综合验收作出禁止性规定，不影响商品房买卖合同交易双方关于以综合验收合格为交付条件的效力。（丁一整理）

86. 房屋竣工验收合格交付时，买受人明知房屋未取得合同约定的竣工验收备案的交付条件而接收房屋，后又以房屋不符合合同约定交付条件为由向出卖人主张逾期交房违约责任的，不予支持。

案件名称Ⅰ

再审申请人（一审原告、二审上诉人）于某平与被申请人（一审被告、二审被

上诉人）金石公司房屋买卖合同纠纷案［（2021）豫民申7435号，2021.11.24］

🔍 裁判精要

河南省高级人民法院认为，关于于某平接收房屋后金石公司是否应当承担违约责任的问题。于某平与金石公司签订的商品房买卖合同第九条虽约定了以房屋取得竣工验收备案证明文件等资料作为房屋交付的条件，但金石公司于2019年11月30日发布公告通知业主交房前，案涉房屋所在的金石·星海湾项目楼栋已通过竣工验收，五大主体验收意见均为"合格"。后期的竣工验收备案意见虽然形成于2020年6月15日，晚于通知交房日期，但许昌市住房和城乡建设局备案意见为"准予备案"，印证了工程竣工验收合格的真实性。以上事实可以证明，金石公司向于某平交付的系合格房屋。于某平于2019年12月4日接收了房屋，并在《楼宇交接书》《业主资料交收记录》《验房表》上签字确认，后又以房屋不符合合同约定的交付条件为由，向金石公司主张逾期交房违约责任。《楼宇交接书》记载，乙方（于某平）确认房屋建筑质量和初装修情况符合合同中交房标准规定，乙方无异议。《业主资料交收记录》记载了金石公司向于某平交付房屋时提供的书面资料，于某平在签收时应当知晓金石公司提供的资料不包含双方合同第九条约定的证明文件，可以认定其在明知房屋未取得合同约定的文件和报告的情况下选择接收房屋，故原审法院未判令金石公司承担2019年11月23日之后的违约责任并无不当。

📡 案件名称Ⅱ

再审申请人（一审被告、二审被上诉人）鑫瑞公司与被申请人（一审原告、二审上诉人）吕某斌、叶某芳商品房销售合同纠纷案［（2021）闽民再8号，2021.4.25］

🔍 裁判精要

福建省高级人民法院认为，当交付的房屋不符合约定条件时，吕某斌、叶某芳有权拒绝接收，由此产生的逾期交付责任由鑫瑞公司承担。吕某斌、叶某芳于2016年7月26日接收房屋，该行为表明其放弃了拒绝接收的合同权利，故相应地丧失了要求鑫瑞公司承担由此之后的迟延履行违约责任之请求权。

✏️ 编者说明

房屋交付虽不符合合同约定的竣工验收备案条件，但符合《中华人民共和国建筑法》《建设工程质量管理条例》关于房屋交付使用的法定条件（五大主体验收合格），买受人明知上述情况而接收房屋，应视为双方以实际交付行为改变了商品房买卖合同关于交付条件的约定。（杨贺飞整理）

87. 商品房买卖合同约定的交付条件为验收合格的，房屋经竣工验收备案即视为满足交付条件。买受人对《竣工验收备案表》《消防验收意见书》有异议的，可通过其他合法途径解决。

案件名称

再审申请人（一审原告、二审上诉人）邵某强与被申请人（一审被告、二审被上诉人）奥星公司商品房预售合同纠纷案［（2021）豫民申322号，2021.3.15］

裁判精要

河南省高级人民法院认为，关于涉案商品房是否符合交付条件问题。本案中，双方签订的《商品房买卖合同》约定的交付条件为该商品房经验收合格。涉案工程的竣工验收经新郑市住房和城乡规划建设局审查备案，《竣工验收备案表》加盖有"新郑市住房和城乡规划建设局竣工备案专用章"，原审法院对此予以采信并无不当。邵某强对《竣工验收备案表》若有异议，其可通过其他合法途径予以解决。关于邵某强主张涉案商品房未经消防验收、水电等设施与配套未达到约定标准，不具备合同约定交房条件的问题。二审期间，奥星公司提交的新郑市住房和城乡规划建设局于2019年10月16日出具的新住建消验字（2019）第013号建设工程消防验收意见书，可以证明涉案商品房经消防验收为合格，邵某强对该《消防验收意见书》提出异议，亦可通过合法途径予以解决。

编者说明

《商品房买卖合同》约定的交付条件为该商品房经验收合格，该约定为有效条款。实务中，出卖人大多会在合同中约定以"该商品房验收合格"为交付条件。但是现行法律法规并未对"验收合格"的具体标准进行释明，法院在审理时也存在着不同的观点，其中包括"商品房经竣工验收合格即可交付""商品房经竣工验收备案方可交付""商品房交付的条件是商品房工程竣工验收合格并通过消防验收或消防备案"三种观点。然而法院在认定"验收合格"时，更多的还是以商品房经建设单位、施工单位、监理单位、勘察单位、设计单位等五大主体验收合格为标准。实践中，行政主管部门为了加强对房地产行业的监管，保障商品房的安全性，往往要求对商品房竣工验收备案后方可交付。（曹亚伟整理）

88. 合同约定验收合格为交付条件，出卖人在未达到交付条件时交付房屋。买受人接收房屋后，再以房屋未经验收合格为由主张出卖人逾期交房，应承担违约责任的，不予支持。

案件名称

再审申请人（一审原告、二审上诉人）常某梅与被申请人（一审被告、二审上诉人）威利公司房屋买卖合同纠纷案［（2021）豫民再33号，2021.3.1］

裁判精要

河南省高级人民法院认为，关于威利公司应否承担逾期交房违约责任的问题。案涉《商品房买卖合同》约定，威利公司应在2016年2月28日前将符合约定条件的房屋交付常某梅。因案涉工程在施工中存在应予免责的停工期间，威利公司于2016年3月22日向常某梅交付案涉房屋，常某梅当天在业主入住手续办理流转单上签字，接收该房屋，并装修入住。常某梅认为其接收时，该房屋未经相关部门验收合格，该交付不符合合同约定，不能视为有效交付，威利公司仍应就此承担违约责任。虽然房屋需在验收合格后方能交付，且双方合同亦约定交付时需取得商品住宅交付使用的批准文件，常某梅称该批准文件系指验收合格备案文件，威利公司交付房屋时未提供相关批准文件，但常某梅未因此拒绝接收，而是装修入住，应视为其接受了威利公司的交房条件，在此情形下其接收房屋后再以未经验收合格主张威利公司逾期交房应承担违约责任，不应得到支持。常某梅称其系受威利公司欺骗才接收了案涉房屋，但未提交相应证据，本院不予采信。故一、二审对常某梅关于威利公司承担逾期交房违约责任的请求不予支持并无不妥，常某梅该再审请求不能成立。

编者说明

河南省高级人民法院在本案中的裁判观点在实践中尚有争议。《中华人民共和国民法典》第五百四十三条规定："当事人协商一致，可以变更合同。"据此可知，合同变更需要双方协商一致，买受人接收不符合约定的房屋并不能当然视为对合同的变更。如河北省高级人民法院在（2019）冀民申9346号裁定书中认为出卖人虽然将房屋交付给了买受人，但交付的房屋并不符合合同约定，出卖人的交房行为不能视为其按照合同约定履行了交房义务，其应承担逾期交房违约责任。还有观点认为，即使将接收未经验收合格的房屋视为对合同相关约定的变更，但该变更后的约定内容违反了法律、行政法规的强制性规定，应为无效，即竣工验收合格是商品房交付的前提条件，当事人不得约定排除。（曹亚伟整理）

89. 出卖人应自行预判和评估房屋延误交付的原因，延误交付事由发生在商品房买卖合同签订之前，但合同未据此对交付时间进行调整的，交付时间应以合同约定为准。

案件名称

再审申请人（一审被告、二审上诉人）江山天成公司与被申请人（一审原告、二审被上诉人）邓某磊商品房预售合同纠纷案[（2021）豫民申8819号，2021.12.24]

裁判精要

河南省高级人民法院认为，关于案涉项目施工周期应否顺延、逾期交房违约金的认定问题。江山天成公司申请称因不可抗力因素导致项目停工，工期应当予以顺延。本院认为，江山天成公司作为专业从事房地产开发的企业，应对工程施工中常见的可能导致延误施工进度的各种因素进行预判和评估，并结合施工进度对每个时间段签订的商品房预售合同所约定的交付时间进行及时相应调整。江山天成公司提交的证据证明的停工时间，发生在双方签订《商品房买卖合同（预售）》之前，江山天成公司未对此后签订的商品房预售合同所约定的交房时间进行相应调整，其应自行承担相应的法律后果。因此，原审未对案涉项目工期顺延并无不当。

编者说明

房屋开发建设过程中，可能存在诸如政府扬尘管控、极端天气灾害等导致延误施工进度的因素，房屋交付时间可根据合同约定及法律规定进行不同程度顺延。但客观上出卖人在房屋销售前所制定的商品房买卖合同需要在房地产行政主管部门备案，需要根据备案变更难易程度及对交付进度不利因素的预判，合理确定房屋交付时间，并适时向房地产行政主管部门申请变更备案合同中关于房屋交付时间的约

定。（杨贺飞整理）

90. 前期物业服务企业在经出卖人授权情况下向买受人发出的收房通知，对买受人产生通知效力。

案件名称

再审申请人（一审原告、反诉被告、二审上诉人）李某权与被申请人（一审被告、反诉原告、二审被上诉人）伟宏公司商品房预售合同纠纷案〔（2021）豫民申8032号，2021.12.2〕

裁判精要

河南省高级人民法院认为，涉案房屋所在小区的物业公司于2020年8月1日以微信方式通知李某权收房，虽然不是伟宏公司通知，但依据涉案房屋所属小区的物业公司与伟宏公司签订的《开封市前期物业服务合同》约定，物业公司可以协助伟宏公司做好业主入住时的交房工作，且伟宏公司对物业公司通知交房的行为予以认可，故原审法院将物业公司的收房通知视为伟宏公司的收房通知并无不当。

编者说明

商品房交付时，通常由出卖人和前期物业服务企业配合进行，在出卖人授权委托的情况下，前期物业服务企业可以协助出卖人进行通知收房等工作。（杨贺飞整理）

91. 当事人签订的房地产项目转让合同中约定，项目受让方应向转让方交付一定面积的房屋作为支付对价，但该房屋在项目公司名下且项目公司在合同上盖章确认的，项目公司应承担约定房屋交付义务。

案件名称

上诉人（一审被告）胡某明、宏润公司与被上诉人（一审原告）刘某伟合同纠纷案〔（2018）豫民终1178号，2019.2.1〕

裁判精要

河南省高级人民法院认为，关于宏润公司是否有协助办理案涉营业房交付义务，若胡某明不能履行交付义务，宏润公司应否向刘某伟支付800万元及利息的问题。刘某伟与胡某明于2013年9月6日签订《转让协议》，约定开封开关厂棚户区改造项目由刘某伟转让给胡某明经营，胡某明向刘某伟支付转让款1500万元并交付2000平方米营业房。2013年11月30日刘某伟与胡某明就上述转让事宜又签订《转让协议》，约定刘某伟将持有宏润公司60%股权转让给胡某明，胡某明向刘某伟交付的营业房面积由2000平方米变更为1200平方米。2014年5月16日，刘某伟与胡某明签订《协议书》，约定刘某伟将400平方米营业房作价410万元，除刘某伟应得的410万元外，其余款项和利润均归胡某明。上述协议宏润公司均加盖印章予以确认。从上述协议的内容来看，并非股权转让，而是项目转让，在项目转让中包含了股权转让的内容和交付营业房的内容，而营业房系宏润公司名下财产，宏润公司对此盖章予以确认，故应视为宏润公司对该转让承担相应的义务。胡某明将宏润公司股权转让他人，不影响宏润公司承担该转让之前其应当承担的民事责任。宏润公司上诉称本案系股权转让，宏润公司不应当承担交付房屋义务或支付800万元款项的理由不能成立，本院不予采纳。（李亚宇整理）

92. 一般情况下，不动产登记权利人即推定为该不动产实际权利人，但有相反证据证明的，应据实确定实际权利人。

案件名称

再审申请人（一审被告、二审上诉人）王某与被申请人（一审原告、二审被上诉人）何某房屋买卖合同纠纷案〔（2020）宁民申516号，2020.7.13〕

裁判精要

宁夏回族自治区高级人民法院认为，《中华人民共和国物权法》第十七条规定："不动产权属证书是权利人享有该不动产物权的证明。不动产权属证书记载的事项，应当与不动产登记簿一致；记载不一致的，除有证据证明不动产登记簿确有错误外，以不动产登记簿为准。"本案中，何某办理了房屋所有权证，涉案房屋不动产权证书上登记的权利人为何某。王某主张其通过吴忠市民居物业公司介绍购买了涉案房屋，其是涉案房屋权利人的申请再审理由，因涉案房屋并未登记在王某名下，且王某亦未有其他权利基础实际占有使用涉案房屋，因此一、二审判决认定王某应向何某返还涉案房屋有事实及法律依据，并无不当。

编者说明

本案中体现了一种登记对抗主义的例外情形，该情形的产生具有特定的条件。比如单位集资房对产权人身份的限制、支付购房款、居住长达20余年等。这也提醒了一些债权人在采取以房抵工程款或抵债时应注意房屋的性质，及时办理权属登记和对房屋进行有效控制使用，宣示所有权。另外，房屋所有权登记是房屋管理部门根据当事人申请，对符合法定条件的房屋产权予以书面记载的一种行政行为，是房屋管理部门对房屋当时权属关系及表现状态的认可和证明，但房产登记本身不是赋权行为，不创设具体的权利义务关系，当事人是否享有不动产的权利，取决于当事人之间的民事实体关系。（王兴整理）

93. 两当事人共同借用公司资质以投资建设方式初始取得案涉房屋所有权，仅一方当事人与被借用资质的公司签订商品房买卖合同但未办理转移登记的，仍应认定案涉房屋所有权由两人共同共有。

案件名称

上诉人（原审原告）李某波与被上诉人（原审被告）岳某挺及原审被告王某成第三人撤销之诉案〔（2020）豫民终357号，2020.10.30〕

裁判精要

河南省高级人民法院认为，李某波原审提交的黄某生诉鑫鑫公司优先购买权诉讼中，新乡市牧野区人民法院一审判决、新乡市中级人民法院二审判决、本院再审审查裁定，均认定案涉房屋系王某成、李某波挂靠鑫鑫公司投资建设。虽然鑫鑫公司仅与王某成签订房屋买卖合同，但该房屋并未转移登记至王某成名下。王某成前案和本案历次庭审中均认可与李某波共同开发案涉房屋，就案涉房屋所有权两人共同共有。李某波以投资建设方式初始取得案涉房屋所有权，应认定其为案涉房屋所有权共有人。新乡市中级人民法院（2019）豫07民终1706号判决认定案涉房屋登记备案显示王某成为房屋所有权人，证据不足；本案一审认定李某波主张案涉房屋系其与王某成共同共有证据不足，亦认定事实错误，应予纠正。（李亚宇整理）

94. 房屋按份共有关系中，各共有人所享有的份额，是各自对房屋所有权、土地使用权的比例，其性质为所有权、使用权，属于物权，除签订转让协议外，对其进行变更、转让须以依法登记为条件。

📡 案件名称

上诉人（原审第三人）杨某明与被上诉人（原审被告）刘某生、刘某力、靳某欣，原审被告陈某增、张某威及原审原告张某成房屋所有权份额转让纠纷案［（2020）豫民终65号，2020.9.27］

🔍 裁判精要

河南省高级人民法院认为，陈某增、刘某力、张某威、刘某生、靳某欣对案涉不动产系按份共有关系，各个按份共有人所享有的份额，是各共有人对于案涉房屋所有权、土地使用权的比例，其性质为所有权、使用权，属于物权。除签订转让协议外，案涉不动产物权的变更、转让须以依法登记为条件，登记后才能发生法律效力，然而陈某增享有的25%不动产份额至今仍登记在其名下。因此，刘某力、刘某生、靳某欣未取得陈某增25%的不动产份额，该三人仅享有登记在各自名下的共计50%不动产份额。

✏️ 编者说明

按份共有人享有的不动产份额的性质为所有权，系物权；那么该权利是否能够排除执行？实践中有两种不同的观点。一种观点为按份共有是两个或两个以上共有人按其份额对共有不动产享有所有权。作为所有权的一种特殊形式，按份共有人对其所占不动产份额亦享有占有、使用、收益、处分等权利，不容他人侵犯。执行案件中，查封、扣押、冻结的效力仅基于协议分割后被执行人所享有份额范围内的财产；对其他共有人所享有份额内的财产的查封、扣押、冻结，人民法院应当裁定予以解除。

另一种观点为因当前不动产司法拍卖的成交率较低，若采取对不动产按份额拍卖的方式，可能存在标的物无人竞买、难以变现或者竞得人与共有人有争执、无法占有和处分标的物等问题，因此将共有物统一拍卖并为共有人保留相应比例的资金更有利于平衡各方利益。（李亚宇整理）

95. 商品房买卖合同解除后，案涉房屋的预告登记也随之失效，买受人应当履行配合注销房屋预告登记手续以及办理撤销房屋买卖合同备案登记手续的合同义务。

案件名称

再审申请人（一审原告、二审被上诉人）御景公司与被申请人（一审被告、二审上诉人）赵某莉房屋买卖合同纠纷案［（2019）豫民再816号，2019.12.18］

裁判精要

河南省高级人民法院认为，《中华人民共和国物权法》第二十条第二款规定："预告登记后，债权消灭或者自能够进行不动产登记之日起三个月内未申请登记的，预告登记失效。"《最高人民法院关于适用〈中华人民共和国物权法〉若干问题的解释（一）》第五条规定："买卖不动产物权的协议被认定无效、被撤销、被解除，或者预告登记的权利人放弃债权的，应当认定为物权法第二十条第二款所称的'债权消灭'。"预告登记的目的是保全一项旨在发生物权变动的请求权，不因债务人之后的物权变动行为而导致目的落空。因此，预告登记总是附属于该请求权并服务于该请求权，在此意义上，预告登记在消灭上亦具有从属性，即请求权因无效、被解除或被撤销而归于消灭时，预告登记的基础不存在，自然也归于消灭。结合本案，案涉《商品房买卖合同》的解除发生在预告登记权利人和预告登记义务人之间为双务合同的场合，合同的解除导致预告登记权利人赵某莉的请求权消灭，即赵某莉已丧失了基于《商品房买卖合同》请求办理该合同项下房屋产权过户登记的合同权利，案涉商品房的预告登记因合同解除而失效。御景公司请求赵某莉按照合同约定，履行配合注销房屋预告登记手续以及办理撤销房屋买卖合同备案登记手续的合同义务，应予支持。不论案涉房屋是否存在案外因素均不能否定赵某莉在本案买卖合同关系中应当履行的法定义务。

编者说明

商品房买卖合同解除后，其所约定的对案涉房屋进行物权变动的合同目的就无法实现，买受人进行预告登记的基础亦不复存在。在此情况下，买受人配合注销房屋预告登记手续以及办理撤销房屋买卖合同备案登记手续，系将房屋买卖合同关系恢复至初始状态，不仅有利于厘清各方法律关系，也有利于案涉房屋的再交易、再流通。（郑舒文整理）

第七节 合同解除

96. 政府部门对大气污染管控的期限具有不确定性，必然对房屋施工造成一定影响，出卖人逾期交房违约程度较轻，不影响双方合同目的实现，买受人诉请解除合同，不应支持。

📡 案件名称

再审申请人（一审原告、二审上诉人）赵某福与被申请人（一审被告、二审被上诉人）大有永固公司房屋买卖合同纠纷案［（2021）豫民申4016号，2021.9.24］

🔍 裁判精要

河南省高级人民法院认为，2019年11月8日，最高人民法院公布的《全国法院民商事审判工作会议纪要》第四十七条规定："合同约定的解除条件成就时，守约方以此为由请求解除合同的，人民法院应当审查违约方的违约程度是否显著轻微，是否影响守约方合同目的实现，根据诚实信用原则，确定合同应否解除。违约方的违约程度显著轻微，不影响守约方合同目的实现，守约方请求解除合同的，人民法院不予支持；反之，则依法予以支持。"本案中，根据赵某福与大有永固公司签订的《商品房买卖合同》，大有永固公司应于2020年3月20日之前向赵某福交付房屋，同时，合同附件五约定出现不可抗力情形可以延长合同履行时间，并免除违约责任。大有永固公司于2020年9月29日刊登交付公告，比合同约定的交房期限逾期六个多月。但政府部门对于大气污染及工地扬尘污染管控的期限具有不确定性，对于大有永固公司的施工必然造成一定影响。综合以上因素，二审判决认定大有永固公司逾期交房违约情节轻微并无不当。且大有永固公司于2020年8月27日取得案涉房屋的竣工验收备案表，大有永固公司已通过邮寄和报纸公告的方式通知交房，取得房屋的合同目的能够实现。赵某福申请再审称大有永固公司未告知其案涉房屋三楼腰线设计，有权依据《商品房买卖合同》第十条的约定要求退房，但赵某福并未提供证据证明该设计变更已影响到合同目的的实现，故该解除合同的理由亦不能成

立。二审判决未支持赵某福解除《商品房买卖合同》等诉讼请求,判决结果并无不当。(王兴整理)

97. 买受人诉请解除房屋买卖合同和担保合同的,在法院判令解除房屋买卖合同时,应一并判令解除担保合同。

案件名称

再审申请人(一审原告、二审被上诉人)李某站与被申请人(一审被告、二审上诉人)丰源达公司房屋买卖合同纠纷案[(2020)豫民申6436号,2020.12.7]

裁判精要

河南省高级人民法院认为,原审判决在法律适用方面存在问题。根据《中华人民共和国合同法》第九十七条规定,合同解除后在确定赔偿损失的范围时,应当坚持充分保护守约方利益以及对违约方进行适当惩罚的原则。人民法院判决解除合同的,违约方本应当承担的违约责任不能因合同解除而减少或者免除。《最高人民法院关于审理商品房买卖合同纠纷案件适用法律若干问题的解释》第十四条第(二)项规定,面积误差比绝对值超出3%,买受人请求解除合同、返还已付购房款及利息的,应予支持。本案中,案涉商品房买卖合同因丰源达公司交付房屋的面积不符合约定而解除,且李某站在履行商品房买卖合同时支付了公积金借款利息、担保费以及物业费等。故二审判决认定丰源达公司在李某站使用案涉房屋期间不能再次出售存在损失,而在平衡双方利益的基础上对李某站要求返还已付购房款利息、物业费等诉请予以驳回,未能充分考虑案涉合同解除的原因及李某站因合同解除产生的实际损失,使得违约方的违约责任因违约行为而免除,行使裁量权缺乏事实根据,适用法律不当。并且,一审中,李某站依据丰源达公司出具的自交房之日起四年内若无法达到办理商品房房产证的条件每逾期一年赔偿已交房款20%违约金的承诺诉请支付违约金,一审法院认为该违约金约定过高而认定按照已付购房款的银行同期贷款利息确定丰源达公司的违约赔偿责任,故一审判决的购房款利息中包含丰源达公司逾期办证的违约赔偿责任。二审判决撤销一审判决的该项内容并驳回李某站要求返还已付购房款利息的诉请,实际上遗漏了李某站要求丰源达公司支付违约金的诉讼请求。另,根据《最高人民法院关于审理商品房买卖合同纠纷案件适用法律若干问题的解释》第二十四条规定,"因商品房买卖合同被确认无效或者被撤销、解除,致使商品房担保贷款合同的目的无法实现，当事人请求解除商品房担保贷款合同的，应予支持"。一审判决对李某站解除案涉房屋的住房公积金借款合同的诉讼请求不予处理，明显不妥，应一并裁判处理，尽可能一次性解决纠纷，减少当事人诉累。

编者说明

指令河南省平顶山市中级人民法院再审本案。（郭红春整理）

98. 商品房买卖合同中，出卖人为买受人提供阶段性担保，买受人未按约偿还贷款导致出卖人承担保证责任，且买受人未向出卖人清偿担保款项，出卖人依据合同约定主张解除商品房买卖合同的，应予以支持。

案件名称

再审申请人（一审原告、二审上诉人）海昌公司与被申请人（一审被告、二审被上诉人）宋某芳、王某涛房屋买卖合同纠纷案［（2022）豫民申478号，2022.4.12］

裁判精要

河南省高级人民法院认为，本案的争议焦点是海昌公司与宋某芳、王某涛之间的《商品房买卖合同》是否应当解除。在商品房买卖合同法律关系中，开发商的目的是取得商品房的交易价值，即取得购房款，购房人的目的是取得商品房的使用价值。购房人在购房资金不足的情况下可通过银行按揭贷款方式支付购房款。在未取得不动产权属证书无法办理房屋抵押登记前，开发商为购房人提供阶段性保证，三方签订按揭贷款合同以实现买卖双方的合同目的。因此，商品房买卖合同和按揭贷款合同之间具有关联性，应从按揭购房的整体交易模式来判定合同目的是否已经实现。本案中，宋某芳、王某涛支付首付款，剩余购房款在海昌公司提供担保的情况下，通过银行按揭贷款形式由西峡工商银行直接支付给海昌公司，海昌公司承担阶段性保证义务，在宋某芳、王某涛未按约定偿还贷款的情况下，海昌公司作为保证人代为履行了还款义务。其后，宋某芳、王某涛亦未向海昌公司付清相应房款，因金钱债务系种类物，海昌公司获取房款合同目的实际未能实现。另，因宋某芳、王某涛自身债务问题，案涉房屋已被法院查封，如宋某芳、王某涛无力支付剩余房款，不解除合同将陷于履行僵局，无法及时实现房屋之价值，二审判决判令海昌公司另案主张权利不利于实质性化解纠纷。

编者说明

指令河南省南阳市中级人民法院再审本案。

《中华人民共和国民法典》第五百六十二条规定:"当事人协商一致,可以解除合同。当事人可以约定一方解除合同的事由。解除合同的事由发生时,解除权人可以解除合同。"第五百六十三条规定:"有下列情形之一的,当事人可以解除合同:(一)因不可抗力致使不能实现合同目的;(二)在履行期限届满前,当事人一方明确表示或者以自己的行为表明不履行主要债务;(三)当事人一方迟延履行主要债务,经催告后在合理期限内仍未履行;(四)当事人一方迟延履行债务或者有其他违约行为致使不能实现合同目的;(五)法律规定的其他情形。以持续履行的债务为内容的不定期合同,当事人可以随时解除合同,但是应当在合理期限之前通知对方。"司法实践中,双方合同约定有解除权,一方当事人违约情形严重,且并未超过行使解除权的除斥期间时,为维护守约方的合法权益,法院判令解除双方合同,符合法律规定。(吴利波整理)

99. 商品房买卖合同解除后,担保贷款合同也被解除的,出卖人应当将收受的购房贷款和购房款的本金及利息分别返还担保权人和买受人,买受人对贷款返还不承担连带责任。

案件名称

再审申请人(一审原告、二审被上诉人)党某飞与被申请人(一审第三人、二审上诉人)中银向阳支行及(一审被告、二审被上诉人)望锦公司、聂某庄商品房预售合同纠纷案[(2020)豫民申5861号,2020.12.18]

裁判精要

河南省高级人民法院认为,一、2017年8月24日党某飞(买受人)与望锦公司(出卖人)签订《商品房买卖合同(预售)》,约定党某飞以贷款方式购买望锦公司开发的房产。2017年9月27日党某飞(借款人)、中银向阳支行(贷款人)、望锦公司(保证人)三方签订《中国银行股份有限公司个人一手住房贷款合同》,约定中银向阳支行向党某飞发放贷款用于购房,贷款受托支付到望锦公司账户,望锦公司提供阶段性连带责任担保。后因望锦公司根本违约,党某飞要求解除《商品房买卖合同（预售）》《中国银行股份有限公司个人一手住房贷款合同》。二、本案涉及两个法律关系，即商品房预售合同关系和借款担保合同关系，《商品房买卖合同（预售）》是主合同，《中国银行股份有限公司个人一手住房贷款合同》是从合同。因望锦公司违约导致《商品房买卖合同（预售）》解除，《中国银行股份有限公司个人一手住房贷款合同》作为从合同的目的亦无法实现，应一并解除。三、其中，关于借款担保合同，虽然合同约定借款人为党某飞，系案涉贷款余额的主债务人。但是对于商品房借款担保合同的解除后果，《最高人民法院关于审理商品房买卖合同纠纷案件适用法律若干问题的解释》第二十五条第二款规定"商品房买卖合同被确认无效或者被撤销、解除后，商品房担保贷款合同也被解除的，出卖人应当将收受的购房贷款和购房款的本金及利息分别返还担保权人和买受人"，该规定的立法本意系为了充分发挥诉讼资源解决纠纷的功能，避免当事人诉累，根据上述规定，二审判决党某飞承担连带还款责任不当。

编者说明

指令河南省新乡市中级人民法院再审本案。（郭红春整理）

100. 商品房买卖合同法律关系中，买受人以存在逾期交付导致合同目的无法实现为由主张解除合同，起诉前房屋已经达到交付条件的，法院不予支持。

案件名称

再审申请人（一审原告、二审上诉人）张某、翟某玲与被申请人（一审被告、二审被上诉人）连捷公司房屋买卖合同纠纷案［（2020）豫民再237号，2020.6.30］

裁判精要

河南省高级人民法院认为，本案再审争议的焦点为：案涉商品房买卖合同应否解除，如不应解除，连捷公司逾期交房违约金的数额。

关于案涉商品房买卖合同应否解除问题。1.双方合同约定，出卖人应在2015年8月30日前将符合约定交付条件的房屋向买受人交付，并约定出卖人逾期交房超过60日，买受人有权解除合同。根据已认定事实，2016年4月19日案涉房屋取得竣工备案证明，连捷公司亦自认在2015年8月30日至2016年4月19日期间愿意就逾期交房向张某、翟某玲支付合同约定的违约金，也就是说案涉房屋在合同约定的交付日满60日即2015年10月30日仍未具备交付条件，连捷公司未能证明向张某、翟某玲交付案涉房屋，故2015年10月30日张某、翟某玲有权解除合同。如前所述，根据《中华人民共和国合同法》第九十五条、《最高人民法院关于审理商品房买卖合同纠纷案件适用法律若干问题的解释》第十五条第二款规定，张某、翟某玲的解除权应在2015年10月30日解除权发生之日起一年内行使，即2016年10月30日前行使解除权，否则解除权消灭。虽然连捷公司自认在2015年8月30日至2016年4月19日期间愿意就逾期交房向张某、翟某玲支付合同约定的违约金，被张某、翟某玲拒绝，但买受人拒绝接收房屋的意思表示并不等同于解除合同的意思表示，因为买受人如认为案涉房屋不符合交付条件，可以拒绝收房，待符合交付条件时再接收房屋。故，张某、翟某玲未提供有效证据证明其于2016年10月30日前通知连捷公司解除合同，其于2017年8月24日以起诉方式主张解除合同，已经超过约定的解除权的行使期间，解除权消灭。2.关于张某、翟某玲是否享有合同法定解除权问题。二人主张案涉房屋一直未达到合同约定的交付条件，连捷公司也一直未向张某、翟某玲交付案涉房屋，二人的合同目的不能实现，连捷公司已构成根本违约，应依法解除合同。《中华人民共和国合同法》第九十四条规定了法定解除权的情形，其中包括：当事人一方迟延履行主要债务，经催告后在合理期限内仍未履行的，对方当事人可以解除合同；因一方当事人迟延履行债务或者有其他违约行为致使不能实现合同目的的，对方当事人可以解除合同。《最高人民法院关于审理商品房买卖合同纠纷案件适用法律若干问题的解释》第十五条规定了行使解除权的期间。本案中，如前所述，连捷公司迟延履行约定的交房义务已构成违约，但张某、翟某玲未能证明其于规定的期限内通知连捷公司解除合同，解除权已消灭。其二人关于连捷公司逾期交房导致不能实现合同目的的主张，经查，在张某、翟某玲起诉前，2016年4月19日案涉房屋取得竣工备案证明，且案涉房屋所在项目同类房屋已有业主办理了收房手续，并有部分房屋已经营业。案涉房屋已于2018年5月18日取得不动产首次登记，张某、翟某玲购买案涉房屋的合同目的可以实现。故张某、翟某玲关于连捷公司构成根本违约导致合同目的不能实现的依据不足。综上，张某、翟某玲主张解除案涉商品房买卖合同的事实与法律依据不足，本院不予支持。

编者说明

合同的解除，有约定解除和法定解除两种。其中约定解除由当事人在合同中自行约定，符合约定的解除条件，除合同有特别约定外，有解除权的当事人还须向另一方当事人作出解除合同的意思表示合同才能解除；法定解除权，规定在《中华人民共和国民法典》第五百六十三条："有下列情形之一的，当事人可以解除合同：（一）因不可抗力致使不能实现合同目的；（二）在履行期限届满前，当事人一方明确表示或者以自己的行为表明不履行主要债务；（三）当事人一方迟延履行主要债务，经催告后在合理期限内仍未履行；（四）当事人一方迟延履行债务或者有其他违约行为致使不能实现合同目的；（五）法律规定的其他情形。以持续履行的债务为内容的不定期合同，当事人可以随时解除合同，但是应当在合理期限之前通知对方。"同时第五百六十五条规定"当事人一方依法主张解除合同的，应当通知对方。合同自通知到达对方时解除"，而拥有解除权的一方在合同解除权期限内未行使解除权的，根据第五百六十四条关于"法律规定或者当事人约定解除权行使期限，期限届满当事人不行使的，该权利消灭"的规定，符合约定、法定的解除权情形时，当事人一定要及时行使解除权，以明确的意思表示通知另一方当事人，否则逾期则解除权消灭。（曹代鑫整理）

101. 买受人未支付购房款的违约情形处于持续状态，出卖人可以基于新产生的违约事实行使合同解除权。

案件名称

再审申请人刘某委（一审被告、二审上诉人）与被申请人（一审原告、二审被上诉人）锦美公司房屋买卖合同纠纷案[（2021）豫民申8219号，2021.12.22]

裁判精要

河南省高级人民法院认为，关于锦美公司解除权的行使期限问题，本案中，双方约定购房人逾期90日未支付购房款的，出卖人有权请求解除合同。刘某委未交付购房款的行为处于持续状态，违约情形在不断加重，故出卖人可以基于新产生的违约事实行使解除权，生效判决判令解除《商品房买卖合同》适用法律并无不当。

编者说明

合同解除权属于形成权，其权利行使的事实依据为当事人的违约行为，如该违约行为处于持续发生状态，则守约人可依据新产生的违约事实行使解除权。（杨贺飞整理）

102. 出卖人未告知买受人所购房屋负二层系配电室的客观情况属于影响当事人签订合同的重大因素，买受人有权请求解除合同。

案件名称

再审申请人（一审被告、二审上诉人）信和公司与被申请人（一审原告、二审上诉人）孙某萍房屋买卖合同纠纷案〔（2019）豫民申7694号，2019.12.17〕

裁判精要

河南省高级人民法院认为，关于信和公司主张的孙某萍不享有法定解除权，二审判决仅依据当事人主观感受解除合同，事实认定和适用法律错误的理由。二审判决解除案涉房屋买卖合同依据的"配电室属于住宅小区的配套设施，住宅房屋和配电设施都具有长期使用的功能，案涉房屋负二层的配电设备释放的噪声通过建筑物结构传播至案涉房屋室内激发的室内噪声，可能对人体产生影响，而且这种影响是持续的、长期的。根据日常生活经验，住房是否与配电室毗邻，通常对是否决定购买该房屋具有很大的影响"，不仅是当事人的主观感受，也是基于普通社会公众的日常生活经验做出的判断，故信和公司未履行告知本案争议的义务属于影响当事人签订合同的重大因素，二审判决据此认定并无不当。另，案涉房屋噪声值是否符合国家标准，不是本案信和公司是否违约及案涉房屋买卖合同是否解除的依据。（郑舒文整理）

103. 出卖人依据合同约定具有单方解除权时，其选择解除或继续履行合同的权利只能择一行使。接受买受人申请降低房屋价款的请求且接受房款并向买受人开具发票等行为，证明出卖人已在事实上放弃其单方解除合同的权利，不能再就买受人迟延支付房款的行为行使单方解除权。

案件名称

再审申请人（一审被告、二审被上诉人）九鼎公司与被申请人（一审原告、二审上诉人）田某平、辛某诚及（一审第三人、二审被上诉人）焦某刚房屋买卖合同纠纷案〔（2019）豫民申7382号，2019.12.3〕

裁判精要

河南省高级人民法院认为，关于九鼎公司能否对田某平迟延支付房款的行为行使单方解除权的问题。按照双方《房屋预定合同》的约定，田某平未在签订合同后3日内付清房款，构成违约。九鼎公司有权选择单方解除合同，也有权要求田某平继续支付价款。但在前述情形下，九鼎公司作为解除权人，其选择解除或继续履行合同的权利只能择一行使。若解除权人九鼎公司接受了相对方田某平的履行权，还继续保留解除权，将使双方当事人的法律关系长期处于不稳定状态，有违合同法规定的公平原则。九鼎公司作为解除权人选择继续履行合同，就意味着其放弃单方解除合同的权利。此外，合同解除权作为形成权，必须受到除斥期间的限制。即便九鼎公司没有放弃解除权，也应当在合理期限内行使，否则无法维护交易安全。但在本案中，被申请人田某平提供的证据证明，九鼎公司在上述解除合同的条件成就后，应田某平的申请降低房屋售价，继续接收田某平交纳的房款，接受田某平提交的合同更名申请，为田某平交纳的房款开具发票。该一系列行为的发生，足以使田某平对九鼎公司继续履行合同的意愿产生合理信赖，故九鼎公司已在事实上放弃了单方解除合同的权利。九鼎公司称田某平未按其通知要求补交房款，故其享有单方解除权。但在本案审理期间，九鼎公司并未提供充分证据证明其通知田某平补交房款的时间和形式，且田某平不予认可，故该项再审理由缺乏事实依据，本院依法不予支持。（郑舒文整理）

104. 项目转让合同履行过程中，一方以通知形式解除合同，另一方签收后未提出异议的，法院应当审查发出解除通知的一方是否享有约定或者法定的解除权来决定合同应否解除。通知方不具有解除权的，不产生合同解除的法律效力，双方应继续履行。

案件名称

上诉人（原审被告）广银公司与被上诉人（一审原告）张某强以及原审被告张某涛、周某杰及原审第三人嘉盛公司合同纠纷案［（2019）豫民终1694号，2020.9.25］

裁判精要

河南省高级人民法院认为，关于项目转让协议是否已经解除、张某强是否享有嘉盛溪畔美域项目50%收益的问题。广银公司与嘉盛公司系合作开发房地产关系，嘉盛公司具有房地产开发资质，张某强与广银公司签订项目转让协议约定由张某强受让广银公司关于嘉盛溪畔美域项目50%的投资收益权利，张某强根据该协议成为嘉盛公司的合作方，该协议系双方真实意思表示，未违反法律、行政法规的强制性规定，系有效协议。在合同履行过程中，虽然2015年10月26日广银公司向张某强发出解除通知，张某强于2015年10月29日签收后未提出异议，但是通知解除仅适用于发出解除通知方享有解除权的情形，因此，仍应当审查广银公司解除合同的理由是否符合《中华人民共和国合同法》第九十三条第二款、第九十四条规定的情形。

广银公司主张张某强以下违约行为符合合同约定的解除条件：1.广银公司与嘉盛公司之间的投资份额为各占50%，张某强受让后，变更了该份额比例，违反项目转让协议第二条关于变更投资份额必须经广银公司同意的约定。然而张某强受让广银公司份额后将其中10%的份额再转让给他人，符合项目转让协议关于张某强可在经营过程中引入合作伙伴的约定，且该10%份额转让系张某强与该受让人之间的关系，并不影响张某强与嘉盛公司之间的份额比例，张某强与嘉盛公司之间关于嘉盛溪畔美域项目的出资、收益比例并未发生变化，仍为各占50%，因此，广银公司该项主张不能成立。2.张某强擅自在监管账户外收取销售款，违反了项目转让协议第三条关于销售款必须进入监管账户的约定。项目转让协议第三项约定"销售款必须进入广银公司开立的政府和银行监管账户，如未经有关部门和广银公司同意，张某强擅自在监管账户外以广银公司名义收取销售定金、预付房款和销售款的，广银公司随时有权解除协议"。广银公司认可中国银行股份有限公司郑州上街区支行25×××28账户系广银公司开立，根据项目转让协议约定广银公司保管公司公章、合同章、财务章，广银公司未能证明该账户系张某强擅自使用，且广银公司未能证明该账户内资金系销售定金、预付房款和销售款，因此，广银公司该项主张不能成立。3.张某强将10%份额转让给他人，违反了项目转让协议第五条关于未经广银公司同意不得将项目转让或承包给第三方的约定。项目转让协议第五条约定："未经广银公司书面同意，张某强不得将该项目转让或承包给第三方，否则广银公司有权单独解除合同……若张某强因经营需要而引进合作伙伴，在不损害广银公司利益的前提下，广银公司不得拒绝。"张某强将其10%份额转让给他人，并非将项目转让或承包给他人，而是符合该条关于张某强可在合同经营过程中引入合作伙伴的约定，因此，广银公司该项主张亦不能成立。

广银公司主张由于张某强自有资金不足，用借款进行投资导致项目开发困难、拖欠工程款、逾期交房，并使广银公司对外负担债务，张某强构成根本违约，广银公司合同目的不能实现，符合法定解除情形，广银公司有权单方解除合同。1.张某强与广银公司签订项目转让协议，张某强的合同目的系取得嘉盛溪畔美域项目50%

的出资及收益份额，广银公司的合同目的系获得转让嘉盛溪畔美域项目投资权益50%份额的价款2570万元，张某强已按约足额向广银公司支付了转让款，广银公司亦与张某强进行了项目交接，双方均履行了合同的主要义务，双方的合同目的均已实现。2.关于张某强在项目经营过程中产生的工程款、借款等债务以及发生的诉讼给广银公司造成的损失，在项目转让协议第二条第六项、第三条第三项均有约定，广银公司可以向张某强要求赔偿损失。因此，广银公司关于其主张解除符合法定解除情形的理由不能成立。

综上，广银公司不享有解除权，其向张某强发出的解除通知不发生解除合同的法律效力，根据项目转让协议原本由广银公司享有的嘉盛溪畔美域项目50%的投资收益由张某强享有。广银公司在2015年3月12日实际接收管理了嘉盛溪畔美域项目（西区），其在管理过程中的合理投入，在其与张某强、嘉盛公司清算时，可纳入清算范围。

编者说明

《全国法院民商事审判工作会议纪要》（法〔2019〕254号）第四十六条规定："【通知解除的条件】审判实践中，部分人民法院对合同法司法解释（二）第24条的理解存在偏差，认为不论发出解除通知的一方有无解除权，只要另一方未在异议期限内以起诉方式提出异议，就判令解除合同，这不符合合同法关于合同解除权行使的有关规定。对该条的准确理解是，只有享有法定或者约定解除权的当事人才能以通知方式解除合同。不享有解除权的一方向另一方发出解除通知，另一方即便未在异议期限内提起诉讼，也不发生合同解除的效果。人民法院在审理案件时，应当审查发出解除通知的一方是否享有约定或者法定的解除权来决定合同应否解除，不能仅以受通知一方在约定或者法定的异议期限届满内未起诉这一事实就认定合同已经解除。"（姚池整理）

105. 合同中享有约定解除权的一方当事人在解除权发生之日起一年内未予行使，约定解除权消灭，但该违约行为一直持续致使合同目的不能实现，守约方可依法定解除权解除合同。

案件名称

再审申请人（一审被告、二审上诉人）广源公司与被申请人（一审原告、二审被上诉人）刘某有房屋买卖合同纠纷案〔（2018）豫民申10279号，2019.1.25〕

裁判精要

河南省高级人民法院认为，广源公司与刘某有于2013年5月29日签订《房屋买卖合同》，广源公司在刘某有起诉前已取得商品房预售许可证，合同内容系双方真实意思表示，不违反法律规定，合法有效。根据《房屋买卖合同》第六条、第七条约定，广源公司应于2015年12月31日前交付房屋，房屋交付逾期超过90日，即自2016年3月1日起刘某有有权解除合同。根据《最高人民法院关于审理商品房买卖合同纠纷案件适用法律若干问题的解释》第十五条第二款规定，约定解除条件成就后，广源公司未行使催告权，刘某有的合同解除权应当在解除权发生之日起一年内行使；逾期不行使的，解除权消灭。故2017年3月1日刘某有依约享有的合同解除权消灭，其于2017年11月16日向广源公司邮寄送达解除合同通知书不能发生解除双方《房屋买卖合同》的效力。但广源公司不能依约交付房屋的违约状态已持续3年，且该房屋至今仍处于建设停滞状态，广源公司迟延交付房屋的行为致使刘某有购房目的不能实现，刘某有享有法定的合同解除权。2017年11月24日，刘某有起诉请求解除其与广源公司之间的《房屋买卖合同》，原审法院判决解除合同的处理结果正确。（徐润浈整理）

106. 买受人在签订房屋买卖合同时应对办理不动产权证需要一定时间有合理的心理预期，在房屋已具备办理不动产权证条件而未办理的情况下，当事人不能再以合同目的无法实现主张解除合同。

案件名称

再审申请人（一审被告、二审被上诉人）赵某与被申请人（一审原告、二审上诉人）岳某敏、王某及被申请人（一审被告、二审被上诉人）凯达公司房屋买卖合同纠纷案〔（2019）豫民申3938号，2019.10.29〕

裁判精要

河南省高级人民法院认为，2017年8月18日，赵某与岳某敏、王某、凯达公司签订《房屋买卖合同》一份，该合同既确定了赵某与岳某敏、王某之间的房屋买卖合同关系，也确定了赵某、岳某敏、王某与凯达公司之间的居间合同关系。该合同系当事人真实意思表示，且不违反法律强制性规定，为有效合同。该合同第一条第七项约定，涉案物业移交时间为赵某收齐楼款当天，第四条约定岳某敏、王某确认在中介方的协助下已查阅该房地产的权属证明文件，对该房地产的产权情况等予以认可。因商品房买卖双方选择的是按揭付款，故在全部房款支付给赵某之前，其可拒绝移交房屋。在签订合同时，岳某敏、王某已经知道赵某尚未办理不动产权证，其二人对所购买房屋办理房产证需要一定的时间应有合理的心理预期，原审中各方均认可涉案房产现已达到办理不动产权证的条件，原审以赵某尚未办理不动产权证为由认定买卖双方签订商品房买卖合同的目的无法实现继而判令解除该合同属认定事实及适用法律错误。（李亚宇整理）

107. 因出卖人逾期交房导致商品房买卖合同及贷款合同被解除，出卖人除应承担返还购房贷款和购房款本金及利息的责任外，还应承担买受人因订立和履行合同所支出的认购金、代办费等合理费用损失。

案件名称

再审申请人（一审被告、二审上诉人）建业公司与被申请人（一审原告、二审被上诉人）杨某及原审第三人中国建设银行股份有限公司河南省分行房屋买卖合同纠纷案［（2019）豫民申7702号，2019.11.24］

裁判精要

河南省高级人民法院认为，一、本案中，因建业公司逾期交房的违约行为导致案涉商品房买卖合同及商品房担保贷款合同均被解除，根据《最高人民法院关于审理商品房买卖合同纠纷案件适用法律若干问题的解释》第二十五条之规定，建业公司应当将收受的购房贷款和购房款的本金及利息分别返还担保权人和买受人。故，原审法院判决建业公司返还杨某首付款及已偿还的月供，返还中国建设银行股份有限公司河南省分行贷款余额并无不当。建业公司作为违约方及资金占用方，以其未收到贷款利息为由主张不承担贷款利息的再审申请理由不能成立。二、关于认购金、代办费等损失是否应由建业公司支付的问题。考虑到本案商品房买卖合同签订过程中的实际做法，上述费用均为订立和履行合同所支出的合理费用，在房屋买卖合同因建业公司的违约行为被解除的情况下，上述费用亦应由建业公司予以承担。且杨某因房屋买卖合同解除所产生的损失除了原审判决的认购金、代办费之外还有首付款利息等损失，双方合同约定的违约金并未明显超出其遭受的实际损失，原审法院按照杨某的一审诉讼请求予以判决，实体上并无不当，本案没有再审的必要。

（郑舒文整理）

108. 购房协议中约定的定金已经交付，一方诉请解除合同时并未主张返还定金，法院在判令解除合同时应当释明该定金的处理，以便一次性解决争议，减少当事人诉累。

案件名称

再审申请人（一审原告、二审上诉人）周某胜与被申请人（一审被告、二审被上诉人）安泰居公司、张某红房屋买卖合同纠纷案［（2022）豫民申287号，2022.5.19］

裁判精要

河南省高级人民法院认为，关于原审判决是否存在漏判的问题。原审查明，2020年5月17日，周某胜作为买方，张某红作为卖方，安泰居公司作为中介共同签订了《购房协议书》，约定了相应的违约责任，周某胜依约支付给安泰居公司购房定金5万元。2020年7月6日，周某胜与张某红、安泰居公司签订了《购房协议书补充协议》，重新约定了违约责任，即在原违约责任基础上，卖方再次承诺两个月内办理完网签手续（即2021年3月4日前），在此期间买卖双方须遵循本协议约定，如因任意一方违约须承担原合同总房款的30%（即45万元）作为违约补偿金支付给本合同的守约方。现案涉房屋仍未能依约办理网签，周某胜起诉请求解除案涉合同，判令张某红支付周某胜违约金45万元。原审判决解除了案涉合同，并判令张某红支付周某胜违约金5万元。周某胜申请再审称原审未判令张某红支付45万元违约金错误，未判令安泰居公司返还周某胜5万元定金错误。本院认为，虽然周某胜提出的诉讼请求中不包含返还其5万元定金的诉讼请求，但案涉《购房协议书》《购房协议书补充协议》系三方协议，安泰居公司收取了周某胜的购房定金，原审法院在判令解除合同时应向周某胜释明，是否请求返还该5万元购房定金，以便一次性解决三方争议，减少当事人的诉累，实质性化解各方矛盾。

编者说明

《全国法院民商事审判工作会议纪要》（法〔2019〕254号）

双务合同解除时人民法院的释明问题，参照本纪要第三十六条的相关规定处理。

36.【合同无效时的释明问题】在双务合同中，原告起诉请求确认合同有效并请求继续履行合同，被告主张合同无效的，或者原告起诉请求确认合同无效并返还财产，而被告主张合同有效的，都要防止机械适用"不告不理"原则，仅就当事人的诉讼请求进行审理，而应向原告释明变更或者增加诉讼请求，或者向被告释明提出同时履行抗辩，尽可能一次性解决纠纷。例如，基于合同有给付行为的原告请求确认合同无效，但并未提出返还原物或者折价补偿、赔偿损失等请求的，人民法院应当向其释明，告知其一并提出相应诉讼请求；原告请求确认合同无效并要求被告返还原物或者赔偿损失，被告基于合同也有给付行为的，人民法院同样应当向被告释明，告知其也可以提出返还请求；人民法院经审理认定合同无效的，除了要在判决书"本院认为"部分对同时返还作出认定外，还应当在判项中作出明确表述，避免因判令单方返还而出现不公平的结果。

第一审人民法院未予释明，第二审人民法院认为应当对合同不成立、无效或者被撤销的法律后果作出判决的，可以直接释明并改判。当然，如果返还财产或者赔偿损失的范围确实难以确定或者双方争议较大的，也可以告知当事人通过另行起诉等方式解决，并在裁判文书中予以明确。

当事人按照释明变更诉讼请求或者提出抗辩的，人民法院应当将其归纳为案件争议焦点，组织当事人充分举证、质证、辩论。

49.【合同解除的法律后果】合同解除时，一方依据合同中有关违约金、约定损害赔偿的计算方法、定金责任等违约责任条款的约定，请求另一方承担违约责任的，人民法院依法予以支持。（吴利波整理）

第八节 违约责任

109. 出卖人办理不动产权首次登记是买受人办理不动产权证的必要前提。因出卖人逾期办理首次登记导致买受人无法办理不动产权证的,应承担逾期办证的违约责任。

案件名称

再审申请人(一审原告、二审上诉人)常某梅与被申请人(一审被告、二审上诉人)威利公司房屋买卖合同纠纷案〔(2021)豫民再33号,2021.3.1〕

裁判精要

河南省高级人民法院认为,关于威利公司应否承担逾期办理不动产权证书违约责任的问题。威利公司为案涉小区的商品房办理不动产权首次登记是商品房买受人为其所购房屋办理不动产权证书的必要前提。按照双方合同约定,威利公司应当在房屋交付使用(即2016年2月28日)后60日内,持办理权属登记需由其提供的资料到产权登记机关备案。如因威利公司的责任,常某梅在规定的时间内不能取得房地产权属证书的,威利公司应按已付房价款的银行同期活期存款利率向常某梅支付违约金。故威利公司应当在2016年4月28日之前对案涉房屋进行不动产权初始登记,但威利公司直至2019年8月21日才为案涉房屋办理不动产权首次登记,必然导致常某梅无法在合同约定的时间内取得不动产权证书。威利公司就逾期办理不动产权证书存在违约行为,其应自2016年4月29日至2019年8月21日按常某梅已付房款705285元的银行同期活期存款利率向常某梅支付违约金。至于威利公司辩称案涉房屋所在位置行政区划的调整造成其递交登记资料存在障碍,以及办理不动产权首次登记的职能部门、流程变更等原因,主张其不应当承担逾期办证的违约责任,但其未提供因政策原因影响其办理首次登记的具体时间,且威利公司在向常某梅交付房屋3年后才办理首次登记,已超出存在上述原因的合理期限,该辩称理由不能成立,不能因此免除其违约责任。

编者说明

《不动产登记暂行条例实施细则》（2024年修正）第二十四条规定："不动产首次登记，是指不动产权利第一次登记。未办理不动产首次登记的，不得办理不动产其他类型登记，但法律、行政法规另有规定的除外。"由此可知，出卖人办理首次登记是买受人办理不动产权证的必要前提，出卖人未办理首次登记导致买受人无法办理不动产权证，应承担给买受人造成的损失。（曹亚伟整理）

110. 因不动产登记政策出现重大调整和变更，导致出卖人逾期报送房屋初始登记资料超出合理时间的，法院应查明造成延迟办证的其他因素，不能仅以政策变化认定出卖人不承担相应违约责任。

案件名称

再审申请人（一审原告、二审上诉人）牛某高与被申请人（一审被告、二审被上诉人）中元置业公司房屋买卖合同纠纷案［（2019）豫民申8947号，2020.1.17］

裁判精要

河南省高级人民法院认为，牛某高与中元置业公司签订的《商品房买卖合同》明确约定：出卖人"应于2016年10月30日（房屋交付使用后60日内）前，将需要由其提供的办理房屋权属初始登记的资料报送郑州市住房保障和房地产管理局；在约定时限内未报送上述申报资料或报送资料不齐未被房地产行政主管部门受理的，按日向买受人支付总房款万分之零点五的违约金"。在双方履行合同期间，国家对不动产登记进行了重大政策调整和变更，郑州市房管部门自2016年8月20日开始停止初始登记办理，但是不动产登记中心开始受理首次登记材料是在2016年12月，而中元置业公司递交首登申请的时间为2019年1月11日，即便扣除受政策因素影响停办的120天，中元置业公司首登申请仍然比合同约定的时间有较大延迟。原审判决在没有对造成延迟办证的其他因素进一步查明情况下，仅以不动产登记管理部门及房地产权属登记政策发生变化为由，对涉案合同约定的逾期报送房屋初始登记资料违约金不予支持，存在不妥。

编者说明

河南省高级人民法院指令郑州市中级人民法院再审本案。（郑舒文整理）

111. 出卖人办理首次登记提交资料的义务发生在不动产登记政策调整和过渡期间，客观上受到政策调整的影响，法院可酌情认定出卖人不构成迟延履约。

案件名称

再审申请人（一审原告、二审上诉人）朱某芬与被申请人（一审被告、二审被上诉人）瑞隆公司房屋买卖合同纠纷案［（2020）豫民申1115号，2020.5.26］

裁判精要

河南省高级人民法院认为，因国家对不动产登记政策进行了重大调整和变更，郑州市房管部门自2016年8月20日开始停止初始登记办理，不动产登记中心于2016年12月开始受理首次登记材料，不动产登记中心规定的开发商提交的首次登记资料和程序与原房管部门要求开发商提交的初始登记资料和程序存在较大的不同。为符合不动产登记中心对于首次登记资料的规定，开发商客观上需要一定合理的时间做出调整和应对。本案中，双方当事人涉案合同于2016年10月14日签订，涉案合同约定的报送办理房屋权属初始登记资料的时间是2017年2月28日，瑞隆公司实际报送房屋权属资料的时间是2017年12月12日。因涉案合同履行期间正处于国家政策的调整和过渡阶段，原审综合考虑本案的实际情况，鉴于开发商客观上需要一段合理的时间来调整和应对新政策对其义务的新要求，认定瑞隆公司迟延报送资料的行为不构成迟延履约行为属于正确行使自由裁量权的范围，并无不当，本院予以支持。

编者说明

因政策调整，郑州市住房保障和房地产管理局房屋所有权初始登记行政职能取消，改由不动产登记中心办理国有建设用地使用权与房屋所有权合二为一的首次登记，本案与前一案件同样是出卖人在房屋登记政策发生变化的时期内晚于合同约定的时间报送办理房屋权属初始登记的资料。政策变更时，实际存在一直无法正常报送的情况，法院根据实际情况认定出卖人需要一段合理的时间来调整和应对新政策对其义务的新要求，认定出卖人迟延报送资料的行为不构成迟延履约行为是符合实际情况的。该种情况系特定时期的政策变化且已变更完毕,在后续的纠纷案件中基本不会再出现本案及类似案件中由于房屋权属初始登记机构变更导致迟延报送办理房屋权属初始登记资料的情况。(丁一整理)

112. 在商品房买卖合同约定的首次登记前,因办理首次登记机关发生变化,出卖人仅以政策和登记机关发生变化为由抗辩不承担逾期办证违约责任的不予支持。

案件名称

再审申请人(一审原告、二审上诉人)王某琪与被申请人(一审被告、二审被上诉人)宏江公司房屋买卖合同纠纷案〔(2020)豫民申1514号,2020.6.18〕

裁判精要

河南省高级人民法院认为,王某琪与宏江公司于2016年5月14日签订的《商品房买卖合同》及《合同补充协议》中明确约定:"出卖人应当在2017年7月30日前将需要由其提供的办理房屋权属初始登记的资料报送郑州市住房保障和房地产管理局,出卖人在约定的时限内未报送上述申报材料或报送不齐未被房地产行政主管部门受理的,按日向买受人支付总房款万分之一的违约金。"在双方履行合同期间,国家对不动产登记政策进行重大调整和变更,郑州市房管部门自2016年8月20日开始停止初始登记办理,不动产登记中心自2016年12月开始受理首次登记材料。案涉房产报送首登申请材料的时间是2018年5月7日,宏江公司首登申请比合同约定的时间有所延迟。原审法院在既没有要求宏江公司对非因自身原因迟延办证的事实进行举证,也没有对造成延迟办证的其他因素进一步查明的情况下,仅以不动产登记管理部门及房地产权属登记政策发生变化为由判决驳回王某琪的诉讼请求缺乏事实和法律依据。王某琪的再审申请理由符合《中华人民共和国民事诉讼法》第二百条第(二)项、第(六)项规定的情形。

编者说明

本案未最终判决责任承担,但在(2020)豫民申1328号《祖静峰、河南新合鑫置业集团有限公司房屋买卖合同纠纷再审审查与审判监督民事裁定书》中,河南省高级人民法院(为本案同一法官)裁判"因2016年8月20日原归属于郑州市住房保障和房地产管理局办理的房屋权属初始登记改为由不动产登记中心进行不动产权属首次登记,房屋登记政策发生了变化。报送权属登记资料及流程增加属实,二审法院考虑登记政策发生变化,在新合鑫公司对2016年8月20日之前的违约责任全部承担之后,判决其对2016年8月20日之后的违约金承担60%的责任并无不当",认可逾期未办理房屋权属初始登记存在违约,针对违约责任承担,在登记政策和主管部门发生变更前产生的违约责任由开发商全部承担,而在变更后以报送资料和流程增加为由,认定开发商承担部分责任。(曹代鑫整理)

113. 不动产统一登记机构变化发生在签订商品房买卖合同之前,出卖人再以登记机构变化为由抗辩逾期提交首次登记申请资料不承担违约责任的,不予支持。

案件名称

再审申请人(一审原告、二审上诉人)魏某涛与被申请人(一审被告、二审被上诉人)正商公司商品房预售合同纠纷案〔(2020)豫民申2586号,2020.8.28〕

裁判精要

河南省高级人民法院认为,2016年8月19日,郑州市住房保障和房地产管理局发布通告,郑州市房屋登记业务自2016年8月20日正式纳入不动产统一登记,房管部门不再发放房屋所有权证和房屋他项权证,改由市国土部门进行登记,并发放不动产权证书。2016年8月27日,正商公司与魏某涛签订《商品房买卖合同》,约定正商公司于2017年11月30日前向魏某涛交付房屋,并于商品房交付使用后60日内,持办理权属登记需由正商公司提供的资料到产权登记机关备案;同时约定,正商公司于2018年1月29日(房屋交付使用后60日内)前将需要由其提供的办理权属登记的资料报送郑州市住房保障和房地产管理局。由此可见,郑州市不动产登记政策发生变化在先,正商公司与魏某涛签订《商品房买卖合同》在后,正商公司作为房地产开发企业就不动产登记政策发生变化对其履行相关合同义务可能造成影响应当有所预估。其与魏某涛约定的由其提供相关资料到产权登记机关办理备案的时间为2018年1月29日之前,此时距不动产登记政策开始发生变化已一年多,不动产首次登记的办理流程早已理顺,但正商公司直到2018年10月30日才将首次登记申请资料提交郑州市不动产登记中心受理。正商公司的行为构成违约,应承担相应的违约责任。原判决对此认定错误,本案应当再审。

编者说明

指令河南省郑州市中级人民法院再审本案。（胡玉芹整理）

114. 逾期办证的违约责任，应当在查明逾期办证的具体原因（如政府政策调整和规划变更所造成的影响）以及当事人过错等事实，根据公平原则准确认定双方的责任承担。

案件名称

再审申请人（一审原告、二审上诉人）张某川与被申请人（一审被告、二审被上诉人）凯瑞公司房屋买卖合同纠纷案〔（2020）豫民申6060号，2020.9.29〕

裁判精要

河南省高级人民法院认为，凯瑞公司未在约定的期限内将办理权属登记需由该公司提供的资料报产权登记机关备案，造成张某川不能及时办理房地产权属证书，应当承担违约责任。凯瑞公司取得案涉土地使用权时，洛阳市人民政府尚未发布《洛阳市人民政府关于城市住宅项目配套建设中小学幼儿园的通知》（以下简称《通知》），未预留划拨用地用于凯瑞公司配建幼儿园，该政策的调整确属凯瑞公司不能预见、不能避免的客观事由，且对该公司的开发建设造成较大影响。但凯瑞公司认可开发的住宅项目本就规划有幼儿园，配建于30#楼，与其他住宅楼同步建设，凯瑞公司应当根据《通知》要求积极与政府协商移交事宜。根据原审有效证据和查明的事实，案涉楼栋于2018年3月8日通过了建设工程规划审核，同年3月28日竣工验收备案，6月1日办理商品房首次登记，而配建有幼儿园的30#楼于2019年7月12日竣工验收备案，凯瑞公司与洛阳市西工区教育体育局于2019年9月10日签订幼儿园无偿移交协议。据此可证，配建有幼儿园的30#楼的竣工验收备案、首次登记与案涉楼栋并非同步进行，凯瑞公司辩称由于政府要求无偿移交幼儿园导致所有建设工程竣工验收备案有关的手续全部停办，直到与政府达成一致后才得以继续办理各项验收和备案，与事实不符。故生效判决以政府政策调整及规划变更为由免除凯瑞公司的全部违约责任明显不妥。再审过程中，应当进一步查明张某川逾期办证的具体原因，政府政策调整和规划变更所造成的影响以及当事人过错等事实，根据公平原则准确认定双方的责任承担，依法裁决。（郭俊利整理）

115. 在办理不动产权属证书时，出卖人具有协助义务。不动产登记政策调整、登记机关职能变化和实测报告不能及时出具等均不属于出卖人所能控制的因素，致使未能及时办理房屋所有权证的，不应认定出卖人违约。

案件名称

上诉人（一审被告）中房京贸公司与被上诉人（一审原告）电子公司商品房预售合同纠纷案[（2020）最高法民终611号，2020.8.31]

裁判精要

最高人民法院认为，中房京贸公司上诉称未能取得涉案房屋权属证书及逾期为电子公司办理权属转移登记系政府行为所致，系不可抗力，中房京贸公司并无过错，不应承担逾期办证的违约责任。然而，根据《中华人民共和国物权法》和《不动产登记暂行条例》的规定，中房京贸公司作为涉案房产的开发商，负有办理涉案房产首次登记的义务。依照规定，未办理不动产首次登记的，不得办理不动产其他类型登记。中房京贸公司一直未能办理涉案房产的首次登记，是导致电子公司不能办理涉案房产转移登记的主要原因。协助办理转移登记系中房京贸公司对电子公司的主要合同义务。北京市住建委不予办理涉案房产首次登记，系因中房京贸公司与案外人一商集团纠纷所致，不属于不可抗力。根据约定，中房京贸公司应当在2011年3月16日前协助电子公司办理涉案房产的转移登记，而中房京贸公司于2013年7月10日才向北京市住建委提出申请，该委2014年7月3日作出《关于海淀区国海中心项目办理房屋登记有关问题的批复》通知暂停为中房京贸公司办理国海中心项目除D座以外的房屋首次登记。因而北京市住建委作出不予办理涉案房产首次登记的批复前，中房京贸公司即已违约。

编者说明

《不动产登记暂行条例实施细则》（2024年修正）第二十四条规定："不动产首次登记，是指不动产权利第一次登记。未办理不动产首次登记的，不得办理不动产其他类型登记，但法律、行政法规另有规定的除外。"本案指令河南省三门峡市中级人民法院再审。（苗卉整理）

116. 出卖人未在商品房买卖合同约定的时间及合理的期限内报送房屋权属登记资料，构成违约，但因房屋登记政策发生变化，可对其承担的违约金酌情核减。

案件名称

再审申请人（一审原告、二审上诉人）贺某征与被申请人（一审被告、二审被上诉人）新合鑫公司房屋买卖合同纠纷案〔（2020）豫民申1329号，2020.5.27〕

裁判精要

河南省高级人民法院认为，贺某征与新合鑫公司签订的《商品房买卖合同》约定新合鑫公司应在2016年3月1日前将需要办理房屋权属登记资料报送郑州市住房保障和房地产管理局。新合鑫公司直到2018年6月22日才向不动产登记中心报送首次登记资料，确实存在违约的事实。因2016年8月20日原归属于郑州市住房保障和房地产管理局办理的房屋权属初始登记改为到不动产登记中心进行不动产权属首次登记，房屋登记政策发生了变化。生效判决考虑登记政策发生变动，对新合鑫公司承担的违约金核减40%并无不妥。

编者说明

因政策调整，原归属于郑州市住房保障和房地产管理局办理的房屋权属初始登记改为到不动产登记中心进行不动产权属首次登记。本案中，按照《商品房买卖合同》约定，出卖人应当在2016年3月1日前报送资料，虽房屋登记政策发生了变化，但变化是在合同约定的报送时间之后，出卖人于2018年6月22日才向不动产登记中心报送首次登记资料仍属于违约。法院考虑到登记政策发生变动，对违约金酌情核减是合理的。（丁一整理）

117. 作为房地产开发及销售的专业公司，出卖人理应熟知房屋在建周期、政府相关部门办理工程竣工备案、首次登记的流程以及期限，在签订商品房买卖合同时，应充分考虑上述期限，未予考虑再以不能按合同约定办理初始登记系情势变更抗辩不承担违约责任的，不予支持。

案件名称

再审申请人（一审被告、二审上诉人）一建置业公司与被申请人（一审原告、

二审上诉人）钱某升房屋买卖合同纠纷案［（2020）豫民申3395号，2020.9.22］

🔍 裁判精要

河南省高级人民法院认为，按照双方签订的《商品房买卖合同》第八条的约定，一建置业公司应当在商品房交付使用90日内，将办理权属登记需要由其提供的资料报产权登记机关备案。二审中，钱某升提交了交房通知书、交付须知、交房流程，用以证明涉案房屋的交付时间为2015年10月31日。一建置业公司对钱某升所提交证据的真实性并无异议，故二审判决依据交房通知书记载时间认定涉案房屋的交付时间为2015年10月31日，自2016年1月29日起计算逾期交房违约金并无不当，一建置业公司申请再审称二审判决关于争议房屋的实际交付日期认定错误的理由不能成立。在本院审查期间，一建置业公司为进一步证明不能按合同约定办理初始登记系情势变更所致，是其在订立合同时无法预见、无法避免，也不能克服的客观情况，向本院邮寄了涉案5号楼竣工验收意见书、竣工验收备案表等证据材料。涉案房屋为预售商品房，销售时属于尚未完成的在建房屋，一建置业公司作为房地产开发及销售的专业公司，相比一般购房者而言，理应熟知房屋在建周期、政府相关部门办理工程竣工备案、首次登记的流程以及期限。一建置业公司与钱某升签订《商品房买卖合同》时，已充分考虑到在建房屋办理各项手续所需期限并对各类期限有一定的预测，进而在《商品房买卖合同》中确定了房屋交付及办理权属登记需要由其提供的资料报产权登记机关备案的期限，一建置业公司向本院提交的证据材料并不足以证明其主张，故一、二审法院认定一建置业公司未能在商品房交付使用90日内，将办理权属登记所需由其提供的资料报产权登记机关备案构成违约，适用《最高人民法院关于审理商品房买卖合同纠纷案件适用法律若干问题的解释》第十八条第一款第（二）项之规定，判令其承担相应违约责任并无不当，一建置业公司申请再审称由于房地产登记政策及相关行政部门职责调整等因素导致合同约定的客观情况发生变化，其不应承担逾期办理不动产首次登记的违约责任，证据不足，其主张一、二审法院适用法律错误的理由不能成立，本院不予支持。

✏️ 编者说明

《中华人民共和国民法典》第五百三十三条规定："合同成立后，合同的基础条件发生了当事人在订立合同时无法预见的、不属于商业风险的重大变化，继续履行合同对于当事人一方明显不公平的，受不利影响的当事人可以与对方重新协商；在合理期限内协商不成的，当事人可以请求人民法院或者仲裁机构变更或者解除合同。人民法院或者仲裁机构应当结合案件的实际情况，根据公平原则变更或者解除合同。"此规定明确将商业风险排除在情势变更之外，表明在合同履行中出现的客观情况变化若可归结为从事商业活动的固有风险的，则受不利影响的当事人不得主张适用情势变更制度，应当遵守合同约定，承担该等风险。作为房地产开发及销售的专业公司，理应熟知房屋在建周期、政府相关部门办理工程竣工备案、首次登记的流程以及期限，应当在订立合同时对各类期限有一定程度的预见和判断，应当承担相应的商业风险。本案办理初始登记属于正常的商业风险而非情势变更。（郭俊利整理）

118. 不属于商品房买卖合同纠纷司法解释中"商品房"范畴的工业地产房屋买卖合同发生逾期办证情形，房屋买卖合同未明确约定逾期办证违约金且买受人未举证，由此造成损失的，法院可参照合同约定逾期交房违约金的标准认定逾期办证损失。

案件名称

再审申请人（一审原告、二审上诉人）孙某会、董某远与被申请人（一审被告、二审被上诉人）加速器公司房屋买卖合同纠纷案［（2021）豫民申7927号，2021.12.13］

裁判精要

河南省高级人民法院认为，关于逾期办证违约责任的计算标准问题。1.《最高人民法院关于审理商品房买卖合同纠纷案件适用法律若干问题的解释》所规定的"商品房"专指由房地产开发企业开发建设并向社会公开出售的房屋，一般包括住宅用房和商业用房。而本案所涉房屋占用的土地为工业用地。根据郑州高新区房地产管理局出具的《证明》，加速器公司建设的涉案"郑州高新科技企业加速器产业园"项目不予办理商品房预售许可证。同时，根据《郑州高新区管委会主任办公会议纪要》和《郑州高新技术产业开发区管委会关于明确郑州高新区大学科技园专业园区管理范围的通知》的规定，参与高新企业加速器产业园房屋转让的主体应符合高新区主导产业定位的电子电器、仪器仪表、动漫、软件、广告类企业法人，企业入园必须经过郑州高新区大学××室的审核和统一管理。因此，涉案房屋并不属于《最高人民法院关于审理商品房买卖合同纠纷案件适用法律若干问题的解释》所规定的"商品房"的范畴。孙某会、董某远要求适用《最高人民法院关于审理商品房买卖合同纠纷案件适用法律若干问题的解释》处理本案纠纷不符合法律规定。2.因本案不适用《最高人民法院关于审理商品房买卖合同纠纷案件适用法律若干问题的解释》，故孙某会、董某远依据该解释第十八条的规定主张按年利率6%计算本案逾期办证违约损失于法无据。在《房产转让协议》没有对逾期办证违约金作出明确约定，且孙某会、董某远未提供逾期办证给其造成损失相关证据的情况下，生效判决参照双方约定的逾期交房违约金的标准认定逾期办证损失并无不当。孙某会、董某远关于生效判决对逾期办证损失标准认定错误的再审申请理由不能成立。

编者说明

根据住房和城乡建设部发布的《房地产业基本术语标准》（JGJ/T30-2015）第2.0.17条的规定，商品房定义为"由房地产开发企业开发建设并通过房地产交易实现出售、出租的各类房屋"。《最高人民法院关于审理商品房买卖合同纠纷案件适用法律若干问题的解释》第一条规定："本解释所称的商品房买卖合同，是指房地产开发企业（以下统称为出卖人）将尚未建成或者已竣工的房屋向社会销售并转移房屋所有权于买受人，买受人支付价款的合同。"目前，工业用地上开发建设的房屋因其具有基于工业用途土地开发、可面向社会销售、政府有专项购买准入规定等特点，各地政府对其是否属于"商品房"、是否可颁发预售许可证等的行政监管政策不统一，法院对其适用的司法政策亦有不同，该类案件的研究需注意不同地方、不同级别政府和法院的具体政策和倾向。（杨贺飞整理）

119. 出卖人承担逾期办证的违约责任，应当根据买受人在合同约定的期限内取得房屋不动产权属登记证书的结果确定，买受人仅以出卖人逾期办理不动产初始登记主张违约金，理由不足，应在对房屋权属初始登记和转移登记约定内容整体解释后做出认定。

案件名称 I

再审申请人（一审原告、二审上诉人）张某萍与被申请人（一审被告、二审上诉人）恒林公司房屋买卖合同纠纷案[（2022）豫民申511号，2022.4.13]

第一章 房屋买卖

裁判精要

河南省高级人民法院认为，本案中，张某萍主张按照已付购房款总额参照中国人民银行规定的金融机构计收逾期贷款利息标准计算恒林公司逾期办理不动产初始登记的违约金。但是，根据现行的不动产登记制度，商品房买受人取得房屋不动产权属证书需要经过房屋权属初始登记和转移登记两个程序。而出卖人逾期办理房屋权属初始登记的违约损害后果主要表现为买受人逾期取得房屋不动产权属登记证书。故出卖人逾期办理不动产初始登记或者逾期办理转移登记应否承担违约责任，最终应当根据是否导致买受人在合同约定的期限内未能取得房屋不动产权属登记证书的情况确定。并且，《最高人民法院关于审理商品房买卖合同纠纷案件适用法律若干问题的解释》（法释〔2003〕7号）第十八条第二款规定的计算确定违约金的情形，也是指因出卖人的原因导致买受人在合同约定期限内未能取得房屋权属证书的情形。因此，张某萍主张参照金融机构计收逾期贷款利息标准计算恒林公司逾期办理不动产初始登记违约金的理由，理据不足。原审判决依据双方商品房买卖合同补充协议中约定的买受人不能在约定期限内取得商品房权属证书的违约金条款，认定恒林公司应支付的违约金数额，是对该补充协议中关于房屋权属初始登记和转移登记约定内容整体解释后做出的认定，具有相应的事实和法律依据。原审判决的该认定仅是对恒林公司应承担违约金数额的认定，不属于对房屋权属初始登记和转移登记违约金的合并，也未超出张某萍的诉讼请求。二审判决关于不动产初始登记和转移登记两项违约金合并计算的认定，表述不当，本院予以指正。张某萍提交的2021年9月7日荥阳市自然资源和规划局不动产登记中心出具的不动产登记资料查询结果证明，与原审判决认定的涉案房屋未办理产权登记的情况并不矛盾，不属于足以推翻原审判决的新证据，本院不予采信。

案件名称 II

再审申请人（一审原告、二审上诉人）尹某与被申请人（一审被告、二审上诉人）雅境公司商品房销售合同纠纷案〔（2020）湘民申3244号，2020.11.4〕

裁判精要

湖南省高级人民法院认为，不动产初始登记只是办理不动产权证转移登记的前提条件，初始登记逾期与否不必然影响不动产权证的办理。二审法院据此认为出卖人影响到买受人如期取得不动产权证时，应当向买受人支付违约金，并考虑到慈利县不动产登记职责、机构整合对雅境公司产生影响的客观实际，参照《不动产登记暂行条例》第二十条的规定，将雅境公司办妥不动产权证的最迟期限酌情顺延45天，确定为2016年8月10日（尹某在一审时确认初始登记逾期起算日为2016年8月2日），又依据相关法律规定和尹某未举证证明其实际损失等情况，将违约金标准酌情调整为日万分之零点三，判决雅境公司按此利率向尹某支付2016年8月10日至2018年6月20日期间逾期办证的违约金，并无不当。

编者说明

房屋买受人购买房屋的目的之一是取得房屋的不动产登记证书，而取得不动产权属证书的登记应当是转移登记。首次登记仅仅是转移登记的前提条件，首次登记的逾期不必然影响到转移登记的逾期，因此，在商品房销售合同没有约定首次登记逾期违约金的情况下，法院以导致转移登记逾期为由支持逾期违约金符合双方合同目的。（吴利波整理）

120. 商品房买卖合同约定购房款支付节点以建设进度为依据，出卖人主张买受人逾期支付购房款的，应就建设进度达到付款节点、已按合同约定方式或者合理方式通知到买受人且买受人拒绝支付购房款承担举证责任。

案件名称

上诉人（原审被告、反诉原告）物业公司、置业公司与被上诉人（原审原告、反诉被告）乾豪公司及原审被告、反诉原告金盈沣公司商品房预售合同纠纷案〔（2018）最高法民终154号，2018.8.21〕

裁判精要

最高人民法院认为，乾豪公司与物业公司、置业公司、金盈沣公司签订的《补充协议二》约定了合同解除的条件，即物业公司、置业公司应在取得第一批物业分户产权后90日内，向乾豪公司支付待付款目标物业转让价款至80%，若未按照协议约定的期限向乾豪公司支付任意一笔费用，逾期超过30日，乾豪公司有权解除待付款目标物业的转让交易。乾豪公司已于2015年8月6日将"第一批物业"所指的房屋、西裙楼物业办理分户产权至物业公司、案外人盈实公司名下。根据上述约定，物业公司、置业公司应在取得第一批物业分户产权后90日内，向乾豪公司支付待付款目标物业转让价款至80%。乾豪公司多次以函件形式提醒、催促物业公司、置业公司、金盈沣公司按期履行付款义务，物业公司、置业公司、金盈沣公司收到上述函件后仍未履行，已构成违约。乾豪公司有权解除待付款目标物业的转让交易。

编者说明

商品房买卖合同约定采用分期付款模式时，出卖人通常以特定时间或工程形象进度作为付款条件；以工程形象进度作为付款条件的，出卖人应就工程形象进度实现的时间节点进行充分举证。（杨贺飞整理）

121. 开发商提前交房，其逾期办证违约责任的起算点仍应从合同约定的最后交房日期起算。开发商向不动产登记机关提交了办证资料的，视为履行了协助办证义务，不应承担逾期的违约责任。

案件名称 I

再审申请人（一审原告、二审被上诉人）张某涛与被申请人（一审被告、二审上诉人）中原置业房屋买卖合同纠纷案［（2022）豫民申940号，2022.4.21］

裁判精要

河南省高级人民法院认为，关于逾期办证违约金的起止时间如何认定的问题。双方签订的《商品房买卖合同》约定中原置业应在2016年6月30日前，依照国家和地方人民政府的有关规定，将验收合格并符合本合同约定的商品房交付买受人使用；并在商品房交付使用后360日内，持办理权属登记需由出卖人提供的资料到产权登记机关备案。本案中，中原置业作为出卖人在合同约定的交房日期前履行了交房义务，购买人因此提前实现了购房目的，从倡导诚实守信价值观出发，中原置业提前交房行为应予鼓励，不应因提前交房而加重其应承担的逾期办证违约金责任。中原置业履行协助办理产权登记义务的时间应为合同约定的2016年6月30日至2017年6月25日，逾期视为违约，中原置业在2017年9月26日将有关资料提交到不动产登记部门，应承担相应的违约责任。但根据张某涛提交的中原置业变更登记申请，变更登记系"测绘面积传输错误造成在办理过程中所提取的面积为预测面积"，不动产证书最终延迟至2018年3月28日办理完毕不能归责于中原置业。且双方签订的合同

第十五条约定：出卖人应当在商品房交付使用后360日内，持办理权属登记需由出卖人提供的资料到产权登记机关备案。因此，中原置业于2017年9月26日向不动产登记中心提交办证所需资料，应视为中原置业已履行相关协助办证义务，原审认定中原置业承担违约责任的期间应为2017年6月26日起至2017年9月26日止并无不当。综上，张某涛的申请理由不能成立。

案件名称 Ⅱ

再审申请人（一审被告、二审上诉人）禧德公司与被申请人（一审原告、二审被上诉人）同发公司商品房预约合同纠纷案［（2021）渝民再94号，2022.10.17］

裁判精要

重庆市高级人民法院认为，由于案涉《商品房预订协议》未对同发公司所购房屋权属证书的办理时间以及逾期办理的法律责任进行约定，故禧德公司是否应当承担逾期办理的法律责任应根据相关法律、行政法规的规定进行认定。《城市房地产开发经营管理条例》第三十二条规定："预售商品房的购买人应当自商品房交付使用之日起90日内，办理土地使用权变更和房屋所有权登记手续；现售商品房的购买人应当自销售合同签订之日起90日内，办理土地使用权变更和房屋所有权登记手续。房地产开发企业应当协助商品房购买人办理土地使用权变更和房屋所有权登记手续，并提供必要的证明文件。"《最高人民法院关于审理商品房买卖合同纠纷案件适用法律若干问题的解释》第十八条第一款规定："由于出卖人的原因，买受人在下列期限届满未能取得房屋权属证书的，除当事人有特殊约定外，出卖人应当承担违约责任：（一）商品房买卖合同约定的办理房屋所有权登记的期限；（二）商品房买卖合同的标的物为尚未建成房屋的，自房屋交付使用之日起90日；（三）商品房买卖合同的标的物为已竣工房屋的，自合同订立之日起90日。"根据前述行政法规、司法解释的规定，结合本案相关事实，本院认为，同发公司未能取得案涉房屋权属证书，并非商品房出卖人禧德公司的原因，在双方未签订办证所需的《商品房买卖合同》之前，同发公司诉请禧德公司限期提交办证资料及承担逾期办证违约责任，不能得到支持。

首先，从房屋权属证书的办理义务主体看，根据《城市房地产开发经营管理条例》第三十二条的规定，办理土地使用权变更和房屋所有权登记手续的主体为商品房的购买人，即同发公司，房地产开发企业负有的仅是协助义务，即禧德公司负有协助同发公司办理房屋所有权登记手续，并提供必要的证明文件的义务，并不承担办理房屋权属证书登记的主要义务。本案中，同发公司并未提供证据证明其在办理房屋所有权登记手续过程中禧德公司不履行相应的协助义务，故禧德公司不存在违反《城市房地产开发经营管理条例》规定的房地产开发企业负有的协助办证义务的情形。

其次，从房屋权属办理的具体要求看，申请办理不动产登记，应符合法定的登记程序要求，并需提交相应的证明材料。而相关的不动产权属来源证明材料、登记原因证明文件则是进行登记的必要材料。由于双方在《商品房预订协议》中对办理产权登记有关事宜未作约定，故案涉房屋未办理产权登记，禧德公司不存在违约。从双方磋商签订商品房买卖合同的过程看，禧德公司多次联系同发公司与其签订商品房买卖合同，甚至诉请法院判决双方签订商品房买卖合同，禧德公司并无怠于实现从预约合同到本约合同成立的行为。而商品房买卖合同的签订必须建立在双方平等、自愿、协商一致的基础上，为双方合意的结果。本案同发公司与禧德公司未能签订《商品房买卖合同》，并非单方原因或某一方的责任。因双方未签订《商品房买卖合同》，无法按照土地房屋登记机构的要求提供不动产权属来源证明材料，自然无法办理房屋权属转移登记，由此，同发公司诉请禧德公司限期提交办证资料并取得办证受理单，因缺乏现实可执行性，不能得到支持。

综上所述，禧德公司不存在违反《商品房预订协议》约定或法律、行政法规规定的房地产开发企业负有的协助办证义务的情形，不应承担案涉房屋逾期办证的违约责任。原审判决认定禧德公司未在法律规定的期限内给同发公司办理房屋产权证书，构成违约，并判令禧德公司向同发公司支付逾期办证违约金，确有不当，本院予以纠正。禧德公司的再审理由成立，其再审请求本院予以支持。（吴利波 整理）

122. 买受人主张出卖人承担逾期办证损失，实质上主张的是有效合同下的违约责任，在商品房买卖合同无效的情况下，买受人的诉请不具有请求权基础。

案件名称 I

再审申请人（一审原告、二审上诉人）胡某勤与被申请人（一审被告、二审被上诉人）顺增公司房屋买卖合同纠纷案［（2021）豫民申6437号，2021.10.26］

裁判精要

河南省高级人民法院认为,《中华人民共和国民法典》第一百五十七条规定,民事法律行为无效、被撤销或者确定不发生效力后,行为人因该行为取得的财产,应当予以返还;不能返还或者没有必要返还的,应当折价补偿。有过错的一方应当赔偿对方由此所受到的损失;各方都有过错的,应当各自承担相应的责任。案涉《商品房转让合同》因未取得预售许可证而无效,根据法律规定,胡某勤应当予以返还其取得的房屋,顺增公司应返还其收取的购房款,对因此造成的损失应当根据双方的过错程度各自承担相应的责任。本案中,胡某勤在未返还房屋的情况下,主张顺增公司赔偿未能按照合同约定办理产权证书的损失,实质上主张的是合同有效情况下的违约责任。在合同无效情况下,胡某勤的该项诉请不具有请求权基础。

案件名称Ⅱ

再审申请人(一审原告、二审上诉人)胡某与被申请人(一审被告、二审被上诉人)成利威公司房屋买卖合同纠纷案[(2021)鄂民再7号,2021.4.27]

裁判精要

湖北省高级人民法院认为,《中华人民共和国合同法》第五十二条第(五)项规定,违反法律、行政法规的强制性规定,合同无效。《最高人民法院关于审理商品房买卖合同纠纷案件适用法律若干问题的解释》第二条规定:"出卖人未取得商品房预售许可证明,与买受人订立的商品房预售合同,应当认定无效,但是在起诉前取得商品房预售许可证明的,可以认定有效。"本案中,成利威公司擅自变更涉案土地建设用途,未履行合法批准手续、未取得商品房预售许可证明,即与胡某签订涉案购房合同,还在合同中明确约定涉案房屋为商品房,该合同依法应当被认定为无效合同。原审法院认定涉案合同不属于商品房买卖合同,与合同约定不符,系认定事实错误,应当予以纠正。

关于成利威公司是否应当承担赔偿责任。《中华人民共和国合同法》第五十八条规定:"合同无效或者被撤销后,因该合同取得的财产,应当予以返还;不能返还或者没有必要返还的,应当折价补偿。有过错的一方应当赔偿对方因此所受到的损失,双方都有过错的,应当各自承担相应的责任。"涉案合同无效,胡某已将涉案房屋退还给成利威公司，成利威公司应当退还胡某已经支付的购房款，并应按照中国人民银行同期同类贷款利率的标准向胡某支付资金占用期间的利息。胡某已支付购房款243016元，扣除成利威公司已退房款125800元，成利威公司还应退胡某房款117216元及利息（从2015年1月8日起至实际付清之日止）。胡某请求成利威公司赔偿117216元，却没有提交证据证明存在相应的损失，其他诉求可待其举证充分后另行解决。

编者说明

无效的合同自始无效，经法庭明确释明，原告仍要求在不返还财产的前提下赔偿损失，实质上主张的是因被告在履行案涉《商品房买卖合同》的过程中交付的标的物不符合合同约定的违约损失，而违约损失应建立在合同有效的基础上，因此，原告的主张不能成立。（王兴整理）

123. 出卖人非因恶意拖延办证导致买受人未能在商品房买卖合同约定的期限内取得房屋权属证书的，不应承担违约责任。

案件名称

再审申请人（一审原告、二审上诉人）连某萍与被申请人（一审被告、二审被上诉人）卓越公司房屋买卖合同纠纷案［（2016）最高法民申478号，2016.4.29］

裁判精要

最高人民法院认为，关于双方当事人签订合同约定的违约责任。双方当事人签订的《商品房买卖合同》中，关于产权登记一项约定"如因出卖人的责任，买受人不能在规定期限内取得房地产权属证书的，须在交清办证费用条件下由出卖人协助买受人办理房产证"。由此可见，双方已明确约定了出卖人承担协助买受人办理房产证的逾期办证违约责任，一是要因出卖人的责任，二是买受人须交清办证费用。本案中，连某萍未及时交清办证费用且没有证据证明是由于卓越公司的责任导致办证逾期。因此，连某萍逾期办证的违约责任不能归于卓越公司。（苗卉整理）

124. 逾期办证非因出卖人的原因，买受人要求出卖人承担逾期办证违约金的，不予支持，但应判令出卖人在具备条件时履行配合义务。

案件名称Ⅰ

再审申请人（一审原告、二审上诉人）李某梅、王某与被申请人（一审被告、二审被上诉人）鼎盛公司房屋买卖合同纠纷案［（2020）豫民申4577号，2020.7.31］

裁判精要

河南省高级人民法院认为，本案不能办证系由于案涉楼盘所在土地上有房屋一直未能拆迁完毕，导致幼儿园、公共服务设施等不能如期完工，消防设施不能建设，消防验收一直未能通过。因房屋拆迁是政府的责任，不属于鼎盛公司自身的能力范围，故原审判决鼎盛公司在具备法定条件下协助李某梅、王某办理权属证书并无不当。因造成实际上履行不能的责任不在鼎盛公司，故李某梅、王某以鼎盛公司违约要求其支付逾期办证违约金的请求不具合理性，原审法院未予支持并无不当。

案件名称Ⅱ

再审申请人（一审被告、反诉原告、二审上诉人）樊某与被申请人（一审原告、反诉被告、二审被上诉人）红顶置业公司房屋买卖合同纠纷案［（2021）甘民申2642号，2021.12.3］

裁判精要

甘肃省高级人民法院认为，关于红顶置业公司办理房屋产权证的违约责任。依据《最高人民法院关于审理商品房买卖合同纠纷案件适用法律若干问题的解释》（法释〔2003〕7号）第十八条"由于出卖人的原因，买受人在下列期限届满未能取得房屋权属证书的，除当事人有特殊约定外，出卖人应当承担违约责任：（一）商品房买卖合同约定的办理房屋所有权登记的期限；（二）商品房买卖合同的标的物为尚未建成房屋的，自房屋交付使用之日起90日……"之规定，承担逾期办理房屋所有权登记的违约责任是以因出卖人原因为前提，在实践中房屋买卖都是先交付后办理过户手续，而且交付和办理过户手续之间需要一段时间，影响房屋产权登记时间的原因较为复杂。本案，依据二审中红顶置业公司提交张掖市房兴房产测绘队2018年1月9日的通知，内容为"北环路50号亲水港湾小区A、B、C、D、E座楼各位住户，2013年4月18日由张掖市红顶地产置业有限公司委托张掖市房兴房产测绘队对该项目房屋建筑面积进行测绘，在房屋交付使用前已完成外业数据测量，2016年1月5日领取房屋面积测绘报告。房产测绘成果是严格按照中华人民共和国国家标准《房产测量规范》（GB/T17986—2000）及《建设部关于房屋建筑面积计算与房屋权属登记有关问题的通知》（建住字〔2002〕74号）的规定测绘的，现将测绘数据公示，如有异议，各位住户可委托甘肃省测绘产品质量监督检验站重新测"。由上可见，涉案房屋所在小区测绘结果是在2018年1月9日公示，房屋面积在确定后方可明确录入房屋产权登记数据、办理房屋产权证书，在此之前不具备办理房屋产权登记的客观条件，并非因出卖人红顶置业公司原因导致。同时，樊某未提交其他证据证明因红顶置业公司自身原因逾期办证，故原审认为本案不具有适用《最高人民法院关于审理商品房买卖合同纠纷案件适用法律若干问题的解释》第十八条规定的情形并无不当。

编者说明

《最高人民法院关于审理商品房买卖合同纠纷案件适用法律若干问题的解释》（法释〔2003〕7号）已于2020年修正，相关内容现规定在第十四条。（胡玉芹整理）

125. 商品房买卖合同未约定逾期办证违约金标准，应参考合同约定的其他违约金标准，并结合同小区其他业主与出卖人所约定的逾期办证违约金标准，依据公平、合理的原则，酌情确定。

案件名称Ⅰ

再审申请人（一审被告、二审上诉人）凯美公司与被申请人（一审原告、二审被上诉人）黄某涛房屋买卖合同纠纷案〔（2020）豫民申2959号，2020.8.17〕

裁判精要

河南省高级人民法院认为，黄某涛与凯美公司签订的《商品房买卖合同》是双方真实意思表示，不违反法律、行政法规的禁止性规定，合法有效，双方均应按照合同约定全面履行各自的义务。凯美公司未能在合同约定的期限内协助黄某涛办理房屋产权证书，构成违约，应承担相应的违约责任。对于逾期办证的违约责任，双方在《商品房买卖合同》第十五条作出了明确约定："买受人退房、出卖人在买受人提出退房要求之日起30日内将买受人已付房价款退给买受人，并按已付房价款的1%赔偿买受人损失。"现买受人黄某涛不同意按照双方约定的违约责任承担方式主张权利，只要求凯美公司支付逾期办证的违约金，而双方又未对继续履行合同情况下的逾期办证违约金作出约定。在此情况下，应参考该合同所约定的退房情况下的违约金标准，并结合同小区其他业主与开发商所约定的逾期办证违约金标准，依据公平、合理的原则，酌情确定本案凯美公司应承担的逾期办证违约金的数额。综上，凯美公司的再审申请符合《中华人民共和国民事诉讼法》第二百条第（六）项规定的情形。

编者说明

指令河南省商丘市中级人民法院再审本案。

案件名称 II

再审申请人（一审原告、二审上诉人）李某与被申请人（一审被告、二审被上诉人）临清市嘉和置业有限公司房屋买卖合同纠纷案〔（2021）鲁民申11019号，2021.11.27〕

裁判精要

山东省高级人民法院经审查认为，本案当事人未约定逾期办证的违约金数额或计算标准，原审法院根据公平原则和诚实信用原则，结合合同履行情况、当事人的过错程度以及预期利益、合同标的额以及逾期办证的客观原因等因素予以衡量，酌定逾期办证违约金按日万分之零点四计算并无不当。《最高人民法院关于审理商品房买卖合同纠纷案件适用法律若干问题的解释》第十四条第二款关于"合同没有约定违约金或者损失数额难以确定的，可以按照已付购房款总额，参照中国人民银行规定的金融机构计收逾期贷款利息的标准计算"的规定，没有"应当""必须"之类的词语，属任意性规范，可选择适用，而不是必须适用。综上，李某的再审申请不符合《中华人民共和国民事诉讼法》第二百条第（六）项规定的情形。

编者说明

裁定驳回李某的再审申请。（胡玉芹整理）

126. 出卖人逾期交付房屋的，买受人发函要求出卖人承担违约责任，其违约金计算标准低于合同所约定标准的，视为买受人对自己民事权益的处分，出卖人要求据此计算违约金的应予支持。

案件名称

再审申请人（一审原告、反诉被告、二审上诉人）杨某与被申请人（一审被告、反诉原告、二审上诉人）祥源公司商品房销售合同纠纷案［（2020）豫民申7582号，2020.12.9］

裁判精要

河南省高级人民法院认为，关于杨某再审称原审对祥源公司延期交房违约金计算错误的问题。经查，双方签订的商品房买卖合同明确约定了交房时间是2013年7月30日之前，而祥源公司实际交房时间是2019年11月18日，其间祥源公司并没有提供向杨某催收剩余房款15万元的证据，祥源公司主张的先履行或同时履行抗辩权的理由不能成立。祥源公司延期交付房屋，双方约定交房时间为2013年7月30日前，逾期出卖人向买受人支付日万分之三的违约金。但杨某在向祥源公司发出的催告函中自认违约金按日万分之一的标准计算，该意思表示是杨某对其民事权益的处分，二审以杨某已付房款135万元为基数按日万分之一标准计算违约金并无不当。关于杨某再审称原审法院酌情让杨某承担20%的违约金不公平问题。杨某与祥源公司签订两份《商品房买卖合同》，明确约定合同签订之日一次性付清150万元房款，但杨某未按合同约定交纳下欠房款15万元，也属违约行为，故原审在杨某和祥源公司均存在违约行为的情况下，酌定判决杨某承担20%违约金的民事责任并无不当。综上，杨某的申请再审理由不符合《中华人民共和国民事诉讼法》第二百条规定的情形，不予采信。（郭红春整理）

127. 商品房买卖合同约定在买受人未付清房款前出卖人不交房且不视为逾期交房的，不属于"免除其责任、加重对方责任、排除对方主要权利"的无效格式条款情形。

案件名称

再审申请人（一审被告、二审被上诉人）郑州元龙房地产开发有限公司与被申

请人（一审原告、二审上诉人）刘某友房屋买卖合同纠纷案［（2019）豫民再808号，2019.12.20］

🔍 裁判精要

河南省高级人民法院认为，关于案涉附件四：合同补充协议第九条第二项"买受人同意在未向出卖人结清全部购房款及应由买受人支付的款项时，出卖人有权不予交房且不视为逾期交房"是否有效的问题。《中华人民共和国合同法》第四十条规定，格式条款具有本法第五十二条和第五十三条规定情形的，或者提供格式条款一方免除其责任、加重对方责任、排除对方主要权利的，该条款无效。本案合同系买卖合同，属双务合同，根据合同约定，双方履行义务有先后顺序，在买受人未付清房款前出卖人不交房且不视为逾期交房的约定，是对双方权利义务的合理约定，不属于"免除其责任、加重对方责任、排除对方主要权利"的情形，原判认定该条款无效，适用法律不当。

✏️ 编者说明

《中华人民共和国民法典》第四百九十六条规定："格式条款是当事人为了重复使用而预先拟定，并在订立合同时未与对方协商的条款。采用格式条款订立合同的，提供格式条款的一方应当遵循公平原则确定当事人之间的权利和义务，并采取合理的方式提示对方注意免除或者减轻其责任等与对方有重大利害关系的条款，按照对方的要求，对该条款予以说明。提供格式条款的一方未履行提示或者说明义务，致使对方没有注意或者理解与其有重大利害关系的条款的，对方可以主张该条款不成为合同的内容。"第四百九十七条规定："有下列情形之一的，该格式条款无效……（二）提供格式条款一方不合理地免除或者减轻其责任、加重对方责任、限制对方主要权利；（三）提供格式条款一方排除对方主要权利。"商品房买卖合同系双务合同，买受人主要义务为支付房屋价款，出卖人主要义务为交付房屋、配合办理不动产权登记，即便没有合同约定，通常双方履行合同义务的交易顺序也是先付款后交房。因此出卖人关于"在买受人未付清房款前出卖人不交房且不视为逾期交房"的约定，虽然是格式条款，但确符合交易惯例，并未不合理地免除己方责任、加重对方责任、排除对方主要权利，应认定为有效条款。（郑舒文整理）

128. 出卖人对逾期交房违约金提出诉讼时效抗辩，应以每日的个别债权适用诉讼时效期间的规定，对于超出诉讼时效部分的逾期交房违约金不予支持。

案件名称

再审申请人（一审原告、二审上诉人）闻某与被申请人（一审被告、二审被上诉人）康桥公司房屋买卖合同纠纷案［（2020）鲁民申7698号，2020.11.14］

裁判精要

山东省高级人民法院经审查认为，闻某与康桥公司签订的《济南市商品房买卖合同》是双方当事人真实意思表示，内容不违反法律强制性规定，为有效合同。本案争议的焦点问题为：闻某主张2016年12月12日之前的逾期交房违约金是否超过诉讼时效。依照相关规定，本案起诉应当适用三年的诉讼时效。闻某于2019年12月12日起诉，故前推三年即2016年12月12日之前闻某主张的逾期交房违约金已经超过诉讼时效。闻某虽提交了其与于某秋的通话录音，但该录音在二审中已提交过，不属于申请再审新的证据，且从内容看不足以认定其是在主张逾期付款违约金，故一、二审法院认定闻某主张该部分逾期付款违约金已经超过诉讼时效并无不当。

编者说明

经对买受人诉请出卖人支付逾期交房违约金的案件进行检索和整理，编者发现部分省高院的案例对于超出诉讼时效部分的逾期交房违约金不予支持，所以买受人诉请逾期交房违约金的应注意不超过现行法律关于诉讼时效的规定。（胡玉芹整理）

129. 在买受人与出卖人协商退房的过程中，买受人虽表示配合退房但未办理解除购房合同手续，出卖人将房屋出售给第三人的，仍应承担违约责任。

案件名称 I

再审申请人（一审原告、二审上诉人）靳某玉与被申请人（一审被告、二审被上诉人）碧海公司房屋买卖合同纠纷案［（2021）豫民申6647号，2021.10.25］

裁判精要

河南省高级人民法院认为，二审判决对靳某玉和碧海公司签订的《碧桂园龙城二期认购书》及《车位使用转让协议书》的性质和效力予以认定，同时对碧海公司在和靳某玉就涉案房屋协商退款期间又将该房屋出卖给第三人的行为认定为违约，上述论述和认定符合法律规定，并无不当。在赔偿损失方面，鉴于碧海公司是在和靳某玉协商退款过程中将房屋出卖给他人，且靳某玉一方表示有购买别墅意愿的情形，所以申请人靳某玉要求按照《最高人民法院关于审理商品房买卖合同纠纷案件适用法律若干问题的解释》第八条的规定，让碧海公司承担一倍已付房款的赔偿责任过于苛刻。二审根据实际情况对赔偿损失部分予以调整，判决内容适当。

案件名称Ⅱ

再审申请人（一审原告、二审被上诉人）田某贺与被申请人（一审被告、二审上诉人）启航公司房屋买卖合同纠纷案〔（2019）吉民申2425号，2021.10.25〕

裁判精要

吉林省高级人民法院认为，……2.《最高人民法院关于审理商品房买卖合同纠纷案件适用法律若干问题的解释》第八条、第九条规定了在商品房买卖合同中属于出卖人恶意违约和欺诈，致使买受人无法取得房屋从而适用惩罚性赔偿原则的五种情形，其中包括"商品房买卖合同订立后，出卖人又将该房屋出卖给第三人"的情形，在此情形下，无法取得房屋的买受人除了可以请求解除合同、返还已付购房款及利息、赔偿损失外，还可以请求出卖人承担不超过已付购房款一倍的赔偿责任。作为惩罚性赔偿条款，该条款的适用必须以出卖人主观具有恶意和欺诈为前提。本案中，虽因启航公司未提供证据证明，且田某贺对此否认而无法确定金某曾得到田某贺授权办理退房事宜，启航公司存在审查不严的过错，但综合田某贺的部分购房款系经延边州国土资源局支付给启航公司；金某作为该局团购房屋负责人，负责与启航公司联络处理包括田某贺团购房在内的相关事宜；金某以田某贺代理人身份申请退房后，启航公司分三次退还部分房款等事实来看，启航公司主观上是信赖金某受田某贺委托办理退房事宜的，无证据证明其具有一房二卖的主观故意。二审法院鉴于启航公司未能提供证据证明金某获得田某贺的授权，故并未将启航公司支付给金某的12万元予以扣除，而是判决启航公司退还田某贺支付的全部购房款；同时又鉴于启航公司未充分尽到审查义务，存在一定过错，从而判决启航公司支付相应利息。因此，田某贺以"金某没有取得田某贺的授权，无法证明其在启航公司处领取的12万元是田某贺的退房款，启航公司主观上无一房二卖的恶意错误"为由申请再审，无事实和法律依据，本院不予支持。

编者说明

《最高人民法院关于审理商品房买卖合同纠纷案件适用法律若干问题的解释》（2020年修正）已将关于"双倍返还购房款"的规定删除。（王兴整理）

130. 放弃权利的意思表示必须明确具体，买受人出具的"不再向开发商就商品房的交付和产权办理事宜主张任何权利"的意思表示，并不视为买受人对追究出卖人逾期交房违约责任权利的放弃。

案件名称 I

再审申请人（一审被告、二审上诉人）华盟公司与被申请人（一审原告、二审被上诉人）陈某军商品房销售合同纠纷案[（2021）豫民申5651号，2021.8.23]

裁判精要

河南省高级人民法院认为，关于陈某军签署收到条的行为是否视为放弃向华盟公司主张逾期交房违约金权利的问题。权利的放弃，意思表示必须明确具体。在1613号民事判决一案中，陈某军主张华盟公司交付房屋和钥匙、配合出具办理房产证等相关手续的诉讼请求得到支持。陈某军依据该生效判决申请强制执行，在执行案件结案前，陈某军签署收到条，表明不再向华盟公司就该商品房的交付和产权办理事宜主张任何权利。从该收到条的签署背景来看，"商品房的交付和产权办理事宜"应是指1613号民事判决中陈某军所主张的相关诉求。故生效判决认定陈某军签署收到条的行为系对1269号案件执行情况的认可，并非放弃向华盟公司主张逾期交房违约金的权利并无不当。关于华盟公司减免陈某军物业费的问题。根据华盟公司再审申请所称，1613号案件的起因为陈某军拖欠物业费，物业公司拒绝向其交付房屋钥匙，而华盟公司为平息陈某军与物业公司之间的物业费纠纷，表示对物业公司减免陈某军物业费的损失进行补偿。但华盟公司并未提交证据证明陈某军同意将欠付物业费与逾期交房违约金进行抵销，双方对此也未达成一致意见，故减免陈某军物业费不能成为华盟公司不承担逾期交房违约责任的抗辩事由。

📡 案件名称Ⅱ

再审申请人（一审被告、二审被上诉人）鹏力公司与被申请人（一审原告、二审上诉人）朱某琪商品房预售合同纠纷案〔（2020）陕民申2185号，2020.10.14〕

🔍 裁判精要

陕西省高级人民法院认为，《中华人民共和国民法总则》第一百四十二条第一款规定，有相对人的意思表示的解释，应当按照所使用的词句，结合相关条款、行为的性质和目的、习惯以及诚信原则，确定意思表示的含义。通过案涉合同第二十条第二款的文义以及结合合同整体约定可以认定双方就鹏力公司设定义务，即当因鹏力公司原因导致朱某琪未能按照约定时间取得房屋产权证书时，鹏力公司应当承担相应的违约责任。鹏力公司虽然主张双方约定免除其责任，但民事权利的放弃必须采取明示的意思表示才能发生法律效力。而案涉《商品房买卖合同》第二十条约定为：（二）因出卖人的原因，买受人未能在该商品房4交付之日起五百个工作日内取得该商品房的房屋所有权证书的，双方同意按照下列第2种方式处理；第2种方式为"/"，该约定并不能认定朱某琪放弃权利。

✏️ 编者说明

民事权利的放弃必须采取明示的意思表示才能发生法律效力，以默示作出的，该意思表示只有在法律有明确规定及当事人有特别约定的情况下才能发生法律效力，不宜在无明确约定或者法律无特别规定的情况下，推定当事人对权利进行放弃。（王兴整理）

131. 买受人按揭贷款未获审批，要求一次性支付剩余房款而出卖人未予处理的，买受人不承担剩余房款未及时支付的责任。出卖人不能据此主张按照合同约定不向买受人交付房屋，并应承担迟延交房的违约责任。

📡 案件名称

再审申请人（一审被告、二审上诉人）玉安公司与被申请人（一审原告、二审

被上诉人)徐某红房屋买卖合同纠纷案[(2019)豫民申7748号,2019.12.30]

🔍 裁判精要

河南省高级人民法院认为,玉安公司主张其与徐某红签订《商品房买卖合同》约定,在徐某红未付清剩余房款前,玉安公司有权不交付房屋,因徐某红一直未支付剩余房款,玉安公司不交付房屋,并不构成违约。但从原审查明事实来看,案涉《商品房买卖合同》签订后,徐某红按照合同约定支付了购房首付款,并办理了按揭贷款手续,本案贷款银行系由玉安公司指定,徐某红按揭贷款未获审批,未能支付剩余房款,并非出于徐某红的原因,且在发生按揭不能情形时,徐某红多次要求向玉安公司一次性支付剩余房款,一审期间徐某红亦明确表示随时支付剩余房款。本案剩余房款未及时支付责任亦不在于徐某红。故原审认定徐某红已经全面履行合同义务,玉安公司承担迟延交房的违约责任并无不当。(郑舒文整理)

132. 以买受人已付购房款占全部应付房款的比例确定房屋的增值损失符合公平原则。

📶 案件名称Ⅰ

再审申请人(一审原告、二审被上诉人)付某遨与被申请人(一审被告、二审上诉人)馨星永仁公司房屋买卖合同纠纷案[(2022)豫民申148号,2022.3.21]

🔍 裁判精要

河南省高级人民法院认为,关于本案的事实认定问题。经核查原审卷宗,付某遨并无证明馨星永仁公司存在故意隐瞒没有取得预售房许可证或提供虚假商品房预售许可证明的充分证据,也无证据证明其在签订房屋认购协议书时已对馨星永仁公司未取得商品房预售许可证的情况尽到了谨慎的注意义务。并且,馨星永仁公司在本案一审诉讼期间已经取得商品房预售许可证,涉案房屋认购协议并非不能履行。故二审判决综合本案情况认定双方的过错比例,具有相应的事实依据。本案中,付某遨已支付购房款118788元,二审判决按照其已付购房款占全部应付房款的比例确定房屋增值损失,符合公平原则和案件实际情况。付某遨支出的评估费3000元,应按双方胜败诉数额比例进行分担。但根据二审判决确定的双方胜败诉数额比例,付某遨应负担1710元,而二审判决将评估费3000元计入损失范围,按双方过错比例进行计算，付某邀仅负担900元，故二审判决结果并未减损付某邀的实际权益，亦无再审纠正之必要。

案件名称Ⅱ

上诉人（原审被告）毕某春与被上诉人（原审原告）苗某兰房屋买卖合同纠纷案［（2022）鲁10民终176号，2022.5.31］

裁判精要

山东省威海市中级人民法院认为，关于增值损失，双方于2016年7月4日约定的房屋总价为30万元，经一审法院委托鉴定，该房屋的现价值为56.8万元，该房屋的增值为26.8万元，涉案房屋虽已交付给苗某兰，但苗某兰只支付了18万元的房款，并占有使用涉案房屋四年多，根据苗某兰的付款比例，毕某春赔偿苗某兰增值损失16万元。

编者说明

房价大涨之时，出卖人将房屋另行出卖给第三人的违约情形频频发生，由于买受人并未支付全部购房款，若认定房屋升值损失全部由出卖人承担，有违公平。因此，在买受人未支付全部购房款项时，按照付款比例支持部分增值能避免利益严重失衡，同时，也惩戒了违约行为。（吴利波整理）

133. 房屋买卖合同中，出卖人逾期交房违约金格式条款的约定与买受人逾期付款违约金的约定明显不对等的，买受人有权要求出卖人按照逾期付款违约金标准承担逾期交房违约金。

案件名称

再审申请人（一审被告、二审上诉人）万嘉公司与被申请人（一审原告、二审被上诉人）郭某朋、牛某商品房销售合同纠纷案［（2021）豫民申2666号，2021.5.26］

裁判精要

河南省高级人民法院认为，2017年5月14日，郭某朋、牛某与万嘉公司签订《商品房买卖合同（预售）》，该合同第八条对买受人逾期付款责任部分约定为：除不可抗力外，买受人未按照约定时间付款的，逾期在30日之内，买受人按日向出卖人支付逾期应付款万分之一的违约金；逾期超过30日后……出卖人不解除合同的，买受人按日计算向出卖人支付逾期应付款万分之二的违约金。该合同第十二条对出卖人逾期交付房屋责任约定：除不可抗力外，出卖人未按照约定时间交付的，出卖人自规定的交付之日次日起至实际交付之日止，按照买受人已付购房款的银行同期活期存款利率计算违约金。双方在合同中约定万嘉公司应于2017年12月31日前交付案涉房屋，但实际交付日期为2018年9月26日，万嘉公司应承担逾期交房的违约责任。郭某朋、牛某一审诉讼请求以399685元房款为基数，按照日万分之一计算判令万嘉公司支付迟延交付房屋的违约金。根据《中华人民共和国合同法》第三十九条规定，采用格式条款订立合同的，提供格式条款的一方应当遵循公平原则确定当事人之间的权利和义务。本案所涉合同为万嘉公司预先拟定且未与郭某朋、牛某协商的格式合同，该合同对万嘉公司逾期交房违约金的格式条款与出卖人逾期付款的违约责任约定相差较大，显失公平。二审判决对郭某朋、牛某要求万嘉公司同样按照日万分之一的标准支付违约金的主张予以支持适用法律并无不当。（李振锋整理）

134. 出卖人提供的为重复使用而预先拟定的商品房买卖合同及补充协议系格式合同。合同中对双方违约责任的约定明显不对等，不合理地减轻出卖人逾期交房违约责任的，该违约金条款无效，法院可根据公平原则，按照逾期付款违约金的标准计算出卖人应承担的逾期交房违约金。

案件名称 I

再审申请人（一审被告、二审上诉人）新蔡皓祥置业有限公司与被申请人（一审原告、二审被上诉人）李某可、李某商品房销售合同纠纷案〔（2021）豫民申8417号，2021.12.21〕

裁判精要

河南省高级人民法院认为，新蔡皓祥置业有限公司与李某可、李某签订的《商品房买卖合同》及补充协议系该公司提供的为重复使用而预先拟定的格式合同，约定的出卖人逾期交房违约责任和买受人逾期付款违约责任属于格式条款且明显不对等，新蔡皓祥置业有限公司不合理地减轻其责任，且没有采取合理的方式履行提示或者说明义务,致使李某可、李某没有注意或者理解与其有重大利害关系的该部分条款。生效判决确定逾期交房违约金条款无效,并按照逾期付款违约金的标准计算新蔡皓祥置业有限公司应当承担的逾期交房违约金,符合法律规定和公平原则。

案件名称 Ⅱ

再审申请人(一审被告、二审上诉人)利发公司与被申请人(一审原告、二审上诉人)苏某明、温某连商品房预售合同纠纷案[(2020)粤民申1191号,2021.1.18]

裁判精要

广东省高级人民法院认为,关于逾期交房违约金如何计算的问题。根据二审判决查明的事实,案涉合同约定如利发公司逾期交房,其应按日向苏某明、温某连支付已付房款的万分之一作为违约金,违约金不超过总房款的3%。鉴于案涉合同均为利发公司提供的格式合同,该合同中对于苏某明、温某连逾期付款违约责任与利发公司逾期交房违约责任的约定明显失衡,违反公平原则,利发公司主张逾期交房违约金以总房款的3%为限,也不利于敦促违约方履行合同义务,二审判决未予支持并无不当。

编者说明

《中华人民共和国民法典》第四百九十六条规定:"格式条款是当事人为了重复使用而预先拟定,并在订立合同时未与对方协商的条款。采用格式条款订立合同的,提供格式条款的一方应当遵循公平原则确定当事人之间的权利和义务,并采取合理的方式提示对方注意免除或者减轻其责任等与对方有重大利害关系的条款,按照对方的要求,对该条款予以说明。提供格式条款的一方未履行提示或者说明义务,致使对方没有注意或者理解与其有重大利害关系的条款的,对方可以主张该条款不成为合同的内容。"第四百九十七条规定:"有下列情形之一的,该格式条款无效……(二)提供格式条款一方不合理地免除或者减轻其责任、加重对方责任、限制对方主要权利;(三)提供格式条款一方排除对方主要权利。"实践中,出卖人应合理确定商品房买卖合同中双方的权利义务及违约责任条款,如存在不合理地免除或者减轻出卖人责任、加重买受人责任、限制排除买受人主要权利的条款,可能会在诉讼中被认定为无效。(杨贺飞整理)

135. 买受人未按约偿还贷款导致商品房买卖合同解除后，主张违约金条款属于不合理地免除或者减轻出卖人的责任、限制或者排除买受人主要权利的，不能成立，买受人仍应当承担违约责任。

案件名称 I

再审申请人（一审被告、二审上诉人）彭某芳与被申请人（一审原告、二审被上诉人）晨光正商公司房屋买卖合同纠纷案［（2022）豫民申446号，2022.3.31］

裁判精要

河南省高级人民法院认为，关于彭某芳应否承担违约责任的问题。晨光正商公司与彭某芳签订的《商品房买卖合同》合法有效，双方当事人均应按照合同约定全面履行自己的义务。《商品房买卖合同》附件四第三条第六项"如果出卖人为买受人提供阶段性贷款担保的"相关约定中，明确约定了出卖人晨光正商公司解除合同的事由。因彭某芳未能及时按期偿还银行贷款，晨光正商公司已按照约定向中国农业银行股份有限公司郑州自贸区分行履行了保证责任，现彭某芳无法按照合同约定偿还相应款项，导致彭某芳与晨光正商公司之间的合同目的不能实现，彭某芳存在根本违约，晨光正商公司主张解除合同具有事实和法律依据。案涉《商品房买卖合同》附件四第三条第六项约定了彭某芳存在违约的情况下，彭某芳应按合同总价款的10%支付违约金。该条款并未不合理地免除或者减轻晨光正商公司的责任、加重彭某芳的责任、限制或者排除彭某芳的主要权利，且在彭某芳存在根本违约的情况下，二审法院依据合同约定判决彭某芳承担违约责任，并未显失公平。彭某芳主张该条款为格式条款，违约金过高，应以实际损失为准的理由不能成立。

案件名称 II

再审申请人（一审被告、二审上诉人）邹某彬与被申请人（一审原告、二审被上诉人）恒大金碧公司房屋买卖合同纠纷案［（2021）鲁民申725号，2021.3.12］

裁判精要

山东省高级人民法院认为，恒大金碧公司按照合同约定交付了涉案房屋，邹某彬在支付了首期房款386424元并办理按揭贷款后，未按约定期限及金额向中国农业银行济南市历城区支行还款，致使作为保证人的恒大金碧公司代其向银行偿还借款本息,且邹某彬逾期还贷情况还在持续,邹某彬的行为构成违约,因此,恒大金碧公司行使解除权,符合上述法律规定和合同约定,原审判令涉案《商品房买卖合同》应予解除并无不当。邹某彬主张本案合同解除、违约责任条款均为格式条款,恒大金碧公司未尽提示说明义务,无事实及法律依据,本院不予支持。邹某彬主张违约金过高的问题。本院认为,原审判决根据相关法律规定及合同约定,综合考虑双方的举证情况、合同实际履行情况、房屋价格变动情况,酌情将邹某彬在合同解除后所承担的违约责任调整为合同约定购房总价款的10%,即向恒大金碧公司支付违约金125642.4元,亦无不当。

编者说明

《中华人民共和国民法典》第四百九十七条规定:"有下列情形之一的,该格式条款无效:(一)具有本法第一编第六章第三节和本法第五百零六条规定的无效情形;(二)提供格式条款一方不合理地免除或者减轻其责任、加重对方责任、限制对方主要权利;(三)提供格式条款一方排除对方主要权利。"本案中,因买受人未按约偿还贷款导致商品房买卖合同解除后,买受人主张违约金条款属于不合理地免除或者减轻出卖人的责任、限制或者排除买受人主要权利,该理由不符合上述条文关于格式条款以及格式条款无效的规定,因此,买受人仍应当承担违约责任。(吴利波整理)

136. 违约责任为无过错责任,不以违约方主观上有过错为责任依据,只要发生了违约行为,且没有法定或约定的免责事由,违约方即应承担违约责任。

案件名称

再审申请人(一审被告、二审被上诉人)安业公司与再审申请人(一审原告、二审上诉人)谢某新、王某商品房销售合同纠纷案〔(2020)豫民申8457号,2021.3.12〕

裁判精要

河南省高级人民法院认为,关于安业公司申请再审称逾期办理首次登记的责任不在安业公司,故其不应承担逾期首次登记导致的违约责任问题。双方签订的合同合法有效,对双方均有约束力。违约责任为无过错责任,不以违约方主观上有过错为责任依据,只要发生了违约行为,即应承担违约责任。双方未在合同中约定安业公司逾期办理首次登记的免责事由，安业公司存在逾期办理首次登记的违约事实，对于因违约行为导致谢某新、王某遭受的损失应当承担违约责任，故安业公司所称该项申请理由不能成立。案涉《商品房买卖合同》未对安业公司办理房屋所有权证（大证）并交付给谢某新、王某的期限进行约定，符合《最高人民法院关于审理商品房买卖合同纠纷案件适用法律若干问题的解释》第十八条适用情形，原审适用法律亦无不当。安业公司另申请再审称，生效判决可能导致其经营困难问题，不属于《中华人民共和国民事诉讼法》第二百条规定的法定再审情形，故本院不予审查。

编者说明

《中华人民共和国民法典》第五百七十七条规定："当事人一方不履行合同义务或者履行合同义务不符合约定的，应当承担继续履行、采取补救措施或者赔偿损失等违约责任。"根据该规定可以看出，违约责任采取严格责任原则，不以一方过错为前提，不论其是否存在过错，只要是不履行义务或履行合同义务不符合约定，都会被认定为违约行为；违约行为产生后，没有法定免责事由的，应承担违约责任。（曹亚伟整理）

137. 法院增加违约金应以当事人请求为前提，以实际损失为限额。

案件名称

再审申请人（一审被告、二审被上诉人）宏江公司与被申请人（一审原告、二审上诉人）×××房屋买卖合同纠纷案［（2019）豫民申2160号，2019.6.24］

裁判精要

河南省高级人民法院认为，《中华人民共和国合同法》第一百一十四条第二款规定，约定的违约金低于造成的损失的，当事人可以请求人民法院或者仲裁机构予以增加；约定的违约金过分高于造成的损失的，当事人可以请求人民法院或者仲裁机构予以适当减少。《最高人民法院关于适用〈中华人民共和国合同法〉若干问题的解释（二）》第二十八条规定，当事人依照合同法第一百一十四条第二款的规定，请求人民法院增加违约金的，增加后的违约金数额以不超过实际损失额为限。因此，人民法院增加违约金应以当事人请求为前提，以实际损失为限额。本案中，二审判决在没有要求×××举证证明其实际损失的情况下，酌定违约金为总房款的20%，适

用法律错误。宏江公司的再审申请符合《中华人民共和国民事诉讼法》第二百条第（六）项规定的情形。（阮崇翔整理）

138. 出卖人所售房屋配建有公租房，买受人对此不知情并主张出卖人未告知该事由要求其承担违约责任的，不予支持。

案件名称

再审申请人（一审被告、二审上诉人）信和公司与被申请人（一审原告、二审被上诉人）张某飞房屋买卖合同纠纷案〔（2020）豫民再123号，2020.7.8〕

裁判精要

河南省高级人民法院认为，关于信和公司是否存在违约行为，应否向张某飞支付违约金问题。张某飞主张案涉楼房有公租房，信和公司未如实告知，构成违约，应支付违约金20000元。首先，根据双方签订的商品房买卖合同附件四，信和公司在签订该合同时向张某飞出示了商品房预售许可证。双方于2013年5月22日签订商品房买卖合同，信和公司向张某飞出示的应为2013年5月16日的预售许可证，该许可证上载明案涉楼房配建有公租房。一般来说，作为购房人在签订合同时应当了解开发商预售许可证、规划许可证、国有土地使用证等"五证"是否齐全，且张某飞也认可购房时销售人员已告知其中间楼房被政府选购。因此，无论从双方合同约定还是作为购房人购房时的注意义务，以及张某飞再审时的自认，均不能得出在购房时信和公司未向张某飞如实告知楼房有公租房的结论。二审未采信2013年5月16日的预售许可证，而认为签合同时不可能提供2013年5月31日的预售许可证不当。其次，公租房是政府或公共机构为解决住房困难人员居住问题建造或购买的保障性住房，是否配建公租房并不影响房屋质量或功能，以未告知配建有公租房为由主张开发商违约，不符合和谐、平等、文明的价值观，不应提倡。且双方合同并未约定未告知有公租房为违约情形并应支付违约金，因此即使张某飞实际上对案涉楼房有公租房并不知情，其主张信和公司构成违约，应当支付违约金，也无事实和法律依据，不应支持。

编者说明

在很多城市的住宅地块"招拍挂"公告中，均要求配建一定比例的公租房、廉租房、安置房等，通过低价销售、租赁、回迁等方式由一定的人员使用。与正常销售的商品房相比，其获取价格较低。本案中正常购买商品房的业主以项目配建有公租房为由起诉开发商支付违约金，但是配建有公租房并非合同约定和法定的违约情形，依法不应得到支持。作为正常商品房的购买者，想全面了解欲购房屋的情况，应当在购买前仔细查看商品房销售案场公示的各类文件，如项目所在地块的规划条件、"招拍挂"信息、预售许可证、项目阳光告知书（不利于因素告知书）、认购书及买卖合同模板等，对不清楚或想了解更多的事项可询问置业顾问，或者自己在网上查询该项目在"招拍挂"时政府公布的相关信息。（曹代鑫整理）

139. 买受人明知自己不符合受让房屋所在地限购政策，企图通过非正常方式在不迁移户口的情况下办理房产过户手续，后导致合同无法履行的，应当承担合同约定的违约责任。

案件名称

再审申请人（一审原告、二审上诉人）徐某丽与被申请人（一审被告、二审被上诉人）蒋某珍、浩瀚公司、（一审第三人、二审被上诉人）贾某兵房屋买卖合同纠纷案[（2019）豫民申2699号，2019.7.29]

裁判精要

河南省高级人民法院认为，徐某丽在明知中牟县实行限制外地户口购房政策的情况下，心存侥幸，企图通过非正常方式在不迁移户口的情况下办理房产过户手续，导致最终无法办理过户，案涉房屋买卖居间合同无法履行，应当承担违约责任。徐某丽称浩瀚公司、贾某兵虚假承诺没有证据支持，也不能成为其不承担违约责任的理由，徐某丽应当为其企图规避政策的行为承担相应责任。虽然双方签订的补充协议约定，如案涉房产不能办理不动产权证，双方互不追究法律责任，甲方当天退还已支付的所有房款，同时收回房产证及钥匙，但是该补充协议并未明确约定不能办理不动产权属证书予以退还定金，且该补充协议与蒋某珍出具的收到11万元购房款的收到条在同一页纸张上，综合来看退还房款应当理解为退还11万元购房款。此外，三方签订的房屋买卖居间合同第三条约定定金在办理房屋产权登记手续时转为购房款，但案涉房屋因徐某丽原因并未办理过户，2万元定金不应当认定为购房款，且第十条明确约定了定金罚则，二审依照定金罚则判决2

万元定金不予退还适用法律并无不当。浩瀚公司已经促成双方订立了合同,虽然后续居间义务并未履行,但系徐某丽原因致使合同不能履行,并非浩瀚公司不履行合同义务,二审判决1万元佣金不予退还亦无不当。综上,徐某丽的再审申请不符合《中华人民共和国民事诉讼法》第二百条第(二)项、第(六)项规定的情形。(姚池整理)

140. 中介机构已披露出卖人征信、房屋抵押等情况,并促成了双方交易,买受人因出卖人违约向中介机构主张损失赔偿、返还中介费的,不予支持。

案件名称

再审申请人(一审原告、二审上诉人)周某克与被申请人(一审被告、二审上诉人)家天下公司、(一审被告、二审上诉人)王某会及原审第三人中国邮政储蓄银行股份有限公司平顶山市卫东区支行、中国邮政储蓄银行股份有限公司平顶山市分行房屋买卖合同纠纷案〔(2021)豫民申9300号,2022.1.18〕

裁判精要

河南省高级人民法院认为,关于家天下公司应否对周某克所有经济损失与王某会共同承担连带赔偿责任并返还居间费用的问题。原审查明,2019年2月27日周某克与王某会签订的《房屋买卖合同》载明:"……2.该房屋交易前已设置抵押,抵押权人为:中国邮政储蓄银行,王某会在该房产一手不动产权证办理成功之日起20个工作日内办理完毕贷款解押手续并解决解押所需资金和费用……4.双方协定待王某会一手不动产权下证后30个工作日内进行产权转移……"2020年1月王某会办理了案涉房屋不动产权属登记证书。河南省叶县人民法院出具(2020)豫0422执异21号执行裁定书。该裁定书显示:在该院执行河南叶县农村商业银行股份有限公司与王某会借款合同纠纷一案中,该院于2020年6月8日作出(2020)豫0422执772号执行裁定,将王某会名下涉诉房屋予以查封。由此可知,周某克作为买受人,其在签订合同前已明知案涉房屋未办理房产证且存在抵押贷款的情况,周某克作为完全民事行为能力人,在购买此类房屋时应知悉和注意到该项交易可能存在风险。王某会作为案涉房屋的所有权人,其征信情况对办理房屋过户登记具有重要意义。家天下公司已将王某会的征信报告交付给周某克,而王某会的征信报告显示其有贷记卡三张、对外担保三笔,周某克收到征信报告后未及时仔细阅读王某会征信报告包含的内容，并对此次房产交易行为可能存在的潜在风险进行评估。且王某会于2020年1月办理案涉房屋不动产权属登记证书，此时周某克应申请而未及时申请办理产权转移手续，导致案涉房产于2020年6月被查封，周某克具有过错。周某克在得知案涉房屋被人民法院查封后，向家天下公司推荐的律师进行了法律咨询，家天下公司在合同订立过程中依约履行了中介服务。况且，周某克在其执行异议被驳回后，家天下公司没有向其提供法律咨询的合同义务，周某克超过起诉期间未能提起执行异议之诉，不能归责于家天下公司，原审未认定家天下公司违约正确。周某克与王某会签订的《房屋买卖合同》载明了案涉房屋的抵押状况与房产证尚未办理的情况，家天下公司亦向周某克提供了王某会的征信报告，并向委托人如实报告了订立合同的有关事项，周某克提交的证据不能证明家天下公司存在故意隐瞒与订立合同有关的重要事实或者提供虚假情况的情形。家天下公司作为居间人，指导双方订立《房屋买卖合同》，为周某克提供了法律咨询，案涉房屋未及时办理过户手续且被法院查封是王某会的违约行为造成的，家天下公司已按照《房屋买卖合同》的约定提供了中介服务，原审未支持周某克对家天下公司的诉讼请求亦无不当。

编者说明

依据《中华人民共和国民法典》第九百六十二条、第九百六十三条的规定，中介人促成合同成立的，委托人应当按照约定支付报酬。就有关订立合同的事项，中介人应当如实向委托人报告，因其故意隐瞒与订立合同有关的重要事实或者提供虚假情况，损害委托人利益的，不得请求支付报酬并应当承担赔偿责任。本案中，中介机构已经完成委托事项、促成交易，且不存在隐瞒不利因素的情况，买受人向中介机构主张返还中介费和赔偿损失，没有法律依据。（杨贺飞整理）

141. 中介机构有义务为买卖双方提供规范、详细、条款明确的买卖合同文本，因该合同文本中对于解押等重要条款约定不明产生纠纷的，中介机构应承担主要过错责任。

案件名称

再审申请人（一审被告）曜月公司与被申请人（一审被告、二审上诉人）茹某梅、（一审原告、二审被上诉人）邱某英房屋买卖合同纠纷案〔（2021）豫民申875

号，2021.4.26］

🔍 裁判精要

河南省高级人民法院认为，关于曜月公司应否承担返还代为保管定金20000元的责任。茹某梅、邱某英双方签订买卖合同未予履行下去是因为案涉房屋的解押问题发生争执，解押款如何负担不能协商一致。虽然双方在补充协议中约定"甲方负责解押，费用由乙方承担"，但双方对于解押费用应由谁先行支付并未达成共识，导致解押迟迟不能办理。因曜月公司是双方选定的居间公司，作为专业的房屋买卖中介机构，有义务为双方提供规范、详细、条款明确的买卖合同文本，而案涉合同文本由曜月公司提供，对于重要解押条款双方约定不明，原判认定曜月公司对此负主要责任适当。曜月公司主张其对于解押条款约定不明不存在过错的意见不能成立。且曜月公司在一审判决后并未提出上诉，二审判决并未加重一审判决确定的曜月公司的履行义务。曜月公司没有再审利益，其提出再审申请不应支持。

✏️ 编者说明

《中华人民共和国民法典》第九百六十二条规定："中介人应当就有关订立合同的事项向委托人如实报告。中介人故意隐瞒与订立合同有关的重要事实或者提供虚假情况，损害委托人利益的，不得请求支付报酬并应当承担赔偿责任。"（李振锋整理）

142. 中介人在促成房屋交易过程中应当尽到审慎核查义务，否则对买受人的损失承担补充责任，承担责任后可向出卖人追偿。

📡 案件名称

再审申请人（一审被告、二审上诉人）汇创公司与被申请人（一审原告、二审被上诉人）田某法及（一审被告）王某和房屋买卖合同纠纷案［（2020）豫民申686号，2020.5.28］

🔍 裁判精要

河南省高级人民法院认为，本案的房屋买卖合同为有效合同，汇创公司作为专业的房地产交易中介机构，在促成房屋交易过程中应当保证房屋交易的稳妥，特别是未取得产权证书的房屋交易。田某法基于对汇创公司居间信赖向王某和支付房款，不能证明田某法存在过错。汇创公司没有尽到审慎核查义务，原判决判令其承担补充赔偿责任并无不妥。汇创公司承担相应赔偿责任后，可向王某和追偿。

编者说明

依据《中华人民共和国民法典》第九百六十二条、第九百六十三条的规定，中介人促成合同成立的，委托人应当按照约定支付报酬。就有关订立合同的事项，中介人应当如实向委托人报告，因其故意隐瞒与订立合同有关的重要事实或者提供虚假情况，损害委托人利益的，不得请求支付报酬并应当承担赔偿责任。本案中，中介人在促成房屋交易过程中没有尽到审慎核查义务，买受人基于对中介人的居间信赖支付了房款，中介人对买受人的损失应当承担补充责任，承担责任后可向出卖人追偿。（丁一整理）

143. 中介人依据三方签订的二手房买卖中介合同收取买受人支付的定金并出具收据，系履行保管义务，不改变定金的性质，在出卖人违约时可以适用定金罚则。

案件名称

再审申请人（一审被告、二审上诉人）孙某美、孙某洋与被申请人（一审原告、二审被上诉人）姜某、（一审被告、二审被上诉人）新科公司房屋买卖合同纠纷案[（2019）豫民申3036号，2019.9.23]

裁判精要

河南省高级人民法院认为，关于新科公司收取定金行为的效力问题。案涉《郑州市存量房（二手房）买卖居间合同》第二条第三项约定："关于定金，经甲乙双方同意，在签订本合同时乙方支付购房定金人民币（大写）叁万元，¥30000元，该定金由丙方保管，作为履行本合同的担保。定金在办理房屋产权转移登记手续时转为购房款，在办理房屋交割时转为物业交割保证金。"该条款明确约定了定金数额、交付方式、性质、保管、转用途等内容，新科公司收取该30000元及出具收据的行为仅是按照合同约定履行保管义务。新科公司出具的收据虽然没有载明时间，但姜某提供的银行对账清单能够注明具体交付时间。虽然收据写有"中介费25000元"字样，但收据内容将收取的款项明确表述为"定金"且与合同约定数额一致，不存在歧义。合同约定的定金转用途并不改变定金的性质。故，孙某美主张新科公司向姜某收取定金的行为与其无关的理由不能成立。

编者说明

定金条款具有要物性，实际交付的定金少于合同约定的定金，定金罚则只适用于已经实际交付的部分；出卖方知晓中介机构代收定金的行为不仅不表示反对，还向交付定金方出具定金收条，应当视为认可中介机构的代收行为，从而产生定金的担保作用。（李亚宇整理）

144. 中介人对房屋买卖合同的签订以及履行不存在过错，因出卖人违约导致买卖合同不能履行，中介人主张中介服务费用的，应当予以支持。

案件名称

再审申请人（一审第三人、二审被上诉人）麦田公司与被申请人（一审原告、二审被上诉人）朱某涛、（一审被告、二审上诉人）解某彬房屋买卖合同纠纷案［（2018）豫民申9512号，2019.4.29］

裁判精要

河南省高级人民法院认为，2016年5月1日，经麦田公司居间介绍，朱某涛与解某彬及麦田公司签订《房屋买卖合同》，解某彬于合同签订当日支付定金、佣金及代办费共计20000元，其中佣金11000元、代办费1500元。该合同第6条约定："在合同履行过程中，如因甲乙任意一方违约或双方违约而导致本合同解除、终止的，则由违约方承担全部佣金，丙方已收取的佣金不再退还，由非违约方向违约方追偿。"特别提醒条款第3条约定"甲乙双方在签订本合同时，应当深知丙方作为居间方已经为甲乙双方付出了相应劳动，甲乙双方应当按照合同的约定向丙方支付相应居间费用"。本案因朱某涛将涉案房产高价出售给他人，拒绝履行本合同构成根本违约导致双方解除合同。二审判决在无证据证明麦田公司存在违约事实的情况下，认定麦田公司对于本案买卖合同的签订以及履行存在一定的过错，不应收取本案服务费并判决麦田公司返还11000元佣金不妥。

编者说明

指令郑州市中级人民法院再审本案。（苗卉整理）

145. 中介机构未对托售房屋权属状况等相关事宜尽到尽职调查、勤勉义务的，法院可根据其过错情况酌定中介机构对出卖人不能赔偿买受人损失的部分，承担补充赔偿责任。

案件名称

再审申请人（一审被告、二审上诉人）步步通公司与被申请人（一审原告、二审上诉人）何某霞及（一审被告、二审被上诉人）张某房屋买卖合同纠纷案〔（2020）粤民申11315号，2021.3.30〕

裁判精要

广东省高级人民法院认为，居间合同是居间人向委托人报告订立合同的机会或者提供订立合同的媒介服务，委托人支付报酬的合同。《中华人民共和国合同法》第四百二十五条第一款规定："居间人应当就有关订立合同的事项向委托人如实报告。"所谓"如实报告"，就是居间人所报告的情况应当是客观真实的，这就要求居间人尽可能了解更多的情况，必要时需要进行调查，对了解到的信息进行核实，再将掌握的实际情况向委托人报告，以便委托人作出正确的判断。房屋买卖合同对于当事人利益重大，买受人之所以委托中介公司进行交易，并支付中介费用，系出于对中介公司专业能力的信任和依赖。中介公司应当对交易房屋的产权情况予以审查、核实，确保房源信息真实，并对房屋是否存在查封、抵押等房产管理部门公示的信息予以查明。本案中，何某霞在步步通公司的居间下与张某签订房屋买卖合同，然而案涉房屋在签订该合同之前就已被法院查封，步步通公司作为专业的房地产中介交易机构，在促成合同签订之前未予审查、核实，未能向何某霞提供准确的交易信息，属于未履行如实报告义务。

居间合同当事人之间存在委托合同关系，在法律对居间合同未作特别规定的情况下，可以参照适用委托合同的有关规定。依据《中华人民共和国合同法》第四百零六条第一款关于"有偿的委托合同，因受托人的过错给委托人造成损失的，委托人可以要求赔偿损失"的规定，居间合同履行过程中，因居间人的过错给委托人造成损失的，委托人可以要求赔偿损失。本案中，因步步通公司未能提供准确的交易信息，致使何某霞因交易房屋已被查封而无法履行房屋买卖合同，其支出的定金10万元若不能退回，则成为直接损失。二审判决酌情认定步步通公司在5万元范围内，对张某不能清偿的部分承担赔偿责任，并无不当。

编者说明

《中华人民共和国民法典》第九百六十一条规定："中介合同是中介人向委托人报告订立合同的机会或者提供订立合同的媒介服务，委托人支付报酬的合同。"第九百六十二条规定："中介人应当就有关订立合同的事项向委托人如实报告。中介人故意隐瞒与订立合同有关的重要事实或者提供虚假情况，损害委托人利益的，不得请求支付报酬并应当承担赔偿责任。"

中介机构在从事相关业务时应尽到积极调查、合理审查的义务，并须向委托人如实报告。否则，一旦出现纠纷，中介机构将可能承担相关责任。（王兴整理）

146. 在房屋出卖人严重违约的情况下，买受人的损失既包括直接损失，亦包括合同履行后可以获得的利益损失，可以并用定金罚则和赔偿损失的规定。

案件名称

再审申请人（一审被告、二审上诉人）孙某美、孙某洋与被申请人（一审原告、二审被上诉人）姜某、（一审被告、二审被上诉人）郑州市新科房地产营销策划有限公司房屋买卖合同纠纷案［（2019）豫民申3036号，2019.9.23］

裁判精要

河南省高级人民法院认为，关于定金与赔偿损失能否并用的问题。本案定金系担保合同义务之履行，为违约定金。在严重违约的情形下，可以并用定金和赔偿损失。根据合同法的规定，损失赔偿数额应当相当于因违约造成的损失，包括合同履行后可以获得的利益。姜某的损失既包括直接损失，亦包括合同履行后可以获得的利益之损失。孙某美、孙某洋主张姜某将贷款费用用于购买其他房屋，不存在损失，没有事实依据。一审判令孙某美、孙某洋适用定金罚则的同时支持姜某的贷款费，符合法律规定。综上，孙某美、孙某洋再审申请的理由均不能成立。

编者说明

我国合同相关法律规定的定金具有违约定金性质，属于当事人预先约定的违约赔偿金，但如果适用定金罚则后不能弥补守约方损失的，守约方仍有权就超出部分损失主张权利。关于合同是否继续履行，实践中主流观点认为，除非合同有明确约定，否则在判决合同继续履行的同时适用定金罚责是不妥当的。（李亚宇整理）

147. 房屋买卖合同纠纷中违约金的上限标准并不适用民间借贷纠纷中年利率的上限规定。

案件名称

再审申请人（一审原告、二审被上诉人）邢某1与被申请人（一审被告、二审上诉人）鼎丰公司房屋买卖合同纠纷案〔（2021）豫民申1456号，2021.6.3〕

裁判精要

河南省高级人民法院认为，双方签订的《商品房买卖合同》系双方真实意思表示，不违反法律、行政法规的强制性规定，合法、有效，对双方均有约束力，双方均应当按照约定履行合同。双方对于一方违约时应当向对方支付的违约金，即约定"出卖人按日向买受人支付已交付房价款日万分之五的违约金"。在合同约定的交付房屋日期届满时，鼎丰公司并未按照合同约定交付案涉房屋，存在违约，应当承担相应的违约责任。邢某1未提交证据证明其损失的具体数额。原审根据《中华人民共和国合同法》第一百一十四条第二款"……约定的违约金过分高于造成的损失的，当事人可以请求人民法院或者仲裁机构予以适当减少"，以及《最高人民法院关于适用〈中华人民共和国合同法〉若干问题的解释（二）》第二十九条"当事人主张约定的违约金……根据公平原则和诚实信用原则予以衡量，并作出裁决"之规定，综合考虑其他类案及其他业主类似纠纷处理情况，根据公平原则、诚实信用原则，认定双方合同约定的违约金"出卖人按日向买受人支付已交付房价款日万分之五的违约金"过高，调整为"出卖人按日向买受人支付已交付房价款日万分之一点一违约金"更利于双方的利益衡平，适用法律并无不当。邢某1称案涉合同约定的违约金并未超过民间借贷利率上限年利率24%的意见，经查，案涉纠纷系房屋买卖合同纠纷而非民间借贷纠纷，并不适用年利率24%的上限，该意见不能成立，不予采纳。

> **编者说明**

《最高人民法院关于审理民间借贷案件适用法律若干问题的规定》(2020年第二次修正)第二十五条规定:"出借人请求借款人按照合同约定利率支付利息的,人民法院应予支持,但是双方约定的利率超过合同成立时一年期贷款市场报价利率四倍的除外。前款所称'一年期贷款市场报价利率',是指中国人民银行授权全国银行间同业拆借中心自2019年8月20日起每月发布的一年期贷款市场报价利率。"(李振锋整理)

第九节 房屋质量

148. 买受人主张由出卖人对房屋质量问题进行修复或者支付修复费用的，应当在约定的保修期内主张或者提供其已在保修期内主张过的证据。

案件名称

再审申请人（一审原告、二审上诉人）杨某婷与被申请人（一审被告、二审上诉人）康景物业北京分公司、（一审被告、二审被上诉人）中天顺通公司物业服务合同纠纷案［（2021）京民申3000号，2021.11.30］

裁判精要

北京市高级人民法院认为，杨某婷提交的证据不属于新证据，且不足以推翻原审判决，本院不予采信。杨某婷主张案涉房屋质量存在问题，康景物业北京分公司、中天顺通公司未履行维修义务，应承担赔偿责任。但关于案涉房屋漏水原因鉴定未能进行，杨某婷亦未提交充分证据证明案涉房屋漏水系由房屋质量问题导致且该部位尚在保修期内，因此对其要求中天顺通公司承担赔偿责任的主张，原审法院未予采纳，并无不当。（王兴整理）

149. 房屋交付时存在影响正常使用的质量问题，买受人有权拒绝收房并可主张由出卖人进行维修。因房屋质量问题导致迟延交付的，应当根据房屋维修时间长短，合理确定出卖人承担逾期交房的违约责任。

案件名称

再审申请人（一审原告、二审上诉人）李某与被申请人（一审被告、二审被上诉人）冠景公司房屋买卖合同纠纷案［（2021）豫民申6605号，2021.12.3］

裁判精要

河南省高级人民法院认为,本案李某提交照片、视频举证证明案涉房屋交付时存在质量问题,其拒绝接收房屋后,冠景公司有对房屋进行维修的情形。本院认为,冠景公司通知李某接收房屋时,房屋有明显质量问题影响到正常使用的,可以拒绝接收并要求开发商维修,因房屋质量问题导致迟延交付的,应当根据房屋维修时间长短,合理确定冠景公司承担逾期交房的违约责任。原判将房屋质量维修认定为冠景公司的保修义务,区别于逾期交房的认定不当,应当予以纠正。

编者说明

商品房买卖合同法律关系中,出卖人的主要义务为交付质量合格的房屋、配合办理不动产权登记,如出卖人交付的房屋存在影响正常使用的质量问题,则其主要合同义务未能完成,应根据履约情况对买受人承担相应违约责任。(杨贺飞整理)

150. 房屋存在影响买受人居住使用的质量问题,买受人要求出卖人支付截至维修完成前逾期交房违约金的,应予支持。

案件名称

再审申请人(一审被告、反诉原告、二审上诉人)华仪置业公司与被申请人(一审原告、反诉被告、二审被上诉人)袁某东房屋买卖合同纠纷案[(2020)豫民申2254号,2020.8.25]

裁判精要

河南省高级人民法院认为,关于华仪置业公司应否承担逾期交房的违约责任,判其支付的违约金是否过高的问题。华仪置业公司申请称案涉房屋符合交付条件,袁某东拒绝收房没有法律依据。本院认为,华仪置业公司与袁某东于2011年6月7日签订的《商品房买卖合同》,是双方真实意思表示,不违反法律法规强制性规定,合法有效,双方均应按照合同约定履行各自的义务。袁某东已履行支付房款义务,华仪置业公司应将符合合同目的可以居住的房屋交付给袁某东。华仪置业公司认可案涉房屋存在屋顶漏水等问题,房屋漏水直接影响到袁某东居住使用,无须鉴定。因而袁某东拒绝接收存在质量问题的房屋,合情、合理、合法。袁某东自华仪置业公司准备向其交房之时就一直在向华仪置业公司反映该漏水问题，华仪置业公司也一直在积极履行维修义务，不存在袁某东放任损失扩大的情形，华仪置业公司关于袁某东未积极采取补救措施的主张与事实不符。华仪置业公司直至2019年1月底才将房屋漏水问题维修完毕，其理应承担逾期交房的违约责任。双方签订的《商品房买卖合同》中明确约定逾期交房违约责任按购房款日万分之一的违约金承担，原审判决依约判令华仪置业公司承担违约责任并无不当，其关于违约金过高的申请理由不能成立。

编者说明

买受人主张房屋存在渗漏、门窗变形等质量问题，并以此为由拒绝办理房屋交接手续的情况下，应判断房屋存在的质量问题是否达到严重影响居住的程度，如属于一般性质量瑕疵，涉案房屋经过了竣工验收备案，符合法律规定的商品房交付的强制性标准，且出卖人向买受人发出了交付通知，买受人因涉案商品房存在不影响居住的质量瑕疵而拒收，不符合合同约定及法律规定，但出卖人应依法承担房屋质量瑕疵担保责任。（胡玉芹整理）

151. 房屋未经消防验收即投入使用的，出卖人应承担相应的行政责任，买受人以未经消防验收为由拒收房屋的，不予支持。

案件名称 I

再审申请人（一审原告、二审上诉人）郭某伟与被申请人（一审被告、二审上诉人）濮阳市尧当置业有限公司商品房销售合同纠纷案［（2020）豫民申6110号，2020.10.29］

裁判精要

河南省高级人民法院认为，《中华人民共和国消防法》第十三条虽然规定了对应进行消防验收的建设工程，建设单位应当向公安机关消防机构申请消防验收，并明确未经消防验收或者消防验收不合格，禁止投入使用，但对未经消防验收即投入使用的法律后果，规定为建设单位承担相应的行政责任，并不必然影响商品房买卖合同。故，郭某伟以未经消防验收为由拒绝接收房屋的依据不足。

案件名称 Ⅱ

申诉人（一审原告、二审被上诉人）桂某荣与被申诉人（一审被告、二审上诉人）华宇公司房屋买卖合同纠纷案 [（2015）陕民提字第00019号，2015.6.1]

裁判精要

陕西省高级人民法院认为，本案争议的焦点是消防验收是不是交付涉案商品房的条件，桂某荣主张华宇公司承担迟延交房的违约责任是否成立。

桂某荣认为，双方在合同中约定"该商品房经验收合格"的同时，还约定"依照国家和地方人民政府的有关规定"交房，消防法等法律及规章亦规定了华宇公司的消防验收义务，因此，消防验收是约定的交房条件。而华宇公司进行消防验收的时间晚于合同约定的交房时间，故应承担迟延交房的违约责任。华宇公司辩称，双方合同没有将消防验收或备案约定为交房条件，涉案房屋已经法定单位验收合格，达到约定的交付条件，桂某荣以未经消防验收为由拒收房屋没有依据，其公司不应承担任何责任。

本院认为，本案是商品房买卖纠纷，双方签订的商品房买卖合同是确定双方权利义务的依据，当事人是否及时、适当履行了义务，其判断标准应是合同相关条款的内容。关于房屋的交付，合同第八条约定，"出卖人应当在2009年10月1日前，依照国家和地方人民政府的有关规定，将具备下列第1种条件，并符合本合同约定的商品房交付买受人使用：1.该商品房经验收合格"。双方已将交房条件确定为"该商品房经验收合格"。经查，涉案商品房工程经勘察、设计、施工、监理、建设单位验收后，工程质量安全监督部门于2009年9月30日出具工程质量合格、准予备案的意见。华宇公司即在合同约定的期限通知桂某荣接收验收合格的涉案房屋，华宇公司已依约履行了合同义务。因双方当事人并未在合同中将必须经过消防验收明确为交房条件，故桂某荣以涉案商品房工程通过消防验收的时间晚于合同约定的交房时间为由，要求华宇公司承担迟延交房的违约责任，依据不足，不能成立。

编者说明

虽然《中华人民共和国消防法》第十三条第三款规定："依法应当进行消防验收的建设工程，未经消防验收或者消防验收不合格的，禁止投入使用；其他建设工程经依法抽查不合格的，应当停止使用。"但第五十八条第一款第（二）项亦规定了对依法应当进行消防验收的建设工程，未经消防验收或者消防验收不合格，擅自投入使用的，由住房和城乡建设主管部门、消防救援机构按照各自职权责令停止施工、停止使用或者停产停业，并处三万元以上三十万元以下罚款。由此可见，建设工程未经消防验收或者消防验收不合格，建设单位应承担相应的行政责任，上述规定是管理性规定而非效力性规定，其法律后果并不必然影响商品房买卖合同的效力及商品房的交付。（郭俊利整理）

第十节　以物抵债

152. 当事人为保证民间借贷合同的履行又签订包括商品房在内的买卖合同，双方约定借款人不能清偿债务时，需将标的物的所有权转让给出借人的，可以认定签订买卖合同的真实目的是给民间借贷合同提供担保，并非真实的买卖合同关系。

案件名称

再审申请人（一审被告、二审被上诉人）卓越公司与被申请人（一审原告、二审上诉人）郭某生商品房销售合同纠纷案〔（2021）豫民再6号，2021.2.20〕

裁判精要

河南省高级人民法院认为，按照《中华人民共和国民法通则》第五十五条第（二）项民事法律行为应当具备"意思表示真实"的规定，探究当事人民事法律行为的真实意思应从外在表示行为加以判断。在考察当事人之间签订买卖合同的真实意思是为借贷合同设定担保，还是为了通过支付对价获得商品房买卖合同约定的房屋所有权时，也应从双方从事民事法律行为的表现形式进行分析判断。

本案中，郭某生主张其与卓越公司之间存在商品房买卖合同关系，并提交了商品房买卖合同、转款凭证、收据、退房款计划书等书面证据。卓越公司则主张双方为民间借贷关系，签订商品房买卖合同实际是为郭某生对卓越公司的民间借贷债权提供担保，卓越公司提交郭某生之妻王某出具的5万元利息收到条予以证明。对此，本院认为，当事人之间在签订民间借贷合同之前或者之后，为保证民间借贷合同的履行又签订了包括商品房在内的买卖合同，双方约定当作为债务人的借款人不能清偿债务时，需将担保标的物即商品房或者其他标的物的所有权转让给作为债权人的出借人的，可以认定签订买卖合同的真实目的是给民间借贷合同提供担保，而非真实的买卖合同关系。

然而，从本案中双方提交的证据来看，第一，郭某生与卓越公司之间没有借款合同等书面证据能够直接证明双方存在民间借贷法律关系。相反，双方签订有商品房买卖合同。根据原审查明事实，卓越公司向郭某生所退款项不能显示出民间借贷关系中定期支付相应利息的一般规律性特征，仅有王某于2014年7月9日出具的一张5万元利息收到条。再审中，郭某生与卓越公司对收到条显示的5万元款项性质存在分歧。郭某生认为该5万元是卓越公司向其支付的违约金，而卓越公司则认为是该公司向郭某生支付的利息，但双方均不能对违约金的计算依据或者利息的计算依据作出具体说明。鉴于此，该5万元是违约金、借款利息或是退房款占用期间的利息，尚无法确认。故，卓越公司仅依据王某于2014年7月9日出具的5万元收到条，不足以证明其主张。第二，从卓越公司原审提交的同时期该公司与李某亭签订的商品房买卖合同及收据来看，该商品房销售价格低于郭某生签订的商品房买卖合同约定的价款，据此可知，郭某生所购房屋价格为合理价格，不符合以较高价值的财产担保民间借贷债权的特征，不存在损害卓越公司利益的情形。第三，郭某生在卓越公司处一次性购买20套房屋，共计价款500万元，郭某生称其购买房屋目的是投资，原审也已查明郭某生及其家人在郑州等地购买有多套房产，因此以郭某生一次性购买20套房屋也不足以否定其购房的真实性。2014年4月30日卓越公司向郭某生出具退房款计划书显示的内容进一步佐证了双方存在真实交易目的的商品房买卖合同关系。

编者说明

《最高人民法院关于审理民间借贷案件适用法律若干问题的规定》（2020年第二次修正）第二十三条第一款对"名为买卖，实为借贷"作出了具体规定，即"当事人以订立买卖合同作为民间借贷合同的担保，借款到期后借款人不能还款，出借人请求履行买卖合同的，人民法院应当按照民间借贷法律关系审理"。在"名为买卖，实为借贷"的法律关系中，当事人真实的意思表示系借贷，而房屋买卖是为了防止债务人无法归还借款而对债权人提供的担保。因此，如果房屋买卖不是为借贷提供担保而发生，而是当事人真实的意思表示，无论当事人是否购买多套房屋，均不符合"名为买卖，实为借贷"的情形，应以当事人之间真实的意思表示认定法律关系。（曹亚伟整理）

153. 商品房买卖合同属于抵押担保还是以房抵债，应审查是办理不动产抵押登记还是办理所有权转移登记以及纳税情况和房产价值是否合理；符合以房抵债，出卖人请求确认合同无效的，不予支持。

案件名称

再审申请人（一审被告、二审上诉人）弘逸公司与被申请人（一审原告、二审被上诉人）王某云及原审被告弘逸老边分公司民间借贷纠纷案〔（2016）最高法民申112号，2016.3.31〕

裁判精要

最高人民法院认为，关于弘逸老边分公司是否已经通过以房抵债的方式清偿了所欠王某云借款的问题。本院认为，以房抵债是指债务人难以清偿到期的金钱债务，而在原债权债务届满前或届满后与债权人达成的以其所有的房屋折抵所欠债务的行为。因此，以房抵债是对原债务履行方式的根本变更，需要双方当事人有明确的变更履行方式的意思表示，即存在用特定物清偿债务的合意。本案中，双方在《还款协议》中明确约定，弘逸老边分公司以10套房产作为抵押，担保所欠王某云借款，虽后来弘逸老边分公司与王某云未办理上述房屋的抵押登记手续，但双方在本院询问时均认可该房屋无法办理抵押登记手续。而弘逸老边分公司与王某云之子王某签订的10份《商品房买卖合同》标的与《还款协议》中约定的用于抵押担保的10套房产完全一致。对此，双方存在不同主张，王某云主张双方通过签订《商品房买卖合同》并进行备案的方式作为上述借款的担保，弘逸公司主张双方将借款抵押关系变更为商品房买卖关系，以房屋抵顶上述借款。《最高人民法院关于适用〈中华人民共和国民事诉讼法〉的解释》第九十一条第（二）项规定："主张法律关系变更、消灭或者权利受到妨害的当事人，应当对该法律关系变更、消灭或者权利受到妨害的基本事实承担举证证明责任。"因此，弘逸公司在本案中负有举证证明双方已经将《还款协议》约定的以房屋担保的意思表示变更为以该房抵债的意思表示的事实。经审查，首先，双方之间并无书面的以房抵债协议，而《商品房买卖合同》是由弘逸老边分公司与王某云之子王某签署的，并不能反映出双方同意以买卖合同约定的房屋抵顶弘逸老边分公司所欠王某云借款的意思表示；其次，上述买卖合同签订后，弘逸老边分公司并未向王某或王某云履行房屋交付的相关手续，王某云及王某也没有在《商品房买卖合同》约定的履行期限届满后要求弘逸老边分公司向其交付房屋；

最后，在上述10份《商品房买卖合同》签订后，弘逸老边分公司又分两次给付王某现金共计10万元，并将备案登记中一套商品房出售后的款项给付王某。据此，弘逸公司主张双方已经将借款关系变更为商品房买卖关系，通过以房抵债的方式清偿了案涉借款，证据不足。原判决认定案涉《商品房买卖合同》并非真实的房屋买卖关系，而是案涉借款的一种担保方式，有事实依据，并无不当。弘逸公司主张原判决认定的基本事实缺乏证据证明的再审事由不成立。

编者说明

从最高人民法院于2019年11月8日公布的《全国法院民商事审判工作会议纪要》的规定来看，在债务履行期限届满后签订"以房抵债"协议不存在认定为流押条款的可能，一般认定其产生有效的法律后果。此时如何处理需要依据是否完成了登记而定，若当事人签订"以房抵债"协议时完成了该房屋的登记，则债权人取得该房屋的所有权；若当事人签订"以房抵债"协议时未完成该房屋的登记，则债权人不能直接请求确认其对该房屋享有所有权，只能请求债务人履行该份"以房抵债"协议。（雷军整理）

154. 以房抵债协议，不属于一般意义上的商品房买卖合同，不适用《最高人民法院关于审理商品房买卖合同纠纷案件适用法律若干问题的解释》的规定。

案件名称

再审申请人（一审被告、二审上诉人）弦发公司与被申请人（一审原告、二审被上诉人）蒋某华及一审第三人蒋某虎房屋买卖合同纠纷案［（2020）豫民申2370号，2020.7.29］

裁判精要

河南省高级人民法院认为，关于本案是否适用惩罚性赔偿的问题。《最高人民法院关于审理商品房买卖合同纠纷案件适用法律若干问题的解释》第八条规定："具有下列情形之一，导致商品房买卖合同目的不能实现的，无法取得房屋的买受人可以请求解除合同、返还已付购房款及利息、赔偿损失，并可以请求出卖人承担不超过已付购房款一倍的赔偿责任……（二）商品房买卖合同订立后，出卖人又将该房屋出卖给第三人。"该条款是针对出卖人在商品房买卖过程中恶意违约和欺诈致使买受人无法取得房屋时适用的惩罚性赔偿条款。本案中,《商品房买卖合同》是蒋某华基于对蒋某虎的信任而签订的,其性质为以房抵债,非一般意义上的商品房买卖合同,认定弦发公司作为经营者恶意违约、欺诈的证据不足,不应适用该条司法解释的规定。故原审判决对弦发公司适用惩罚性赔偿适用法律错误。

编者说明

指令河南省信阳市中级人民法院再审本案。(胡玉芹整理)

155. 以房屋抵偿相互所拖欠工程款的多方合同,性质上应认定为以物抵债合同。

案件名称

再审申请人(一审被告、二审上诉人)远见置业公司与被申请人(一审原告、二审被上诉人)姜某及一审第三人宋某水房屋买卖合同纠纷案[(2020)豫民申1598号,2020.6.24]

裁判精要

河南省高级人民法院认为,远见置业公司系宜阳县远见水岸项目工程的开发者,宋某水系该项目土建工程的承包人,姜某系第三人宋某水就该工程的次承包人。2016年5月23日,以远见置业公司为甲方、宋某水为乙方、姜某为丙方签订的《协议书》的主要内容为,经乙丙结算后,乙方还需支付丙方工程款991419元,姜某同意以926090元的价格购买远见水岸一期36#楼1单元3××号房屋一套,其余的65329元工程欠款作为质保金。从上述协议约定的内容来看,三方是以房屋抵偿相互所拖欠的工程款,该协议性质上为以物抵债协议,该协议是三方当事人的真实意思表示,且内容不违反法律法规的相关规定,该协议从三方签字后即成立且生效。远见置业公司关于本案案由应为债权转让合同纠纷,三方签订的协议成立但未生效的申请理由不能成立。

关于三方所签订协议的性质是否属于商品房买卖合同的问题。从协议的签订主体来看,该协议书签订主体系三方当事人,而《商品房买卖合同》是出卖人和买受人两方签订的;从协议的内容来看,三方虽然约定了房屋的位置、面积、价格等主要内容，但对交房期限、交付方式，办理产权登记的相关事宜、装饰设备标准承诺、配套基础设施和公共设施的交付承诺和有关权益责任及违约责任等主要内容均没有约定。远见置业公司于2014年5月21日取得商品房预售许可，案涉《协议书》签订时，已经具备签订商品房预售合同的条件，但双方并没有签订《商品房预售合同》，且宋某水与远见置业公司、姜某三方均没有办理工程款结算的相关手续，远见置业公司没有向姜某出具收受房款的收据，也没有向姜某交付房屋，故三方当事人之间真实的意思表示是以房屋清偿债务，而非买卖房屋。该协议不能认定为商品房买卖合同。

关于《最高人民法院关于审理商品房买卖合同纠纷案件适用法律若干问题的解释》第八条规定的惩罚性赔偿条款能否适用本案的问题。如前所述，姜某与远见置业公司并没有签订正式的商品房买卖合同，三方协议只是对债务清偿方式的一种约定，故姜某和远见置业公司之间形成的法律关系不是商品房出卖人和买受人的关系，而是以物抵债的法律关系。远见置业公司未经姜某的同意即将涉案房屋另行出卖给他人，已构成违约，但对违约责任的承担应适用《中华人民共和国合同法》第一百一十三条第一款之规定，即远见置业公司承担因其违约而给姜某造成的损失，包括该协议履行后可以获得的利益，但不得超过远见置业公司订立合同时预见到或者应当预见到的因违反合同可能造成的损失。原审判决远见置业公司承担惩罚性赔偿责任属于适用法律错误。远见置业公司的申请符合《中华人民共和国民事诉讼法》第二百条第（二）项、第（六）项的规定。

编者说明

在房地产建设施工领域，以房屋冲抵欠付工程款（俗称"工抵房"）非常普遍，其中往往涉及至少三方当事人，存在建设施工法律关系、商品房买卖法律关系等多个法律关系，准确认定涉及的法律关系性质是正确处理好该类纠纷的前提。本案中，协议的核心内容是如何解决各方债务的约定，以房屋来清偿债务而不是买卖房屋，协议目的在于以房屋冲抵欠款后消灭债务，同时协议约定的内容也不符合商品房买卖合同的要件，该协议不能理解为买房人与卖房人之间的买卖合同，而是以物（房屋）冲抵债务的合同。因此，处理该案时不能以商品房买卖法律关系定性，不能适用商品房买卖的相关法律规定。（曹代鑫整理）

156. 以房抵债协议属于诺成合同，自双方达成合意时成立。但未办理物权转移变更登记，不发生物权变动效力，不能当然取得物之所有权。

案件名称 I

再审申请人（一审原告、二审上诉人）戴某都与被申请人（一审被告、二审被上诉人）解某及一审被告宽泰公司执行异议之诉纠纷案［（2018）最高法民申1382号，2018.4.27］

裁判精要

最高人民法院认为，根据原审查明的事实，戴某都与宽泰公司签订案涉《以房抵债协议书》后没有对案涉房产办理过户登记手续，故双方关于案涉房产的转让并未产生物权变动效力。2015年6月27日，一审法院依解某的申请作出（2015）丹执字第00025-1号民事裁定，查封了包括案涉房产在内的部分宽泰公司在建楼房。戴某都主张其在人民法院查封之前已合法占有案涉房产，但案涉房产在当时尚处于在建状态，并未取得商品房销售许可证，亦未竣工验收，戴某都在原审期间并未举示充足的证据证明其已实际占有了案涉房产。据此，原审认定戴某都不符合前述法律规定的能够排除人民法院执行行为的情形，认定事实及适用法律并无不当。

案件名称 II

上诉人（原审原告）杜某平与被上诉人（原审被告）中房公司、隆昌公司、（原审第三人）王某红第三人撤销之诉案［（2020）豫民终908号，2020.12.7］

裁判精要

河南省高级人民法院认为，杜某平能否基于以房抵债协议取得案涉房屋所有权。根据合同法规定，以物抵债协议属于诺成合同，自双方达成合意时成立。但是，以物抵债协议成立不能当然认定为取得物之所有权，也可以说，以物抵债的成立不必然导致物权的实质变动。《中华人民共和国物权法》第九条第一款规定"不动产物权的设立、变更、转让和消灭，经依法登记，发生效力；未经登记，不发生效力，但法律另有规定的除外"。根据该规定，不动产的物权变动，应以变更登记为标准，并以此来认定以房抵债是否完成履行。本案中，虽然中房公司、隆昌公司与杜某平达成以房抵债协议，但由于案涉房屋并未办理物权转移变更登记，不发生物权变动效力。因此，虽然案涉以房抵债协议成立，但在未办理不动产物权转移变更登记的情况下，杜某平并不能基于该以房抵债协议而取得案涉房屋所有权。

编者说明

以房抵债协议属于诺成合同，自双方达成合意时成立。但房屋属于不动产，未经登记并不发生物权效力。在未办理物权转移变更登记时，依据以房抵债协议不能当然取得物之所有权。同时，因未取得房屋所有权不能实现抵充债务的目的，债权人还可以主张未抵充的债权。（吴利波整理）

157. 在抵债物的物权未发生变动的情况下，债权人依据以物抵债协议享有的仍为债权请求权，对抵债房屋的占有不产生物权效力，不能对抗所有权人的处分行为。

案件名称Ⅰ

上诉人（原审原告）杜某平与被上诉人（原审被告）中房公司、隆昌公司、（原审第三人）王某红第三人撤销之诉案［（2020）豫民终908号，2020.12.7］

裁判精要

河南省高级人民法院认为，杜某平能否基于以房抵债关系对抗中房公司与隆昌公司对案涉房屋所有权进行分割。以物抵债作为债务清偿的方式之一，从法律性质上讲，属于债务人因清偿旧债务而与债权人成立承担新债务的合同。故在抵债物仍属于原债务人所有，物权未发生变动的情况下，债权人依据以物抵债协议享有的仍为债权请求权。如上所述，本案中，案涉房屋未办理物权转移变更登记的情况下，杜某平对案涉房屋并不享有所有权，其基于以房抵债享有的权利仍为债权请求权，其对案涉房屋的占有也不产生物权效力。在此情况下，权利人对案涉房屋的所有权具有对世性和排他性，故在中房公司与隆昌公司对合作开发建设的案涉房屋进行共有权分割的诉讼中，杜某平根据以房抵债协议产生的债权请求权不能对抗中房公司与隆昌公司对案涉房屋共有权进行分割。因此，杜某平主张撤销人民法院对案涉房屋进行分割确权判决的诉请不能成立。虽然杜某平无法基于以房抵债而取得案涉房屋所有权，但其原工程价款债权并不因以物抵债协议而消灭，仍可向债务人主张。

案件名称 Ⅱ

上诉人（原审被告）绿源公司、郭某与被上诉人（原审原告）谢某商品房预约合同纠纷案〔（2020）琼民终216号，2020.6.19〕

裁判精要

海南省高级人民法院认为，郭某与绿源公司签订的以房抵债合同、谢某与绿源公司签订的房屋买卖合同，均为合法有效的合同。以房抵债合同属于债务履行的变通方式，并不必然引起房屋权属变动，因此涉案房屋在尚未完成权属登记时，债权人只有债权请求权，而没有物权请求权，不具有物权优先性。

编者说明

以物抵债可以参阅《全国法院民商事审判工作会议纪要》的规定。

44.【履行期届满后达成的以物抵债协议】当事人在债务履行期限届满后达成以物抵债协议，抵债物尚未交付债权人，债权人请求债务人交付的，人民法院要着重审查以物抵债协议是否存在恶意损害第三人合法权益等情形，避免虚假诉讼的发生。经审查，不存在以上情况，且无其他无效事由的，人民法院依法予以支持。

当事人在一审程序中因达成以物抵债协议申请撤回起诉的，人民法院可予准许。当事人在二审程序中申请撤回上诉的，人民法院应当告知其申请撤回起诉。当事人申请撤回起诉，经审查不损害国家利益、社会公共利益、他人合法权益的，人民法院可予准许。当事人不申请撤回起诉，请求人民法院出具调解书对以物抵债协议予以确认的，因债务人完全可以立即履行该协议，没有必要由人民法院出具调解书，故人民法院不应准许，同时应当继续对原债权债务关系进行审理。

45.【履行期届满前达成的以物抵债协议】当事人在债务履行期届满前达成以物抵债协议，抵债物尚未交付债权人，债权人请求债务人交付的，因此种情况不同于本纪要第71条规定的让与担保，人民法院应当向其释明，其应当根据原债权债务关系提起诉讼。经释明后当事人仍拒绝变更诉讼请求的，应当驳回其诉讼请求，但不影响其根据原债权债务关系另行提起诉讼。（吴利波整理）

158. 经济适用房以物抵债给不具有购房资格的主体，以物抵债协议无效。

案件名称

再审申请人（一审被告、二审上诉人）信阳天源房地产开发有限责任公司、再审申请人（一审被告、二审上诉人）袁某宇、再审申请人（一审被告、二审上诉人）袁某琳与被申请人（一审原告、二审被上诉人）谷某乐确认合同无效纠纷案〔（2021）豫民申1110号，2021.3.30〕

裁判精要

河南省高级人民法院认为，关于案涉房屋买卖合同效力的问题。经济适用房是政府提供政策优惠，限定套型面积和销售价格，按照合理标准建设，面向城市低收入困难家庭供应，具有保障性质的政策性住房。案涉房屋属于经济适用房，关涉社会公共利益。谷某乐不具备购房资格，生效判决认定双方以房抵债签订的《房屋买卖合同》因损害社会公共利益而无效，符合法律规定。

编者说明

根据《郑州市经济适用住房管理办法》第十九条规定，同时具备下列条件的低收入住房困难家庭，可以申请购买一套经济适用住房：（一）具有本市市区建成区城市户口3年以上；（二）家庭人均月收入低于城镇居民最低生活保障标准的4倍；（三）无住房或者家庭人均住房建筑面积不足20平方米；（四）市人民政府规定的其他条件。单身人员，除应当符合前款规定条件外，申请购买经济适用住房时，年龄应满28周岁。（李振锋整理）

159. 以房抵债协议不属于商品房预售合同，出卖人是否取得预售许可证不影响其合同效力。

案件名称

再审申请人（一审被告、二审上诉人）塞拉维公司与被申请人（一审原告、二审被上诉人）曹某房屋买卖合同纠纷案〔（2020）豫民申5992号，2020.11.28〕

裁判精要

河南省高级人民法院认为，本案双方签订的《塞拉维·花海小镇联排别墅院房源定单》中约定购房人曹某以塞拉维公司截至2017年12月31日应付曹某工资抵交房款（年薪伍拾万元整），不足部分冲减塞拉维公司与曹某的欠款。塞拉维公司自愿与曹某签订该房源定单，后又向曹某出具了全部房款收据，前述行为证明其认可将曹某对塞拉维公司享有的工资债权作为曹某购买房屋的购房款。从双方约定的内容看，该房源定单并非商品房预售合同，而是以房抵债协议，依法不应适用《最高人民法院关于审理商品房买卖合同纠纷案件适用法律若干问题的解释》第二条的规定，塞拉维公司主张合同无效的理由不能成立。因案涉房屋已被拆除，该以物抵债协议无法履行，曹某主张解除合同、返还购房款理由正当，原审予以支持并无不当。塞拉维公司称曹某任职期间存在严重失职行为，其主张的50万元年薪不能成立等问题，属双方之间劳动合同关系问题，不属于本案的审理范围，原审向塞拉维公司释明可通过法律途径另行主张其权利正确。综上，塞拉维公司的再审申请理由均不能成立。（郭红春整理）

160. 债权人与债务人在对前期借款本息进行对账结算的基础上签订以房抵债协议的，可认定双方在消灭原债权债务关系的基础上建立了新的房屋买卖合同法律关系。

案件名称

上诉人（原审被告）浉阳公司与被上诉人（原审原告）徐某奇、柳某伟房屋买卖合同纠纷案［（2019）豫民终1137号，2019.12.9］

裁判精要

河南省高级人民法院认为，关于《房屋抵债买卖合同》的性质及浉阳公司与柳某伟之间的法律关系问题。1.在2013年4月23日之前，柳某伟与浉阳公司之间存在民间借贷的法律关系，对此双方当事人均不持异议。2013年4月23日，柳某伟与浉阳公司在对之前的借款进行对账清算后，签订了《房屋抵债买卖合同》。在《房屋抵债买卖合同》中，浉阳公司确认欠柳某伟本息共计1600万元，并同意用其所有的1000m^2的商业用房来抵销该1600万元债务，同时对该1000m^2商业用房的位置、单价及办证时间做出了明确约定。合同签订以后，柳某伟将其持有的债权凭证全部交付给了洧阳公司，洧阳公司为柳某伟出具了收款收据。根据以上事实，一审判决认定柳某伟与洧阳公司之间在消灭原债权债务关系的基础上建立了新的房屋买卖的法律关系具有事实和法律依据。双方虽然在《房屋抵债买卖合同》第九条中约定了洧阳公司对该1000m²商业用房可以回购的事宜，但该约定是以柳某伟与洧阳公司之间成立房屋买卖合同关系为前提的，并没有改变双方之间房屋买卖的合同关系。洧阳公司依据该回购条款主张双方之间实际成立的是一种担保关系不能成立。2.关于洧阳公司在《房屋抵债买卖合同》签订以后向柳某伟支付款项的问题，（1）洧阳公司在一审时提供了2013年4月25日的领款单一份，证明其于2013年4月25日向柳某伟付款75万元。对于该75万元，柳某伟在一审质证时辩称已包含在《房屋抵债买卖合同》所确定的1600万元中，洧阳公司当日并未向其实际支付该75万元款项。洧阳公司对于柳某伟的该项辩解理由当庭明确表示"属实，75万元含在合同约定的1600万元中"。二审时，洧阳公司对该75万元表示"以一审笔录为准"。因此，洧阳公司在2013年4月25日未实际向柳某伟支付该75万元。（2）洧阳公司在一审时提供了2013年10月31日的银行支付业务回单一份，证明其于2013年10月31日向柳某伟付款100万元。柳某伟对收到该100万元予以认可，但辩称该100万元系洧阳公司未按合同约定办证支付的违约金。结合双方在《房屋抵债买卖合同》第八条中确实约定了洧阳公司在六个月内办理产权证件，逾期按日万分之八计付迟延履行金的相关内容，而洧阳公司支付该100万元款项的时间也刚好是在双方签订《房屋抵债买卖合同》的六个月后，因此，一审判决对柳某伟的该项辩解理由依法予以采信并无不当。综上，洧阳公司以柳某伟在签订《房屋抵债买卖合同》后又从洧阳公司领取款项为由否认双方之间以物抵债的房屋买卖关系不能成立。3.洧阳公司称双方在《房屋抵债买卖合同》中约定的房屋价格远低于市场价格，对此，洧阳公司没有提供相应的证据予以证明，且《房屋抵债买卖合同》是双方在协商一致的基础上自愿签订的，洧阳公司认为显失公平，也未在法律规定的期限内行使撤销权。因此，洧阳公司以《房屋抵债买卖合同》约定的价格显失公平为由否定双方之间的房屋买卖合同关系也不能成立。4.洧阳公司上诉称其曾多次以公告的形式宣布所有以与洧阳公司签订房屋买卖合同的形式设立的担保均没有效力，首先，洧阳公司没有提供证据证明其曾发布公告；其次，洧阳公司与柳某伟之间并不存在以签订房屋买卖合同的形式设立担保的事实；最后，洧阳公司单方发布的公告对相对人并不必然产生法律效力。因此，洧阳公司依据其单方发布的公告来否定双方签订的《房屋抵债买卖合同》的效力不能成立。5.《最高人民法院关于审理民间借贷案件适用法律若干问题的规定》第二十四条第一款规定："当事人以签订买卖合同作为民间借贷合同的担保，借款到期后借款人不能还款，出借人请求履行买卖合同的，人民法院应当按照民间借贷法律关系审理，并向当事人释明变更诉讼请求。当事人拒绝变更的，人民法院裁定驳回起诉。"本案中，柳某伟与浥阳公司是在对前期借款本息进行对账结算的基础上签订的《房屋抵债买卖合同》，双方的民间借贷法律关系在签订《房屋抵债买卖合同》时已经终结，本案并不存在签订买卖合同作为民间借贷合同担保的情形。且柳某伟也没有依据《房屋抵债买卖合同》要求浥阳公司交付房屋，因此，本案不符合《最高人民法院关于审理民间借贷案件适用法律若干问题的规定》第二十四条所规定的适用条件，浥阳公司依据该条法律规定主张本案应按照借款纠纷予以处理的上诉理由不能成立。综上，一审判决依据《房屋抵债买卖合同》认定浥阳公司与柳某伟之间成立房屋买卖合同关系具有事实和法律依据，浥阳公司关于一审判决对双方之间的法律关系认定错误的上诉理由不能成立。

编者说明

本案关键在于柳某伟与浥阳公司是在对之前的借款进行对账清算完毕的基础上，签订了《房屋抵债买卖合同》。合同中对欠款金额本息、商业用房的位置、面积、单价及办证时间等做出了明确约定。合同签订以后，柳某伟将其持有的债权凭证全部交付给了浥阳公司，浥阳公司为柳某伟出具了收款收据，以此认定原债权债务关系的消灭及新的房屋买卖法律关系的成立。（苗卉整理）

161. 以房抵债法律关系中，债权人指示债务人向第三人出具收款收据并交付房屋，债务人与第三人之间构成向第三人履行的法律关系，而非房屋买卖合同关系。

案件名称

再审申请人（一审被告、二审上诉人）隆安公司与被申请人（一审原告、二审被上诉人）刘甲、刘乙房屋买卖合同纠纷案〔（2019）豫民申3828号，2019.10.30〕

裁判精要

河南省高级人民法院认为，隆安公司因拖欠力宏公司工程款，经双方协商，隆安公司用其开发的"伊顿小镇"2号楼四处商铺作价抵偿工程款5393640元。经力宏公司同意，隆安公司向刘甲、刘乙出具了金额为5393640元的收据，收款方式为抵工程款，收款事由为商2号楼的四处商铺。当日，力宏公司亦给隆安公司出具了收到人民币5393640元的收据。后隆安公司又将其开发的"伊顿小镇"2号楼1~2层（包含前述商铺）抵押给河南永城农村商业银行股份有限公司，导致隆安公司无法向刘甲、刘乙履行义务。2017年力宏公司向法院提起诉讼，请求隆安公司支付工程款5393640元，1425号裁定以力宏公司已将该5393640元债权转让给刘甲、刘乙，对该5393640元工程款已经不再享有权利为由驳回力宏公司的起诉。关于双方的法律关系问题，经查，隆安公司与力宏公司之间系以房抵债的法律关系，力宏公司指示隆安公司向刘甲、刘乙出具收款收据，交付房屋，隆安公司当时并不持异议，故隆安公司与刘甲、刘乙之间的确系向"第三人履行"的法律关系，原审认定双方系房屋买卖合同关系属适用法律错误，因隆安公司之后又将案涉房屋抵押给河南永城农村商业银行股份有限公司，导致其无法再向刘甲、刘乙履行义务，其依法应向力宏公司承担违约责任。但原审中，力宏公司已明确表示由刘甲、刘乙行使该权利，且已有另案生效判决阻却力宏公司再向隆安公司主张权利。力宏公司的法定代表人与刘甲、刘乙系爷孙关系，隆安公司向刘甲、刘乙承担违约责任后，力宏公司亦不会再向隆安公司重复主张权利，故本案无追加力宏公司为当事人的必要，隆安公司的部分申请理由成立，但原审处理结果正确，为节约司法资源，本案无进入再审之必要。（李亚宇整理）

162. 以房抵债协议签订后，抵债房屋未交付亦未办理不动产权属证书的，为了交易秩序的稳定，受让人有权要求交付房屋并办理不动产权属证书。

案件名称

再审申请人（一审被告、二审上诉人）智杰公司与被申请人（一审原告、二审被上诉人）邵某梅、（一审第三人、二审被上诉人）技改公司房屋买卖合同纠纷案［（2019）豫民申6244号，2019.10.20］

裁判精要

河南省高级人民法院认为，智杰公司与技改公司保证金纠纷一案的判决生效后，双方就该判决项下的款项于2017年5月2日签订《还款协议书》，约定2016年7月10日补充协议以房抵债部分内容继续履行。技改公司与智杰公司依据双方签订的协议，将本案争议揽翠城3-1-11××房屋抵账给邵某梅，智杰公司为邵某梅开具收据，该房屋的房款也办理了抵账手续。智杰公司以向邵某梅出卖房屋的方式抵销了欠付技改公司的债务，此时对于三方来讲，各自之间的权利义务均已履行完毕。至于没有抵账的20套房屋又产生纠纷，不能将已经办妥抵账手续的39套房屋也归入没有办理抵账房屋的范围内，否则不利于办妥抵账手续房屋所有权人交易稳定和对房屋的使用。至于智杰公司因技改公司在履行协议过程中又申请执行导致其重复支付款项产生新的纠纷，双方可另行解决。综上，生效判决根据以房抵债是三方当事人之间的真实意思表示，并判令智杰公司按照约定协助邵某梅办理房产登记并无不当。

编者说明

"以房抵工程款"协议，主要是指发包人与承包人通过签订协议的方式将其所有的或者将有的房屋以一定的价格抵偿给承包人，以代替原建设工程施工合同项下约定的或结算协议项下的工程款给付义务的一种付款方式，其在本质上属于以物抵债协议。以物抵债协议不是严格的法律概念，也不是《中华人民共和国民法典》规定的典型合同。在《最高人民法院公报》2017年第9期的"通州建总集团有限公司与内蒙古兴华房地产有限责任公司建设工程施工合同纠纷案［案号：最高人民法院（2016）最高法民终484号］"中，最高人民法院的裁判观点认为以物抵债协议并不以债权人现实地受领抵债物，或取得抵债物所有权、使用权等财产权利为成立或生效要件。只要双方当事人的意思表示真实，合同内容不违反法律、行政法规的强制性规定，合同即为有效。这实质上是明确了以物抵债协议属于诺成性合同。2019年11月8日，最高人民法院发布《全国法院民商事审判工作会议纪要》也再次明确了以物抵债协议的诺成性。（李亚宇整理）

163. 开发商与施工单位签订以房抵工程款合同后，施工单位又通过开发商直接将工抵房抵给第三方，第三方知情的，开发商出售房屋的行为构成显名代理，房屋买卖合同直接约束施工单位与第三方。

案件名称

再审申请人（一审原告、二审上诉人）盛烨公司与被申请人（一审被告、二审被上诉人）董某强及一审第三人御林公司房屋买卖合同纠纷案［（2019）豫民申1876号，2019.9.21］

裁判精要

河南省高级人民法院认为，2015年，御林公司与盛烨公司签订《沁阳市御×××苑1#、3#、6#、9#楼塑钢窗制作安装合同》，由盛烨公司负责完成制作和安装塑钢窗工程，工程结算后，御林公司与盛烨公司签订《补充协议》，约定以御×××苑的四套房屋（其中包括涉案房屋D区3栋2单元5层5××户）冲抵所欠盛烨公司的工程款，故盛烨公司享有该四套房屋的合同债权，其有权销售上述四套房屋并享有向购房人请求支付购房款的权利。盛烨公司将涉案房屋再次抵债给董某强，盛烨公司、董某强对该事实均不持异议，御林公司根据盛烨公司的指示与董某强签订《房屋买卖合同》，但该《房屋买卖合同》的双方当事人是盛烨公司、董某强，御林公司与董某强签订合同的行为系显名代理行为。董某强负有向盛烨公司支付剩余购房款的义务。董某强提交辛某安向御林公司出具的收到工程欠款的收据系复印件，且收据所载内容与董某强无关联，不能证明董某强已将房屋剩余价款支付给盛烨公司的事实。董某强未依约支付购房款，经催告后拒绝支付，致使盛烨公司签订房屋买卖合同目的不能实现。盛烨公司向人民法院提起诉讼，请求解除董某强与御林公司之间的房屋买卖合同，盛烨公司与本案有直接的利害关系，被告明确，符合《中华人民共和国民事诉讼法》第一百一十九条规定的起诉条件。原审以盛烨公司不是诉争合同当事人为由驳回盛烨公司的起诉属认定事实及适用法律错误。

编者说明

已届债务清偿期的以物抵债实质上为代物清偿，指的是债权人与债务人之间达成合意，约定以他种给付代替原有给付的受领，消灭原有的债权债务关系。总的来说，成立以物抵债需要满足四个条件：（1）有既存的债权债务关系；（2）当事人之间达成以物抵债的合意；（3）以他种给付代替原有给付；（4）债权人实际受领他种给付。（李亚宇整理）

164. 开发商与分包单位达成以房抵债协议，分包单位又与第三人达成以房抵债协议，开发商据此与第三人另行签署以房抵债协议，二者之间形成新的法律关系，开发商与分包单位之间、分包单位与第三人之间的原债权债务关系消灭。

案件名称

再审申请人（一审被告、二审被上诉人）云顶公司与被申请人（一审原告、二

审上诉人）张某立、原审第三人舒马克公司房屋买卖合同纠纷案［（2019）豫民申2992号，2019.8.25］

裁判精要

河南省人民法院认为，因云顶公司欠付舒马克公司电梯款，双方签订《抵账、购房合同》《抵账协议》，云顶公司将案涉房屋抵给舒马克公司以折抵所欠电梯合同款。后舒马克公司又将案涉房屋抵给张某立冲抵欠款，并向云顶公司出具《房屋转让说明》，云顶公司据此与张某立签订了《认购协议》。后云顶公司以其与舒马克公司解除电梯采购安装合同及其他合同为由，通知张某立解除前述《认购协议》，引发张某立提起本案诉讼，请求人民法院撤销解除合同通知并要求人民法院确认《认购协议》的效力。根据上述原审查明事实，《认购协议》名为认购协议，实为以房抵债协议，该协议签订后，云顶公司与张某立之间形成新的法律关系，云顶公司与舒马克公司、舒马克公司与张某立之间的原债权债务关系消灭。云顶公司辩解《认购协议》属于附条件的房屋买卖行为或是第三人附条件代为履行义务行为或是债权转让行为，均无合同和法律依据。云顶公司向张某立发出通知解除《认购协议》，但根据原审查明事实，双方所签《认购协议》履行过程中，并未发生符合《中华人民共和国合同法》第九十四条规定的法定解除条件的情形，双方亦未约定合同解除的其他事由。二审判决撤销云顶公司的解除通知并无不当。云顶公司与舒马克公司之间的纠纷可以另行解决。（李亚宇整理）

165. 以房抵债签订的商品房买卖合同的债权人有权要求出卖人继续履行合同，出卖人再以买受人未交房款为由主张解除合同的，不予支持。

案件名称

再审申请人（一审被告、反诉原告、二审上诉人）中登公司与被申请人（一审原告、反诉被告、二审被上诉人）任某峰确认解除行为效力纠纷案［（2021）最高法民申2462号，2021.6.28］

裁判精要

最高人民法院认为，本案中，双方签订《以房抵债协议》，约定以给付房屋代替原有给付的受领消灭原有的债权债务关系，意思表示真实，合同内容不违反法律、行政法规的强制性规定，应为有效。《以房抵债协议》的成立不当然消灭原有的债权债务关系，只是双方当事人设立了一项新债，且新债与原债并存，当新债得以清偿时原债权债务关系消灭。《以房抵债协议》首先以消灭金钱债务为目的，而房产的交付仅系以房抵债的实际履行方式。故《以房抵债协议》实际已经覆盖案涉《商品房买卖合同》，原审法院据此认定案涉《商品房买卖合同》主要合同义务履行完毕，并无不当。

中登公司主张解除案涉《商品房买卖合同》没有事实及法律依据。首先，《中华人民共和国企业破产法》第十八条规定，只有对破产申请受理前成立而双方均未履行完毕的合同，管理人才有决定继续履行合同或者解除合同的权利。如前所述，任某峰已经履行完毕案涉《商品房买卖合同》的主要合同义务，本案情形不符合上述法律规定。其次，《中华人民共和国合同法》第一百一十条规定，当事人一方不履行非金钱债务或者履行非金钱债务不符合约定的，对方可以要求履行，但有下列情形之一的除外：（一）法律上或事实上不能履行。该情形不适用"履行"责任，即不得请求履行，并未赋予违约方合同解除权。因此，原审法院认定《解除通知书》无效，亦无不当。

编者说明

因以房抵债而签订的房屋买卖合同中，可以认定买受人已经向出卖人给付全部购房款。（郭俊利整理）

第十一节　其他

166. 建筑物区分所有权中的业主共有权，应当由全体业主共同行使，仅其中一名业主提起诉讼，主体不适格。

案件名称

再审申请人（一审原告、二审被上诉人）马某丹与被申请人（一审被告、二审上诉人）李某颖、（一审被告）开封市海天置业有限公司及一审被告开封市开发区知微便利店商品房预售合同纠纷案［（2021）豫民申10521号，2022.3.28］

裁判精要

河南省高级人民法院认为，本案争议的焦点是马某丹提起本案诉讼主体是否适格。马某丹一审以李某颖、开封市海天置业有限公司、开封市开发区知微便利店的改造行为严重侵犯了包括其在内的业主对公共设施拥有的合法权益为由，请求判令三被告停止对景观角楼的侵权行为，恢复原状和用途，承担恢复费用，系基于业主共有权提起的侵权之诉。据原审查明，案涉景观角楼未包含在马某丹、李某颖与开封市海天置业有限公司签订的《商品房买卖合同》中，而是建筑物专有部分以外的共有部分。全体业主对该共有部分共同享有所有权，并负有按照共有部分固有用途使用和分担共同费用和负担的义务。业主共有权是一种特殊的所有权，即建筑物区分所有权，业主作为权利集合体，具有整体性和不可分割性，对共有部分的侵害，应当由全体业主共同主张权利。故，生效裁定以马某丹诉讼主体不适格为由驳回其起诉，符合法律规定。马某丹可以向有关行政主管部门报告或者投诉，或者认为行为人的改造行为侵犯了其通风、采光、日照和安全等权利，可以提起相邻关系纠纷的诉讼。

编者说明

业主对住宅等专有部分享有所有权，对电梯等公共设施、绿地等公共场所共有部分享有共有和共同管理的权利。对于侵害业主共有权的行为，只能由全体业主共同主张，单个业主提起诉讼，主体不适格。（吴利波整理）

167. 案涉房屋所在楼盘被当地政府确定为问题楼盘并成立专项工作组进行处理，对外行使权利和承担义务的主体仍是项目的开发商。

案件名称

再审申请人（一审被告、二审上诉人）郑某娟与被申请人（一审原告、二审被上诉人）星泰公司商品房预售合同纠纷案［（2020）豫民申7757号，2020.12.22］

裁判精要

河南省高级人民法院认为，因案涉房屋所在楼盘已被当地政府确定为问题楼盘并成立专项工作组进行处理，虽然姚某科于2019年10月11日出具的交接凭证载明将案涉房屋的权利义务交由工作组进行处理，但对外行使权利和承担义务的主体仍然为星泰公司，故原审认定姚某科对案涉房屋的权利转让给星泰公司并无不当。

编者说明

实践中，部分房地产项目可能因不同原因被列为问题楼盘，并由当地政府部门派工作组予以监管或进行处理。但在监管和处理的过程中，案涉楼房所涉及的法律关系主体仍是项目的开发单位，法律后果仍由原开发单位承担。（曹亚伟整理）

168. 公司实际控制人的地位相当于股东，债权人可以请求对其类推适用《中华人民共和国公司法》第二十条第三款的规定，对公司的债务承担连带责任。

案件名称

上诉人（原审原告）唐某亮与被上诉人（原审被告）伟祺园林公司、王某军、张甲、张乙、伟民置业公司、伟祺置业公司及原审第三人苏州科环公司合作开发合同纠纷案［（2019）豫民终896号，2019.12.13］

裁判精要

河南省高级人民法院认为，……2.关于王某军的责任承担问题。王某军虽然不是伟祺园林公司的股东,但其系伟祺园林公司股东张乙的丈夫。在闫沟河景观治理项目的合作开发过程中,王某军作为伟祺园林公司的代表与苏州科环公司签订了《合作协议书》,并对伟祺园林公司的款项支出行使审批权力,在伟祺园林公司不能及时还款的情况下,王某军自愿出具《保证书》对伟祺园林公司的债务承担还款责任。《中华人民共和国公司法》第二百一十六条第(三)项规定:"实际控制人,是指虽不是公司的股东,但通过投资关系、协议或者其他安排,能够实际支配公司行为的人。"依据上述事实及法律规定,可以认定王某军系伟祺园林公司的实际控制人。《中华人民共和国公司法》第二十条第三款规定:"公司股东滥用公司法人独立地位和股东有限责任,逃避债务,严重损害公司债权人利益的,应当对公司债务承担连带责任。"法律虽然未明确规定实际控制人应当在同样情况下对公司债务承担连带责任,但实际控制人地位相当于股东,对其应当类推适用《中华人民共和国公司法》第二十条第三款的规定,故对唐某亮要求王某军对伟祺园林公司的债务承担连带责任的诉讼请求,本院依法予以支持。

编者说明

在房地产开发建设、施工领域,为了管理和防控风险,实际控制人往往会以他人名义设置多层架构、多个子公司及兄弟公司,自己以董事长、总裁、总经理等高管身份管理控制各个公司。在发生滥用公司法人独立地位和股东有限责任损害公司债权人利益的情形时,即使"揭开公司的面纱"由公司的股东承担连带责任,但在搭建多层架构中作为公司"股东"的主体多是"壳公司",除持有公司股权外没有其他资产,账户中也往往没有任何现金存款,最终致使债权人可能无法实现对债务的追偿。本案中,法院认为实际控制人相当于股东地位,类推适用《中华人民共和国公司法》第二十条第三款的规定,追究实际控制人承担连带责任就很好地解决这个问题。从实质正义的角度来说,实际控制人虽然在工商登记中不是公司的股东,甚至不是公司股东的股东,却是公司利益的最终获得者,也是公司日常经营管理的操纵者,公司违法违约往往也是在实际控制人的管理下造成的,"揭开公司的第二层面纱"由实际控制人在一定情况下对公司债务承担连带责任具有正当性。(曹代鑫整理)

169. 在新型农村社区项目中，出卖人与买受人均系民事主体，一方以政府主导为由，主张出卖人为行政主体并存在行政管理关系，抗辩不属于民事案件受理范围的，不予支持。

案件名称

再审申请人（一审原告、二审被上诉人）郑某荣与被申请人（一审被告、二审上诉人）盘古公司房屋买卖合同纠纷案［(2021)豫民再738号，2021.12.28］

裁判精要

河南省高级人民法院认为，涉案房产虽系新型农村社区项目，但房产开发与销售的主体盘古公司系民事主体。本案中，郑某荣与盘古公司签订了认购协议书，双方是基于平等民事主体的意思表示而形成的房屋预约合同关系，并非行政主体与行政相对人之间的行政管理关系，该纠纷属于民事案件的受理范围。《中华人民共和国民事诉讼法》第一百一十九条规定："起诉必须符合下列条件：（一）原告是与本案有直接利害关系的公民、法人和其他组织；（二）有明确的被告；（三）有具体的诉讼请求和事实、理由；（四）属于人民法院受理民事诉讼的范围和受诉人民法院管辖。"郑某荣持其与盘古公司签订的认购协议书提起本案诉讼，该起诉符合《中华人民共和国民事诉讼法》第一百一十九条规定的起诉条件，原审认为应以政府的行政行为为主导，裁定驳回郑某荣的起诉依据不足，本院再审予以纠正。另外，本案因涉及新型社区建设，法院在审理时应加强调解，积极化解矛盾纠纷。

编者说明

指令河南省南阳市中级人民法院对本案进行审理。新型农村社区项目虽存在政府参与等行政监管背景，但项目实际开发、销售主体仍为房地产开发企业，其与房屋买受人之间签订的认购协议，系平等民事主体之间就房屋买卖事项形成的预约合同关系，属于民事案件受案范围。（杨贺飞整理）

170. 商品房买卖合同不适用调整普通商品买卖关系的消费者权益保护法，买受人以出卖人存在销售欺诈为由主张出卖人按照其已付购房款的三倍赔偿经济损失的，不予支持。

案件名称

再审申请人（一审原告、二审被上诉人）崔某与被申请人（一审被告、二审上诉人）远大置业公司商品房销售合同纠纷案［（2020）豫民申4315号，2020.9.20］

裁判精要

河南省高级人民法院认为，远大置业公司向崔某交付的房屋与之前宣传的一层一户相符，也符合双方签订的商品房买卖合同的约定，该公司在崔某装修入住之后对其他楼层房屋的设计和结构施工变更不能证明当初向崔某出售房屋时即存在虚假宣传和欺诈，生效判决认定远大置业公司不构成欺诈正确。房屋属于不动产，商品房买卖合同属于特殊的买卖合同，不适用调整普通商品买卖的《中华人民共和国消费者权益保护法》，人民法院在审理商品房买卖合同纠纷案件时，应当适用《最高人民法院关于审理商品房买卖合同纠纷案件适用法律若干问题的解释》的规定调整商品房的买卖、违约赔偿等问题。故崔某以远大置业公司销售欺诈为由依据《中华人民共和国消费者权益保护法》的规定要求该公司按照其已付购房款的三倍赔偿经济损失，没有事实和法律依据。

编者说明

《中华人民共和国消费者权益保护法》第二条规定："消费者为生活消费需要购买、使用商品或者接受服务，其权益受本法保护；本法未作规定的，受其他有关法律、法规保护。"所以，《中华人民共和国消费者权益保护法》的立法目的是保护普通消费者因日常生活需要所购买商品或接受服务的权益，规范的是普通商品市场存在的假冒伪劣和缺斤短两等问题，其适用范围不包括商品房，买受人不能据此主张出卖人按照其已付购房款的三倍赔偿经济损失。（郭俊利整理）

171. 因单位内部建房、分房等而引起的占房、腾房等房地产纠纷，均不属于人民法院主管工作的范围，当事人为此而提起诉讼，人民法院应依法不予受理或驳回起诉。

案件名称

再审申请人（一审被告、反诉原告、二审上诉人）人行郑州中心支行与被申请人（一审原告、反诉被告、二审被上诉人）纪某芝、纪某利、纪某寅等房屋买卖合同纠纷案［（2020）豫民申8186号，2021.2.22］

裁判精要

河南省高级人民法院认为，1995年2月24日，刘某贤作为被搬迁住户与人行郑州中心支行签订《花园路省运会家属院五号楼北部东平房刘某贤搬迁商议纪要》，按照国家房改政策，双方就拆迁刘某贤住房的相关事宜进行商谈，其中涉及刘某贤应享有的回迁房屋出售面积、出售价格以及对于超出部分的价格问题等。在该纪要的基础上，1995年3月20日，人行郑州中心支行与刘某贤签订《花园路五号楼北侧部分平房住房搬迁协议》，约定了回迁房屋的具体位置、面积及价格，协议中明确约定超出面积部分按视同人行职工超出面积售房价，或市房政办出台价。虽然当事人双方对于2008年7月8日《公有住房暂时租赁协议》的签订原因各执一词，但刘某贤实际占有、使用涉案房，与双方签订的《花园路省运会家属院五号楼北部东平房刘某贤搬迁商议纪要》及《花园路五号楼北侧部分平房住房搬迁协议》存在关联。因此，刘某贤与人行郑州中心支行签订的《公有住房暂时租赁协议》与一般房屋租赁合同不同，原审法院认定本案纠纷系因人行郑州中心支行出资建设的职工家属院拆迁后安置原家属院住户而产生，属于历史遗留问题，符合本案实际情况。根据《最高人民法院关于房地产案件受理问题的通知》第三条的规定，因单位内部建房、分房等而引起的占房、腾房等房地产纠纷，均不属于人民法院主管工作的范围，当事人为此而提起的诉讼，人民法院应依法不予受理或驳回起诉，可告知其找有关部门申请解决。本案诉争的房屋系人行郑州中心支行出资建设的职工家属院拆迁后安置房屋，符合《最高人民法院关于房地产案件受理问题的通知》第三条规定的情形。原审法院适用该条规定认定本案不宜作为民事案件受理并无不当。

编者说明

《最高人民法院关于房地产案件受理问题的通知》(法发〔1992〕38号)系最高人民法院于1992年11月25日公布并自公布之日起施行的文件,全文如下:

全国地方各级人民法院、各级军事法院、各铁路运输中级法院和基层法院、各海事法院:

随着我国当前经济的发展和住房制度、土地使用制度的改革,有关房屋和土地使用方面的纠纷在一些经济发达的地区,不仅收案数量和纠纷种类有增多的趋势,而且出现了许多值得重视和研究的新的情况和新问题。为了适应形势发展的需要,现就不少地方提出的而又需要明确的有关房地产纠纷案件的受理问题通知如下:

一、凡公民之间、法人之间、其他组织之间以及他们相互之间因房地产方面的权益发生争执而提起的民事诉讼,由讼争的房地产所在地人民法院的民事审判庭依法受理。

二、公民、法人和其他组织对人民政府或者其主管部门就有关土地的所有权或者使用权归属的处理决定不服,或对人民政府或者其主管部门就房地产问题作出的行政处罚决定不服,依法向人民法院提起的行政诉讼,由房地产所在地人民法院的行政审判庭依法受理。

三、凡不符合民事诉讼法、行政诉讼法有关起诉条件的属于历史遗留的落实政策性质的房地产纠纷,因行政指令而调整划拨、机构撤并分合等引起的房地产纠纷,因单位内部建房、分房等而引起的占房、腾房等房地产纠纷,均不属于人民法院主管工作的范围,当事人为此而提起的诉讼,人民法院应依法不予受理或驳回起诉,可告知其找有关部门申请解决。(曹亚伟整理)

172. 当事人因购买经济适用房签订商品房买卖合同的,系平等主体之间的民事法律关系,属于人民法院民事诉讼受案范围。

案件名称 I

再审申请人(一审原告、二审被上诉人)张某松与被申请人(一审被告、二审上诉人)武汉铁路局房屋买卖合同纠纷案〔(2017)鄂民申1611号,2017.7.24〕

裁判精要

湖北省高级人民法院经审查认为，涉案房屋系企业职工集资建房，其性质为经济适用房，属于政策性房屋。张某松基于其与武汉铁路局签订的房屋协议提起本案诉讼，应适用《中华人民共和国民事诉讼法》的相关规定办理。二审判决以本案属于企业内部分房纠纷，不属于人民法院受案范围，适用法律不当。张某松的再审申请符合《中华人民共和国民事诉讼法》第二百条第（六）项规定的情形。

案件名称 Ⅱ

再审申请人（一审原告、二审上诉人）冀某玲与被申请人（一审被告、二审被上诉人）三六九公司房屋买卖合同纠纷案［（2019）豫民再138号，2019.4.9］

裁判精要

河南省高级人民法院认为，冀某玲与三六九公司签订的商品房买卖合同，所涉房屋虽属于经济适用房，但该房屋买卖合同约定的内容并不是行政机关对经济适用房进行监督管理等行政法上的权利义务关系，仍属于平等主体之间的民事法律关系。冀某玲主张三六九公司迟延交付房屋，构成合同违约提起本案诉讼，符合民事诉讼法的规定，属于人民法院民事诉讼受案范围。一、二审民事裁定驳回起诉不当，应予纠正。冀某玲再审申请理由成立。

编者说明

本案指令平顶山市湛河区人民法院审理。（苗卉整理）

173. 涉案房屋所在项目被列入问题楼盘，且相关问题楼盘处置化解工作正在稳步推进中，法院可暂驳回买受人起诉，告知其待涉案项目达到相关条件后，再行主张权利。

案件名称

再审申请人（一审原告、二审上诉人）王某歌与被申请人（一审被告、二审被上诉人）智联达公司房屋买卖合同纠纷案［（2021）豫民再536号，2021.11.3］

裁判精要

河南省高级人民法院认为，本案中，王某歌与智联达公司签订了《商品房买卖合同》，双方是基于平等主体的意思表示而形成的房屋买卖合同关系。王某歌以案涉《商品房买卖合同》提起本案诉讼，符合法律规定的起诉条件。但鉴于本案系涉众性问题楼盘所引发的纠纷，政府相关部门也在与法院积极对接并推动涉案问题楼盘的化解工作，与本案相关联的其他诉讼亦被裁定驳回起诉，一并移交政府相关部门处理。为统一实质化解涉案问题楼盘纠纷，原一、二审结合当前的形势政策，认为先由政府有关部门处理，裁定驳回王某歌的起诉并无不当。如政府相关部门长期不予处理，王某歌可依法另行起诉。

编者说明

涉众性问题楼盘引发纠纷，不仅是法律问题，还涉及民生以及社会稳定。问题楼盘的处理，通常由政府介入并有序推动，在相关问题尚未最终得到解决的情况下，针对某一户的判决可能导致问题楼盘解决方案不能有效实施，甚至使问题楼盘所引发纠纷的化解工作成为泡影。因此，本案中法院裁定暂驳回某一户的起诉有利于整体问题的解决，待政府无法推进、不能解决或长期不予处理时，当事人可以另行起诉，由法院作出判决，以维护个体的利益。（吴利波整理）

174. 房屋出卖人向买受人收取维修基金和天然气、暖气初装费及有线电视初装费，且未提供相应证据证明其已按照合同约定将相关费用交纳给相应部门的，应将上述费用退还给买受人。

案件名称

再审申请人（一审原告、二审被上诉人）白某君与被申请人（一审被告、二审上诉人）信铨公司商品房预售合同纠纷案[（2019）豫民申2714号，2019.8.28]

裁判精要

河南省高级人民法院认为，信铨公司与白某君于2017年签订的《合同补充协议》第四条约定"燃气、有线电视、暖气费、维修基金，根据项目需要及相关部门要求由出卖人统一代为办理的相关费用，出卖人在签订商品房买卖合同时收取"，故上述费用并非白某君应向信铨公司缴纳的合同价款，而是白某君委托信铨公司向相关部门代缴的费用。而依据商丘市人民政府《关于印发商丘市城市基础设施配套费征收管理实施细则的通知》（商政〔2015〕47号）规定，项目建设单位向城市城乡规划局实际缴纳的配套费应计入建设项目造价或房屋销售价格，开发商不得在房价之外收取城市基础设施配套费，故信铨公司向白某君收取上述费用没有法律依据。且信铨公司始终未能提供证据证明其已按合同约定将相关费用缴纳给政府相应部门，故，白某君要求信铨公司将上述费用退回后由其自己向相关部门缴纳理由正当，二审判决认定上述费用不应返还，缺乏证据证明。（李亚宇整理）

175. 管辖权错误不属于法定再审事由。

案件名称 I

再审申请人（一审被告、二审上诉人）华德威公司与被申请人（一审原告、二审被上诉人）鑫佳泰公司房屋买卖合同纠纷案〔（2014）民申字第913号，2014.12.8〕

裁判精要

最高人民法院认为，关于案件管辖。华德威公司主张本案是不动产纠纷，应由不动产所在地法院管辖；双方当事人还在北京市房地产交易管理网备案的《存量房买卖合同》中约定：双方发生纠纷后，依法向房屋所在地人民法院起诉。本院认为，涉案《资产转让合同》约定的标的物为不动产，不动产纠纷的管辖属于专属管辖，专属管辖排除一般管辖和协议管辖，本案应由不动产所在地的人民法院管辖。退一步讲，即使协议管辖有效，2010年9月9日签订的《资产转让合同》虽约定纠纷由原告所在地人民法院管辖，但2010年12月8日签订的《存量房买卖合同》约定，因合同引起的纠纷，依法由房屋所在地人民法院管辖，视为协议管辖发生变更，应以后者为准，故应认定一审法院管辖本案缺乏依据。本案一审程序虽有错误，但鉴于《中华人民共和国民事诉讼法》（2012年修正）对"管辖错误"不再作为提起再审的事由，故华德威公司关于一审程序有错误，应提起再审的主张不能成立。

案件名称 II

再审申请人（一审被告、二审上诉人）赵某博与被申请人（一审原告、二审被上诉人）李某兰、（一审被告、二审被上诉人）登封市安泰房地产开发有限公司房

屋买卖合同纠纷案［（2022）豫民申491号，2022.4.12］

🔍 裁判精要

河南省高级人民法院认为，赵某博申请再审称原审法院受理此案并径直判决的做法，明显违反了《中华人民共和国民事诉讼法》有关管辖规定程序，属于适用法律错误。因《中华人民共和国民事诉讼法》第二百条规定的法定再审事由中并无管辖权错误而启动再审程序的事由，故对其该项理由本院不予审查。

✏️ 编者说明

《中华人民共和国民事诉讼法》所规定的法定再审事由中并无管辖权错误的规定，因此，管辖权错误不能启动再审程序。（吴利波整理）

176. 鉴定结论属于诉讼证据，是证明案件事实的材料，不是法院审理和裁判的对象，当事人不得针对鉴定结论提起诉讼。

📶 案件名称

再审申请人（原审原告、二审上诉人）邹某强与被申请人（原审被告、二审被上诉人）河南省建筑工程质量检验测试中心站有限公司侵权责任纠纷案［（2020）豫民申1140号，2020.6.19］

🔍 裁判精要

河南省高级人民法院经审查认为，本案系邹某强诉新乡市健康房地产开发有限公司房屋买卖合同纠纷一案中，对一审法院委托鉴定的结论不服，以鉴定机构为被告提起的诉讼。人民法院在诉讼中就专门性问题委托鉴定机构鉴定，鉴定行为是一种辅助法律查明案件事实的证明行为，作出的鉴定结论属于诉讼证据之一。证据是证明案件事实的材料，不是人民法院审理和裁判的对象，因此，证据不属于诉讼标的范围，当事人不得针对证据提起诉讼。对法院委托的鉴定结论不服而起诉鉴定机构要求确认鉴定结论无效，不符合《中华人民共和国民事诉讼法》的规定，一审法院裁定驳回邹某强起诉，并无不当。综上，邹某强的再审申请不符合《中华人民共和国民事诉讼法》第二百条之规定。（曹代鑫整理）

177. 工业用地上开发建设的房屋无法办理商品房预售许可证且政府部门对产业准入、购买主体有特定审批和管理要求的，该类房屋不属于商品房买卖合同纠纷司法解释中规定的"商品房"范畴，房屋买卖争议的处理不适用该司法解释的规定。

案件名称

原告（申请执行人）长城资产公司与被告（案外人）贵远信有限公司、（被执行人）金晨公司申请执行人执行异议之诉纠纷案〔（2017）黔民初94号，2018.5.19〕

裁判精要

贵州省高级人民法院认为，贵远信有限公司所购的案涉房屋是国有工业用地上的厂房，不是商品房。故，本案不适用《最高人民法院关于建设工程价款优先受偿权问题的批复》第二条规定和《最高人民法院关于人民法院办理执行异议和复议案件若干问题的规定》第二十九条规定。

编者说明

根据住房和城乡建设部发布的《房地产业基本术语标准》（JGJ/T30-2015）第2.0.17的规定，商品房的定义为"由房地产开发企业开发建设并通过房地产交易实现出售、出租的各类房屋"。《最高人民法院关于审理商品房买卖合同纠纷案件适用法律若干问题的解释》第一条规定："本解释所称的商品房买卖合同，是指房地产开发企业（以下统称为出卖人）将尚未建成或者已竣工的房屋向社会销售并转移房屋所有权于买受人，买受人支付价款的合同。"目前，工业用地上开发建设的房屋因其具有基于工业用途土地开发、可面向社会销售、政府有专项购买准入规定等特点，关于其是否属于"商品房"、是否可颁发预售许可证等行政监管政策，各地政策并不统一，法院对此类纠纷适用的司法政策亦有不同，该类案件的研究需注意不同地方、不同级别政府和法院的具体政策和倾向。（杨贺飞整理）

178. 商品房买卖合同纠纷司法解释中规定的商品房买卖合同系由房地产开发企业与买受人签订，其他主体之间的房屋买卖合同纠纷不能适用该解释的规定。

案件名称

再审申请人（一审原告、二审上诉人）李某娟与被申请人（一审被告、二审被上诉人）袁某儒、南阳市宛西中等专业学校房屋买卖合同纠纷案［（2020）豫民申8255号，2020.12.22］

裁判精要

河南省高级人民法院认为，《最高人民法院关于审理商品房买卖合同纠纷案件适用法律若干问题的解释》规定的商品房指由房地产开发企业开发建设并向社会公开出售的房屋，商品房买卖合同为房地产企业将尚未建成或者已竣工的房屋向社会销售并转移房屋所有权于买受人，买受人支付价款的合同，具有出卖人法定、特定、标的物非现实存在、出售行为社会化、公开化等特征。本案中，袁某儒个人与南阳市宛西中等专业学校签订《关于南阳市宛西中等专业学校经济适用房建设的合作协议》，对案涉项目进行开发建设和销售，以内乡县师苑小区项目部的名义与李某娟签订《内乡县师苑小区商铺购房合同》，将案涉商铺出售给李某娟。双方之间的买卖房屋行为不符合《最高人民法院关于审理商品房买卖合同纠纷案件适用法律若干问题的解释》规定的商品房买卖的基本特征，不适用该司法解释的规定。故，二审法院对李某娟赔偿一倍购房款的诉讼请求未予支持，认定事实和适用法律正确。

编者说明

《最高人民法院关于审理商品房买卖合同纠纷案件适用法律若干问题的解释》第一条规定："本解释所称的商品房买卖合同，是指房地产开发企业（以下统称为出卖人）将尚未建成或者已竣工的房屋向社会销售并转移房屋所有权于买受人，买受人支付价款的合同。"根据该解释，房屋的出卖人必须是房地产开发企业，否则不能适用该司法解释。（曹亚伟整理）

179. 案涉房屋系经济适用房，不属于商品房的范畴，不能适用《最高人民法院关于审理商品房买卖合同纠纷案件适用法律若干问题的解释》的规定来认定相关责任。

案件名称

再审申请人（一审被告、二审被上诉人）旭龙建安公司与被申请人（一审原告、二审上诉人）舒某军房屋买卖合同纠纷案〔（2019）豫民申6950号，2019.11.13〕

裁判精要

河南省高级人民法院认为，案涉房屋系经济适用房，经济适用房具有社会保障性和社会福利性，不属于商品房的范畴。生效判决根据《最高人民法院关于审理商品房买卖合同纠纷案件适用法律若干问题的解释》的规定，认定旭龙建安公司应当承担协助办证义务，属于适用法律错误。但生效判决同时根据《中华人民共和国合同法》的相关规定，认定旭龙建安公司未按约定履行合同义务构成违约，应当承担违约责任，符合法律规定。（郑舒文整理）

180. 工业用地上建设的房屋不能办理预售许可证，因该房屋产生的争议不适用《最高人民法院关于审理商品房买卖合同纠纷案件适用法律若干问题的解释》的规定。

案件名称

再审申请人（一审原告、二审被上诉人）陈某宏与被申请人（一审被告、二审上诉人）郑州高新科技企业加速器开发有限公司房屋买卖合同纠纷案〔（2020）豫民申5789号，2020.12.21〕

裁判精要

河南省高级人民法院认为，（一）《第八次全国法院民事商事审判工作会议（民事部分）纪要》规定，逾期办证违约金在合同没有约定或损失难以确定的，可参照《最高人民法院关于审理民间借贷案件适用法律若干问题的规定》的规定处理，系因近年来我国金融市场利率化改革，央行不再公布贷款基准利率，由此导致在适用《最高人民法院关于审理商品房买卖合同纠纷案件适用法律若干问题的解释》第十八条第二款规定时失去了参考依据。由此可知,《第八次全国法院民事商事审判工作会议(民事部分)纪要》该规定适用于商品房买卖合同纠纷案件。而本案所涉房屋占用的土地为工业用地,根据郑州高新区房地产管理局出具的《证明》,郑州高新科技企业加速器开发有限公司建设的涉案"郑州高新科技企业加速器产业园"项目不予办理商品房预售许可证。同时,根据《郑州高新区管委会主任办公会议纪要》和《郑州高新技术产业开发区管委会关于明确郑州高新区大学科技园专业园区管理范围的通知》的规定,参与高新企业加速器产业园房屋转让的主体应符合高新区主导产业定位的电子电器、仪器仪表、动漫、软件、广告类企业法人,企业入园必须经过郑州高新区大学××室的审核和统一管理。因此,案涉房屋并不属于《最高人民法院关于审理商品房买卖合同纠纷案件适用法律若干问题的解释》所规定的由房地产开发企业开发建设并向社会公开出售的住宅用房和商业用房的范畴。故,陈某宏主张按照年利率6%的标准赔偿延迟办理房屋权属证书损失,于法无据。(二)因案涉房屋所在土地目前处于被查封状态,尚不具备办理转移登记的条件,一审法院对陈某宏为其办理房屋权属证书的诉讼请求暂未处理,并无不当。且一审法院作出判决后陈某宏并未提起上诉,视为对一审判决该判项的认可,本院对其该项再审事由不予审查。但是,为陈某权办理房屋权属证书属于郑州高新科技企业加速器开发有限公司的合同义务,陈某宏可待条件具备时另行主张。综上,陈某宏的再审申请不符合《中华人民共和国民事诉讼法》第二百条规定的情形。(郭红春整理)

181. 现行法律对于持续性违约金债权请求权的诉讼时效并未作出特别规定,诉讼时效期间的起算时间仍应自权利人知道或者应当知道权利受到损害以及义务人之日起计算。

案件名称Ⅰ

再审申请人(一审原告、二审上诉人)长城公司与被申请人(一审被告、二审被上诉人)通胜达公司合同纠纷案〔(2016)最高法民申2420号,2016.11.10〕

裁判精要

最高人民法院认为,长城公司与通胜达公司签订的《建设工程施工总承包合同书》专用条款第26条约定:双方约定的工程款(进度款)支付的方式和时间为每月5日前按已完成工作量90%比例支付,工程完工付至98%。专用条款第35.1条约定:发包人未按约定支付工程进度款所应承担的违约责任为进度款每拖延一天，按工程造价的2%支付违约金，工期顺延。因此，案涉工程进度款的履行期限为工程完工之日。案涉工程完工初验日期为2010年9月9日，实际竣工日期为2011年12月21日。原判决考虑到在完工至竣工期间，长城公司主张的仍是工程进度款，并据此认定通胜达公司支付工程进度款的履行期限应为工程实际竣工日期即2011年12月21日之前，对长城公司有利。《最高人民法院关于审理民事案件适用诉讼时效制度若干问题的规定》第六条规定："未约定履行期限的合同，依照合同法第六十一条、第六十二条的规定，可以确定履行期限的，诉讼时效期间从履行期限届满之日起计算……"因而，案涉工程进度款的诉讼时效期间应从2011年12月21日起开始计算。违约金的支付以主合同有效及违约行为存在为条件，通胜达公司在案涉工程完工之日未按约定支付相应的工程进度款，则其支付违约金的责任已经成立，故长城公司要求通胜达公司支付逾期支付案涉工程进度款的违约金的诉讼时效期间也应从2011年12月21日起开始计算。依据《中华人民共和国民法通则》第一百三十五条、第一百三十七条之规定，权利人应当从知道或者应当知道权利被侵害时起二年内向人民法院请求保护其民事权利。长城公司于2014年5月27日才第一次起诉要求通胜达公司支付逾期支付工程进度款违约金，已超过了二年的诉讼时效期间，原判决据此认定其丧失了胜诉权，并无不当。长城公司主张案涉诉讼时效应从其第一次起诉要求通胜达公司支付违约金而被拒绝之时开始计算，本院不予支持。长城公司与通胜达公司之间的工程造价争议，并不妨碍长城公司行使要求通胜达公司向其支付违约金的权利。长城公司主张应待工程造价争议解决后才开始计算违约金的诉讼时效，依据不足。

案件名称Ⅱ

再审申请人（一审原告、二审上诉人）左某社与被申请人（一审被告、二审被上诉人）泰宏公司商品房预售合同纠纷案［（2021）豫民申2862号，2021.6.25］

裁判精要

河南省高级人民法院认为，根据原《最高人民法院关于适用〈中华人民共和国民法总则〉诉讼时效制度若干问题的解释》第三条的规定，民法总则施行前，民法通则规定的二年或者一年诉讼时效期间已经届满，当事人主张适用民法总则关于三年诉讼时效期间规定的，人民法院不予支持。本案中，双方签订的《商品房预售合同》明确约定泰宏公司应在2015年5月31日前将经验收合格的商品房交付左某社。

如逾期交房，自合同规定的最后交付期限的第二天起至实际交付之日止，泰宏公司按日向左某社支付已交付房价款万分之一的违约金。依据该约定，自2015年6月1日起左某社就知道泰宏公司逾期交房应承担违约责任，其按照合同约定日期交房的权利已受到损害。截至2017年10月1日原《中华人民共和国民法总则》施行时，已超过原《中华人民共和国民法通则》（已废止）规定的二年诉讼时效期间，故本案不应适用三年的诉讼时效期间。左某社于2020年5月向一审法院起诉主张逾期交房违约金，明显已超过诉讼时效期间。

针对左某社的再审申请理由，本院认为，第一，现行法律对于持续性违约金债权请求权的诉讼时效并未作出特别规定，故本案诉讼时效期间的起算时间仍应按照原《中华人民共和国民法总则》第一百八十八条规定的自权利人知道或者应当知道权利受到损害以及义务人之日起计算。第二，持续性违约金是否作为整体的合同权利看待，在司法实践中存在较大争议，且尚未被现行法律和司法解释所采纳并作出明确规定。第三，左某社委托诉讼代理人在本院再审询问中称，应当自左某社起诉之日向前推算三年计算违约金。本院认为，首先，该主张与左某社一审诉讼请求"被告支付逾期交房违约金47352元（自2015年6月1日至2018年1月1日共495天）"相悖，不符合左某社要求泰宏公司承担逾期交房期间违约金的真实意思。同时，正如前述，本案应适用二年而非三年诉讼时效期间，如果自左某社起诉之日向前推算二年，则因2018年1月1日左某社已实际接收房屋，泰宏公司之后不应再支付逾期交房违约金，左某社的诉讼请求将不会得到支持。其次，自左某社起诉之日即2020年5月向前推算三年至2017年5月，即意味着左某社自2017年5月才知道其权利受到损害，这种推定明显与本案左某社实际知道其权利受到损害的基本事实不符。最后，与持续性违约金债权相似的持续性侵权之债的相关司法解释对诉讼时效期间的起算时间同样规定为自权利人知道或者应当知道侵权行为之日起计算，在诉讼时效期间的起算时间上并未作出特殊规定。只不过在侵权赔偿数额的计算上，赔偿数额应自权利人起诉之日起向前推算三年计算（详见《最高人民法院关于审理著作权民事纠纷案件适用法律若干问题的解释》第二十八条、《最高人民法院关于审理专利纠纷案件适用法律问题的若干规定》第十七条、《最高人民法院关于审理商标民事纠纷案件适用法律若干问题的解释》第十八条）。第四，诉讼时效制度解决的是权利人是否在诉讼时效期间及时行使权利和胜诉权是否消灭的问题，与违约金等款项的支付期限无关。在泰宏公司逾期交房后且并未支付违约金的情况下，客观上左某社要求泰宏公司支付违约金的权利已受到实际损害，主观上左某社也知道其权利已受到损害，故左某社称泰宏公司明确表示不履行支付逾期交房违约金时，才知道其获得违约金的权利受到损害不符合本案的基本事实。同时，左某社主张自实际交房之日的次日起算诉讼时效也与该再审申请理由相矛盾。左某社自知道其权利受到损害后，至于在诉讼时效期间内的什么时间行使该权利由左某社以一个理性的普通人的身份自由决定。第五，作为一个普通人基于诉讼经济的考虑断不会在泰宏公司违约一天的情况下即要求其赔偿逾期交房一天的违约金且不断地提起诉讼，故该再审理由不能成为左某社在诉讼时效期间内不及时行使权利的正当理由。左某社本应在诉讼时效期间内及时行使权利，从而引起诉讼时效中断，全面保护其获得违约金的权利，但左某社却怠于行使权利，在2018年1月1日泰宏公司交付房屋后两年多才主张逾期交房违约金，不符合诉讼时效制度督促权利人及时行使权利、有利于证据收集和判断，便于法院处理纠纷和维护社会关系、秩序稳定的设立目的和价值。

编者说明

对于按日累计逾期交房违约金的诉讼时效的起算时间，实践中还有其他观点，比如"按日累计逾期交房违约金，是购房人的整体的合同权利；自购房人主张交房而开发商拒绝之日起算诉讼时效""合同约定按日累计逾期交房违约金的，属于继续性债权，应按每个个别债权分别计算诉讼时效期间（如自购房人起诉之日倒推三年认定逾期交房违约金）"等。

最高人民法院《第八次全国法院民事商事审判工作会议（民事部分）纪要》第十八条第一款规定"买受人请求出卖人支付逾期办证的违约金，从合同约定或者法定期限届满之次日起计算诉讼时效期间"。

法律不保护躺在权利上睡觉的人。权利人在自身权利受到侵害时，应当积极行使权利，以维护自身的合法权益。（王兴整理）

182. 商品房买卖合同中约定以日为单位累计计算违约金数额的，属于继续性债权，逾期交房违约责任的诉讼时效按每日的个别债权适用诉讼时效期间的规定。

案件名称

再审申请人（一审被告、二审上诉人）确山亿达房地产开发有限公司与被申请人（一审原告、二审被上诉人）郑某鹏房屋买卖合同纠纷案［（2020）豫民申7886号，2020.12.16］

裁判精要

河南省高级人民法院认为，关于逾期交房违约责任的诉讼时效问题。确山亿达房地产开发有限公司与郑某鹏在签订的《商品房买卖合同》中约定，出卖人应当在2016年5月31日前将商品房屋交付买受人使用，逾期超过60日，买受人要求继续履行合同的，合同继续履行，自合同规定的最后交付期限的第二天起至实际交付之日止，出卖人按日向买受人支付已交付房价款万分之一的违约金。双方在合同中约定以日为单位累计计算违约金数额，属于继续性债权，应当以每个个别债权分别适用诉讼时效，即以每日违约金作为个别债权分别适用诉讼时效。这样既可以促使确山亿达房地产开发有限公司尽快履行交房义务，也对郑某鹏给予适当补偿，平衡双方之间的利益。故确山亿达房地产开发有限公司主张本案逾期交房违约金不是继续性债权和诉讼时效适用错误的理由不能成立。（郭红春整理）

183. 合同约定的逾期交房之日至实际交房之日的违约金是双方当事人在合同中所确定的一个整体的合同权利，买受人可在该项整体权利没能实现时提出主张。买受人主张逾期交房违约金的，诉讼时效自出卖人实际交房之日起算。

案件名称

再审申请人（一审原告、二审上诉人）顾某文、范某琼与被申请人（一审被告、二审被上诉人）金鼎置业公司房屋买卖合同纠纷案［（2020）豫民申382号，2020.4.22］

裁判精要

河南省高级人民法院认为，因双方在合同中约定逾期交房每日按已付房款的万分之一点二支付违约金，故迟延交房的违约金是根据违约行为持续发生的状况累计计算的。即相对于购房人顾某文来讲，主张自合同约定的逾期交房之日至实际交房之日的违约金是双方当事人在合同中所确定的一个整体的合同权利，购房人可以在该项整体权利没能实现时提出主张，故顾某文、范某琼应在金鼎置业公司违约行为结束后的两年内主张逾期交房的违约金，即其诉讼时效期间应在2014年8月18日起算，至2016年8月18日届满。其在2019年4月25日才向人民法院提起诉讼，请求金鼎置业公司支付逾期交房的违约金已超过诉讼时效期间。且二人没有提供在该期间已向金鼎置业公司主张权利、引起诉讼时效期间中止、中断情形发生的相关证据。顾某文、范某琼二人作为完全民事行为能力人，在自己合法权益受到侵害时怠于行使自己的权利，应自行承担相应的法律后果。原审判决以顾某文、范某琼主张的债权超过法律规定的诉讼时效期间为由驳回二人的诉讼请求并无不当。

编者说明

在商品房买卖合同中约定逾期交房每日以已付房款为基准计算违约金，即迟延交房的违约金是根据违约行为持续发生的状况累计计算的。对于买受人来说，主张自合同约定的逾期交房之日至实际交房之日的违约金是双方当事人在合同中所确定的一个整体的合同权利，买受人可以在该项整体权利没能实现时提出主张，故买受人主张逾期交房违约金的，诉讼时效自出卖人违约行为结束即实际交房之日起算。（丁一整理）

184. 第三人对已经发生法律效力的判决提起撤销之诉的，不仅应自知道或者应当知道其民事权益受到损害之日起六个月内提出，还应提供存在因不能归责于本人的事由未参加诉讼、发生法律效力的判决的全部或者部分内容错误、发生法律效力的判决内容错误损害其民事权益等情形的证据材料。

案件名称 I

上诉人（一审被告）张某与被上诉人（一审原告）张某波及一审被告张某旭、宏晋公司第三人撤销之诉案［（2020）最高法民终923号，2020.11.24］

裁判精要

最高人民法院认为，（一）关于张某波是否具有提起第三人撤销之诉主体资格的问题。根据《中华人民共和国民事诉讼法》第五十六条的规定，符合法律规定的无独立请求权第三人和有独立请求权第三人，具有提起第三人撤销之诉的主体资格。在张某诉张某旭房屋买卖合同一案中，张某基于其与张某旭之间的《房屋买卖合同》，以张某旭为被告、宏晋公司为第三人提起诉讼，请求张某旭办理案涉金龙泉房屋的产权过户手续。而根据本案中查明的事实，张某波与宏晋公司之间就金龙泉小区31幢1~2层2号房屋签订《商品房预售合同》，支付了购房款，并已实际占有案涉房屋。据此，一审判决认定张某波与张某诉张某旭房屋买卖合同一案处理结果存在重大利益关联关系、有权提起本案第三人撤销之诉，符合《中华人民共和国民事诉讼法》第五十六条的规定，并无不当。张某关于张某波主体不适格的上诉理由不能成立，本院不予支持。

（二）关于第182号民事判决是否错误以及是否损害张某波民事权益的问题。张某旭与宏晋公司于2011年5月16日签订《商品房预售合同》，约定张某旭购买宏晋公司开发的金龙泉小区第31幢1~2层2、3、4、5号房，2层6号、7号房及2层1号剩余房屋。张某旭于2011年11月18日出具《承诺书》，承诺"在本溪宏晋房地产开发有限公司所签购商品房（公建）合同及所开购商品房收据，只是为本人贷款所用，合同应在缴齐该商品房房款后生效。在交齐该商品房房款前所发生的一切法律责任由购房本人承担"。2012年7月20日，张某旭与张某签订《房屋买卖合同》，约定将案涉金龙泉房屋出售给张某。在张某旭未全额支付购房款、与宏晋公司的《商品房预售合同》未生效的情况下，其与张某签订的《房屋买卖合同》，尚不具备实际履行的条件。一审判决认定第182号民事判决判令张某旭给张某办理房屋买卖变更手续、宏晋公司予以配合，实质上要求张某旭履行尚不具备履行条件的《房屋买卖合同》、宏晋公司履行尚未生效的《商品房预售合同》，存在明显错误。而张某波与宏晋公司签订《商品房预售合同》，支付了购房款并实际占有案涉房屋。第182号民事判决的结果影响张某波对案涉房屋权利的实现。一审法院据此认定第182号民事判决存在明显错误、损害张某波的民事权益，并无不当。张某未能提供证据证明张某波与宏晋公司之间的房屋买卖合同并非双方的真实意思表示、是为了侵害张某的合法权益以及《进户通知单》不是宏晋公司的真实意思表示，而张某波与张某旭之间是否系借款关系亦不影响张某波与宏晋公司已形成房屋买卖合同关系的事实。张某关于一审判决认定事实错误、证据不足的主张不能成立，本院不予支持。

案件名称Ⅱ

再审申请人（一审原告、二审上诉人）安业公司与被申请人（一审被告、二审被上诉人）宝丰县市场监督管理局（原宝丰县质量技术监督局，以下简称宝丰县质监局）、崔某国房屋买卖合同纠纷案〔（2019）豫民申1199号，2019.5.6〕

裁判精要

河南省高级人民法院认为，第三人对已经发生法律效力的判决提起撤销之诉的，不仅应自知道或者应当知道其民事权益受到损害之日起六个月内提出，还应提供存在因不能归责于本人的事由未参加诉讼、发生法律效力的判决的全部或者部分内容错误、发生法律效力的判决内容错误损害其民事权益等情形的证据材料。安业公司提起撤销262号判决诉讼时，并未提供该判决全部或者部分内容错误的证据材料，且其竞买前签收《竞买须知》，已知悉一层门面房已出售、需要在开发使用土地拆迁房屋时对一层房屋所有人进行房屋置换、竞买人要承担相应的投资风险等事项，安业公司起诉时已明知其对一层门面房不享有所有权，故其也不可能提供262号判决内容错误损害其民事权益的证据材料。安业公司的起诉不符合起诉条件，一审法院立案后发现不符合起诉条件，裁定驳回安业公司的起诉，符合法律规定，一、二审裁定适用法律并无不当。崔某国在宝丰县质监局建房时，即集资购买一间一层门面房，其集资建设的一间一层门面房，并非国有资产；262号判决将该房屋确认为崔某国所有，不属于处置国有资产。安业公司称其在开标前三分钟才收到《竞买须知》、没有时间仔细阅读《竞买须知》内容，没有提供证据支持，且其在法定期间内并未对《竞买须知》相关条款请求变更或撤销，其称《竞买须知》相关条款约定无效，理由不能成立。

编者说明

《最高人民法院关于适用〈中华人民共和国民事诉讼法〉的解释》（2022年修正）第二百九十条规定："第三人对已经发生法律效力的判决、裁定、调解书提起撤销之诉的，应当自知道或者应当知道其民事权益受到损害之日起六个月内，向作出生效判决、裁定、调解书的人民法院提出，并应当提供存在下列情形的证据材料：（一）因不能归责于本人的事由未参加诉讼；（二）发生法律效力的判决、裁定、调解书的全部或者部分内容错误；（三）发生法律效力的判决、裁定、调解书内容错误损害其民事权益。"第三人撤销之诉是指非因自身原因没有参加到他人之间的审判程序，针对双方当事人之间生效裁决对其不利部分予以撤销的请求。作为一种事后救济程序，针对的是已经发生法律效力的裁判，故应从适格主体、客体、时效、管辖等方面提供证据对第三人撤销之诉的适用条件加以证明。（苗卉整理）

185. 法院认定商品房买卖合同解除时，向当事人释明后，可以同时判令出卖人在扣除买受人应承担的违约金后返还剩余购房款，不违反"不告不理"原则。

案件名称

再审申请人（一审被告、二审上诉人）温某娟与被申请人（一审原告、二审被

上诉人）名兴公司房屋买卖合同纠纷案［（2020）豫民申5823号，2021.1.21］

🔍 裁判精要

河南省高级人民法院认为，……（二）关于生效判决适用法律是否正确的问题。法院认定合同解除时，为了防止机械适用"不告不理"原则，在向当事人释明后，可以一次性解决纠纷，有利于减轻当事人讼累。所以生效判决判令名兴公司返还购房款并扣除温某娟应当承担的违约金数额，对温某娟而言并非不利，故温某娟认为生效判决适用法律错误的理由亦不能成立。

✏️ 编者说明

"不告不理"是民事诉讼的一个基本原则，即法院审判的范围应与原告起诉的范围相一致，法院不得对原告未提出诉讼请求的事项进行审判。但司法实践中，法院在处理房屋买卖合同纠纷时，即使买受人没有请求出卖人返还购房款，法院往往也会在判令解除商品房买卖合同的同时，一并判令出卖人向买受人返还剩余购房款，以一次性解决双方纠纷，减少当事人诉累。（曹亚伟整理）

186. 保全保险费不属于诉讼费用的范畴，当事人未就该项提出诉讼请求的，法院可不予处理。

📡 案件名称

上诉人（原审原告）唐某亮与被上诉人（原审被告）伟祺园林公司、王某军、张甲、张乙、河南伟民置业有限公司、河南伟祺置业有限公司及原审第三人苏州科环环保科技有限公司合作开发合同纠纷案［（2019）豫民终896号，2019.12.13］

🔍 裁判精要

河南省高级人民法院认为，……（五）关于唐某亮上诉主张一审漏判财产保全费、诉讼财产保全责任保险费应由伟祺园林公司负担的问题。唐某亮实际缴纳了财产保全费5000元，并为此向中国太平洋财产保险股份有限公司河南分公司支付保险费用84056.27元。财产保全费属于诉讼费用，一审漏判，本院予以纠正。但保险费用不属于诉讼费用的范畴，唐某亮也未就该款项提出诉讼请求，一审判决对该保险费用未予处理并无不当。

编者说明

《中华人民共和国民事诉讼法》第一百零三条第二款规定："人民法院采取保全措施，可以责令申请人提供担保，申请人不提供担保的，裁定驳回申请。"根据相关规定，"申请人提供担保"的方式有多种，购买诉讼财产保全责任险并不是唯一方式，所产生的费用也不是必然发生的费用。最高人民法院《诉讼费用交纳办法》（2006年12月19日）第六条规定："当事人应当向人民法院交纳的诉讼费用包括：（一）案件受理费；（二）申请费；（三）证人、鉴定人、翻译人员、理算人员在人民法院指定日期出庭发生的交通费、住宿费、生活费和误工补贴。"第十条规定："当事人依法向人民法院申请下列事项，应当交纳申请费……（二）申请保全措施……"即财产保全费用是"诉讼费用"之一，但其中不包括"诉讼财产保全责任保险费用"。故当事人在诉讼中未主张的，法院可以不予处理。（曹代鑫整理）

187. 代理人的代理权限中未包含代为提起上诉，且上诉期限内亦未提交可以代为提起上诉的授权委托书，代理人在上诉期限内提交的没有上诉人签章的上诉状，不能证明是上诉人的真实意思表示，虽事后上诉人提交了盖章的上诉状，但已经超过法定上诉期限，不能认为是事后追认，丧失上诉权。

案件名称

上诉人（原审被告）大商商丘公司、大商集团公司与被上诉人（原审原告）应天商贸公司房屋租赁合同纠纷案〔（2021）豫民终682号，2022.3.2〕

裁判精要

河南省高级人民法院认为，首先，上诉权是当事人依法享有的一项重要诉讼权利，但权利的行使具有实效性，即应以当事人作出真实意思表示为前提，并在法定期限内按照法定方式向人民法院提起。本案中，唐某勇向一审法院提交的上诉状没有大商集团公司、大商商丘公司的盖章或法定代表人签章，不能代表大商集团公司、大商商丘公司的意思表示。虽然大商集团公司、大商商丘公司主张在上诉期限内公司法务和律师微信聊天商议上诉事宜时已经表达上诉意愿，但该上诉意愿并未按照民事诉讼法规定的程序及方式向人民法院提出。其次，上诉期满补交的盖章的上诉状不能认为是事后追认。民事诉讼法属于公法、程序法，民事诉讼法领域，应严格遵守，不能在民事诉讼法没有明确授予当事人追认权利的情况下做扩大解释，不可以通过追认方式，由被代理人在法定上诉期限届满后作出。并且，上诉期限涉及另一方当事人的权利问题，如允许事后追认，则会使一审是否生效等处于不确定状态，从而有可能损害其他当事人权利。据上，唐某勇签字的上诉状不能产生提起上诉的法律后果，应视为大商集团公司、大商商丘公司未上诉。（程卫强整理）

188. 抵押人未经抵押权人同意，将抵押房屋出卖，进入破产程序后，抵押权人对该房产的优先受偿权不能对抗已经支付了大部分购房款并已经实际入住的消费者购房人的权益。

案件名称

上诉人（原审第三人）淮阳联社与被上诉人（原审原告）张某及原审被告海林公司房屋买卖合同纠纷案［（2019）豫民终339号，2019.6.19］

裁判精要

河南省高级人民法院认为，1.关于《商品房买卖合同》的效力问题，淮阳联社认为2017年12月30日海林公司与张某签订的《商品房买卖合同》无效，但《城市商品房预售管理办法》第十条是管理性的规定，并非效力性的强制性规定，不能以是否办理预售备案和预售登记作为评判民事行为效力的标准。《中华人民共和国物权法》第一百九十一条第二款规定："抵押期间，抵押人未经抵押权人同意，不得转让抵押财产，但受让人代为清偿债务消灭抵押权的除外。"最高人民法院《第八次全国法院民事商事审判工作会议（民事部分）纪要》第十四条规定："物权法第一百九十一条第二款并非针对抵押财产转让合同的效力性强制性规定，当事人仅以转让抵押房地产未经抵押权人同意为由，请求确认转让合同无效的，不予支持。受让人在抵押登记未涂销时要求办理过户登记的，不予支持。"根据上述法律规定和最高人民法院的指导性意见，债务人海林公司未经淮阳联社同意，将房屋转让给张某的行为并非无效民事法律行为，且当时海林公司已经取得了商品房预售许可证，具备出售商品房的资格，一审判决认定《商品房买卖合同》合法有效符合法律规定，淮阳联社认为张某与海林公司签订的《商品房买卖合同》无效的理由不能成立。2.关于一审判决结果与48号裁决是否相矛盾的问题。48号裁决认定淮阳联社对涉案的房屋具有优先受偿权，符合物权法的规定，但是48号裁决与一审判决结果并不矛盾：首先，银行的抵押权代表的是一种静态的物权，是一种经营性权利，而购房者的权利代表着公民的基本生存权，在两种权利产生冲突的情况下，一般应优先选择保护公民的基本生存权，这是理性的价值判断。其次，对消费者权利的保护，体现了对市场交易信赖利益的保护。购房人基于信赖开发商已经取得预售许可证的事实，相信所购买房屋是不存在权利瑕疵的标的物。如果在购房人支付了购房款或大部分购房款的情况下，不能取得没有抵押权负担的标的物，则其对于交易安全的信赖会受到严重的损害，进而会损害整个社会的交易安全，与合同法的基本理念相悖。再次，从促进交易的角度来讲，如果债务人不履行债务、抵押权人不积极主张债权导致商品房无法销售和转移，就不利于促进物的流转和价值实现。最后，从判决结果对淮阳联社利益的影响来看，48号裁决确定的淮阳联社的优先受偿权，实质是一种就标的物折价、拍卖、变卖价款实现债权的顺位，虽不能对抗张某的消费者权益，但是淮阳联社的优先受偿权仍然优先于其他债权人。而且法院判决海林公司与淮阳联社涂销抵押权并不意味着海林公司对淮阳联社的债务消灭，海林公司仍然应当先清偿债务，故一审判决结果与48号裁决结果并不矛盾。另外，需要指出的是，最高人民法院《第八次全国法院民事商事审判工作会议（民事部分）纪要》第十四条规定："……受让人在抵押登记未涂销时要求办理过户登记的，不予支持。"根据该规定，涂销抵押登记与协助办理权属证书的履行具有先后顺序，一审判决判令海林公司于判决生效后30日内协助张某办理涉案房产的权属证书未涉及与涂销抵押登记的顺序，海林公司在履行该义务时，仍应当按照国家不动产登记政策执行。（徐润浈整理）

189. 单位按照房改房政策与职工签订了房屋买卖合同并办理了房改手续，职工缴纳购房款后取得了房屋所有权证，即使单位对该房屋没有处分权，职工基于善意取得的规定也能够取得房改房屋所有权。

案件名称

上诉人（原审原告）郭某玲、李某长与被上诉人（原审被告）王某英、崔某香、濮阳供电公司、水冶化肥厂第三人撤销之诉案［（2020）豫民终1107号，2020.11.11］

裁判精要

河南省高级人民法院认为，物权是权利人依法对特定的物享有直接支配和排他的权利。但是，为了保护交易安全和善意受让人的信赖利益，法律设立善意取得制度，排除物之权利人的追回权。《中华人民共和国物权法》第一百零六条规定的善意取得制度应当同时符合三种情形，即受让人受让该不动产或者动产时是善意的；以合理的价格转让；转让的不动产或者动产依照法律规定应当登记的已经登记，不需要登记的已经交付给受让人。本案中，王某英从部队转业参加工作后，案涉房屋作为福利房分配给其夫妻二人居住，王某英工作调整后，其妻崔某香及子女继续在该房屋中居住。在20世纪90年代进行公有住房改革的过程中，濮阳供电公司为解决在安阳市遗留公有房问题，按照政策规定与王某英、崔某香签订《公有房买卖合同》，并办理了房改手续，王某英、崔某香有理由相信濮阳供电公司作为原所有权人享有对案涉房屋的处分权，在无相反证据证明的情况下应当认定王某英、崔某香受让房屋时出于善意。王某英、崔某香向濮阳供电公司交纳了购房款，经濮阳市、安阳市两地房地产管理局审批，办理了案涉房屋的所有权证。故王某英、崔某香取得案涉房屋符合物权法关于善意取得的规定，（2019）豫05民终1621号民事判决对水冶化肥厂确认濮阳供电公司和王某英、崔某香签订的房屋买卖合同无效及确认对案涉房屋享有所有权的诉讼请求未予支持，并无不当。郭某玲、李某长没有取得案涉房屋的所有权，其二人依据与水冶化肥厂之间的房屋买卖合同关系仅享有普通债权，不属于法律明确规定给予特别保护的债权，（2019）豫05民终1621号民事判决并未损害其二人的民事权益，郭某玲、李某长可以向水冶化肥厂另行主张权利。因此，郭某玲、李某长提起本案第三人撤销之诉不符合《中华人民共和国民事诉讼法》第五十六条规定的实体条件。

编者说明

房改房，是指于1994年国务院发文实行的城镇住房制度改革的产物，是我国城镇住房由从前的单位分配转化为市场经济的一项过渡政策，现如今又叫作已购公有住房。已购公有住房，是指城镇职工根据国家和县级以上地方人民政府有关城镇住房制度改革政策规定，按照成本价或者标准价购买的已建公有住房。（李亚宇整理）

190. 出卖人与买受人之间存在民间借贷纠纷和商品房买卖合同纠纷，买受人未交纳购房款，出卖人即为其办理网签备案登记并出具收到全部购房款的现金收据，不符合商品房买卖的交易习惯，一方主张商品房买卖合同为借贷合同担保的，两案应一并统筹处理。

案件名称

再审申请人（一审被告、二审上诉人）张某华与被申请人（一审原告、二审被

上诉人）鼎原公司房屋买卖合同纠纷案［（2019）豫民申5902号，2019.10.18］

🔍 裁判精要

河南省高级人民法院认为，张某华与鼎原公司均认可张某华未实际交纳购房款，张某华主张涉案《商品房买卖合同》实际系为借款提供担保，而鼎原公司主张双方系真实的房屋买卖合同关系，并认为因张某华未依约交纳购房款构成违约，请求确认双方签订的房屋买卖合同已经解除。鼎原公司与张某华在双方签订的《商品房买卖合同》中约定的付款方式为一次性付款，鼎原公司在张某华未交纳购房款的情况下，仍将《商品房买卖合同》进行了备案登记，并向张某华出具收到全部购房款的现金收据，且在三年之后才向张某华发出解除合同通知，鼎原公司上述行为明显不符合商品房买卖的交易习惯，也不符合常理。生效判决认定双方属于房屋买卖合同关系的证据不足，且未审查鼎原公司行使解除权的期限，对该部分事实应当进一步审查。另，张某华已经以刘某光等人及鼎原公司为被告提起民间借贷诉讼，本案应与该案一并统筹处理。（李亚宇整理）

191. 房屋被查封前，买受人已支付购房款并实际占有房屋，且房屋非因买受人原因未过户，则买受人就该房屋享有排除执行的民事权利。

📡 案件名称

再审申请人（一审被告、二审上诉人）李某霞与被申请人（一审原告、二审被上诉人）展某及一审第三人赵某、杨某丽、高某军、公信置业公司、辰晖置业公司案外人执行异议之诉案［（2021）最高法民申2243号，2021.6.25］

🔍 裁判精要

最高人民法院经审查认为，首先，展某一审提交的《新泰市商品房买卖合同》、收款收据、现金存款凭证、展某父亲展某亮的银行交易流水记录及莱商银行出具的证明等证据能够形成证据链，证明展某为购买涉案房屋支付了全部购房款。李某霞主张展某的代理人在执行异议程序中的陈述与本案一审庭审的陈述不完全一致、收据与付款金额不能完全对应，但均不能否定展某已实际向辰晖置业公司支付购房款的事实，展某在一审庭审时亦对此作了合理解释，一、二审法院认定展某支付了全部购房款，符合客观实际。

其次,展某与辰晖置业公司签订了书面的商品房买卖合同并支付了全部购房款,双方之间存在真实的买卖合同关系。李某霞以合同存在倒签、与其他购房人的合同相比价款差额过高、交付时间不完全一致、未办理网签备案、房产交付占有证据系伪造、展某的代理人史某生曾经为辰晖置业公司提供法律服务等为由主张展某与辰晖置业公司之间恶意串通提供虚假证据。本院认为,《最高人民法院关于适用〈中华人民共和国民事诉讼法〉的解释》第一百零九条规定,当事人对欺诈、胁迫、恶意串通事实的证明,以及对口头遗嘱或者赠与事实的证明,人民法院确信该待证事实存在的可能性能够排除合理怀疑的,应当认定该事实存在。即恶意串通事实的证明标准应达到待证事实存在的可能性能够排除合理怀疑的标准。李某霞并未提交充分证据证明展某与辰晖置业公司存在恶意串通行为,亦未举证证明涉案合同存在倒签的事实。房屋因楼层、面积、户型的不同存在差价是正常的,合同约定交付房产时间不一致、未办理网签备案等均不能以此认定涉案买卖合同系伪造。至于展某的代理人曾在另案中作为辰晖置业公司的代理人的事实,亦不能证明展某与辰晖置业公司通过代理人进行恶意串通,李某霞的该项申请再审的理由不能成立。

最后,根据一审法院查明,展某名下均无其他用于居住的房屋,根据《最高人民法院关于人民法院办理执行异议和复议案件若干问题的规定》第二十九条的规定,展某在法院查封前签订了合法有效的书面买卖合同并支付超过合同约定总价款50%的房款,即有权排除执行。因此,展某实际占有涉案房屋的具体时间,并不影响其就涉案房产享有排除强制执行的民事权益。李某霞没有提供充分证据证明辰晖置业公司进行虚假诉讼,其申请再审的理由不能成立。

编者说明

《最高人民法院关于人民法院办理执行异议和复议案件若干问题的规定》(2020年修正)第二十八条规定:"金钱债权执行中,买受人对登记在被执行人名下的不动产提出异议,符合下列情形且其权利能够排除执行的,人民法院应予支持:(一)在人民法院查封之前已签订合法有效的书面买卖合同;(二)在人民法院查封之前已合法占有该不动产;(三)已支付全部价款,或者已按照合同约定支付部分价款且将剩余价款按照人民法院的要求交付执行;(四)非因买受人自身原因未办理过户登记。"因此,案外人对登记在被执行人名下的不动产提出异议的,必须符合上述四个条件,才享有排除执行的民事权益。(胡玉芹整理)

02

第二章
房屋租赁

第一节 合同效力

192. 房屋系政府直管公有住房，未经出租人同意，承租人不得将承租的公有房屋转借、转让、转租、调换，不得出卖或变相出卖公有房屋使用权，否则该行为无效。

案件名称 I

再审申请人（一审原告、二审上诉人）郭某梅与被申请人（一审被告、二审被上诉人）焦某国、（一审第三人、二审被上诉人）郑州市二七区房屋管理服务中心、郑州市二七区房屋征收与补偿事务中心房屋买卖合同纠纷案〔（2022）豫民再125号，2022.3.17〕

裁判精要

河南省高级人民法院认为，郭某梅与焦某国之间的房屋买卖或租赁权转让行为，不具有法律效力。公有房屋具有福利性质，只针对生活困难又无住房的特定群体，未经出租人同意，承租人不得将承租的公有房屋转借、转让、转租、调换，不得出卖或变相出卖公有房屋使用权。案涉房屋系政府直管公有住房，承租权登记为焦某国，郭某梅主张的其与焦某国的房屋买卖或租赁使用权转让的行为，实质上侵占了依法、依政策应当享受政府福利补贴群体的公共资源，扰乱了公租房管理秩序，该行为不具有正当性，违反了公序良俗和政府福利补贴的公共管理秩序。同时，因合同标的属于法律禁止买卖和转让的性质，原审认定其行为不产生相应的有效的法律后果，适用法律正确，故郭某梅该项主张没有法律依据，本院不予支持。郭某梅与焦某国的房屋交易行为无效，合同无效后，因该合同取得的财产，应当予以返还或折价补偿。郭某梅不是案涉房屋的合法承租人，故不享有案涉公有房屋拆迁安置后的财产权益，其主张确认《征收住宅房屋产权调换补偿协议》中焦某国的权益归其所有的诉讼请求，没有法律依据，原审不予支持，处理适当。

案件名称Ⅱ

再审申请人（一审原告、二审上诉人）屈某萍与被申请人（一审被告、二审被上诉人）关某玫及一审第三人北京宣房房屋经营有限公司房屋买卖合同纠纷案［（2018）京民申4359号，2018.12.14］

裁判精要

北京市高级人民法院认为，直管公房的管理政策性极强。涉案房屋承租权的转让明显带有房屋买卖色彩。虽然北京市国土资源和房屋管理局在2002年出台了《关于开展直管公有住房使用权交易试点工作的通知》（京国土房管物〔2002〕1124号），但该通知的有效期仅为1年。而现行政策已严禁直管公房使用权的交易。原判认定《转让合同》无效并酌定违约金并无不当。屈某萍的再审申请不符合《中华人民共和国民事诉讼法》第二百条规定的情形。

编者说明

公有房屋只针对生活困难又无住房的特定群体，具有福利和保障性质。若允许公有房屋转借、转让、转租、调换，则有违公有房屋的政策精神，因此，未经出租人同意，承租人不得将承租的公有房屋转借、转让、转租、调换，不得出卖或变相出卖公有房屋使用权，否则，该行为无效。（吴利波整理）

193. 出租人出租的房屋未取得建设工程规划许可证，租赁合同被认定无效，出租人对合同无效承担主要过错责任。

案件名称

再审申请人（一审被告、二审上诉人）广电公司与被申请人（一审原告、二审被上诉人）陆港公司房屋租赁合同纠纷案［（2019）豫民申144号，2019.5.6］

裁判精要

河南省高级人民法院认为，关于本案的合同效力及过错问题。案涉房屋因未取得建设工程规划许可证，郑州经济技术开发区城市管理行政执法局先后于2015年9月8日、2016年5月27日向广电公司下发责令整改通知书和行政处罚告知书，限期拆除违法建筑，根据《最高人民法院关于审理城镇房屋租赁合同纠纷案件具体应用法律若干问题的解释》第二条的规定，一、二审判决认定案涉租赁合同无效并无不当。为案涉租赁房屋办理建设工程规划许可手续是广电公司的义务，广电公司在双方合同签订之前已收到行政部门下发的责令整改通知书，其不仅未予整改反而继续与陆港公司签订房屋租赁合同，且在合同第八条第五款约定广电公司正在办理相关产权手续，因此，因未取得建设工程规划许可手续导致合同无效广电公司负有主要责任。一、二审判决认定双方各负50%的过错责任已经充分考虑了合同履行过程中的有关情况及鉴定意见评定的各项损失，广电公司关于其没有违约不应承担损害赔偿责任的申请再审理由缺乏事实和法律依据，不能成立。（柴永胜整理）

194. 承租人明知出租房屋未取得建设工程规划许可证，租赁合同无效双方均存在过错，但对承租方因租赁物被拆除所导致的损失，应酌定由出租方承担主要赔偿责任。

案件名称 I

上诉人（原审原告）银泰公司与上诉人（原审被告）中冶公司房屋租赁合同纠纷案〔（2017）最高法民终171号，2017.9.6〕

裁判精要

最高人民法院认为，如果认定《房屋租赁合同》无效，中冶公司应否向银泰公司赔偿损失及损失数额如何确定的问题。《中华人民共和国合同法》第五十八条规定"合同无效或者被撤销后，因该合同取得的财产，应当予以返还；不能返还或者没有必要返还的，应当折价补偿。有过错的一方应当赔偿对方因此所受到的损失，双方都有过错的，应当各自承担相应的责任"。本案中，根据《房屋租赁合同》第2.3条和第11.11条约定，中冶公司保证和承诺"租赁房屋为合法建筑，具有中国法律规定的审批合格手续""拥有对租赁房屋范围内的合法开发权"，现《房屋租赁合同》因未取得建设工程规划许可证而被认定无效，是由于中冶公司未实现上述保证和承诺所致，故中冶公司对于合同无效负有全部过错，应当赔偿银泰公司因此所受到的损失，中冶公司关于其不存在过错、银泰公司存在过错的主张不能成立。

案件名称 Ⅱ

上诉人（原审原告）坤星公司与被上诉人（原审被告）昊达公司、原审第三人天津投资公司房屋租赁合同纠纷案〔（2020）豫民终6号，2020.9.30〕

裁判精要

河南省高级人民法院认为，（一）案涉《房屋租赁合同》无效、案涉房屋被拆除坤星公司有无过错？昊达公司一审时举证《高新郑开会议纪要2003第28号会议纪要》《高新郑开会议纪要2004第21号会议纪要》，可以证明案涉汽车工业园区项目属于当地政府招商引资的汽车贸易城项目，案涉地块在办理完土地征收手续之前，可以与村委会先行签订土地租赁协议。郑州高新技术产业开发区总体规划拼合图证明案涉被拆迁房屋所属的土地在2014年已经被规划为公园绿地。即出租人昊达公司提供的租赁物既不符合土地用地规划，也未取得建设工程规划许可。2017年第三人天津投资公司与坤星公司签订《房屋租赁合同》以及2018年6月三方变更租赁合同主体时，没有证据证明坤星公司对此知情，昊达公司也未举证证明其将该情况告知了坤星公司。但第三人天津投资公司在与坤星公司签订的合同中明确载明土地是租赁村集体的土地，昊达公司负责提供村一级证明文件及租赁合同（所有能够证明可以合法出租的文件）。故双方对租赁合同的无效均存在过错。但坤星公司在接到政府的拆迁公告及限期整改通知书后，轻信昊达公司的承诺以及协调政府保留或置换租赁场所的能力，对涉案房屋存在被拆除的风险没有尽到合理的注意义务，对承租房屋继续装修，故其对自己的装修损失亦存在一定过错。昊达公司提交的《关于西环汽车南园请示函承诺书、关于过渡保留宾利、奔驰等四家超豪华汽车品牌中心的指示》能够反映昊达公司就拆迁事宜与政府进行了积极的沟通，但该证据恰恰能印证其是在政府已下达拆除令的情况下，仍告知坤星公司继续履行合同，并承诺如因其过错导致合同无法履行，其依法依约承担责任，故昊达公司对因租赁物被拆除而给坤星公司造成的损失应承担主要过错责任。（二）坤星公司的损失应如何认定，昊达公司应如何承担赔偿责任？《最高人民法院关于审理城镇房屋租赁合同纠纷案件具体应用法律若干问题的解释》第九条规定："承租人经出租人同意装饰装修，租赁合同无效时，未形成附合的装饰装修物，出租人同意利用的，可折价归出租人所有；不同意利用的，可由承租人拆除。因拆除造成房屋毁损的，承租人应当恢复原状。"本院对坤星公司所举建店申报及审批单中的《备忘录》真实性予以认可，对于工程量清单，因系坤星公司单方制作，没有对方当事人签字认可，本院不予认可。该组证据仅是坤星公司成为梅赛德斯奔驰经销商的条款及条件的约定，以及北京南法信奔驰4S店改造工程量清单，不足以证明涉案房屋与北京南法信装修标准及规模为同一标准，更不能证明坤星公司的装修残值损失，本院对该组证据不予采信。坤星公司举证的MAR2020设计及建设标准指导手册，仅是奔驰总部对各地4S店设计及检点标准的要求，不能客观反映坤星公司的装修费用及其残值损失，本院对该组证据不予采信。坤星公司二审中举证的后续支付上海优合、北京金车光电、上海金舒、河南天梯、河南英致诚、贰仟家的付款凭证的真实性应予认定，但坤星公司无法证明该款购买的材料属于不可拆卸材料，故对其以此为据的损失赔偿请求本院不予支持。坤星公司所主张的设计费、招投标费、拆卸费、搬迁费、运输费、仓储费等没有法律依据，原审法院依法不予支持正确。空调费因没有证据证明用于本工程，原审未予支持有事实依据。综上，截至2019年7月17日坤星公司又向上海新兆丰公司支付装修材料款1439200元，加之原审已经认定的6168000元，截至目前共计支付装修材料款7607200元，向郑州凌达又支付消防款187748.26元，该两笔付款应计入赔偿总额的基数。昊达公司辩称，依照《房屋租赁合同》第9.1条的约定，双方依约应终止履行合同，互不承担责任。经查，前述条款约定的是房屋占有范围内的土地使用权依法提前收回，该房屋因社会公共利益或城市建设需要被依法征用时合同终止，互不承担责任。本案中坤星公司的损失是租赁物被拆除而产生的，不适用前款规定。但原审法院在确定损失责任的承担时，仅考虑了双方对无效合同的过错，未考虑坤星公司的大部分损失是租赁物被拆除导致的，案涉租赁物被拆除的主要过错责任在于昊达公司，双方也没有对不可拆卸的装修材料共同交接清点，考虑昊达公司对合同无效及房屋被拆除的过错程度，本院酌定以该三项的合同价款为基数，结合实际付款情况，确定由昊达公司承担60%的赔偿责任。

编者说明

案涉出租人提供的租赁物既不符合土地用地规划，也未取得建设工程规划许可，双方对租赁合同的无效均存在过错，出租方在政府已下达拆除令的情况下，其仍告知承租人继续履行合同，并承诺如因其过错导致合同无法履行，其依法依约承担责任，故出租方对因租赁物被拆除造成的损失应承担主要过错责任。法院在确定损失责任的承担时，既要考虑双方对无效合同的过错，也要考虑租赁物被拆除的主要过错责任。（雷军整理）

195. 出租房屋建造于《中华人民共和国城乡规划法》实施之前，根据法不溯及既往的原则，承租人以出租房屋未取得建设工程规划许可证为由主张租赁合同无效，不予支持。

案件名称

再审申请人（一审被告、二审上诉人）姚某与被申请人（一审原告、二审被上诉人）邓州市古城街道办事处三里桥社区居民委员会田庄三组房屋租赁合同纠纷案〔（2022）豫民申1773号，2022.5.24〕

裁判精要

河南省高级人民法院认为，2013年6月29日，田庄三组将位于该组中间老会议室下三上二楼房一套及一间灶房和所占用的地皮等附属物一并租赁给姚某，租赁期限20年，双方签订《租房协议》后，姚某即付清了20年的租金52800元。姚某居住案涉房屋并对该房屋进行了装修和扩建，但装修及扩建房屋未征得田庄三组的书面同意，也未办理相关准建手续。姚某装修与扩建房屋的费用经鉴定为56058元。关于案涉《租房协议》的效力问题，案涉房屋建造于20世纪80年代，建设工程规划许可制度始于2007年，根据法不溯及既往的原则，二审法院以案涉房屋未取得建设工程规划许可证为由认定协议无效不当。（徐润浈整理）

196.《商品房销售管理办法》第十一条"房地产开发企业不得采取售后包租或者变相售后包租的方式销售未竣工商品房"的规定属于管理性强制性规定，售后包租协议不因违反该规定而无效。

案件名称

再审申请人（一审被告、二审上诉人）文钧公司与被申请人（一审原告、二审被上诉人）代某亮房屋租赁合同纠纷案〔（2019）豫民申412号，2019.3.20〕

裁判精要

河南省高级人民法院认为，2015年8月29日，代某亮购买文钧公司两套商铺，支付了相应房款，并与文钧公司签订了《八年包租协议》，约定由文钧公司对商铺进行经营管理，文钧公司按期向代某亮支付租金。虽然临颍县房产交易中心认定文钧公司的销售行为违反了《商品房销售管理办法》第十一条的规定，但是该规定系管理性强制性规定，并不影响《八年包租协议》的效力，文钧公司认为协议无效的再审理由不能成立。（柴永胜整理）

197. 未经消防验收或消防验收不合格和经依法抽查不合格的房屋，禁止投入使用，因该房屋所签订的租赁合同仅产生租赁合同解除的法律后果，并不导致合同无效。

案件名称

再审申请人（一审被告、反诉原告，二审上诉人）罗某娟、朱某丽与被申请人（一审原告、反诉被告，二审被上诉人）河南省惠裕房地产开发有限责任公司房屋租赁合同纠纷案［（2018）豫民申7865号，2019.7.11］

裁判精要

河南省高级人民法院认为，2008年10月28日修订的《中华人民共和国消防法》第十三条第二款规定："依法应当进行消防验收的建设工程，未经消防验收或者消防验收不合格的，禁止投入使用；其他建设工程经依法抽查不合格的，应当停止使用。"该规定系关于房屋使用条件的强制性规定。《最高人民法院关于审理城镇房屋租赁合同纠纷案件具体应用法律若干问题的解释》第八条第（三）项规定："因下列情形之一，导致租赁房屋无法使用，承租人请求解除合同的，人民法院应予支持……（三）租赁房屋具有违反法律、行政法规关于房屋使用条件强制性规定情况的。"根据这一规定，违反法律关于房屋使用条件的强制性规定的，只产生合同解除的法律后果，而并不导致合同无效。即当事人出租未经消防验收或消防验收不合格和经依法抽查不合格的房屋的，其所签订的租赁合同并不因此而无效。（柴永胜整理）

198. 租赁房屋未经消防验收合格不得投入使用，但不属于导致租赁合同无效的情形，承租人据此主张合同无效的，不予支持。

案件名称

再审申请人（一审原告、反诉被告，二审上诉人）金兴公司与被申请人（一审

被告、反诉原告，二审被上诉人）车站街道办事处房屋租赁合同纠纷案［（2021）豫民申5382号，2021.7.2］

🔍 裁判精要

河南省高级人民法院认为，关于涉案《商铺租赁合同》的效力问题。原《最高人民法院关于审理城镇房屋租赁合同纠纷案件具体应用法律若干问题的解释》第八条第（三）项规定：租赁房屋具有违反法律、行政法规关于房屋使用条件强制性规定情况的，导致租赁房屋无法使用，承租人请求解除合同的，人民法院应予支持。《中华人民共和国消防法》规定的消防验收，属于对房屋使用条件的规定。因此，本案即使存在金兴公司所称的车站街道办事处出租的房屋未经消防验收的情形，也不必然导致租赁合同无效。金兴公司主张涉案《商铺租赁合同》无效的理由不能成立。

✏️ 编者说明

原《最高人民法院关于审理城镇房屋租赁合同纠纷案件具体应用法律若干问题的解释》第八条关于解除合同的规定已经纳入《中华人民共和国民法典》第七百二十四条规定的调整范围。（赵静整理）

199. 联合建房的联建方未登记为房屋所有人但取得了房屋合法使用权的，其对外签订的租赁合同有效。

📡 案件名称

再审申请人（一审被告、二审上诉人）锐创公司与被申请人（一审原告、二审被上诉人）友信公司房屋租赁合同纠纷案［（2019）豫民再281号，2019.6.27］

🔍 裁判精要

河南省高级人民法院认为，关于友信公司有无诉权及案涉租赁合同的效力问题。友信公司通过与农行平顶山分行联合建房取得了涉案租赁房屋30年的合法使用权，虽然农行平顶山分行是涉案租赁房屋的所有权人，但对友信公司对外出租并不产生障碍，我国法律也无此方面的禁止性规定，锐创公司申请再审所引用的法律规定并不适用本案，友信公司对外签订租赁合同并不违反法律禁止性的规定，故原

审认定租赁合同合法有效并无不当，锐创公司认为友信公司没有诉权、合同无效之理由不能成立。本院不予支持。（柴永胜整理）

200. 违建部分占整体建筑的比例较小，且有关部门已进行了处罚，不宜以此认定整体出租合同无效。

案件名称 I

上诉人（原审原告）中国烟草总公司职工进修学院与被上诉人（原审被告）山东环山鱼翅皇宫大酒店有限公司、郑州市金水区银河湾皇宫大酒店、郑州市金水区东方威尼斯水世界大酒店房屋租赁合同纠纷案〔（2020）豫民终368号，2020.9.22〕

裁判精要

河南省高级人民法院认为，关于本案案涉房屋存在的未按规划许可证进行建设的问题，因案涉两栋楼均是整体出租，违建部分占整体建筑的比例较小，且有关部门已就该问题进行了处罚，不宜以此认定整体出租合同无效，故原审认定合同性质虽然不妥，但适用法律和处理结果正确。

编者说明

根据本判决文书原文，从合同目的看，案涉双方是合作建设学员公寓、餐厅，并非开发房地产进行出售，案涉两栋楼均是整体出租，违建部分占整体建筑的比例较小，且有关部门已就该问题进行了处罚，涉案合同目的可以实现，不宜认定整体出租合同无效。

案件名称 II

再审申请人（一审被告、二审上诉人）西安盛德行物业管理有限公司与被申请人（一审原告、二审被上诉人）西安饮食股份有限公司老孙家饭庄房屋租赁合同纠纷案〔（2021）陕民申550号，2021.3.13〕

裁判精要

陕西省高级人民法院认为，关于租赁合同效力的问题。《最高人民法院关于审理城镇房屋租赁合同纠纷案件具体应用法律若干问题的解释》第二条规定："出租人就未取得建设工程规划许可证或者未按照建设工程规划许可证的规定建设的房屋，与承租人订立的租赁合同无效。但在一审法庭辩论终结前取得建设工程规划许可证或者经主管部门批准建设的，人民法院应当认定有效。"第三条规定："出租人就未经批准或者未按照批准内容建设的临时建筑，与承租人订立的租赁合同无效。但在一审法庭辩论终结前经主管部门批准建设的，人民法院应当认定有效。租赁期限超过临时建筑的使用期限，超过部分无效。但在一审法庭辩论终结前经主管部门批准延长使用期限的，人民法院应当认定延长使用期限内的租赁期间有效。"第四条第一款规定："房屋租赁合同无效，当事人请求参照合同约定的租金标准支付房屋占有使用费的，人民法院一般应予支持。"本案中，被申请人系西安饮食股份有限公司的分公司，受托作为出租人与申请人于2009年9月17日签订为期17年的《房屋租赁合同》中，除主楼14层400m^{2}系违建及裙楼1~5层2296.13m^{2}无房屋产权证书外，其余租赁物符合租赁用途，故双方签订的租赁合同涉及主楼14层及裙楼1~5层的部分因违反上述强制性规定而无效。申请人在双方发生纠纷后认为被申请人向其提供的主楼14层和1~5层裙楼系违章建筑，且被申请人在二审时提供的公司批文仍不能证明上述房屋的合法性。经查阅，二审案卷中的证据材料显示，被申请人提交的不仅有其本公司的批复文件，还有西安市商业贸易委员会市商发字〔1996〕195号等文件，其中涉及1~5层裙楼的建设审批程序，但仍不能证明该裙楼的合法性。剩余9518.39m^{2}的租赁合同部分合法有效，受法律保护，双方应当按照合同约定全面履行各自的义务。申请人收房后于2009年11月2日、2010年6月24日分两次共交纳押金120万元，双方办理了资产交接手续后继续履行合同。故双方签订的房屋租赁合同的效力应根据上述情况区别认定处理。（雷军整理）

201. 一方提供土地一方出资合作建房，约定建成后房屋所有权归土地方，房屋使用权在约定期限内归出资方，且期限届满后出资方将房屋使用权返还提供土地一方的，应认定为房屋租赁合同法律关系。

案件名称

再审申请人（一审原告、二审上诉人）贵州贵客隆公司与被申请人（一审被告、二审上诉人）贵州省体育局、（一审被告、二审被上诉人）贵州省体育场地建设管理中心及原审第三人南明区房屋征收管理局合同纠纷案〔（2022）最高法民申153号，2022.4.27〕

裁判精要

最高人民法院认为，上述事实，特别是从双方签订合同的名称及内容可以看出，贵客隆公司享有的是支付租金后使用承租场地及房屋的权利，并且在租赁合同终止后，贵客隆公司应将承租的场地及房屋交还给省体育局，其与省体育局之间主要是租赁合同关系。虽然合同中存在由承租方建设商场并承担建设成本的约定，但省体育局在一定时间内通过收取较低标准租金的方式对承租人的建设成本已予以补偿，并且在建房过程中，均以省体育局作为建设主体，双方对场地的权属以及建成后的商场的权属均由省体育局享有并无争议，该部分法律关系体现出省体育局作为业主委托承租人代为修建房屋，并以少收取租金的方式对承租人的建筑成本进行对价补偿的关系。故双方之间实为租赁关系复合代建关系的合同关系。由于纠纷发生时，贵客隆公司仅享有支付租金后使用承租场地和房屋的权利，并不享有承租物的物权性质的权利，二审判决认为其与省体育局之间系租赁合同关系并非合作建房关系，适用法律并无错误。

编者说明

《最高人民法院关于审理涉及国有土地使用权合同纠纷案件适用法律问题的解释》（2020年修正）第二十四条规定："合作开发房地产合同约定提供资金的当事人不承担经营风险，只以租赁或者其他形式使用房屋的，应当认定为房屋租赁合同。"由此可知，认定合作开发房地产合同为房屋租赁合同的关键是"当事人不承担经营风险，只以租赁或者其他形式使用房屋"。（雷军整理）

202. 未经批准在以划拨方式取得使用权的国有土地上建成房屋进行出租，根据《中华人民共和国城市房地产管理法》第五十六条应当将租金中所含土地收益上缴国家，而非认定该房屋租赁合同无效。

案件名称

上诉人（原审原告）郑州自来水投资控股有限公司与被上诉人（原审被告）郑州水业投资管理有限公司、郑州奥胜实业有限公司、郑州凯隆商务服务有限公司、郑州水业科技发展股份有限公司、郑州水业工程有限公司合同纠纷案[（2019）豫民终59号，2019.12.25]

裁判精要

河南省高级人民法院认为，涉案综合楼的建设以"综合车间"的名义经过了批准，且按规划进行了建设，因而涉案综合楼的建设行为并不违反相关法律规定，根据《中华人民共和国城市房地产管理法》第五十六条关于"以营利为目的，房屋所有权人将以划拨方式取得使用权的国有土地上建成的房屋出租的，应当将租金中所含土地收益上缴国家"的规定，涉案当事人未经批准，在以划拨方式取得使用权的国有土地上建成房屋进行出租，应当将租金中所含土地收益上缴国家，而非认定该房屋租赁关系无效。

编者说明

《划拨土地使用权管理暂行办法》属部门规章，不能作为确认合同无效的依据；但未经批准而对外租赁划拨用地的租赁合同存在被判决无效的法律风险。（雷军整理）

203.《中华人民共和国村民委员会组织法》第二十四条第一款第（八）项以借贷、租赁或者其他方式处分村集体财产需要村民会议讨论决定的规定属于管理性规范，村委会未经村民会议讨论决定，将村集体房屋对外出租，并不必然导致租赁合同无效。

案件名称

再审申请人（一审被告、二审上诉人）姚某与被申请人（一审原告、二审被上诉人）邓州市古城街道办事处三里桥社区居民委员会田庄某组房屋租赁合同纠纷案[（2022）豫民申1773号，2022.5.24]

裁判精要

河南省高级人民法院认为，2013年6月29日，田庄某组将位于该组中间老会议室下三上二楼房一套及一间灶房和所占用的地皮等附属物一并租赁给姚某，租赁期限20年，双方签订《租房协议》后，姚某即付清了20年的租金52800元。姚某居住案涉房屋并对该房屋进行了装修和扩建，但装修及扩建房屋未征得田庄某组的书面同意，也未办理相关准建手续。姚某装修与扩建房屋的费用经鉴定为56058元。

关于案涉《租房协议》的效力问题，案涉房屋建造于20世纪80年代，建设工程规划许可制度始于2007年，根据法不溯及既往的原则，二审法院以案涉房屋未取得建设工程规划许可证为由认定协议无效不当。《中华人民共和国村民委员会组织法》第二十四条第一款第（八）项规定：以借贷、租赁或者其他方式处分村集体财产需要村民会议讨论决定；第二十八条第一款规定："召开村民小组会议，应当有本村民小组十八周岁以上的村民三分之二以上，或者本村民小组三分之二以上的户的代表参加，所作决定应当经到会人员的过半数同意。"案涉房屋系集体所有，田庄某组将其出租给姚某，未经村民会议讨论决定，案涉《租房协议》虽有部分群众代表签字确认，但姚某并未提交证据证明签字群众系推选出的村民代表，签字人数达到三分之二或者其签字行为事先获得村民会议的授权或者事后得到了村民小组的追认，前述规定虽然为管理性规范，违反前述规范并不必然导致协议无效，但一审法院考虑到姚某与田庄某组时任组长唐某华系母子关系以及租金等因素，确认案涉协议无效的处理结果并无不当。故原审法院虽适用法律错误，但认定案涉协议无效的结果正确，本案没有启动再审的必要。（徐润浈整理）

第二节 租金

204. 租赁房屋被鉴定为危房后,承租人明知是危房而继续使用租赁房屋,应视为对房屋现状的认可,应当支付租金。

案件名称

再审申请人(一审被告、二审上诉人)程某忠与被申请人(一审原告、二审被上诉人)上蔡县第一初级中学房屋租赁合同纠纷案〔(2019)豫民申962号,2019.6.24〕

裁判精要

河南省高级人民法院认为,程某忠、上蔡县第一初级中学对案涉租赁合同的真实性、双方自合同期满后未续订书面租赁合同、程某忠对本案诉争房屋在合同期满后进行使用的事实均不持异议。在程某忠与上蔡县第一初级中学之间形成不定期的租赁关系后,程某忠作为承租人,应当及时向出租人上蔡县第一初级中学支付租金。经上蔡县第一初级中学催交租金后,程某忠仍未履行支付租金义务,上蔡县第一初级中学为此请求解除其与程某忠之间的不定期租赁关系、要求程某忠支付使用其房屋期间的欠付租金,符合法律规定。程某忠称"上蔡县第一初级中学出租的房屋系危房影响其使用、上蔡县第一初级中学请求其支付租金缺乏正当性",根据查明的事实,在本案诉争房屋被鉴定机构鉴定为危房后,上蔡县第一初级中学多次通知程某忠搬出本案诉争房屋,程某忠明知危房而拒不搬出并继续使用房屋至现在,且在租赁期间内未以口头或书面的方式向上蔡县第一初级中学明示解除合同,应视为其对房屋现状的认可,故生效判决对程某忠的该理由不予支持并无不当。驻中亚资评字(2017)第048号资产评估报告书系一审法院委托有鉴定资质的鉴定机构经现场查勘后对同类房屋租金标准作出的鉴定意见,鉴定程序合法,程某忠辩称该资产评估报告书缺乏正当性、科学性,但未提交证据予以证明,生效判决以该资产评估报告书作为认定本案诉争房屋租金的依据,并无不当。(柴永胜整理)

205. 出租人出租的部分房屋存在权利瑕疵，致使承租人整体租赁的房屋因经营上具有不可分割性而受到重大影响的，承租人可行使不安抗辩权，有权暂缓支付房屋租金、管理费等费用。

案件名称

上诉人（原审原告、反诉被告）海韵置业公司与上诉人（原审被告、反诉原告）天鹰地产公司、天鹰物业公司房屋租赁合同纠纷案［（2021）豫民终1081号，2021.12.30］

裁判精要

河南省高级人民法院认为，2017年4月，部分个人业主将天鹰地产公司、天鹰物业公司和海韵置业公司诉至法院时，海韵置业公司已经得知天鹰地产公司、天鹰物业公司出租的房屋存在权利瑕疵，且该瑕疵足以导致双方租赁协议的解除。在此情况下，一审判决认定海韵置业公司暂缓支付房屋租金和管理费系行使不安抗辩权的合理需要，并据此驳回天鹰地产公司、天鹰物业公司要求海韵置业公司支付逾期付款违约金的诉讼请求具有事实和法律依据。

天鹰地产公司、天鹰物业公司出租给海韵置业公司的房屋共计692户，其中包含出售给个人业主的129户。海韵置业公司整体租赁用于经营酒店、餐饮、超市等，该692户房屋在使用性能上具有不可分割性。部分个人业主起诉要求天鹰地产公司、天鹰物业公司和海韵置业公司向其返还房屋，势必影响到海韵置业公司对整体租赁房屋的使用。因此，天鹰地产公司、天鹰物业公司以其名下房产达13000多平方米，海韵置业公司对其名下自有房屋部分的租金不存在对待给付的现实危险为由，主张海韵置业公司不享有不安抗辩权不能成立。（程卫强整理）

206. 房屋租赁合同中，出租方在转供水、电环节加价牟利的，不予支持。

案件名称

再审申请人（一审原告、反诉被告，二审上诉人）李某与被申请人（一审被告、反诉原告，二审被上诉人）黄河中学房屋租赁合同纠纷案［（2021）豫民再9号，2021.3.15］

裁判精要

河南省高级人民法院认为，关于李某应支付水电费数额的问题。自2017年11月起，黄河中学按照每吨水6.76元、每度电1.3元的标准收取李某水电费。对此李某不予认可，并主张水费应当按照每吨5.95元，电费应按每度0.6125元收取，黄河中学应退还多收取的水电费。再审中，黄河中学称其收取水电费是在市场价的基础上增加了合理的服务费、线损费等费用，符合黄河水利委员会机关服务局制定的收费标准，但黄河水利委员会机关服务局并非制定水电费价格标准的权力机关。水、电等公共基础服务设施是由国家权力介入或公共资源投入的基础性服务，具有一定的公益性质，出租方不应利用其在租赁合同关系中的优势地位，在转供水、电环节加价牟利。黄河中学在市场价基础上多收取水电费缺乏合同依据及法律依据，故李某请求黄河中学退还多收取水电费部分中的3万元理由成立，应予支持。（程卫强整理）

207. 出租人未履行供电等义务，承租人据此拒绝交纳租金的，出租人再以承租人拒交租金为由请求解除合同的，不予支持。

案件名称

再审申请人（一审被告、二审上诉人）艺之聪公司与被申请人（一审原告、二审被上诉人）利湾公司房屋租赁合同纠纷案〔（2020）豫民申3369号，2020.8.31〕

裁判精要

河南省高级人民法院认为，关于艺之聪公司能否依约解除合同的问题。双方《房屋租赁合同》第二条约定"乙方应在每年的4月11日把当年的租金交付甲方，最长拖延时间不得超过十天。否则，甲方有权终止与乙方所签合同。水、电费不含在租金内，单独按乙方实际用量结算，每月二十日结算一次，不得拖延"。河南省郑州市中级人民法院（2019）豫01民终23758号民事判决认定，2018年5月至9月汉庭酒店用电量为空载损耗、河南省郑州市金水区人民法院（2020）豫0105刑初176号刑事判决查明的薛某寻衅滋事的犯罪事实，可以证明艺之聪公司的实际负责人薛某与利湾公司就房租问题协商未果后，未依约履行供电义务。利湾公司在交纳2018年4月至2019年4月期间1年房租后却无法正常经营的情况下，未依约交纳2019年4月至2020年4月的房租的行为应视为行使同时履行抗辩权，不应成为艺之聪公司请求单方解除合同的事由,故艺之聪公司关于利湾公司未依约支付房租,应依约解除合同的申请理由不能成立。此外,对薛某寻衅滋事的行为是不是在执行艺之聪公司决策的职务行为再审时应一并查明。(程卫强整理)

208. 房屋租赁合同终止且已经结算的情况下,出租人认为承租人部分租金未支付且不能有效举证的,其主张不予支持。

案件名称

再审申请人(一审被告、二审上诉人)中盛公司与被申请人(一审原告、二审被上诉人)大象出版社房屋租赁合同纠纷案[(2020)豫民再129号,2020.6.2]

裁判精要

河南省高级人民法院认为,关于中盛公司是否拖欠大象出版社租金的问题。第一,本案中,大象出版社与中盛公司于2017年2月24日签订的《终止协议》系双方真实意思表示,并不违反法律、行政法规强制性规定,合法有效,双方均应依约履行。从《终止协议》内容来看,双方确认中盛公司拖欠大象出版社2016年10月25日至2017年1月26日三个月房租72430元及电费10532元,并已结清。《终止协议》第四条明确约定:"自本协议签订之日起双方各项费用已结清,不再有任何债权债务纠纷。"因此,该协议实际是对双方《合作协议》履行的整体结算,其能够证明中盛公司并未拖欠大象出版社租金的事实。第二,从租赁合同履行的交易习惯看,大象出版社作为正规的事业单位,应当有完整的账目记载,其认可2016年7月至9月租金已支付,但认为2016年4月至6月租金未付,不符合交易习惯。第三,在中盛公司提交了《终止协议》证明双方对租赁期间的拖欠费用结算完毕的情况下,大象出版社仍主张中盛公司拖欠租金等费用的请求,但未提供相关证据予以证明,本院不予支持。(程卫强整理)

209. 在租赁合同中,承租人是否能够交纳欠付租金是认定租赁合同是否存在合同目的不能实现情形的主要依据。

案件名称

再审申请人(一审原告、二审被上诉人)中闰盈公司与被申请人(一审被告、

二审上诉人）管某房屋租赁合同纠纷案［（2021）豫民申 7924 号，2021.11.19］

裁判精要

河南省高级人民法院认为，出租人中闰盈公司与承租人管某订立租赁合同的目的是出租人收取租金，承租人支付一定租金后依法依约占有、使用租赁物并获取经济利益。其中，出租人在交付租赁物后有权根据合同约定收取租金，承租人也应依照合同的约定按期交纳租金。涉案租赁合同是否继续履行要根据双方履行合同的具体情况、是否存在违约、合同目的能否实现等情况而定，亦有赖于一方对合同相对方的信赖程度。具体到本案，合同能否继续履行需要中闰盈公司能够保证房屋的适租和管某能够按照约定支付租金，基于原审查明和再审审查中询问可知管某在签订租赁合同后严重拖欠租金，其称可以再转租给雷漾姿公司后交纳租金，而事实上涉案合同不允许转租且雷漾姿公司作为实际使用人在本案发生之前已经拖欠中闰盈公司租金形成诉讼。管某在此情况下如期待继续履行合同，承租涉案房屋，应积极提供自己能够支付租金的证据取得合同相对方的信赖，然而本案诉讼期间管某仍然未支付所拖欠租金，导致中闰盈公司损失进一步扩大。因此，管某是否能够交纳欠付租金是认定本案是否存在合同目的不能实现情形的主要依据，再审期间可进一步查明管某是否有能力继续履行该合同，并作出合理裁决。

编者说明

《中华人民共和国民法典》第七百零三条规定："租赁合同是出租人将租赁物交付承租人使用、收益，承租人支付租金的合同。"由此可知，出租人在租赁合同中的主要合同权利是获取租金收益。（赵静整理）

210. 租赁合同约定承租方逾期支付租金，出租方有权解除租赁合同，因承租方逾期支付租金非主观恶意并同意履行租金交纳义务，不影响合同目的实现，出租方请求解除租赁合同不予支持。

案件名称

上诉人（原审原告）河南华垦油脂有限公司管理人（以下简称××）与被上诉人（原审被告）丰润公司房屋租赁合同纠纷案［（2020）豫民终 794 号，2020.8.28］

裁判精要

河南省高级人民法院认为，根据原审查明的事实，双方对于涉案两份租赁合同的效力及丰润公司欠付租金的事实均无异议。关于××解除双方签订的两份租赁合同的请求是否成立的问题。根据涉案租赁合同第十条约定，乙方（丰润公司）逾期支付租金超过一个月，甲方（××）有权解除租赁合同，依据该条款，在丰润公司逾期支付租金超过一个月的情况下，合同约定解除条件已经成就；但丰润公司已履行合同义务118万元，未履行主要合同义务确系公司账户因另案诉讼被查封导致不能支付租金而非主观恶意，且丰润公司作为国有控股公司，在本案诉讼过程中一直明确表示待该阻却租金支付情形消失后即可支付欠付租金，不影响合同目的实现，况且涉案租赁物系用于国家粮食储备，在"六稳""六保"的大背景下，综合考虑以上因素，原审以××请求解除涉案租赁合同可能波及国家储备粮的安全为由，对××的请求不予支持，符合相关法律政策，××请求解除涉案合同本院不予支持。

编者说明

案涉承租方系因银行账户被查封无法支付租金，并非主观恶意，且承租方为国有控股公司、租赁物系用于国家粮食储备，在承租方尽力履约的情况下，法院会依据相关法律法规、政策规定和公平原则进行裁判，保障合同当事人的合法权益。

211. 租赁合同中，出租人以承租人迟延支付租金达到了合同约定的解除条件为由请求解除合同的，若迟延履行的违约情形轻微，且不影响合同目的实现，出租人请求解除合同，不予支持。

案件名称

再审申请人（一审被告、二审被上诉人）濮阳万达公司与被申请人（一审原告、二审上诉人）周某威房屋租赁合同纠纷案〔（2021）豫民申9767号，2022.2.8〕

裁判精要

河南省高级人民法院认为，关于濮阳万达公司主张的涉案租赁合同系周某威违约解除的理由。本案中，双方均认可涉案租赁合同于2021年4月30日解除。对于合同解除的原因，濮阳万达公司主张系因周某威三次违约迟延交付租金，濮阳万达公司依据涉案租赁合同中约定的"在租赁期限内，若乙方延迟交纳租金或物业服务费或能源费用或其他应付费用等累计超过3次（含本次），则甲方也有权单方解除本合同，并由乙方承担导致合同终止的违约责任"，于2021年4月27日向周某威发送解约函，主张解除涉案租赁合同并没收履约保证金。但对于合同约定的解除条件成就时，守约方以此为由请求解除合同的，应当审查违约方的违约程度是否显著轻微，是否影响守约方合同目的的实现，根据诚信原则确定合同是否解除。如果违约方的违约情形显著轻微，不影响守约方合同目的实现，守约方请求解除合同，不予支持。经审查，濮阳万达公司主张的周某威三次迟延交付租金的情形分别是：2020年6月19日应付的租金迟延至6月20日支付，2020年11月20日应付的租金迟延至11月22日支付，2021年3月20日应付的租金迟延至3月22日支付，该违约情形显著轻微，且周某威已经实际支付租金至2021年4月，迟延支付租金并不影响合同目的的实现，故应对濮阳万达公司行使合同解除权适当限制。二审判决认定双方并无明显违约情况，以及未支持濮阳万达公司主张的合同解除权，具有事实和法律依据。并且，本案中，周某威于2020年12月1日向濮阳万达公司提出撤柜申请，实质是主张提前解除合同。周某威提交的其与濮阳万达公司人员微信及电话沟通记录情况，也说明双方对提前解除合同进行过协商。依据涉案租赁合同中约定的"在甲乙双方协商达成书面一致后，乙方经提前九十天书面通知甲方，可提前解除本合同，除履约保证金不予返还外，无须承担本合同项下其他违约责任"，周某威已经提前90天进行通知，并于2021年4月30日撤柜，符合双方协商一致解除合同的情形，故二审判决认定双方协商一致解除合同的事实依据充分。（徐润涢整理）

212. 公司股东认缴出资，享有期限利益，但公司无可供执行财产时，出资义务加速到期，应在未出资范围内对公司不能清偿的房屋租金承担补充责任。

案件名称

再审申请人（一审被告、二审上诉人）吴某群、（一审被告）常某雷与被申请人（一审原告、二审被上诉人）凯瑞公司及一审被告（二审上诉人）宴宾楼公司、一审第三人姬某园房屋租赁合同纠纷案〔（2021）豫民申8206号，2021.12.23〕

🔍 裁判精要

河南省高级人民法院认为,《中华人民共和国公司法》第二十条第二款规定:"公司股东滥用股东权利给公司或者其他股东造成损失的,应当依法承担赔偿责任。"《最高人民法院关于适用〈中华人民共和国公司法〉若干问题的规定(三)》第十三条第二款规定:"公司债权人请求未履行或者未全面履行出资义务的股东在未出资本息范围内对公司债务不能清偿的部分承担补充赔偿责任的,人民法院应予支持;未履行或者未全面履行出资义务的股东已经承担上述责任,其他债权人提出相同请求的,人民法院不予支持。"最高人民法院关于印发《全国法院民商事审判工作会议纪要》的通知第六条规定:"在注册资本认缴制下,股东依法享有期限利益。债权人以公司不能清偿到期债务为由,请求未届出资期限的股东在未出资范围内对公司不能清偿的债务承担补充赔偿责任的,人民法院不予支持。但是,下列情形除外:(1)公司作为被执行人的案件,人民法院穷尽执行措施无财产可供执行,已具备破产原因,但不申请破产的;(2)在公司债务产生后,公司股东(大)会决议或以其他方式延长股东出资期限的。"本案系再审案件,在本案终审判决生效后,凯瑞公司向法院申请强制执行,根据河南省洛阳市洛龙区人民法院反馈的财产查询信息,宴宾楼公司没有可供执行的财产,不足以偿还本案凯瑞公司200余万元的债权,已经符合资不抵债的情形。法律规定股东认缴股份享有期限利益,立法本意也是为了防止发生个别清偿,损害公司经营、股东利益及其他债权人利益,但吴某群、常某雷也没有提交证据证明可能存在上述情形。吴某群、常某雷认缴出资期限为20年,未向宴宾楼公司投入经营资金,宴宾楼公司没有正常开展经营,明显不具备偿债能力。另外,常某雷对于一审判决判令其承担责任并未上诉,视为对一审判决结果的认可。根据一、二审查明的事实,吴某群用自己的账户缴纳租金,证明吴某群与宴宾楼酒店财产存在混同。所以基于本案审查的程序,结合执行过程中查明的财产情况,如果不支持吴某群、常某雷承担责任,明显与法律的善良本意相悖。故虽然生效判决适用法律不当,但裁判结果适当,吴某群、常某雷申请再审的理由不能成立。(赵静整理)

第三节 合同解除

213. 房屋租赁合同签订后，因市政工程施工围堵道路等造成承租人承租房屋进行经营的目的无法实现，双方当事人对此均无过错，亦不存在违约。

案件名称

再审申请人（一审被告、反诉原告，二审上诉人）西屋科技公司与被申请人（一审原告、反诉被告，二审被上诉人）王某房屋租赁合同纠纷案〔（2018）豫民申9279号，2019.3.14〕

裁判精要

河南省高级人民法院认为，王某与西屋科技公司签订《毛庄社区商铺租赁合同书》后，与涉案房屋相邻的两条道路因道路、地铁施工，建有围挡，对涉案房屋的经营客观上造成了较大影响，致使王某租赁商铺进行经营的目的无法实现，双方当事人对此均无过错，亦不存在违约。考虑本案的实际情况，双方均同意解除合同并在一审庭审后交接完毕。王某对涉案商铺的水电部分进行了装修，但因客观情况没有经营闲置至合同解除、商铺交接，该装修部分又无偿交付给了西屋科技公司，故生效判决判令西屋科技公司将其收取王某的租金、押金、装修保证金予以返还，并对西屋科技公司主张王某需支付拖欠的租金的请求不予支持并无不当。（柴永胜整理）

214. 出卖人先售后租，将商铺租赁给物业公司统一经营。商铺的建筑面积进行了概念分割，商铺之间无固定界线，房屋产权为虚拟的收益权属，无独立使用价值，出租人不能要求返还商铺。

案件名称

再审申请人（一审原告、二审上诉人）王某紧与被申请人（一审被告、二审被

上诉人）平顶山鼎峰物业服务有限公司房屋租赁合同纠纷案〔（2018）豫民申9497号，2019.4.23〕

🔍 裁判精要

河南省高级人民法院认为，2006年王某紧、王某婷与河南佳田实业集团有限公司（以下简称佳田集团公司）签订商品房买卖合同一份，购买佳田集团公司位于平顶山市中兴路与建设路交叉口佳田国际大厦1楼A007号、2楼B105号、3楼C116号商铺，面积分别为14.2平方米、21.1平方米、17.8平方米，王某紧、王某婷已付清该商铺全部价款。王某紧、王某婷支付合同价款后，与佳田集团物业管理有限公司（以下简称佳田物业公司）签订了租赁合同，将商铺租赁给该公司统一经营。后佳田物业公司注销，新成立的河南鼎峰物业服务有限公司（以下简称河南鼎峰物业公司）和平顶山鼎峰物业服务有限公司继承了佳田物业公司的权利义务。至2015年6月，因办理房产证问题，王某紧与佳田集团公司产生纠纷，王某紧要求返还商铺并赔偿房屋占用费，双方协商未果，王某紧诉至法院。2016年6月6日，平顶山市新华区人民法院审理后作出（2017）豫0402民初3508号民事判决，认为佳田国际大厦只对商铺的建筑面积进行概念分割，商铺之间无固定界线，王某紧的房屋产权为虚拟的收益权属，无独立使用价值，王某紧要求返还商铺的诉讼请求，缺乏事实和法律依据，不予支持，关于商铺是否为独立商铺、是否应予返还、是否存在租赁关系的问题，已经生效法律文书予以认定，本案不再另行审查。（柴永胜整理）

215. 出租房屋为军产，租赁合同签订后，政策要求出租人停止一切营利性活动。该等情况属于情势变更，可以判决解除租赁合同。

📡 案件名称

再审申请人（一审被告、二审上诉人）张某玲与被申请人（一审原告、二审被上诉人）范县武装部房屋租赁合同纠纷案〔（2018）豫民申10226号，2019.1.21〕

🔍 裁判精要

河南省高级人民法院认为，关于范县武装部与张某玲之间2001年4月16日的《房屋租赁合同》、2001年6月20日的《房屋租赁合同补充条款》和2004年10月1日的《房屋租赁合同》中未超过20年的部分是否应当解除的问题。本案中范县武装部提供了中国共产党中央军事委员会《关于军队和武警部队全面停止有偿服务活动的通知》（军发〔2016〕58号）的文件，该文件要求人民军队停止一切营利性活动。范县武装部与张某玲签订上述合同后客观情况发生了在订立合同时无法预见的、非不可抗力造成的不属于商业风险的重大变化，二审认定该情形符合《最高人民法院关于适用〈中华人民共和国合同法〉若干问题的解释（二）》第二十六条的规定，判决解除上述合同并无不当。

编者说明

原《最高人民法院关于适用〈中华人民共和国合同法〉若干问题的解释（二）》（于2021年1月1日失效）第二十六条规定："合同成立以后客观情况发生了当事人在订立合同时无法预见的、非不可抗力造成的不属于商业风险的重大变化，继续履行合同对于一方当事人明显不公平或者不能实现合同目的，当事人请求人民法院变更或者解除合同的，人民法院应当根据公平原则，并结合案件的实际情况确定是否变更或者解除。"该条内容已被《中华人民共和国民法典》作为情势变更原则吸收，即第五百三十三条第一款规定的"合同成立后，合同的基础条件发生了当事人在订立合同时无法预见的、不属于商业风险的重大变化，继续履行合同对于当事人一方明显不公平的，受不利影响的当事人可以与对方重新协商；在合理期限内协商不成的，当事人可以请求人民法院或者仲裁机构变更或者解除合同"。合同成立后，出现重大情势变更，在合理期限内协商不成的，当事人可以请求变更或者解除合同。（柴永胜整理）

216. 出租方明知房屋因政策性原因不得出租，虽在合同中约定因政策性原因可以解除合同，而后再以政策为由请求解除合同，不予支持。

案件名称

再审申请人（一审原告、反诉被告，二审上诉人）李某与被申请人（一审被告、反诉原告，二审被上诉人）黄河中学房屋租赁合同纠纷案〔（2021）豫民再9号，2021.3.15〕

裁判精要

河南省高级人民法院认为，关于案涉《房屋租赁合同》及《房地产租赁契约之补充协议（之二）》是否符合解除条件的问题。合同的解除分为约定解除和法定解除。本案中，黄河中学主张因发生政策变化，案涉《房屋租赁合同》及《房地产租赁契约之补充协议（之二）》符合约定解除的条件。双方在上述合同中约定，由于政策变化以及其他原因，导致房屋不能出租，须提前3个月通知对方。黄河中学依据郑州市教育局郑教财〔2017〕56号通知的要求，提前3个月向李某发出了解除通知。而郑州市教育局上述通知第三条规定，今后各单位不得将国有资产出租、出借。对出租、出借合同已到期的国有资产应及时收回，不得再租，收回的国有资产，要及时调整用于为单位教育教学服务，为学生的全面发展提供保障。其中，对于租赁合同尚未到期的情形未作出明确规定，并未要求出租方立即解除合同。该文件作出的时间是2017年5月5日，黄河中学在明知有该文件的情况下，仍于2017年9月1日与李某签订《房地产租赁契约之补充协议（之二）》，故本案不符合约定解除的条件。（程卫强整理）

217. 在未就解除合同达成一致，也未通过诉讼程序解决的情况下，出租人即单方发出解除合同通知，组织人员在承租人不在场时清理现场，且将承租人的设备拆除，对此给承租人造成的损失存在一定过错，应当承担损失赔偿责任。

案件名称 I

再审申请人（一审被告、二审上诉人）汉亦京公司与被申请人（一审原告、二审被上诉人）王某房屋租赁合同纠纷案〔（2019）豫民申7844号，2019.12.29〕

裁判精要

河南省高级人民法院认为，关于汉亦京公司强制拆除清场是否存在过错的问题。汉亦京公司在房屋租金支付方面与王某协商未果，在未通过诉讼解决双方争议的情况下，单方面认定双方合同已解除，并组织相关人员在王某不在场时对王某已装修试营业的商铺进行拆除清场处理，该行为既不理性，也实属不当，既不利于双方问题的解决，也给王某造成了一定的损失，故生效判决认定汉亦京公司存在一定过错，应当承担赔偿损失责任具有事实和法律依据。

编者说明

出租人应该严格遵守提前告知义务和解除租赁合同通知义务，否则，可能会被认定解除合同条件未成就，存在承担侵权责任的风险。

案件名称 Ⅱ

上诉人（原审原告、反诉被告）吕某征与被上诉人（原审被告、反诉原告）金跃公司租赁合同纠纷案［（2015）青民二终字第2号，2015.3.10］

裁判精要

青海省高级人民法院认为，金跃公司与吕某征签订的《厂房租赁合同》是当事人真实意思表示，不违反国家法律法规强制性规定，合法有效。双方应恪守约定履行合同义务。但在双方租赁合同履行期间，金跃公司作为出租人在未与承租人吕某征协商的情况下，擅自将租赁物经由第三方进行拆除。一审法院于2013年8月30日现场勘查及2014年10月29日现场实测以及现场照片等证据证实，吕某征租赁的四间平房和二层楼已被实际拆除，厂房生产车间屋顶边少部分防水层被拆除破坏。根据合同法第二百一十六条规定，出租人应当按照约定将租赁物交付承租人，并在租赁期间保持租赁物符合约定的用途。出租人金跃公司未与承租人协商一致，经由第三方对租赁物强行拆除的行为违反合同约定，构成违约。（雷军整理）

218. 出租人长期不向承租人主张租金，也未通知承租人解除合同返还租赁物，不积极采取措施任由损失继续扩大，又对其怠于行使出租人权利而造成的扩大损失要求赔偿的，不予支持。

案件名称 Ⅰ

再审申请人（一审被告、二审上诉人）杨某军与被申请人（一审被告、二审被上诉人）朝鑫公司、梁某倩、（一审原告、二审被上诉人）刘某平房屋租赁合同纠纷案［（2019）豫民申8084号，2019.12.18］

裁判精要

河南省高级人民法院认为，涉案租赁协议于2012年8月30日签订，租赁期限自2012年9月1日至2014年8月31日，付款方式为：入住之日交租金至次年同月前一日，每次支付一年租金，续租租金提前三个月交纳。合同签订后，朝鑫公司向刘某平交纳租金至2013年12月，此后再未支付过租金。朝鑫公司于2017年6月被工商行政管理局吊销营业执照。刘某平直至2017年10月12日才提起诉讼要求偿还拖欠将近四年的租金233200元。《中华人民共和国合同法》第一百一十九条规定，当事人一方违约后，对方应当采取适当措施防止损失的扩大；没有采取适当措施致使损失扩大的，不得就扩大的损失要求赔偿。在长达将近四年的时间里，刘某平不向承租人主张租金，未通知承租人解除合同、腾房，不积极采取措施任由损失继续扩大。对其怠于行使出租人权利而造成的扩大损失，原审判决仍判令由朝鑫公司及其股东承担，适用法律明显错误。杨某军的再审申请理由符合《中华人民共和国民事诉讼法》第二百条第（六）项规定的情形。

编者说明

指令河南省洛阳市中级人民法院再审本案。

案件名称Ⅱ

再审申请人（一审原告、反诉被告、二审上诉人）润家超市与被申请人（一审被告、反诉原告、二审被上诉人）王××租赁合同纠纷案［（2021）陕民申119号，2021.2.23］

裁判精要

陕西省高级人民法院认为，当事人一方违约后，对方应采取适当措施防止损失的扩大；没有采取适当措施致使损失扩大的，不得就扩大的损失要求赔偿。本案中，双方于2017年11月24日签订为期一年的《房屋租赁合同》合法有效，受法律保护，双方应该按照合同约定履行各自的义务。该合同第十六条第五款和第六款第六项对合同的终止或解除作出了"乙方未经甲方书面同意自行停业或变相不营业超过2日或擅自搬走的，视为乙方单方提前终止本合同，甲方有权追究乙方违约责任，追索乙方拖欠的款项，对该店面甲方有权另行出租""乙方未经甲方书面同意继续占用租赁店面的，甲方有权要求乙方立即搬出该占用店面，在本合同未续约终止或提前终止之日起2日内乙方仍不搬出，甲方有权对乙方强行清场，损失由乙方自行承担，并且甲方有权依法律程序追索乙方因上述留驻行为所发生的一切损失和费用，并且乙方应就实际占用时间按日支付场地占用费给甲方（场地日占用费的标准为末月租金的2倍）"的详细约定，明确了承租方逾期交纳相关费用的不利法律后果及出租人为防止损失扩大有权采取相应的强行处置措施。润家超市在承租人不如期交纳租金后进行发函通知逾期搬离的不利后果，且在承租人拒不搬离的情形下，并未依约采取相应的合法强行清场措施实现其合法权益，不得就扩大的损失要求承租人赔偿。原审法院据此未予支持润家超市关于承租人承担全部扩大损失之请求，判决其自行承担损失扩大的责任并无不当。（雷军整理）

219. 承租人签订房屋租赁合同时，对出租房屋的产权应进行核查，后因出租人不具有产权导致租赁合同无法履行而解除的，承租人未尽到审慎注意义务，也存在一定过错，应承担部分责任。

案件名称

上诉人（原审原告、反诉被告）海韵置业公司与上诉人（原审被告、反诉原告）天鹰地产公司、天鹰物业公司房屋租赁合同纠纷案〔（2021）豫民终1081号，2021.12.30〕

裁判精要

河南省高级人民法院认为，海韵置业公司租赁案涉房屋进行酒店、餐饮、超市等经营活动，投资巨大，其作为涉案房屋的承租人，在与出租人天鹰地产公司签订房屋租赁合同时，对天鹰地产公司是否对出租房屋拥有合法所有权进行核查，是其享有的合法权利，也是其规避风险应尽的注意义务，但海韵置业公司未能尽到该项审慎注意义务，致使案涉租赁协议无法继续履行。在个人业主诉天鹰地产公司、天鹰物业公司和海韵置业公司侵权责任纠纷一案以及海韵置业公司诉天鹰地产公司、天鹰物业公司追偿纠纷一案的生效判决中，均已经对海韵置业公司未尽到审慎注意义务的过错责任作出了认定。因此，本案一审判决认定海韵置业公司对涉案房屋租赁协议的解除负有一定责任具有事实依据。（程卫强整理）

220. 承租方在租赁期间终止租赁合同的，负有返还租赁物的义务。合同到期前承租方搬离租赁房屋，单方终止合同，既未向出租方发出解除通知，亦未返还租赁房屋，应承担未及时返还租赁房屋的租金损失。

案件名称

再审申请人（一审原告、二审上诉人）赢顺公司与（一审被告、二审被上诉人）被申请人灿迪公司、吴某伟房屋租赁合同纠纷案〔（2020）豫民申792号，2020.5.20〕

裁判精要

河南省高级人民法院认为，《中华人民共和国合同法》第二百三十五条规定，"租赁期间届满，承租人应当返还租赁物。返还的租赁物应当符合按照约定或者租赁物的性质使用后的状态"。举重明轻，承租人在租赁期间终止租赁合同的，亦负有返还租赁物的义务。本案中，灿迪公司于2016年12月31日前搬离租赁房屋，单方终止合同，既未向出租人发出解除通知，亦未返还租赁房屋，故其应对未及时返还租赁房屋造成的房屋租金损失负有违约赔偿责任。因此，二审判决以灿迪公司已从案涉商铺撤场，并未实际使用该商铺为由，驳回赢顺公司主张的灿迪公司提前退铺造成的租金损失，适用法律错误。

编者说明

租赁合同终止时，承租人应将租赁物返还出租人。逾期不返还，即构成违约，须给付违约金或逾期租金，并须承担逾期期间租赁物可能出现的风险。（雷军整理）

221. 房屋租赁合同解除后，承租人未按合同约定恢复原状、返还房屋的，应当承担合同解除后房屋的占用损失。

案件名称

再审申请人（一审原告、二审上诉人）润恒公司与再审申请人（一审被告、二审上诉人）常某义及一审第三人张某红、康某辉房屋租赁合同纠纷案〔（2021）豫民申5263号，2021.8.24〕

裁判精要

河南省高级人民法院认为，租赁合同解除后，常某义按照合同约定，负有恢复原状、返还房屋的义务，在常某义没有证据证明已积极履行上述义务的情况下，生效判决判令常某义承担合同解除后的占用损失并无不当。综上，润恒公司、常某义的再审申请不符合《中华人民共和国民事诉讼法》第二百条规定的情形。

编者说明

《中华人民共和国民法典》第五百六十六条第一款规定："合同解除后，尚未履行的，终止履行；已经履行的，根据履行情况和合同性质，当事人可以请求恢复原状或者采取其他补救措施，并有权请求赔偿损失。"房屋租赁法律关系中，合同解除后，承租人应当按照合同约定标准向出租人返还租赁房屋，如未能按照约定及时返还房屋，则出租人损失主要体现为房屋占用期间租金损失，承租人应予赔偿。（赵静整理）

222. 租赁合同解除后，承租人应按合同约定恢复租赁物正常使用状态，否则应当承担由此产生的费用。

案件名称

再审申请人（一审原告、反诉被告，二审上诉人）伟嘉公司与被申请人（一审被告、反诉原告，二审被上诉人）和源公司房屋租赁合同纠纷案〔（2021）豫民申5798号，2021.8.23〕

裁判精要

河南省高级人民法院认为，关于双方合同的解除，伟嘉公司仅提供了案涉养殖场内生猪死亡的证据，但并未举证证明案涉养殖场发生非洲猪瘟导致生猪死亡的不可抗力，直接导致养殖场失去养殖功能而无法正常使用。生效判决根据在案证据，认定案涉养殖场于2019年8月27日由案外人实际承租并正常使用，判决双方租赁合同及补充协议于2019年8月27日解除并无不当。关于租金与违约金的认定，双方合同于2019年8月27日解除，在此之前，伟嘉公司应按合同约定向和源公司支付相应租金。同时，伟嘉公司作为违约方，应按合同约定支付相应的违约金。原审法院判决伟嘉公司按照合同约定标准支付相应的租金和违约金，依据充分。关于消毒、清理、维修费用的认定，根据双方合同约定，伟嘉公司在离场前交付的养殖场应符合正常使用状态，即对案涉养殖场进行消毒、清理与维修是伟嘉公司离场前的义务。伟嘉公司交付的养殖场不符合正常使用条件，对此养殖场的消毒、清理、维修费用应由伟嘉公司承担，而和源公司提供的证据已证明其支付了该笔费用，生效判决判令伟嘉公司向和源公司承担支付责任亦无不当。综上，伟嘉公司的再审申请不符合《中华人民共和国民事诉讼法》第二百条规定的情形。（赵静整理）

223. 租赁合同解除，承租方搬离后未及时办理返还租赁房屋的交接手续，造成出租方租金损失的，承租方应承担部分赔偿责任。

案件名称Ⅰ

再审申请人（一审被告、反诉原告、二审上诉人）玉柴公司郑州分公司、（一审被告、二审上诉人）玉柴公司与被申请人（一审原告、反诉被告、二审被上诉人）中博公司房屋租赁合同纠纷案［（2020）豫民申1079号，2020.5.28］

裁判精要

河南省高级人民法院认为，关于玉柴公司及其郑州分公司主张的一审判决未认定中博公司赔偿玉柴公司郑州分公司搬迁费用损失错误的理由。本案中，玉柴公司郑州分公司反诉主张其搬迁系遵循政府文件要求进行。经原审法院审理查明，本案双方合同因政府规划需要案涉租赁场地外迁而提前解除。玉柴公司郑州分公司的搬迁费用损失并非由中博公司违约造成，故其要求中博公司承担其搬迁费用损失缺乏依据，原审判决驳回其该项诉讼请求并无不当。并且，原审判决根据玉柴公司郑州分公司搬离案涉租赁场地后一直未交还房屋钥匙、返还租赁房屋及仓库的情况，认定其对未及时返还租赁房屋造成的租金损失存在过错，并判决其承担合同解除后中博公司50%的租金损失，有事实和法律依据。因玉柴公司郑州分公司过错造成中博公司租金损失的情形，与政府行为造成的玉柴公司郑州分公司搬迁的情况并不相同，不存在原审裁判结果与认定事实矛盾的情况。

案件名称Ⅱ

再审申请人（一审原告、二审上诉人）大鲁网络公司、被申请人（一审被告、二审被上诉人）新空间公司、新领地公司房屋租赁合同纠纷案［（2020）鲁民申11486号，2021.1.18］

裁判精要

山东省高级人民法院认为，涉案房屋租赁合同期满终止后，若双方不再继续房屋租赁合同关系，申请人作为涉案房屋承租人应及时将承租房屋返还给出租人，即新领地公司，并办理相应的房屋交接手续。申请人在房屋租赁合同期满后，未向新领地公司办理涉案承租房屋交接手续，即搬离涉案房屋，不再占用使用涉案租赁物，但申请人搬离涉案房屋的行为，在法律意义上不能视为其与新领地公司当然完全终止了涉案房屋租赁合同关系，须将房屋钥匙等凭据或者房屋本身交付给新领地公司，才能在法律意义上终止双方间的租赁关系。申请人原审中提供的搬家公司的证明、证人证言等证据只能证明其实际搬离了涉案租赁房屋，不能证明作为出租人的新领地公司是否实际接收了涉案房屋，故原审判决对申请人提供的证据未予采信，进而按照新领地公司的陈述确认申请人不再占用使用涉案房屋的时间符合民事诉讼法证据规则的规定。（雷军整理）

224. 租赁合同、转租合同均解除后，实际占用人未返还租赁房屋的，房屋所有权人有权向房屋实际占用人主张合同解除后的房屋占有使用费。

案件名称

再审申请人（一审原告、二审被上诉人）孙某飞与被申请人（一审被告、二审上诉人）华美公司房屋租赁合同纠纷案〔（2021）豫民申4636号，2021.8.17〕

裁判精要

河南省高级人民法院认为，本案争议的房屋先由银地公司出租给华美公司，后银地公司将该房屋出卖给孙某飞，孙某飞与银地公司签订委托租赁合同，本案形成银地公司与华美公司、孙某飞与银地公司之间两个独立的租赁合同关系。本案一审期间，开封市中级人民法院裁定受理案外人对银地公司的破产清算申请。根据《中华人民共和国企业破产法》第十八条的规定，人民法院受理破产申请后，管理人对破产申请受理前成立而债务人和对方当事人均未履行完毕的合同有权决定解除或者继续履行，并通知对方当事人。管理人自破产申请受理之日起两个月内未通知对方当事人，或者自收到对方当事人催告之日起三十日内未答复的，视为解除合同。本案中，银地公司破产管理人在破产申请受理后的法定两个月内未通知华美公司、孙某飞继续履行租赁合同，因此，银地公司与华美公司以及银地公司与孙某飞之间的租赁合同均已于2019年4月25日解除，华美公司亦失去此后继续占有使用孙某飞房屋的合同依据，孙某飞作为房屋所有权人有权向房屋实际占用人华美公司主张合同解除后的房屋占有使用费。再审过程中，本案应与银地公司、华美公司租赁合同纠纷一案（2020）豫0211号民初2408号的二审协调处理。（赵静整理）

225. 违约方以诉讼方式主张解除房屋租赁合同的，其主观上并非恶意导致房屋租赁合同发生僵局，为实现实质正义，法院可以在综合案件实际情况、探求当事人真实意思、保障守约方利益的基础上判决解除合同。

案件名称

再审申请人（一审被告、反诉原告、二审上诉人）平安养老保险股份有限公司河南分公司与被申请人（一审原告、反诉被告、二审上诉人）李某海房屋租赁合同纠纷案〔（2021）豫民申221号，2021.2.23〕

裁判精要

河南省高级人民法院认为，合同解除是非违约方寻求救济的方式，为避免合同僵局，允许违约方以起诉方式由人民法院决定是否解除合同。本案中，因筹建的漯河中支未设立，平安公司自合同签订后一直未实际使用租赁房屋，不愿继续履行与李某海签订的租赁合同，主观上并非恶意，双方形成合同僵局。虽然平安公司反诉请求为确认案涉房屋租赁合同至迟已于2017年4月27日解除，而非请求解除租赁合同，但该公司解除合同的意愿明确，一审法院根据本案的实际情况，探求当事人真实意思，在支持李某海前期租金的同时判决解除双方签订的房屋租赁合同，既保障了守约方李某海的利益，又有利于破解合同僵局，实现实质正义。二审法院以一审法院超出平安公司反诉请求范围为由，撤销一审判决解除双方房屋租赁合同的判项不当，应予纠正。

编者说明

指令河南省漯河市中级人民法院再审本案。

2019年11月8日《全国法院民商事审判工作会议纪要》第四十八条【违约方起诉解除】明确："违约方不享有单方解除合同的权利。但是，在一些长期性合同如房屋租赁合同履行过程中，双方形成合同僵局，一概不允许违约方通过起诉的方式解除合同，有时对双方都不利。在此前提下，符合下列条件，违约方起诉请求解除合同的，人民法院依法予以支持：（1）违约方不存在恶意违约的情形；（2）违约方继续履行合同，对其显失公平；（3）守约方拒绝解除合同，违反诚实信用原则。人民法院判决解除合同的，违约方本应当承担的违约责任不能因解除合同而减少或者免除。"（赵静 整理）

226. 解除合同的意思表示已经达成一致，但就解除合同的法律后果双方并未达成一致，应认定协商解除合同的合意并未有效成立，法院仍应对当事人提出的合同解除后的清算问题予以处理。

案件名称 I

再审申请人（一审被告、反诉原告，二审上诉人）泰得公司与被申请人（一审原告、反诉被告，二审被上诉人）孟某崇房屋租赁合同纠纷案〔（2019）豫民申8525号，2020.2.28〕

裁判精要

河南省高级人民法院认为，《中华人民共和国合同法》第九十三条规定了"当事人协商一致，可以解除合同……"第九十八条规定了"合同的权利义务终止，不影响合同中结算和清理条款的效力"。合同协商解除，应当指双方当事人通过协商一致解除原合同，实质是双方当事人通过重新订立以解除原合同为内容的协议，消灭基于原合同形成的债权债务关系。解除合同协议的有效成立，也应满足合同成立的一般要件。即在协议的订立方式上，应当通过要约和承诺的方式订立；在协议的内容上亦要具体确定，不仅要有消灭既存合同关系的内容，也要包括已经履行部分是否返还、责任如何分担等结算和清理内容。本案中，孟某崇的解除通知到达泰得公司后，泰得公司复函表示，孟某崇撤场申请已对双方发生法律效力；对于孟某崇在租赁期限尚未届满前单方提前解除租赁合同，该公司要求适用合同第20.4条约定，由孟某崇支付三个月租金作为违约金，且该公司有权没收孟某崇租赁保证金。孟某崇对该复函未予答复。可见，虽然双方就解除合同的意思表示已经达成一致，但就解除合同的法律后果问题并未达成一致。双方协商解除合同的合意并未有效成立。在孟某崇和泰得公司未对合同解除后如何清理结算等问题达成合意的情况下，原判决以泰得公司收到孟某崇撤场申请并认可合同已经解除为由，认定双方协商解除合同，并对泰得公司提出的违约事实认定和违约责任承担等合同解除后的结算和清理问题不做审理，径行判决驳回相应诉讼请求，认定事实不清，适用法律错误。

编者说明

解除合同协议的有效成立，也应满足合同成立的一般要件。即协议应当通过要约和承诺的方式订立；协议的内容亦要具体确定，不仅要有消灭既存合同关系的内容，也要包括已经履行部分是否返还、责任如何分担等结算和清理内容。

案件名称Ⅱ

再审申请人（一审原告、二审被上诉人）张某慈与被申请人（一审被告、二审上诉人）梁某辉租赁合同纠纷案[（2021）粤民申10417号，2021.10.26]

裁判精要

广东省高级人民法院认为，关于二审判决认定张某慈违约是否错误的问题。根据二审判决查明的事实，案涉《商铺租赁合同》约定租赁期间从2018年6月1日起至2028年5月31日止，是长期租赁合同。根据双方的微信聊天记录，张某慈自2020年1月30日起曾多次向梁某辉提出撤场的意思表示，而梁某辉均以减租的形式继续与张某慈履行租赁合同，其中2月和3月月租减少8000元，4月和5月月租减少11000元，6月可以免除租金，并表示之后仍然可以就租金问题进行协商，梁某辉未表示同意张某慈提前解除合同。此时，张某慈本应根据诚实信用原则，考虑案件实际情况，在双方协商变更合同的基础上继续履行租赁合同。但张某慈在梁某辉同意免除6月租金的前提下执意搬离商铺，该行为属于违反合同关于租赁期限的行为。而梁某辉以不同意退还张某慈定金5万元为条件同意收回商铺，因此双方并未就解除合同协商一致。（雷军整理）

227. 租赁合同双方均存在违约行为，违约在先的一方不符合违约方解除合同的条件，请求解除合同不予支持。

案件名称

再审申请人（一审被告、反诉原告，二审上诉人）王某洲与被申请人（一审原告、反诉被告，二审上诉人）博某翔公司及一审第三人王某霞房屋租赁合同纠纷案[（2018）豫民再1526号，2019.6.21]

裁判精要

河南省高级人民法院认为，案涉租赁合同没有解除。《中华人民共和国合同法》第九十四条规定："有下列情形之一的，当事人可以解除合同：（一）因不可抗力致使不能实现合同目的；（二）在履行期限届满之前，当事人一方明确表示或者以自己的行为表明不履行主要债务；（三）当事人一方迟延履行主要债务，经催告后在合理期限内仍未履行；（四）当事人一方迟延履行债务或者有其他违约行为致使不能实现合同目的；（五）法律规定的其他情形。"本案中王某洲主张解除案涉租赁合同并不符合上述情况，在双方均存在违约行为，且王某洲违约在先的情况下，王某洲无权解除合同。

案涉租赁合同依法应继续履行。王某洲和博某翔公司签订的租赁合同系双方真实意思表示，该合同依法成立、有效，应受法律保护，双方当事人亦应全面正确履行。《中华人民共和国合同法》第一百零七条规定："当事人一方不履行合同义务或者履行合同义务不符合约定的，应当承担继续履行、采取补救措施或者赔偿损失等违约责任。"本案案涉租赁合同应继续履行，至于王某洲另与他人就案涉房屋签订的租赁合同，可另行解决。

编者说明

《中华人民共和国民法典》（以下简称《民法典》）生效后，原《中华人民共和国合同法》（以下简称《合同法》）作废，原《合同法》第九十四条、第一百零七条的内容已由《民法典》第五百六十三条、第五百七十七条进行规定。《民法典》第五百六十三条第一款规定："有下列情形之一的，当事人可以解除合同：（一）因不可抗力致使不能实现合同目的；（二）在履行期限届满前，当事人一方明确表示或者以自己的行为表明不履行主要债务；（三）当事人一方迟延履行主要债务，经催告后在合理期限内仍未履行；（四）当事人一方迟延履行债务或者有其他违约行为致使不能实现合同目的；（五）法律规定的其他情形。"第五百七十七条规定："当事人一方不履行合同义务或者履行合同义务不符合约定的，应当承担继续履行、采取补救措施或者赔偿损失等违约责任。"

河南省高级人民法院认为，本案租赁合同双方均存在违约行为，违约在先的一方无权解除合同。与《全国法院民商事审判工作会议纪要》第四十八条"违约方不享有单方解除合同的权利"的原则一致。但是，在一些长期性合同如房屋租赁合同履行过程中，双方形成合同僵局，一概不允许违约方通过起诉的方式解除合同，有时对双方都不利。在此前提下，只要违约方符合下列条件：（1）违约方不存在恶意违约的情形；（2）违约方继续履行合同，对其显失公平；（3）守约方拒绝解除合同，违反诚实信用原则。违约方起诉请求解除合同的，人民法院依法予以支持。《民法典》

第五百八十条规定:"当事人一方不履行非金钱债务或者履行非金钱债务不符合约定的,对方可以请求履行,但是有下列情形之一的除外:(一)法律上或者事实上不能履行;(二)债务的标的不适于强制履行或者履行费用过高;(三)债权人在合理期限内未请求履行。有前款规定的除外情形之一,致使不能实现合同目的的,人民法院或者仲裁机构可以根据当事人的请求终止合同权利义务关系,但是不影响违约责任的承担。"(柴永胜整理)

第四节 违约责任

228. 租赁合同约定交付标准以现状为准，承租人接收房屋时明知现实状况但未提出异议，不能再以出租方未完整交付房屋为由主张对方承担违约责任。

案件名称 I

再审申请人（一审被告、反诉原告，二审上诉人）王某田与被申请人（一审原告、反诉被告，二审上诉人）农垦公司、（一审被告、二审被上诉人）艾某房屋租赁合同纠纷案［（2021）最高法民申4912号，2021.9.28］

裁判精要

最高人民法院认为，根据建筑法第六十一条、消防法第十三条规定，未完成竣工验收和消防验收的建设工程不能交付使用，不影响当事人针对相关建设工程订立租赁合同，以及该合同的效力。根据已查明的事实，农垦公司与王某田之间成立房屋租赁合同关系，履行的合同内容以艾某与农垦公司签订的《租赁合同书》及补充约定为准。该合同第三条第二款约定："农垦公司将租赁物按现状交付乙方使用……"应当视为合同当事人对于租赁物当时的状态，包括物理状况以及各项审批、验收情况均已明知并认可。王某田作为承租人对此负有审慎的注意义务。因此，王某田主张租赁物迟延竣工验收和消防验收，影响其正常使用租赁物，不具备合同依据。

案件名称 II

上诉人（原审原告、反诉被告）汉亦京公司、银兴公司与被上诉人（原审被告、反诉原告）振兴公司房屋租赁合同纠纷案［（2020）豫民终346号，2020.6.29］

裁判精要

河南省高级人民法院认为，关于振兴公司是否存在未完整交付租赁房屋及拆除消防楼梯、封堵消防门的行为，该行为是否影响案涉《房屋及场地租赁合同》的履行，合同不能履行的真正原因是什么的问题。案涉《房屋及场地租赁合同》附件一承租房屋平面图显示，26-28轴交G-H轴区域，即汉亦京公司所称的振兴公司未向其交付区域，是位于各层东墙中间位置的一直角梯形区域，该区域四边有墙，其中西墙上安装有门。但实际情况是，该合同签订时，各层此处西墙上的门已被封堵，直角梯形区域成为与租赁房屋所在的富田太阳城60号楼相连的59号楼的一部分。因此，客观上，振兴公司已不能将该区域交付汉亦京公司使用；事实上，振兴公司也没有将该区域交付汉亦京公司使用。但由于该区域的实际情况与平面图所示差别明显，不难被发现，且也没有证据证明在与振兴公司之间形成诉讼之前，银兴公司或者汉亦京公司曾向振兴公司提出过租赁房屋交付不完整的问题，故本院认为，银兴公司在签订合同及对租赁房屋进行接收时，对于该区域的现实状况应当是知晓和认可的，现汉亦京公司以振兴公司未完整交付房屋为由主张其违约，不能成立。

编者说明

房屋交付时一般都会在合同中明确所交付房屋的具体情况，如果合同没有约定或者约定不明确的，在承租人已经实地考察过案涉房屋并确认房屋具备交付条件的情况下，实际不影响案涉租赁合同的履行，再以未完整交付房屋为由主张出租人违约，不能成立。（雷军整理）

229. 承租人主张承租期间货物毁损的，不仅应提供发票证明物品的购入价值，还应当举证证明物品毁损后的残值，否则对其主张的损失不予认定。

案件名称

上诉人（原审原告、反诉被告）大商商丘新玛特公司与被上诉人（原审被告、反诉原告）商丘市应天商贸有限公司、被上诉人（原审被告）商丘应天置业投资有限公司房屋租赁合同纠纷案［（2020）豫民终935号，2021.9.10］

裁判精要

河南省高级人民法院认为，被淹损毁货物价值共计605057元。大商商丘新玛特公司提交了21份发票，发票的开具日期分别显示为2013年、2016年、2017年、

2018年。本院认为，大商商丘新玛特公司提交的21份发票，虽能证明货物的价值，但不能证明上述21份发票项下的货物被淹损毁及损毁后的残值，本院无法对此损失作出认定。（程卫强整理）

230. 当事人主张的逾期交房违约金和经济损失均为逾期交房的违约损失赔偿，在逾期交房违约金不低于其主张的经济损失的情况下，仅支持逾期交房违约金。

案件名称

再审申请人（一审被告、二审被上诉人）汇裕公司与被申请人（一审原告、二审上诉人）刘某霞房屋租赁合同纠纷案［（2020）豫民申4716号，2022.12.9］

裁判精要

河南省高级人民法院认为，关于汇裕公司主张的二审判决超出上诉请求的理由。经核查卷宗，刘某霞一审的诉讼请求包括诉请汇裕公司支付逾期交房违约金及超出违约金部分的经济损失。一审依照双方合同约定判决汇裕公司支付刘某霞自2015年8月31日至2017年5月27日之间的逾期交房违约金。一审判决后，刘某霞上诉请求汇裕公司支付违约造成的经济损失52800元。经核对刘某霞的上诉理由，其上诉主张的该经济损失为2017年5月27日至汇裕公司履行修通道路及排水系统义务之日的经济损失。《中华人民共和国合同法》第一百一十四条规定："当事人可以约定一方违约时应当根据违约情况向对方支付一定数额的违约金，也可以约定因违约产生的损失赔偿额的计算方法。约定的违约金低于造成的损失的，当事人可以请求人民法院或者仲裁机构予以增加；约定的违约金过分高于造成的损失的，当事人可以请求人民法院或仲裁机构予以适当减少。"因此，违约金属于一种预定损害赔偿，其本质上仍是一种损失赔偿。就刘某霞一审诉请的逾期交房违约金及经济损失的内容而言，均为逾期交房的违约损失赔偿。一审判决认为双方约定的逾期交房违约金，并不低于刘某霞主张的逾期交房期间的租金损失，故而仅判决汇裕公司承担2015年8月31日至2017年5月27日之间的逾期交房违约金，该违约金实际上包含了刘某霞主张的经济损失内容。（程卫强整理）

231. 出租人在租赁合同中约定因"商场用途改变以及商场升级改造，导致合同无法继续履行的，双方应自行承担损失，互不承担任何赔偿、违约责任"的，属于格式条款，不能免除其赔偿责任。

案件名称

再审申请人（一审被告、反诉原告、二审上诉人）新家居公司与被申请人（一审原告、反诉被告、二审被上诉人）大庄建材公司房屋租赁合同纠纷案〔（2020）豫民申1080号，2020.6.3〕

裁判精要

河南省高级人民法院经审查认为，《中华人民共和国合同法》第四十条规定："……提供格式条款一方免除其责任、加重对方责任、排除对方主要权利的，该条款无效。"本案《租赁合同书》中约定了"商场用途改变以及商场升级改造，导致合同无法继续履行的，双方应自行承担损失，互不承担任何赔偿、违约责任"，但该条款中商场升级改造属于出租方单方原因导致合同无法继续履行情形，新家居公司在合同中约定双方自行承担损失，属于免除自己责任、加重对方责任情形，原审认定该条款为格式条款无效，不能免除新家居公司赔偿责任并无不当。（程卫强整理）

232. 出租人违约导致租赁合同解除，逾期退还租金、保证金的利息属于赔偿损失，承租人未及时主张合同解除和损失赔偿等权利的，对损失的扩大具有过错，利息起算时间应从起诉主张解约合同之日起算。

案件名称

再审申请人（一审原告、二审上诉人）富兆发公司与被申请人（一审被告、二审被上诉人）张沟煤矿、煤炭公司房屋租赁合同纠纷案〔（2021）豫民申5021号，2021.9.17〕

裁判精要

河南省高级人民法院认为，张沟煤矿与富兆发公司签订《房屋租赁合同书》后，富兆发公司向张沟煤矿支付了第一年租金及保证金，张沟煤矿未向富兆发公司交付房屋，应当承担违约责任。因张沟煤矿系煤炭公司的分支机构，原审认定煤炭公司退还富兆发公司租金及保证金并无不当。关于租金及保证金的利息起算时间问题，实际上属于赔偿损失范围的认定问题。张沟煤矿称案涉房屋因涉及耕地问题于2019年被推平，富兆发公司对此认可，但表示其希望继续使用案涉土地，在本案提起诉讼之前并未向张沟煤矿、煤炭公司主张过解除合同。故富兆发公司在案涉合同已经无法履行的情况下，未及时主张解除合同，对损失的扩大具有过错，原审判决以富兆发公司起诉主张解除合同之日作为利息起算点并无不当。关于富兆发公司主张的其他损失能否支持的问题，因富兆发公司未提交足够证据证明其因合同解除遭受的损失，故原审判决对富兆发公司的主张不予支持并无不当。综上，富兆发公司的再审申请理由均不能成立。（赵静整理）

第五节 装饰装修

233. 承租方作为商业主体，在房屋装修前，未将设计图纸提交消防部门审核，也未办理相关消防安全检查合格证且未经消防安全检查即投入使用和营业，导致无法继续营业的，应对其装修损失承担主要责任。

案件名称Ⅰ

申诉人（一审被告、反诉原告、二审被上诉人）高科技公司与被申诉人（一审原告、反诉被告、二审上诉人）倪某平、被申诉人（一审第三人、二审被上诉人）苏某林房屋租赁合同纠纷案［（2012）民抗字第71号，2013.11.15］

裁判精要

最高人民法院认为，根据原审查明认定的事实，高科技公司与倪某平签订本案租赁合同及补充协议时，并未放任租赁标的物存在的消防不合格情形而对之擅自使用，而是把消防整修及验收，明确约定为一方当事人的责任和合同义务，明确约定倪某平自行全权负责承租场所内的消防整修及验收，并负责防火、治安、环卫等物业管理工作及费用。这一约定不违反消防法律、消防行政法规关于使用未经消防验收合格的房屋应限期改正的规定。事实上，倪某平为了自己使用的目的，亦于占有房屋后以其开办的茶艺公司的名义，向济南市公安局申请对租赁场所的装修设计及施工进行消防审核和验收。最终未能一次性通过消防检查，根据公安消防机构出具的整改意见，是由于倪某平对于租赁场所存在的不符合消防安全的情形未整修到位。倪某平主张，是因租赁房屋竣工时未经消防验收导致其不能继续对承租的房屋进行装修、改造，不能对租赁场所的消防报请复验，不符合本案的实际情况。

案件名称Ⅱ

再审申请人（一审被告、二审被上诉人）孟某荣、聚合公司与被申请人（一审原告、二审上诉人）沈某龙房屋租赁合同纠纷案［（2020）豫民再142号，2020.5.27］

裁判精要

河南省高级人民法院认为，关于沈某龙请求的损失承担问题。因一审判决聚合公司赔偿沈某龙设备损失243895.4元，聚合公司申请再审请求维持一审判决，本院对此部分损失应当由聚合公司承担予以确认。关于装修损失537257元，沈某龙租赁案涉房屋，并未审查房屋的产权等证件，在案涉房屋产权证上标注用途为仓储。沈某龙在对案涉房屋装修前，未将设计图纸提交消防部门审核，也未办理相关消防安全检查合格证，未经消防安全检查即投入使用和营业，存在违反消防法的违法行为。作为经营餐饮业的商主体，未尽到应尽的审慎、注意义务，且存在未办理消防手续即装修、营业的违法行为，系其无法办理消防安全检查合格证、无法继续营业的主要原因，对其装修损失应当负主要责任。而聚合公司将房屋规划为仓储对于在2018年2月之后办理消防设计的审核、备案存在一定影响，解除合同未按照约定下发解除通知且擅自处置沈某龙的资产，亦存在违约行为，对于沈某龙损失的产生亦有责任。因此，聚合公司主张按照《最高人民法院关于审理城镇房屋租赁合同纠纷案件具体应用法律若干问题的解释》第十一条规定，对沈某龙的装修损失不予支持的意见不予采纳。综合案涉房屋的状况、双方履行行为、违约和损失状况，本院酌定聚合公司、孟某荣应当承担房屋装修损失的40%。

编者说明

承租人作为经营餐饮业的商主体，应尽审慎、注意义务，未办理消防手续即装修、营业，对其装修损失应当负主要责任。无论是出租人还是承租人，都应该在合同中明确房屋的现状、谁负责办理消防验收等内容，以避免产生纠纷。（雷军整理）

234. 次承租人对房屋进行了改造和装饰装修，并约定在次承租人合同解除或终止时归承租方所有，承租方有权根据过错向出租方主张该部分装修残值。

案件名称 I

再审申请人（一审原告、二审上诉人）纸方居委会与被申请人（一审被告、二审上诉人）卫某房屋租赁合同纠纷案〔（2020）豫民申11号，2020.4.23〕

裁判精要

河南省高级人民法院认为，卫某与纸方居委会签订合同后，卫某对承租房屋进行了基础部分的改造，卫某将房屋出租给次承租人原"迪欧咖啡"后，次承租人根据使用需要对房屋进行了改造和装饰装修，二审法院对原"迪欧咖啡"的经营者李某安进行了调查，李某安的陈述和李某安与卫某签订的协议内容可以相互印证，且鉴定机构也对委托鉴定的装修明细予以列明，说明李某安不再经营"迪欧咖啡"时按约定将不能移动的装修部分留下，该部分价值已经鉴定意见确定。一审法院委托评估的现值损失中有部分是卫某装修，价值较高的部分是次承租人所装，且根据次承租人与卫某签订的合同约定，在次承租人合同解除或终止时，不可移动的装修部分价值归卫某所有；具体分析本案合同无效的原因以及纸方居委会现已将房屋对外出租的事实，原审法院确定纸方居委会折价赔偿卫某装饰装修物损失652383元，综合考虑了合同的履行情况、装饰装修折旧等因素，处理结果并无不当。

编者说明

承租人、次承租人装修经出租人同意，租赁合同非正常解除的，按双方对于合同解除有无过错来决定装饰装修的归属及补偿。

案件名称Ⅱ

再审申请人（一审原告、反诉被告、二审上诉人）日日生鲜公司与被申请人（一审被告、反诉原告、二审上诉人）赵某军房屋租赁合同纠纷案〔（2021）京民申8111号，2022.6.16〕

裁判精要

北京市高级人民法院认为，关于日日生鲜公司主张赵某军进行转租，实际装修投入均是由次承租人负担的，赵某军没有装修损失一节。因赵某军是否进行转租、次承租人是否对装修进行实际投入等，均是赵某军与次承租人之间的法律关系。如存在纠纷，应在赵某军与次承租人之间解决，二审法院对此处理，并无不当。（雷军整理）

235. 因承租人违约导致租赁合同解除，租赁合同对已形成附合的装饰装修物处理没有约定，但出租人同意利用的，应确定装饰装修物残值并在利用价值范围内对承租人进行适当补偿。

案件名称

再审申请人（一审原告、二审上诉人）唐园公司、常某毅与被申请人（一审被告、二审被上诉人）郭某荣、焦某鹏、焦某刚房屋租赁合同纠纷案〔（2021）豫民申8188号，2021.11.15〕

裁判精要

河南省高级人民法院认为，一、《最高人民法院关于民事诉讼证据的若干规定》第十条规定："下列事实，当事人无须举证证明……（六）已为人民法院发生法律效力的裁判所确认的事实……"另案生效判决已经查明，因唐园公司未按约定缴纳租金，焦某刚控制案涉房屋，案涉房屋租赁合同已于2019年4月实际解除，故原审对于唐园公司、常某毅关于确认合同解除的主张不予支持并无不当。二、《最高人民法院关于审理城镇房屋租赁合同纠纷案件具体应用法律若干问题的解释》第九条规定："承租人经出租人同意装饰装修，合同解除时，双方对已形成附合的装饰装修物的处理没有约定的，人民法院按照下列情形分别处理……（二）因承租人违约导致合同解除，承租人请求出租人赔偿剩余租赁期内装饰装修残值损失的，不予支持。但出租人同意利用的，应在利用价值范围内予以适当补偿……"本案中，案涉租赁合同租赁期限为2018年2月1日至2024年5月31日，其中装修免租期为4个月，双方对于租赁期满后形成附合的装饰装修物的处理没有明确约定。案涉租赁合同解除的原因虽系唐园公司未按约定缴纳租金，但鉴于唐园公司对案涉房屋进行了装修，使用期限不到一年，二审庭审中焦某刚在陈述唐园公司2019年4月暂停营业后案涉房屋现状时，称"现在房屋由焦某刚自行作为会所个人使用，无注册公司，没有重新装修，只是增加了一些酒柜和部分零星设施"。故焦某刚以实际行为对案涉房屋进行了使用，其应对唐园公司进行适当补偿。原审全部驳回唐园公司关于装修损失的诉讼请求不当。再审中，应对装修价值进行鉴定，确定装饰装修残值并在利用价值范围内对唐园公司进行适当补偿。综上，唐园公司、常某毅的再审申请符合《中华人民共和国民事诉讼法》第二百条第（二）项、第（六）项规定的情形。（赵静整理）

第六节 承租人优先购买权

236. 承租人的优先权为具有物权效力的债权,当该权利受到侵害时,承租人只能要求出租人承担损害赔偿责任,而不能要求继续履行租赁合同。

案件名称

再审申请人(一审被告、反诉原告、二审上诉人)杨某东、黄某峰与被申请人(一审被告、二审被上诉人)中华社区居民委员会七组房屋租赁合同纠纷案〔(2018)豫民申7468号,2019.3.4〕

裁判精要

河南省高级人民法院认为,《最高人民法院关于审理城镇房屋租赁合同纠纷案件具体应用法律若干问题的解释》第二十一条规定:"出租人出卖租赁房屋未在合理期限内通知承租人或者存在其他侵害承租人优先购买权情形,承租人请求出租人承担赔偿责任的,人民法院应予支持。但请求确认出租人与第三人签订的房屋买卖合同无效的,人民法院不予支持。"根据以上法律规定,承租人的优先权为具有物权效力的债权,当承租人的优先权受到侵害时,其只能要求出租人承担损害赔偿责任,而不能要求继续履行租赁合同。(柴永胜整理)

237. 承租人优先购买权受损害的,可以请求出租人承担赔偿责任,且赔偿的范围限于因侵害优先购买权所造成的损失,不同于因租赁合同违约造成的损失。

案件名称

再审申请人(一审原告、反诉被告、二审上诉人)珠江置业公司与被申请人(一审被告、反诉原告、二审被上诉人)王某林房屋租赁合同纠纷案〔(2020)豫民申720号,2020.6.23〕

🔍 裁判精要

河南省高级人民法院认为，珠江置业公司与王某林签订的《门面商铺租赁合同》合法有效，双方应当按照约定全面履行自己的义务。根据《中华人民共和国合同法》第二百二十九条规定，租赁物在租赁期间发生所有权变动的，不影响租赁合同的效力，即"买卖不破租赁"。据此，案涉租赁合同并未因租赁房屋的所有权变动而受影响，王某林应当依约继续履行合同义务，其拒付租金构成违约，长期拖欠租金，珠江置业公司有权解除合同并要求其承担违约责任，生效判决认为王某林拒交房租有一定缘由，属于适用法律错误。珠江置业公司未提供证据证明出卖租赁房屋时在合理期限内通知了承租人王某林，王某林认为珠江置业公司侵害了其优先购买权，可以请求珠江置业公司承担赔偿责任，但不影响房屋买卖合同的效力，且该损失赔偿的范围限于因侵害优先购买权所造成的损失，不同于因租赁合同违约造成的损失。案涉租赁合同解除后应当根据合同约定和违约情形认定装饰装修损失承担，生效判决对租金支付和装修损失赔偿予以酌定，于法无据。综上，珠江置业公司的再审申请符合《中华人民共和国民事诉讼法》第二百条第（二）项、第（六）项规定的情形。（程卫强整理）

第七节 其他

238. 在租赁合同纠纷中,承租人和实际占有人共同提起诉讼,法院应当释明应按各自法律关系主张权利,未予释明的属程序不当。

案件名称

再审申请人(一审被告、二审上诉人)杨某团、杨某鹏与被申请人(一审原告、二审被上诉人)卢某物权保护纠纷案〔(2017)闽民申70号,2017.6.29〕

裁判精要

福建省高级人民法院认为,(一)关于原审基本事实认定是否存在错误的问题。杨某团、杨某鹏主张讼争房屋的实际居住使用人并非仅杨某团、杨某鹏,还有讼争房屋原产权人蒋某芳及蒋某芳的婶婶吕某茵等人,但讼争房屋是否还有吕某茵等人占用与杨某团、杨某鹏应否搬离讼争房屋并无关联。本案系讼争房屋产权人卢某要求杨某团、杨某鹏搬离讼争房屋的物权保护纠纷,故本案首先应解决杨某团、杨某鹏占有讼争房屋是否具有合法根据的问题,他人是否亦占用了该房屋与此无关。(二)关于杨某团能否以其与吕某茵签订的《房屋租赁托管协议》为由主张买卖不破租赁的问题。根据《中华人民共和国合同法》第二百一十二条的规定"租赁合同是出租人将租赁物交付承租人使用、收益,承租人支付租金的合同",支付租金是租赁合同的本质特征,而杨某团与吕某茵签订的《房屋租赁托管协议》则明确约定"该房屋租赁期间免收租金"。虽然杨某团辩称双方对于租金问题的真实意思表示是以装修费用和维护保管费用折抵十年的租金,但《房屋租赁托管协议》并未作此约定,且杨某团原审提交的装修票据等证据亦不能证明其对讼争房屋进行装修是为了产权人的利益而非其个人经营所需,因此,杨某团认为其以装修费用折抵租金不能成立,《房屋租赁托管协议》不符合租赁合同的特征,原审认定为托管协议并无不当,杨某团认为其有权以承租人身份主张买卖不破租赁缺乏依据。(三)讼争房屋已过户登记至卢某名下,卢某对该房屋享有所有权,即占有、使用、收益和处分的权利,其作为产权人有权解除托管协议而自行管理。讼争房屋原产权人蒋某芳与现产权人卢某签订的房屋买卖合同是否有效的问题、卢某是否尚有80万元购房款未支付的问题系蒋某芳与卢某之间的合同关系,根据合同相对性原则,杨某团、杨某鹏不能行使其并非合同当事人的抗辩权利,且蒋某芳未能向卢某交付讼争房屋正是因为杨某团、杨某鹏占有使用、拒绝退房导致,故杨某团、杨某鹏以蒋某芳尚未向卢某交付讼争房屋、卢某尚有80万元购房款未支付等理由主张其有权拒绝搬离讼争房屋,于法无据。(四)关于原审判决是否遗漏必须参加诉讼的当事人及是否超出当事人诉求的问题。杨某团、杨某鹏主张吕某茵系讼争房屋共有人,目前也一直居住在讼争房屋内,故应追加吕某茵参加本案诉讼,但本案讼争房屋登记在卢某名下,没有证据证明吕某茵系产权人之一,杨某团、杨某鹏也称吕某茵已经以其系讼争房屋共有人之一提起相关诉讼,可见,吕某茵也是产权人之一的事实并未得到确认,因此吕某茵不是本案的必要共同诉讼人,与本案处理结果并无法律上的利害关系,杨某团、杨某鹏主张原审遗漏必须参加诉讼的当事人缺乏依据。此外,原审判决"将该房产腾空交由卢某自行管理"并未超出卢某一审诉讼请求范围,杨某团、杨某鹏的主张亦不能成立。(雷军整理)

239. 申请鉴定属于当事人举证事项,法院不具有释明职责,因客观原因无法鉴定,当事人应承担举证不能的法律后果。

案件名称

再审申请人(一审被告、反诉原告、二审上诉人)新东方商厦与被申请人(一审原告、反诉被告、二审被上诉人)国美电器公司房屋租赁合同纠纷案[(2020)豫民申6465号,2020.12.7]

裁判精要

河南省高级人民法院认为,关于新东方商厦主张的一审未经释明义务,未查找有资质的鉴定机构,程序错误,以及二审采信国美电器公司提交的专项审计报告,认定事实错误的理由。根据民事诉讼证据规定,申请鉴定属于当事人的举证事项,不属于人民法院需要进行释明的事项。因客观原因无法鉴定亦属于当事人举证不能而应承担的法律后果。本案中,新东方商厦对国美电器公司提交的专项审计报告表示异议以及申请鉴定均属于其举证事项,人民法院并无释明的职责。新东方商厦对其主张的物品及电梯损失两次申请补充鉴定，但均因鉴定材料问题被退回鉴定，亦应由其承担举证不能的法律后果，且物品及电梯损失在无须由国美电器公司承担的情况下并无鉴定之必要。故原审审理程序合法，认定事实亦无不当。（程卫强整理）

240. 租赁房屋被拆迁的，法院在当事人对房屋装修损失、补偿金损失有明确诉请的情况下，应一并予以处理。

案件名称

再审申请人（一审原告、二审上诉人）郑州宾驰汽车销售服务有限公司（以下简称宾驰公司）与被申请人（一审被告、二审被上诉人）河南昊达汽车贸易有限公司房屋租赁合同纠纷案［（2020）豫民申5166号，2020.11.20］

裁判精要

河南省高级人民法院认为，涉案《租赁合同》已无法继续履行，应查明合同无法继续履行的原因及双方的过错程度，并在此基础上依照《中华人民共和国合同法》的相关规定对宾驰公司的诉讼请求依法作出处理。在宾驰公司已经就房屋装修损失和补偿金损失在本案中提出诉讼请求的情况下，生效判决不予处理，并告知其另行解决于法无据。（程卫强整理）

03

第三章
土地使用权出让转让

第一节 合同效力

241. 城市房地产管理法关于土地使用权转让时应完成开发投资总额25%以上的规定，并非效力性强制性规定，不影响土地使用权转让合同的效力。

案件名称 I

再审申请人（一审被告、反诉原告，二审上诉人）卢某政与被申请人（一审原告、反诉被告，二审上诉人）齐祥公司土地使用权转让合同纠纷案［（2013）民提字第165号，2013.11.28］

裁判精要

最高人民法院认为，齐祥公司应当继续履行《土地转让定金协议》。

第一，《土地转让定金协议》系双方当事人真实意思表示，从名称上看类似于预约合同，合同中也有"待甲、乙双方签订正式转让合同后"的表述。但是，从该协议整体分析，协议对转让土地的面积、位置、诉争土地的其他具体信息、转让价款、支付方式、税费承担、违约责任等均有明确约定，具备了合同的主要条款。因此，应当认定该《土地转让定金协议》为土地使用权转让的本约合同。

第二，卢某政与齐祥公司签订协议时，齐祥公司已取得诉争土地使用权，并且双方签订的协议内容不违反法律和行政法规的强制性规定，应当认定有效。虽然《中华人民共和国城市房地产管理法》第三十九条第一款第（二）项规定，土地使用权转让应完成开发投资总额的百分之二十五以上；成片开发土地的，形成工业用地或者其他建设用地条件，但该规定属于管理性规定而非效力性强制性规定，齐祥公司以《土地转让定金协议》违反了该项规定为由主张合同无效的理由不能成立。

第三，《中华人民共和国合同法》第六十条规定，当事人应当按照约定全面履行自己的义务；第一百零七条规定，当事人一方不履行合同义务或者履行合同义务不符合约定的，应当承担继续履行、采取补救措施或者赔偿损失等违约责任。由于涉案土地使用权仍然在齐祥公司名下，而卢某政也明确表示要求继续履行，涉案合同存在继续履行的可能和必要。因此，齐祥公司应当继续履行协议约定的内容，以遵循和体现诚实信用原则。

案件名称Ⅱ

上诉人（原审被告）信阳公路公司与被上诉人（原审原告）武汉房地产开发公司合作建房合同纠纷案〔（2020）豫民终232号，2020.12.28〕

裁判精要

河南省高级人民法院认为，关于2008.12.18框架协议、2009.8.6土地预转让协议、2013.10.25框架补充协议的效力问题。1.根据上述协议内容，2008.12.18框架协议系主合同，其中，2009.8.6土地预转让协议系为了履行2008.12.18框架协议、实现2008.12.18框架协议的合同目的而签订，该协议不具有独立性，系2008.12.18框架协议的从合同。2013.10.25框架补充协议系对2008.12.18框架协议部分内容作出进一步明确以及变更，亦系2008.12.18框架协议的从合同。上述协议系双方的真实意思表示，未违反法律、行政法规的强制性规定，应为有效。2.信阳公路公司主张双方关于土地使用权转让的约定因违反《中华人民共和国城市房地产管理法》第三十九条而无效。（1）信阳公路公司已于2012年取得了案涉土地使用权，《最高人民法院关于审理涉及国有土地使用权合同纠纷案件适用法律问题的解释》第九条规定"转让方未取得出让土地使用权证书与受让方订立合同转让土地使用权，起诉前转让方已经取得出让土地使用权证书或者有批准权的人民政府同意转让的，应当认定合同有效"。因此，信阳公路公司以违反《中华人民共和国城市房地产管理法》第三十九条第一款第（一）项即签订上述协议时信阳公路公司未取得案涉土地使用权为由，主张合同无效，该主张不能成立。（2）《中华人民共和国城市房地产管理法》第三十九条第一款第（二）项关于土地使用权转让时应完成开发投资总额25%以上的规定，系管理性规定，而非效力性强制性规定，是否符合上述投资比例要求并不影响土地使用权转让合同的效力。综上，信阳公路公司关于2008.12.18框架协议、2009.8.6土地预转让协议、2013.10.25框架补充协议无效的上诉理由不能成立，本院不予支持。

编者说明

《中华人民共和国城市房地产管理法》第三十九条第一款第（二）项规定"按

照出让合同约定进行投资开发，属于房屋建设工程的，完成开发投资总额的百分之二十五以上，属于成片开发土地的，形成工业用地或者其他建设用地条件"，目前司法实践中的主流观点认为，上述规定属于管理性规定，而非效力性规定。而无论是此前的《中华人民共和国合同法》还是现在的《中华人民共和国民法典》，对于因违反法律、行政法规的强制性规定而无效的合同都仅限于违反效力性规定。因此，司法实践认为未完成25%投资额的土地使用权转让属"标的瑕疵"，不影响转让合同的效力。（郭俊利整理）

242. 转让方未取得土地使用权证书即与受让方订立合同转让土地使用权，起诉时民法典已经实施的，按照民法典的规定，应认定转让合同有效。

案件名称

上诉人（原审原告）徐某启与被上诉人（原审被告）四季公司合资、合作开发房地产合同纠纷案［（2020）豫民终697号，2021.4.23］

裁判精要

河南省高级人民法院认为，2007年10月1日起施行的《中华人民共和国物权法》第十五条规定"当事人之间订立有关设立、变更、转让和消灭不动产物权的合同，除法律另有规定或者合同另有约定外，自合同成立时生效；未办理物权登记的，不影响合同效力"。2021年1月1日施行的《中华人民共和国民法典》第二百一十五条作出了相同的规定。2020年12月23日，最高人民法院为保障民法典的实施对不符合民法典规定精神的司法解释进行修订，删除了2004年11月23日最高人民法院审判委员会通过的《最高人民法院关于审理涉及国有土地使用权合同纠纷案件适用法律问题的解释》第九条规定"转让方未取得出让土地使用权证书与受让方订立合同转让土地使用权，起诉前转让方已经取得出让土地使用权证书或者有批准权的人民政府同意转让的，应当认定合同有效"的内容。《最高人民法院关于适用〈中华人民共和国民法典〉时间效力的若干规定》第八条规定，"民法典施行前成立的合同，适用当时的法律、司法解释的规定合同无效而适用民法典的规定合同有效的，适用民法典的相关规定"。因此，四季公司在诉讼前未取得涉案建设项目土地使用权的情形不影响《合作开发协议》的效力，一审判决依照2004年11月23日最高人民法院审判委员会通过的《最高人民法院关于审理涉及国有土地使用权合同纠纷案件适用法律问题的解释》第九条规定认定《合作开发协议》无效并不妥当，本院依职权予以纠正。

编者说明

司法实践中，针对转让方未取得土地使用权便与受让方签订转让合同的情形，部分法院根据原《最高人民法院关于审理涉及国有土地使用权合同纠纷案件适用法律问题的解释》（法释〔2005〕5号）第九条"转让方未取得出让土地使用权证书与受让方订立合同转让土地使用权，起诉前转让方已经取得出让土地使用权证书或者有批准权的人民政府同意转让的，应当认定合同有效"的规定，认定合同无效。2020年修正的《最高人民法院关于审理涉及国有土地使用权合同纠纷案件适用法律问题的解释》将原司法解释第九条的规定予以删除。同时，根据《中华人民共和国民法典》第二百一十五条"当事人之间订立有关设立、变更、转让和消灭不动产物权的合同，除法律另有规定或者当事人另有约定外，自合同成立时生效；未办理物权登记的，不影响合同效力"的规定，物权是否变动并不影响合同效力。

根据《最高人民法院关于适用〈中华人民共和国民法典〉时间效力的若干规定》第八条"民法典施行前成立的合同，适用当时的法律、司法解释的规定合同无效而适用民法典的规定合同有效的，适用民法典的相关规定"的规定，《中华人民共和国民法典》和新的司法解释对转让方未取得土地使用权便与受让方签订的转让合同均做了肯定评价。因此，转让方未取得土地使用权证书与受让方订立合同转让土地使用权的，起诉时民法典已经实施的，按照民法典的规定，应认定转让合同有效。（曹亚伟整理）

243. 以划拨方式取得土地使用权转让房地产时，应按照规定报有批准权的人民政府准予转让，并补缴土地使用权出让金，在未按照规定进行审批转让时，转让合同效力不受影响。

案件名称

再审申请人（一审被告、二审上诉人）常某兴、李某青与被申请人（一审原告、二审被上诉人）林州市采桑供销合作社房屋租赁合同纠纷案〔（2021）豫民申597号，2021.2.22〕

裁判精要

河南省高级人民法院认为，虽然《中华人民共和国城市房地产管理法》第四十条第一款规定："以划拨方式取得土地使用权的，转让房地产时，应当按照国务院规定，报有批准权的人民政府审批。有批准权的人民政府准予转让的，应当由受让方办理土地使用权出让手续，并依照国家有关规定缴纳土地使用权出让金。"但并未明确规定违反该条规定的行为无效，且该条规定的批准行为仅是物权变动的必要条件，并不影响涉案补充协议及房屋买卖行为的效力。故原审判决适用该规定认定涉案补充协议及房屋买卖行为无效，并不妥当。

编者说明

指令河南省安阳市中级人民法院再审本案。

原《最高人民法院关于审理涉及国有土地使用权合同纠纷案件适用法律问题的解释》（法释〔2005〕5号）第十一条规定："土地使用权人未经有批准权的人民政府批准，与受让方订立合同转让划拨土地使用权的，应当认定合同无效。但起诉前经有批准权的人民政府批准办理土地使用权出让手续的，应当认定合同有效。"该条规定因与《中华人民共和国民法典》第二百一十五条"当事人之间订立有关设立、变更、转让和消灭不动产物权的合同，除法律另有规定或者当事人另有约定外，自合同成立时生效；未办理物权登记的，不影响合同效力"的规定不相符，在现行《最高人民法院关于审理涉及国有土地使用权合同纠纷案件适用法律问题的解释》（2020年修正）中已经被删除。由此可知，最高人民法院不再以划拨土地的审批与否来衡量土地使用权转让合同的效力。（赵静整理）

244. 经过县级以上人民政府批准的协议出让土地，不损害国家及集体利益的，土地使用权出让合同应为有效合同。

案件名称

上诉人（原审原告）天韵公司与被上诉人（原审被告）嵩县城关镇人民政府及第三人嵩县人民政府、嵩县高都建设发展有限公司、河南恒康建设有限公司嵩县分公司建设用地使用权出让合同纠纷案〔（2020）豫民终13号，2020.12.5〕

裁判精要

河南省高级人民法院认为，（一）嵩县政府的会议纪要批准同意嵩县城关镇政府将案涉土地出让给天韵公司，并责令国土局等部门尽快完善相关手续，应当认定为嵩县政府委托嵩县城关镇政府与天韵公司签订了涉案合同，嵩县政府应为合同权利义务的继受者。《中华人民共和国城镇国有土地使用权出让和转让暂行条例》第十一条规定："土地使用权出让合同应当按照平等、自愿、有偿的原则，由市、县人民政府土地管理部门……与土地使用者签订。"嵩县政府为有权出让土地的机关，故嵩县政府作为涉案土地出让合同的签订者主体适格。（二）《中华人民共和国城镇国有土地使用权出让和转让暂行条例》第十三条规定："土地使用权出让可以采取下列方式：（一）协议；（二）招标；（三）拍卖。……"土地出让并非一律通过招拍挂的形式，也可以采取协议出让的形式。协议出让土地是有权代表国家出让土地使用权的土地管理部门与特定的土地使用权受让人通过协商，在达成一致意见后，签订土地使用权出让合同。案涉合同系双方真实意思表示，并不违反法律、法规禁止性规定，且协议出让的价款高于订立合同时当地政府按照国家规定确定的最低价，并不损害国家及集体的利益，应属有效合同。原审法院认定案涉合同无效，显属不当。

编者说明

虽然《中华人民共和国民法典》（此前相关内容规定在《中华人民共和国物权法》）第三百四十七条明确规定："设立建设用地使用权，可以采取出让或者划拨等方式。工业、商业、旅游、娱乐和商品住宅等经营性用地以及同一土地有两个以上意向用地者的，应当采取招标、拍卖等公开竞价的方式出让。严格限制以划拨方式设立建设用地使用权。"但第三百四十八条第一款规定："通过招标、拍卖、协议等出让方式设立建设用地使用权的，当事人应当采用书面形式订立建设用地使用权出让合同。"《中华人民共和国城市房地产管理法》第十三条规定："土地使用权出让，可以采取拍卖、招标或者双方协议的方式。商业、旅游、娱乐和豪华住宅用地，有条件的，必须采取拍卖、招标方式；没有条件，不能采取拍卖、招标方式的，可以采取双方协议的方式。采取双方协议方式出让土地使用权的出让金不得低于按国家规定所确定的最低价。"由此可以看出协议出让仍是土地使用权的出让方式之一，有出让权的人民政府采用此种方式出让土地使用权的，不影响合同效力。（陈维刚整理）

第二节　合同解除

245. 合作开发过程中合作协议解除的，法律关系为债权纠纷，提供资金一方请求确认是合作开发项目实际所有权人的为物权纠纷，该请求不符合法律规定。

案件名称

原告（反诉被告）郑州百利房地产开发有限公司（以下简称百利公司）与被告（反诉原告）河南人民置业有限公司及被告人民日报全媒体河南发展中心、人民日报社河南分社土地使用权转让合同纠纷案〔（2018）豫民初21号，2019.12.26〕

裁判精要

河南省高级人民法院认为，本案各方当事人争议的法律关系是名为合资、合作开发房地产合同纠纷，实为土地使用权转让合同纠纷。故本案属于债权纠纷。百利公司诉讼请求第一项要求确认其为涉案网络传媒大厦项目所涉土地使用权的使用权人及该项目的实际所有权人，实为物权纠纷，首先与本案争议的法律关系性质相悖；其次与其诉讼请求第二项相冲突；再次，在双方的《合作开发协议书》解除后，百利公司仍然要求确认其为涉案项目的实际所有权人，违背合同解除的法律后果的相关法律规定；最后，百利公司变更相关手续的请求在实践中也难以履行，不符合合资、合作开发房地产合同纠纷处理的一般原则。因此，百利公司的该诉讼请求不能成立，本院不予支持。

编者说明

《中华人民共和国民法典》第五百六十六条规定："合同解除后，尚未履行的，终止履行；已经履行的，根据履行情况和合同性质，当事人可以请求恢复原状或者采取其他补救措施，并有权请求赔偿损失。合同因违约解除的，解除权人可以请求违约方承担违约责任，但是当事人另有约定的除外。主合同解除后，担保人对债务人应当承担的民事责任仍应当承担担保责任,但是担保合同另有约定的除外。"由此明确了合同解除的法律后果。通常一方提供土地,另一方提供资金而签订的合作开发协议,在协议解除后,提供资金一方享有的仅仅是债权,其主张物权的,不应支持。(吴利波整理)

第三节　土地出让金

246. 国有土地使用权出让合同未对土地容积率调整情况将按照何种标准补缴土地出让金作出约定，因当事人申请调整容积率后主管部门作出土地出让金补缴通知并据此起诉的，不属于民事诉讼的范围。

案件名称

再审申请人（一审原告、二审被上诉人）平顶山市自然资源和规划局与被申请人（一审被告、二审上诉人）田园公司建设用地使用权出让合同纠纷案〔（2020）豫民申6792号，2020.12.25〕

裁判精要

河南省高级人民法院认为，2019年由于机构改革，平顶山市国土资源局和平顶山市城市规划局组建为平顶山市自然资源和规划局。原平顶山市国土资源局与田园公司在2005年10月31日签订《国有土地使用权出让合同》后，均按照该合同履行了相应义务，双方对合同所涉土地情况及土地使用权出让金均无异议。该合同并未约定在发生涉案土地容积率调整情况下按照何种标准进行补缴。后经田园公司申请并经法定机关审查批准，涉案土地用地规划容积率由0.9变更为3.51，2009年5月14日原平顶山市城市规划局函告原平顶山市国土资源局该变更事项。原平顶山市国土资源局接到该函后，委托平顶山市金鹰土地评估咨询有限公司进行了评估，经平顶山市地价委员会确定补缴价款金额，于2010年5月10日通知田园公司补缴土地出让价款367.6881万元。通过原平顶山市国土资源局的上述行为来看，其通知田园公司补缴土地出让价款的行为并非依据《国有土地使用权出让合同》，其也未与田园公司就补缴土地出让价款事宜达成新的协议，其属于依行政职权按照法定程序单方作出的具体行政行为。本案中，平顶山市自然资源和规划局系依据自己单方作出的行政行为向田园公司主张补缴土地出让价款367.6881万元，而人民法院民事案件受理范围是受理平等主体的公民之间、法人之间、其他组织之间以及他们相互之间因财产关系和人身关系提起的民事诉讼,故二审认定本案不属于民事诉讼的范围,裁定驳回平顶山市自然资源和规划局的起诉并无不当。平顶山市自然资源和规划局的再审理由不能成立,本院不予支持。(陈维刚整理)

第四节 其他

247. 善意取得受让土地使用权的时间是完成不动产物权转移登记之时，土地价格的合理性可以参考当地政府公布的国有土地基准地价。

案件名称

上诉人（原审原告）环球公司、（原审被告）杨某先与被上诉人（原审被告）华景公司、赵某义合资、合作开发房地产合同纠纷案［（2019）豫民终37号，2020.12.11］

裁判精要

河南省高级人民法院认为，关于华景公司取得案涉土地使用权是否构成善意取得的问题。《中华人民共和国物权法》第一百零六条规定："无处分权人将不动产或者动产转让给受让人的，所有权人有权追回；除法律另有规定外，符合下列情形的，受让人取得该不动产或者动产的所有权：（一）受让人受让该不动产或者动产时是善意的；（二）以合理的价格转让；（三）转让的不动产或者动产依照法律规定应当登记的已经登记，不需要登记的已经交付给受让人。受让人依照前款规定取得不动产或者动产的所有权的，原所有权人有权向无处分权人请求赔偿损失。当事人善意取得其他物权的，参照前两款规定。"《最高人民法院关于适用〈中华人民共和国物权法〉若干问题的解释（一）》对"善意"的内涵进行了进一步解释。该解释第十五条规定："受让人受让不动产或者动产时，不知道转让人无处分权，且无重大过失的，应当认定受让人为善意。真实权利人主张受让人不构成善意的，应当承担举证证明责任。"第十六条规定："具有下列情形之一的，应当认定不动产受让人知道转让人无处分权：（一）登记簿上存在有效的异议登记；（二）预告登记有效期内，未经预告登记的权利人同意；（三）登记簿上已经记载司法机关或者行政机关依法裁定、决定查封或者以其他形式限制不动产权利的有关事项；（四）受让人知道登记簿上记载的权利主体错误；（五）受让人知道他人已经依法享有不动产物权。真实权利人有证据证明不动产受让人应当知道转让人无处分权的，应当认定受让人具有重大过失。"华景公司在受让不动产时,并不存在上述情形,而且杨某先持有的土地使用权转让协议等文件以及原华景公司土地使用权证书,从表象上具有真实权利人的外观。而且在行政诉讼中,行政判决确认了国有土地使用权证的合法性,之后也没有司法裁判认定杨某先、牛某滨、赵某义是无权处分人,虽然华景公司知道诉争土地使用权存在纠纷,但环球公司没有证据证明华景公司明知三股东转让土地的行为系无权处分。

善意取得的判断时间是完成不动产物权转移登记或者动产交付之时,华景公司将案涉土地使用权登记在自己名下的时间是2010年11月2日,此时,行政诉讼已经终审,维持了原华景公司的土地证,且洛阳仲裁委员会仲裁裁决《国有土地使用权转让协议》合法有效。

关于土地价格是否合理,新华景公司提交了《洛阳市人民政府关于公布洛阳市市区国有土地基准地价的通知》,该文件是洛阳市人民政府公布的2009年洛阳市市区国有土地基准地价,其中本案涉及的4级住宅用地的基准地价是750元,新华景公司在2010年9月25日委托洛阳国地不动产评估有限公司作出了一份(洛阳市)国地公司(2010)(估)字第051号《土地估价报告》,估价结果是:案涉土地是833元／平方米,折合55.5万元／亩,土地总价为1453.6万元。两份证据确定的土地单价基本一致,转让价格1690万元并无不合理之处。

综上,受让人新华景公司基于不动产登记的公信力,受让三股东转让的土地使用权,符合《中华人民共和国物权法》及其司法解释规定的善意取得的条件,一审判决认定新华景公司构成善意取得理据充分。

编者说明

1.不动产善意取得的善意判断时点。《中华人民共和国物权法》第一百零六条规定要求,受让人获得善意取得制度保护,取得无处分权人转让的不动产物权的,应当在受让该不动产时为善意。对于应将何时作为"受让不动产时",司法实践中存在不同观点,我们最终选定"依法完成不动产物权转移登记"之时,作为判断不动产善意取得中的善意时点,也就是说,作为受让人,想要取得善意取得制度的保护,实现从无处分权人处取得不动产物权,获得法律的认可,需要在完成不动产物权转移登记之前,始终保持主观善意,即不知道且不应当知道转让人无处分权的事实。司法解释的该规定,实际上是尽量后置了善意的判断时点,以最大可能抑制善意取得的负面效果。

2.善意取得中合理价格的认定。转让价格是否合理的首要考量因素：转让时交易所在地市场价格；转让价格是否合理的其他考量因素：转让标的物的性质、数量以及付款方式、交易习惯等。（郭俊利整理）

248.国有土地使用权出让合同属于行政协议，当事人就协议履行及解除发生的争议，不属于民事案件审理范围。

案件名称

再审申请人（一审被告、二审上诉人）濮阳市自然资源和规划局工业园区分局（原濮阳市国土资源局工业园区分局，以下简称园区分局）与被申请人（一审原告、二审被上诉人）濮阳市汇元药业有限公司（以下简称汇元公司）及一审被告河南濮阳工业园区管理委员会、濮阳市自然资源和规划局（原濮阳市国土资源局）房地产开发经营合同纠纷案〔（2020）豫民申3763号，2020.9.21〕

裁判精要

河南省高级人民法院认为，二审判决认定事实和适用法律存在问题。根据《中华人民共和国行政诉讼法》第十二条第一款第（十一）项规定，公民、法人或者其他组织认为行政机关不依法履行、未按照约定履行或者违法变更、解除政府特许经营协议、土地房屋征收补偿协议等协议的，属于行政诉讼受案范围。本案中，案涉《国有建设用地使用权出让合同》是园区分局为了实现行政管理和公共服务目标，与汇元公司协商订立的具有行政法上权利义务内容的协议，属于行政诉讼法第十二条第一款第（十一）项规定的行政协议。双方签订的《国有建设用地使用权出让合同解除协议》亦属于行政协议。故汇元公司诉请撤销《国有建设用地使用权出让合同解除协议》有关内容及赔偿损失的诉讼，属于行政诉讼受案范围。原审按照民事案件进行审理裁判，并不妥当。

编者说明

《最高人民法院关于审理涉及国有土地使用权合同纠纷案件适用法律问题的解释》（2020年修正）将土地使用权出让纠纷作为其调整内容，因此，在实践中，涉及国有建设用地使用权出让合同纠纷的案件，作为民事合同纠纷和行政协议纠纷进行审理的情形均存在。（陈维刚整理）

04

第四章

房地产合资合作开发

第一节 合同效力

249. 对未依法取得国有土地使用权证的集体用地进行开发建设的协议，违反法律法规的强制性规定，应认定为无效。

案件名称 I

上诉人（原审被告）宗庄居委会与被上诉人（原审原告）迪益置业公司合资、合作开发房地产合同纠纷案［（2020）豫民终1291号，2021.9.29］

裁判精要

河南省高级人民法院认为，关于案涉合同的性质和效力如何认定。迪益置业公司与宗庄居委会签订的《合作协议》以及《济源市宗庄村城中村改造合作协议》中约定，双方的合作方式为宗庄居委会负责提供土地、制定村民安置方案、配合迪益置业公司完成项目的申报及审批手续等；迪益置业公司负责提供项目建设所需资金、对土地进行开发建设等。双方约定的收益为：开发完成后，商业房和安置房交宗庄居委会，剩余住宅房由迪益置业公司处置。本院认为，双方虽然在合同中约定宗庄居委会按每亩50万元出让土地，但由于案涉土地在双方签订合同时仍为集体用地，未办理国有土地使用权证；双方约定的每亩50万元的土地价格，迪益置业公司并未实际支付给宗庄居委会，而仅是作为宗庄居委会出资的一种作价方式。故双方签订的《合作协议》不符合土地使用权转让合同的特征。宗庄居委会上诉称双方签订的合作协议性质是国有土地使用权出让合同的理由不能成立。

关于案涉合同的效力。本案双方约定开发的土地系集体用地。根据《中华人民共和国城市房地产管理法》的规定，房地产开发是指在依法取得国有土地使用权的土地上进行基础设施、房屋建设的行为，由此决定房地产开发所需要的土地仅限于国有土地，而非集体土地；城市规划区内的集体所有的土地，经依法征用转为国有土地后，该幅国有土地的使用权方可有偿出让。本案双方在案涉土地未经相关部门对土地进行收储、实施征地补偿安置、房屋拆迁补偿安置，并按照土地供应计划，通过规定程序予以交付的情况下，就约定对案涉土地进行开发建设收益，违反了法律法规的强制性规定，依法应认定为无效。且由于济源市人民政府已以出让方式将案涉土地交由第三方开发建设，本案双方签订的合作协议的效力已无法得到补正。故原审判决认定案涉合同合法有效，适用法律错误，本院依法予以纠正。

案件名称 Ⅱ

再审申请人（一审原告、二审上诉人）麦某图与被申请人（一审被告、二审被上诉人）大盛村委会及一审第三人东莞市鹏业仓储有限公司建设用地使用权合同纠纷案［（2020）粤民申12689号，2021.6.30］

裁判精要

广东省高级人民法院认为，根据《中华人民共和国土地管理法》第四十三条、第四十四条、第六十三条规定，除村民建设住宅、兴办乡镇企业、乡（镇）村公共设施和公益事业之外，任何单位和个人进行建设要使用土地的，必须依法申请使用国有土地；涉及农用地转为建设用地的，应办理农用地转用审批手续；农民集体所有土地使用权原则上不得出让、转让或出租用于非农业建设。本案中，麦某图与大盛村委会于2007年9月25日签订《出让土地使用权合同》时，涉案土地属农民集体所有，合同签订后大盛村委会将涉案土地交付给麦某图。根据东莞市自然资源局复函记载，涉案土地直到2015年10月才开始办理农用地转用手续，并于2016年10月完成审批手续。因此，《出让土地使用权合同》签订时，涉案土地因尚未依法办理农用地转用手续及相关土地用途变更手续，不符合法定流转程序，大盛村委会无权转让给麦某图。一、二审法院认定《出让土地使用权合同》无效，并无不当。

编者说明

《最高人民法院关于审理涉及国有土地使用权合同纠纷案件适用法律问题的解释》（2020年修正）对"合作协议的效力补正"的方式进行了规定，第十条规定："土地使用权人与受让方订立合同转让划拨土地使用权，起诉前经有批准权的人民政府同意转让，并由受让方办理土地使用权出让手续的，土地使用权人与受让方订立的合同可以按照补偿性质的合同处理。"第十一条规定："土地使用权人与受让方订立合同转让划拨土地使用权，起诉前经有批准权的人民政府决定不办理土地使用权出让手续，并将该划拨土地使用权直接划拨给受让方使用的，土地使用权人与受

让方订立的合同可以按照补偿性质的合同处理。"(王兴整理)

250. 合作建房协议约定的土地用途不符合土地规划，且未取得建设工程规划许可证的，该协议违反法律行政法规效力性强制性规定，应认定为无效。

案件名称

上诉人（原审原告）吉锦公司与被上诉人（原审被告）铁路华东公司及原审第三人坤艮实业公司合作建房合同纠纷案[（2020）豫民终347号，2020.10.28]

裁判精要

河南省高级人民法院认为，关于吉锦公司与铁路华东公司签订的投资合作经营协议的性质以及效力应如何认定的问题。1.该协议约定吉锦公司与铁路华东公司共同投资，其中铁路华东公司以土地使用权和5万元市场安全监控设施出资，吉锦公司出资4500万元并负责施工、建设以及建设完成后的商业经营管理，双方合作期限为十八年，在该期间内吉锦公司向铁路华东公司支付固定费用，合作期满建筑物所有权归铁路华东公司所有。虽然该项目系双方共同出资，但铁路华东公司仅收取固定收益，不参与经营，亦不承担风险，且建成房屋不进行销售，吉锦公司出资建设后通过对房屋的经营行为而获取相应收益，因此，该合同系合作建房合同。2.《中华人民共和国城乡规划法》第四十条规定"在城市、镇规划区内进行建筑物、构筑物、道路、管线和其他工程建设的，建设单位或者个人应当向城市、县人民政府城乡规划主管部门或者省、自治区、直辖市人民政府确定的镇人民政府申请办理建设工程规划许可证"。该规定系效力性强制性规定。案涉土地系铁路用地，其具体规划用途为生产防护绿地，吉锦公司与铁路华东公司在未变更规划的情形下在该地块上进行卫浴石材市场建设，建设标的违法，至今未取得建设工程规划许可证，双方签订的投资合作经营协议属于《中华人民共和国合同法》第五十二条第（五）项违反法律、行政法规效力性强制性规定的情形，该协议无效。虽然铁路华东公司向吉锦公司送达了解除合同通知，但解除合同系以合同有效为前提，因此，该解除通知不产生合同解除的法律后果。

编者说明

《中华人民共和国民法典》第一百五十七条规定："民事法律行为无效、被撤销或者确定不发生效力后，行为人因该行为取得的财产，应当予以返还；不能返还或者没有必要返还的，应当折价补偿。有过错的一方应当赔偿对方由此所受到的损失；各方都有过错的，应当各自承担相应的责任。法律另有规定的，依照其规定。"合同无效后，有过错的一方应当赔偿对方因此所受到的损失，双方都有过错的，应当各自承担相应的责任，但损失一方应举证证明实际发生的损失。（胡玉芹整理）

251. 合资、合作开发房地产合同纠纷中，对未取得国有土地使用权的土地进行开发建设导致合同无效，提供土地一方对合同无效承担主要过错责任。

案件名称 I

再审申请人（一审被告、二审上诉人）红河镇政府与被申请人（一审原告、二审被上诉人）依水苑公司及一审被告红河镇庵泉村村委会合资、合作开发房地产合同纠纷一案［（2018）最高法民申4922号，2018.11.30］

裁判精要

最高人民法院认为，关于涉案合同的性质和效力问题。双方签订的《昌乐县红河镇庵泉社区开发建设合同书》约定，依水苑公司以9015200元购买112.69亩土地，红河镇政府、庵泉村村委会将涉案土地使用权确权到依水苑公司名下，依水苑公司负责投资进行开发、建设，并按合同约定的价格向红河镇政府、庵泉村村委会提供安置房300套，除安置房外的住宅及商业房由依水苑公司自行销售，利润归其所有。红河镇政府申请再审主张涉案合同更符合土地使用权转让合同或土地补偿合同，但案涉土地为集体土地，不具备使用权转让和进行房地产开发的法定条件，无论合同性质为何，原审法院认定案涉合同无效，均无不当。

关于原审法院判决红河镇政府、庵泉村村委会共同返还依水苑公司土地款、房款及利息是否正确的问题。《中华人民共和国合同法》第五十八条规定："合同无效或者被撤销后，因该合同取得的财产，应当予以返还；不能返还或者没有必要返还的，应当折价补偿。有过错的一方应当赔偿对方因此所受到的损失，双方都有过错的，应当各自承担相应的责任。"1.关于安置房款的问题。依水苑公司完成了1~4号楼的建设，村民按照设计方案结算房屋面积、按照涉案合同约定单价支付房款，并已实际入住使用多年，使用过程中未对房屋面积、价格、质量等提出异议，红河镇政府以安置房未经竣工验收无法确定面积及单价错误为由主张安置房款计算错误，依据不足。2.关于退还土地购置款的问题。本案中,涉案合同被认定为无效,根据《中华人民共和国合同法》第五十八条规定,红河镇政府、庵泉村村委会因合同取得的财产应当向依水苑公司返还。原审法院判令红河镇政府、庵泉村村委会返还500万元土地购置款,并无不当。3.关于依水苑公司为项目支出的勘验、设计、监理、水电暖管网施工安装等费用的问题。依水苑公司为整个项目的开发建设进行勘验、设计、监理、水电暖管网施工安装等工作,原审法院结合依水苑公司所做工作、实际支出并考虑公平原则,确定承担责任主体和比例,并无不当。4.关于利息计算问题。案涉合同签订后,依水苑公司支付前期土地款500万元,并于2013年12月交付1-4号楼房屋,原审法院结合双方履行合同情况,判决红河镇政府按照同期银行贷款利率支付土地款、房款等所产生的利息,具有事实和法律依据。

案件名称 II

上诉人(原审被告)宗庄居委会与被上诉人(原审原告)迪益置业公司合资、合作开发房地产合同纠纷案〔(2020)豫民终1291号,2021.9.29〕

裁判精要

河南省高级人民法院认为,本案双方约定对未取得国有土地使用权的土地进行开发建设导致案涉合同无效,合同双方均有过错。根据双方合同的约定,宗庄居委会作为土地的提供者,以未取得国有土地使用权的土地作为出资,其过错程度较大,综合本案合同履行情况,本院酌定由宗庄居委会承担80%的责任,由迪益置业公司承担20%的责任。根据合同法的规定,一方依据无效合同取得的财产应当返还对方。本案双方签订合同后,迪益置业公司组织了与项目有关的设计、文物调查和勘探,搭建了临时办公用房,并进场施工,进行了地基开挖、打桩等工程,投入的资金已转化为在建的建筑物,无法实物返还。宗庄居委会应当对迪益置业公司的投入予以折价补偿。一审审理过程中,迪益置业公司申请对沁槐花园项目案涉工程的工程量及工程造价进行鉴定,法院委托河南中企工程管理有限公司进行了工程量、工程造价评估,并根据双方的质证意见对损失数额进行了确定,标准并无不当,依法应予维持。宗庄居委会上诉认为应当以迪益置业公司和施工单位所签订的施工合同来确定迪益置业公司的损失,本院认为,因迪益置业公司除了支付施工单位工程款外,还投入了开发成本和管理成本等,不能直接以施工单位的工程款确定迪益置业公司的损失。

编者说明

在合资、合作开发房地产法律关系中，以土地作为出资的形式较为常见，如因作为开发基础载体的土地的权利重大瑕疵而导致合同出现无效情形的，提供土地一方应据此承担合同无效的主要过错责任。（王兴整理）

252. 国有独资企业名下的土地使用权属于国有资产，其将国有土地使用权投入房地产合作开发项目，系使用国有资金的项目，应采用招投标的方式确定案涉房地产项目的合作方。

案件名称

上诉人（原审原告）忆江南公司与上诉人（原审被告）晋煤天庆公司合资、合作开发房地产合同纠纷案〔（2020）豫民终1026号，2021.3.29〕

裁判精要

河南省高级人民法院认为，本案中，晋煤天庆公司作为国有独资企业，案涉项目待开发的国有土地使用权属于国有资产，其将国有土地使用权投入房地产合作开发项目，系使用国有资金的项目。双方当事人选择采用招投标的方式确定案涉房地产项目的合作方，就应当适用《中华人民共和国招标投标法》的规定。招标投标的意义在于维护市场竞争秩序，公开、公平、公正地选择合同相对人，根据《中华人民共和国招标投标法》第五十五条的规定，晋煤天庆公司与忆江南公司在中标前进行实质性磋商，中标无效。同时，因为忆江南公司在招投标的过程中，提供虚假的业绩证明资料，获得竞标资格，亦破坏了招标投标的市场秩序导致中标无效，不以晋煤天庆公司是否知道为转移。基于无效的招投标行为签订的合同违反了市场公开竞争秩序，应当予以负面的价值评价，故应当认定《天庆水岸项目合作协议》为无效协议。

编者说明

《中华人民共和国招标投标法》第三条规定："在中华人民共和国境内进行下列工程建设项目包括项目的勘察、设计、施工、监理以及与工程建设有关的重要设备、材料等的采购，必须进行招标：（一）大型基础设施、公用事业等关系社会公共利益、公众安全的项目；（二）全部或者部分使用国有资金投资或者国家融资的项目；（三）使用国际组织或者外国政府贷款、援助资金的项目。前款所列项目的具体范围和规模标准，由国务院发展计划部门会同国务院有关部门制订，报国务院批准。法律或者国务院对必须进行招标的其他项目的范围有规定的，依照其规定。"使用国有独资企业名下的土地进行房地产合作开发项目，属于招标投标法规定的全部或部分使用国有资金投资的项目，应使用招投标方式选定合作方。此外，《中华人民共和国招标投标法》第五十五条规定："依法必须进行招标的项目，招标人违反本法规定，与投标人就投标价格、投标方案等实质性内容进行谈判的，给予警告，对单位直接负责的主管人员和其他直接责任人员依法给予处分。前款所列行为影响中标结果的，中标无效。"（曹亚伟整理）

253. 合作开发合同无效，合同当事人仅承担信赖利益损失，预期利益损失不属于合同无效的损失赔偿范畴，一方当事人请求预期利益损失的，不予支持。

案件名称

上诉人（原审原告）忆江南公司与上诉人（原审被告）晋煤天庆公司合资、合作开发房地产合同纠纷案［（2020）豫民终1026号，2021.3.29］

裁判精要

河南省高级人民法院认为，关于预期利益损失的问题。因《天庆水岸项目合作协议》被认定为无效协议，晋煤天庆公司仅承担信赖利益损失，预期利益损失不属于合同无效的损失赔偿范畴，故忆江南公司主张预期利润损失的请求不能成立。

编者说明

在《民事审判指导与参考》第40辑中，最高人民法院民事审判第一庭认为，在合同无效后，若一方当事人对合同无效存在过错，且对方当事人因此遭受损失的，过错方应基于缔约过失行为向对方当事人承担赔偿损失的法律责任，所赔偿的损失限于信赖利益（包括直接损失和间接损失），不包括在合同有效情形下通过履行可以获得的利益。认定损失赔偿数额时，应根据案件具体情形判断各项损失应否全额赔偿；若受害人也存在过错的，受害人应根据自己的过错程度承担相应的责任。（曹亚伟整理）

第二节　合同解除

254. 项目合作开发一方刻意隐瞒未实际交纳项目开发保证金，虽该保证金列入项目投资成本，但未对项目的建设、销售造成实际影响的，另一方不能以此为由主张解除合同。

案件名称

上诉人（原审原告）刘某涛与被上诉人（原审被告）兆群房产公司合作合同纠纷案［（2020）豫民终359号，2020.10.28］

裁判精要

河南省高级人民法院认为，在项目合作协议签订过程中，兆群房产公司隐瞒了其未交纳保证金1600万元的事实。项目合作协议载明兆群房产公司前期投入2480万元，兆群房产公司认可该2480万元中包括保证金1600万元以及其未实际交纳的事实。交纳1600万元保证金是兆群房产公司与赵村村委会签订的联合开发协议约定的兆群房产公司的合同义务，兆群房产公司未实际交纳，却在与刘某涛签订项目合作协议中予以隐瞒，有失诚信，但在刘某涛与兆群房产公司的项目合作协议履行中，该事项并未对项目的建设、销售造成实际影响，未产生合同目的无法实现的后果。故刘某涛以此为由主张合同解除，不能成立。

编者说明

主张合同解除的当事人，在合同未明确约定解除条件的情况下，应当依据《中华人民共和国民法典》第五百六十三条关于法定解除的规定，并结合案件实际情况，确定合同是否应当解除。（杨贺飞整理）

255. 项目合作开发协议具有高度的人合性，双方已失去信任基础，虽未达到约定或法定解除条件，法院仍可考虑合同效率、项目开发以及有效解决争议等，判令解除合同。

📡 案件名称

上诉人（原审原告）刘某涛与被上诉人（原审被告）兆群房产公司合作合同纠纷案［（2020）豫民终359号，2020.10.28］

🔍 裁判精要

河南省高级人民法院认为，虽然刘某涛主张法定解除权不能成立，但是合作协议除资合性外，亦具有高度的人合性，刘某涛与兆群房产公司已相互失去信任，不具备合作的基础，原审未判决解除合同，不利于合同效率，亦不利于项目继续开发以及双方纠纷的解决，对此，本院予以纠正。

✏️ 编者说明

关于合同解除，除考虑民法典合同编所提到的约定解除、法定解除、违约方解除情形外，还应考虑合同的性质、效率及争议的有效解决等客观因素，综合确定合同是否应予解除。（杨贺飞整理）

256. 通过公开招拍挂方式出让的土地，出让条件已经公示，受让方以出让方出让时未充分告知、提醒受让人有关土地出让需要具备的必要条件，导致受让人无法开展项目建设为由，要求出让人承担过错责任的，不予支持。

📡 案件名称

再审申请人（一审被告、二审上诉人）濮阳市自然资源和规划局工业园区分局（原濮阳市国土资源局工业园区分局，以下简称园区分局）与被申请人（一审原告、二审被上诉人）濮阳市汇元药业有限公司（以下简称汇元公司）及一审被告河南濮阳工业园区管理委员会、濮阳市自然资源和规划局（原濮阳市国土资源局）房地产开发经营合同纠纷案［（2020）豫民申3763号，2020.9.21］

裁判精要

河南省高级人民法院认为，案涉《国有建设用地使用权出让合同》系经过公开的招拍挂程序订立，土地出让条件已经向社会公开发布。并且，该合同第十三条约定"其他土地利用要求以立项、规划等批准文件要求为准"。故二审判决认定园区分局在订立案涉《国有建设用地使用权出让合同》时未充分告知、提醒汇元公司有关土地出让需要具备的必要条件，导致汇元公司无法在园区开展项目建设、案涉合同被解除存在过错以及双方订立的《国有建设用地使用权出让合同解除协议》显失公平，事实依据不足。综上所述，园区分局的再审申请符合《中华人民共和国民事诉讼法》第二百条第（二）项、第（六）项规定的情形。（陈维刚整理）

257. 合资、合作开发房地产合同纠纷中，一方主张另一方返还投资款利息的，应以提起诉讼时间作为计算占用投资款产生损失的起始时间。

案件名称

抗诉机关河南省人民检察院、申诉人（一审原告、二审被上诉人）李某申与申诉人（一审被告、二审上诉人）段某合资、合作开发房地产合同纠纷案〔（2021）豫民再130号，2021.4.29〕

裁判精要

河南省高级人民法院认为，关于对该780万元利息应从何时起算问题。段某与李某申的合作协议解除，段某应将李某申的投资款予以返还。双方合作协议本身并未约定一方违约致合同解除的责任，李某申请求支付投资款项的利息，应为段某未及时返还该款所受的损失。一、二审判令自李某申实际出资之日计算利息，将合同解除效力溯及李某申实际交付出资时，未考虑合作风险及双方合作状态的持续实为不妥。原再审以李某申提起诉讼的时间作为计算占用投资款产生损失的起始时间，将合同解除的效力溯及起诉之时，兼顾了上述因素及李某申的实际损失较为妥当，本院对此予以维持。（陈维刚整理）

第三节 合同履行

258. 合资、合作开发房地产合同纠纷中,即使协议中对各方利益分配有约定,但实际履行情况与协议约定相差较大,应根据实际履行情况和公平原则,对协议约定的利润分配进行调整。

案件名称

原告王某明、王某平与被告李某杰、汪某玲、翁某裕、同德置业公司合资、合作开发房地产合同纠纷案〔(2018)豫民初64号,2020.6.22〕

裁判精要

河南省高级人民法院认为,关于李某杰、汪某玲应向王某明、王某平支付的利润数额应如何确定问题。王某明、王某平主张李某杰、汪某玲、翁某裕、同德置业公司给付其房地产开发利润人民币8000万元,其主要依据的是《利润分配协议书》的约定、李某杰发微信所说的1.66亿元利润以及王某明、王某平根据其自己掌握的资料所核算的约为7亿元的利润。本院认为,根据《利润分配协议书》的约定,双方所确定的合作模式为,甲方的义务是出资,乙方的义务是全面落实各项经营执行工作。在实际履行过程中,李某杰和汪某玲不仅按协议约定完成出资义务,而且所出资数额远远超出协议约定的上限3000万元,而王某明和王某平并未完成按协议约定的各项经营执行工作落实的义务,李某杰、汪某玲在王某平离开同德置业公司后,全面担负起了项目开发的各项经营工作,王某明在同德置业公司仅仅是从事分管的开发部的部分工作。也就是说,在《利润分配协议书》实际履行过程中,双方的履行能力和实际履行情况与协议所约定的发生了很大的变化,但双方并没有对协议约定根据实际履行情况进行变更。如继续按协议约定履行,对李某杰、汪某玲一方显然不公平,故应当根据实际履行情况,对协议约定的利润分配情况进行调整。

(陈维刚整理)

259. 合资合作开发房地产一方出具的资金证明系为了配合另一方在承诺期限内完成购买土地的合同义务而提供的，该证明不构成合作一方对案涉项目无条件的投资意向，也不构成对合同义务的变更，另一方主张合作一方未履行资金证明载明金额的投资义务导致其未取得案涉地块国有土地使用权的理由，不予支持。

案件名称

上诉人（原审原告）民生公司、（原审被告）红太阳公司与被上诉人（原审被告）刘某升合资、合作开发房地产合同纠纷案［（2018）豫民终1952号，2019.6.17］

裁判精要

河南省高级人民法院认为，关于民生公司是否有2亿元投资意向。民生公司应红太阳公司要求，分别在2017年3月12日、3月13日、3月17日、3月21日出具2亿元房屋拆迁赔偿资金证明。从证明出具时间来看，均在3月6日红太阳公司出具退款承诺书之后半个月内；出具证明的目的，是为配合红太阳公司在承诺期限内完成购买土地的合同义务提供资信证明，用以表明红太阳公司如能按照承诺在5个月内办理土地证，民生公司有履行2亿元后续投资的能力。该证明既非无条件的投资意向，也不是合同义务的变更。红太阳公司主张民生公司没有兑现2亿元投资是合作开发协议无法继续履行的主要原因，没有事实依据，本院不予支持。（郑舒文整理）

260. 时间在后的公司章程与合作开发协议中约定的投资权益内容不一致的，除非合作各方另有约定或实际履行了合作开发协议，否则应当视为在后的公司章程变更了合作开发协议的约定，应以变更后的公司章程约定为准。

案件名称

上诉人（原审原告）华某明与被上诉人（原审被告）集群公司、苏某亮、王某逢、薛某岭及原审被告李某亮合资、合作开发房地产合同纠纷案［（2020）豫民终925号，2021.1.29］

🔍 裁判精要

河南省高级人民法院认为，关于华某明在案涉项目中的投资权益问题。在前期华某明与张某军、余某芝等人对案涉项目的合作开发中，华某明和余某芝等人共同出资，缴纳土地出让金并办理相应的土地出让手续，以旺达公司名义取得了案涉项目的国有土地使用权。华某明的前期投资权益主要体现在旺达公司取得的土地使用权中。在2014年5月28日，华某明与王某逢、薛某岭订立合作开发协议后，三人作为新的项目合作方，先后与张某军、余某芝等人签订协议，受让取得了张某军在旺达公司的全部股份和余某芝、余某胜、修某志等人在旺达公司的土地投资权益。2014年6月4日，华某明与王某逢、薛某岭又购买取得了集群公司的全部股份，并将旺达公司取得的案涉项目土地使用权变更到集群公司名下。因此，华某明在前期与张某军、余某芝等人进行合作开发的全部投资权益，已经转入其与王某逢、薛某岭的合作开发权益中，主要体现在三人进行案涉项目合作开发的集群公司取得的土地使用权中。

对于华某明在案涉项目中的投资权益份额，在2014年5月28日华某明与王某逢、薛某岭订立合作开发协议，形成新的合作开发关系后，华某明在前期案涉项目开发中的投资权益份额已经被新的合作开发协议约定所取代，应按2014年5月28日华某明与王某逢、薛某岭订立合作开发协议约定内容确定。但在实际履行中，华某明与王某逢、薛某岭订立合作开发协议后，又成立新的集群公司，签订公司章程，约定公司股权份额，并以集群公司为项目公司对案涉项目进行开发建设。华某明前期投资及后期投资已经全部转入集群公司，体现在集群公司的投资开发和经营收益中，其投资权益份额已转化在集群公司的股权份额中。

华某明、王某逢、薛某岭三人订立的合作开发协议约定的收益分配比例，与三人在集群公司章程中约定的股权份额比例不一致。合作开发协议虽然约定华某明享有60%的项目收益，但其需要承担办理"五证"以及项目后续开发建设的全部资金，还需要在4个月内将王某逢、薛某岭筹措的前期土地使用权转让金3500万元退还给王某逢、薛某岭。而根据现有证据，华某明既未退还王某逢、薛某岭前期土地使用权转让金3500万元，也没有足以证明其支付项目后续开发建设全部资金的证据。故2014年5月28日三人订立的合作开发协议并未得到实际履行。并且，三人后续签订的公司章程与合作开发协议不一致，除非合作各方另有约定，否则应当视为签订在后的公司章程变更了合作开发协议的约定，并以变更后的公司章程约定为准。

编者说明

当合作协议内容与公司章程约定相冲突时，两者的适用以"从新及从约定"为原则。若协议及章程约定了以何文件为准，则适用约定文件；在两者对效力均未约定的情况下，若在后的生效文件对在先文件作出调整，则适用在后文件。（郭俊利整理）

261. 在业主、业主大会选聘物业服务企业之前，一般由建设单位或其选聘的物业服务企业对其所开发小区的物业进行维护、管理，建设单位依法可以将前期物业管理权予以转让。

案件名称

上诉人（原审被告）雅兰房产营销公司与被上诉人（原审原告）赵村村委会及原审被告兆群房地产开发公司确认合同效力纠纷案［（2020）豫民终72号，2020.9.24］

裁判精要

河南省高级人民法院认为，关于物业管理权的转让。根据《物业管理条例》第三章关于前期物业管理的规定及房地产开发市场的惯例，在业主、业主大会选聘物业服务企业之前，一般由建设单位或其选聘的物业服务企业对其所开发小区的物业进行维护、管理。本案中，兆群房地产开发公司作为建设单位，对其所建设的雅兰花园小区享有前期物业管理权。兆群房地产开发公司将其所享有的雅兰花园的前期物业管理权转让给雅兰房产营销公司并不违反法律、行政法规的禁止性规定。赵村村委会要求确认该转让行为无效缺乏法律依据。（姚池整理）

262. 借用资质开发房地产的项目中，挂靠人以被挂靠人名义对外开发和销售的，被挂靠人应当按照合同约定向买受人承担交付房屋、办理权属登记的义务。

案件名称

再审申请人（一审被告、二审上诉人）广兴公司与被申请人（一审原告、二审被上诉人）黄某房屋买卖合同纠纷案［（2018）豫民再1454号，2019.6.26］

裁判精要

河南省高级人民法院认为，一、二审判决广兴公司向黄某交付房屋、办理权属登记并无不当。广兴公司和张某签订的挂靠合同约定，张某以广兴公司的名义对"清华园"项目进行开发和销售。经查询，案涉房产合同已在新密市房管局备案。案涉房产是张某以广兴公司名义开发的，商品房买卖合同信息已备案，广兴公司对于备案的经过不能做出合理解释。因房产原登记在广兴公司名下，故一、二审判决广兴公司向黄某交付房屋、办理权属登记并无不当。（姚池整理）

263. 合作开发房地产合同中约定的投资分配收益条件虽未满足，但合作开发地块已经通过股权转让形式对外转让开发权利并获益，当事人主张分配转让收益的，应予支持。

案件名称

上诉人（原审被告）张甲、张乙与被上诉人（原审原告）郝某华及原审第三人龙城科贸公司、八达威商业集团公司合同纠纷案［（2019）豫民终661号，2020.5.27］

裁判精要

河南省高级人民法院认为，关于郝某华请求分配投资收益的问题。根据《合作开发协议书》及其补充协议的约定，本案的法律关系是：由甲乙双方共同出资竞买土地、共同出资开发房地产项目。虽然在实施开发行为的过程中，利用龙城科贸公司的名义购买214号地块和215号地块，又注册成立了龙泉公司，但是两个公司都是双方进行合作的方式和手段，郝某华与张乙、张甲签订《合作开发协议书》及其补充协议的目的是投资开发房地产并获取收益，故本案应当定性为合作开发协议合同纠纷，张乙、张甲上诉称本案应当是公司清算纠纷的理由不能成立，其申请对公司财产进行审计的请求，本院不予准许。因双方约定对214号地块进行开发合作，现郝某华、张乙、张甲等通过转让股份的形式转让了214号地块的开发权，退出了214号地块的开发建设，故转让214号地块的收益应当进行分配，张乙、张甲认为本案不具备分配利润条件的理由不能成立。（赵静整理）

264. 合作开发房地产合同中，一方主张按照实际投资数额分配利润，因项目无法确定是否存在利润，该主张不予支持。

案件名称Ⅰ

上诉人（原审原告）宜达公司与被上诉人（原审被告）中科公司合资、合作开发房地产合同纠纷案［（2021）豫民终663号，2022.5.31］

裁判精要

河南省高级人民法院认为，在《合资、合作开发协议》履行过程中，中科公司、宜达公司均未依约履行出资义务，依照《最高人民法院关于审理涉及国有土地使用权合同纠纷案件适用法律问题的解释》第二十二条的规定，宜达公司主张按照双方实际出资的比例分配项目利润的请求有法律依据，但案涉项目因资金短缺而进展缓慢，至今仍未能竣工验收。后续工作需要继续注入资金，因双方没有按照协议约定的财务管理及工程管理模式运行，导致该项目的成本核算至今无法完成。中科公司自2016年预售案涉房屋至今迟迟不能交房，引发了大量解除合同，返还购房款的诉讼，该项目对外的债务目前尚未确定，且损失会继续发生，故在双方实际投资数额未予查明，项目债务未能确定，项目是否存在利润均不清楚的情况下，宜达公司请求依照实际投资比例分配项目利润或房屋的条件并未成就。一审法院驳回宜达公司该项诉讼请求并无不当。此外，双方合作开发的房产部分被中科公司私自出售，部分房屋及案涉土地现被第三方查封、房产已不能继续销售，宜达公司请求按照合同约定分配房屋，但因双方均未依约履行出资义务，现无法查明中科公司实际投资的金额，双方的实际投资比例无法查清，实物分配亦存在事实上的分配不能。

案件名称Ⅱ

上诉人（原审原告）杨某华与被上诉人（原审被告）锦轩公司、王甲、王乙合资、合作开发房地产合同纠纷案［（2021）新民终145号，2021.6.22］

裁判精要

新疆维吾尔自治区高级人民法院认为，涉案《投资协议》第八条约定，投资期限暂定为2007年3月28日至该项目开发完毕止。第十条约定，本协议生效期间内，任何一方不得抽回投资，因特殊原因需抽回的，由股东会决议后执行，抽回投资者不得享受当年利润分配。根据本案查明的事实，天赐水韵项目并未开发完成，杨某华与锦轩公司均表示同意继续履行合同，则涉案《投资协议》约定分配利润的条件并未成就。在双方对协议履行期间是否进行利益分配及利益分配的形式、期限均未约定的情况下，杨迪华仅以双方进行过阶段性利益分配主张双方具有利益分配的惯例不能成立。

编者说明

实践中，合资、合作开发协议约定以投资数额确定利润分配比例的情形较为常见，但协议签订后，可能存在当事人不按照协议约定出资或出资不足的情况，故《最高人民法院关于审理涉及国有土地使用权合同纠纷案件适用法律问题的解释》（2020年修正）第十九条规定："合作开发房地产合同约定仅以投资数额确定利润分配比例，当事人未足额交纳出资的，按照当事人的实际投资比例分配利润。"但当事人主张按照实际投资比例分配利润应当具备项目已实际产生利润等前提条件。（杨贺飞整理）

第四节 程序

265. 抗诉机关的抗诉理由与申诉人申诉理由不一致的,抗诉案件进入再审后,应以申诉人申诉请求范围为再审审理范围。

案件名称

抗诉机关河南省人民检察院、申诉人（一审原告、二审被上诉人）李某申与申诉人（一审被告、二审上诉人）段某合资、合作开发房地产合同纠纷案［（2021）豫民再130号，2021.4.29］

裁判精要

河南省高级人民法院认为，抗诉机关虽以原再审对利息起算时间的改判错误为由提起抗诉，但进入再审后本案审理范围为申诉人的申诉请求范围。（陈维刚整理）

266. 送达地址确认书作为人民法院确认当事人送达地址的重要依据,法院应核对其真实性,否则送达程序不合法。

案件名称

再审申请人（一审被告、二审被上诉人）恒康公司与被申请人（一审原告、二审上诉人）邵某有房地产开发经营合同纠纷案［（2020）豫民申196号，2020.5.25］

裁判精要

河南省高级人民法院经审查认为，送达地址确认书是人民法院确认当事人送达地址的重要依据，应当由当事人本人或者其委托诉讼代理人填写。本案二审程序中，恒康公司送达地址确认书上的签名为"陈某斌"，电话号码为一审委托诉讼代理人冯某律师的手机号码，但该送达地址确认书上陈某斌的签名并非其本人所签，冯某也未向一审和二审法院提交委托代理手续。二审法院在未对该送达地址确认书的真实性予以核对的情况下，即按照该送达地址确认书的地址和电话邮寄送达，并以恒康公司拒收为由缺席判决，送达程序和缺席判决的程序均不符合法律的规定，剥夺了恒康公司的辩论权。（陈维刚整理）

267. 根据案件情况，确需在个案中适用情势变更的，应当由高级人民法院审核，必要时应提请最高人民法院审核。未按规定程序报经审核的，属适用法律不当。

案件名称

再审申请人（一审被告、二审上诉人）单某霆与被申请人（一审原告、二审被上诉人）挚地公司合资、合作开发房地产合同纠纷案［（2020）豫民申253号，2022.4.20］

裁判精要

河南省高级人民法院认为，（一）《最高人民法院关于适用〈中华人民共和国合同法〉若干问题的解释（二）》第二十六条规定："合同成立以后客观情况发生了当事人在订立合同时无法预见的、非不可抗力造成的不属于商业风险的重大变化，继续履行合同对于一方当事人明显不公平或者不能实现合同目的，当事人请求人民法院变更或者解除合同的，人民法院应当根据公平原则，并结合案件的实际情况确定是否变更或者解除。"挚地公司提起的诉讼请求是：变更2003年10月11日挚地公司与单某霆签订的合同，年分红由6万元变更为100万元，请求权基础是我国关于情势变更原则的法律规定，理由是2003年10月11日签订的合同在履行过程中，单某霆只向挚地公司支付每年6万元的分红明显不公平。所谓情势变更，应当是当事人无法预见的、不属于商业风险的重大变化，在签订合同时，挚地公司对于分红的数额有明确的预期，也应当能够预见社会经济发展水平不断提高。经济发展是全社会共同经历的历史时期，并非《最高人民法院关于适用〈中华人民共和国合同法〉若干问题的解释（二）》第二十六条规定的重大变化，如果以此为由变更合同约定，那么经济发展时期签订的合同均将处于不稳定的状态，不利于保护交易安全。故二审判决以"合同期间社会经济发展水平不断增长的因素"为由支持挚地公司的诉讼请求适用法律不当。（二）单某霆与挚地公司于2003年10月11日签订的《合作开发协议》第六条约定："市场建成后，经营管理权归乙方，若因自然灾害、经营方法、市场变化等原因造成乙方亏损，甲方不承担任何连带责任，不减免乙方向甲方所交纳的利润分红款额。"从该约定看，双方当事人已经对自然灾害、经营方法、市场变化等因素进行了明确的约定，不免除单某霆交纳分红的责任，证明双方在签订合同时已经预见到市场变化因素。（三）《最高人民法院关于正确适用〈中华人民共和国合同法〉若干问题的解释（二）服务党和国家的工作大局的通知》规定：严格适用《中华人民共和国合同法》若干问题的解释（二）第二十六条，要求慎重适用，如果根据案件的情况，确需在个案中适用的，应当由高级人民法院审核。必要时应提请最高人民法院审核。该通知是直接影响判决结果的程序性规定，本案二审判决在适用《最高人民法院关于适用〈中华人民共和国合同法〉若干问题的解释（二）》第二十六条时，并未按照最高人民法院规定的程序报请本院审核，亦属适用法律不当。（陈维刚整理）

268. 国家机关作出的会议纪要，内容客观，且当事人派人参加并发表意见的，可以作为认定案件事实的证据。

案件名称

再审申请人（一审被告、二审上诉人）澳达置业公司与被申请人（一审原告、二审被上诉人）新乡市第三十二中学及一审被告吴某青、严某合资、合作开发房地产合同纠纷案〔（2020）豫民申2037号，2020.7.15〕

裁判精要

河南省高级人民法院认为，关于原审判决参照案涉会议纪要认定案件事实是否错误的问题。对该会议纪要，澳达置业公司主张其并未签字亦不认可，会议纪要对其不具有约束力，二审判决以该会议纪要确定双方权利义务是错误的。经审查，经新乡市纪委主持召开的新乡市第三十二中学与澳达置业公司遗留问题工作协调会形成的会议纪要，有澳达置业公司派员参会并发表意见，另有会议录音、新乡市纪委调查处理文件等可以佐证该会议纪要内容的客观性，具有证据效力。（陈维刚整理）

269. 公司主张法定代表人的签约行为超越职能权限对其不具有约束力的，还应当就相对方知道或者应当知道法定代表人的行为超越权限承担举证责任。

案件名称

上诉人（原审原告）德基公司、（原审被告）大有永固公司与被上诉人（原审被告）河南省城开集团、康城实业公司、开元房地产公司、大有实业公司合同纠纷案［（2019）豫民终1110号，2020.5.13］

裁判精要

河南省高级人民法院认为，关于刘某科是否超越了代表权限及协议是否对大有永固公司具有约束力。根据工商备案登记的大有永固公司章程第29条第10款规定，签署除本身正常经营需要以外的其他重大合同（所涉金额超过人民币1000万元）的权限在公司董事会，并经全体董事一致同意才可表决通过。而刘某科在2015年1月21日签订《合同转让协议书》《〈合作协议书〉补充协议》时，担任大有永固公司的法定代表人，代表大有永固公司签订上述两份协议的目的是使德基公司退出合作开发，是公司本身正常经营需要，并不违背公司章程。即便刘某科的签约行为超越法定代表人权限，依据《中华人民共和国合同法》第五十条的规定，也要评判德基公司是否知道或者应当知道刘某科超越权限。由于董事会决议是内部决策机制，现有证据不能证明德基公司知道刘某科超越权限；德基公司是否应当知道刘某科超越权限，应由大有永固公司承担举证责任。（程卫强整理）

270. 合资、合作开发房地产一方的法定代表人对合作协议的签字和承诺属于职务行为，其并非案涉资金的实际使用主体，不应对案涉资金退还义务承担连带责任。

案件名称

上诉人（原审原告）民生公司、（原审被告）红太阳公司与被上诉人（原审被告）刘某升合资、合作开发房地产合同纠纷案［（2018）豫民终1952号，2019.6.17］

裁判精要

河南省高级人民法院认为，关于刘某升的责任承担。刘某升虽然在涉案《合作开发协议》及其补充协议（一）、（二）上签字，但均以红太阳公司法定代表人身份签署，且该三份协议均盖有红太阳公司的印章；从三份协议的具体内容看，合同的主要权利义务均由红太阳公司和民生公司履行和承担，原审认定刘某升属于职务行为并无不当。红太阳公司于2017年3月6日向民生公司出具的承诺书虽然有"如果没有购买到该土地，红太阳公司及刘某升同意把合作开发的5000万元资金退给民生公司"的表述，但该承诺不能仅作字面理解，结合合同主体和资金流向及使用情况，退还资金的主体应是实际使用资金的主体，而从现有证据看，并未显示刘某升对该笔5000万元款项的占有使用，所以该承诺应视为红太阳公司对民生公司的承诺。因此，民生公司要求刘某升承担连带责任的证据不足，本院不予支持。（郑舒文整理）

271. 在鉴定范围无法确定时，法院应查明事实、确定鉴定范围，交由鉴定机构鉴定。

案件名称

上诉人（原审原告）彭某亭、（原审被告）李某会与被上诉人（原审被告）开封市坤泰置业有限公司合资、合作开发房地产合同纠纷案〔（2021）豫民终1196号，2022.3.21〕

裁判精要

河南省高级人民法院认为，一审诉讼中，彭某亭就涉案土地价值提出鉴定申请，鉴定机构接受委托后，以无法鉴定为由两次退回。根据鉴定机构的《工作联系函》及一审法院的《回复函》内容，鉴定机构退回鉴定的原因系当事人对涉案土地中道路面积、河道退让、道路退让应否被扣除等多个问题不能达成一致意见，造成鉴定范围无法确定。在此情况下，法院应当依据查明的事实对鉴定范围予以确定后，交由鉴定机构鉴定，依据鉴定意见对彭某亭该项诉讼请求依法裁决。

编者说明

关于土地价值的鉴定部分发回河南省开封市中级人民法院重审。

人民法院在处理鉴定相关争议过程中，既要注意避免"以鉴代审"、完全依赖鉴定意见的情形，也应注重对证据、法律事实的认定及与鉴定机构的沟通、衔接，

避免因证据认证或双方争议过大等问题，导致鉴定意见无法出具或者出具后无法使用。（杨贺飞整理）

272. 未办理土地使用权转让权属变更登记的受让人在提起执行异议之诉排除强制执行时，除应满足《最高人民法院关于人民法院办理执行异议和复议案件若干问题的规定》第二十八条的规定外，还需满足《中华人民共和国城市房地产管理法》第三十九条之规定。

案件名称

上诉人（一审原告）宏丰公司与被上诉人（一审被告）刘某洋及一审第三人登封市实验中学执行异议之诉纠纷案［（2019）豫民终1448号，2020.5.13］

裁判精要

河南省高级人民法院认为，关于宏丰公司对案涉土地是否享有排除执行的民事权益问题。宏丰公司主张对案涉土地排除执行，应当符合《最高人民法院关于人民法院办理执行异议和复议案件若干问题的规定》第二十八条的规定。协议书约定宏丰公司应向登封市实验中学支付1500万元及建成后的1万平方米商业房，补充协议变更为1500万元和7156平方米房产。宏丰公司虽举证称向梁献省支付了1500万元，但后续7156平方米房产既未向登封市实验中学交付，也未按照"已按照合同约定支付部分价款且将剩余价款按照人民法院的要求交付"执行，即宏丰公司未支付全部土地使用权对价。宏丰公司虽提交了规划、设计、勘测、平整土地等开发建设案涉土地的相关证据，但未完成开发投资总额的25%，违反了《中华人民共和国城市房地产管理法》第三十九条的规定，郑州中院认为宏丰公司作为房地产开发企业，对未办理过户登记有过错并无不当。

另外，关于宏丰公司请求判令登封市实验中学继续履行协议书，配合办理土地相关转让、建设手续，是否属于本案审理范围的问题。案外人执行异议之诉主要审理案外人在执行标的上是否享有能否排除执行的民事权益的问题，以作出能否继续执行的民事判决。而宏丰公司的该两项诉讼请求为给付之诉的请求，郑州中院认为不属于案外人执行异议之诉的审查范围并无不当。在本案判决后，宏丰公司可以根据判决结果，另行向登封市实验中学主张债权。

编者说明

《最高人民法院关于人民法院办理执行异议和复议案件若干问题的规定》（2020年修正）第二十八条规定："金钱债权执行中，买受人对登记在被执行人名下的不动产提出异议，符合下列情形且其权利能够排除执行的，人民法院应予支持：（一）在人民法院查封之前已签订合法有效的书面买卖合同；（二）在人民法院查封之前已合法占有该不动产；（三）已支付全部价款，或者已按照合同约定支付部分价款且将剩余价款按照人民法院的要求交付执行；（四）非因买受人自身原因未办理过户登记。"第二十九条规定："金钱债权执行中，买受人对登记在被执行的房地产开发企业名下的商品房提出异议，符合下列情形且其权利能够排除执行的，人民法院应予支持：（一）在人民法院查封之前已签订合法有效的书面买卖合同；（二）所购商品房系用于居住且买受人名下无其他用于居住的房屋；（三）已支付的价款超过合同约定总价款的百分之五十。"《中华人民共和国城市房地产管理法》（2019年修正）第三十九条规定："以出让方式取得土地使用权的，转让房地产时，应当符合下列条件：（一）按照出让合同约定已经支付全部土地使用权出让金，并取得土地使用权证书；（二）按照出让合同约定进行投资开发，属于房屋建设工程的，完成开发投资总额的百分之二十五以上，属于成片开发土地的，形成工业用地或者其他建设用地条件。转让房地产时房屋已经建成的，还应当持有房屋所有权证书。"（李振锋整理）

第五节 其他

273. 合作双方为取得、转让、开发宗地而成立项目公司，土地项目资产、公司资产与大股东资产若构成混同，则为此成立的项目公司并无独立人格。

案件名称

再审申请人（一审被告、二审被上诉人）军赢公司、恒业公司与被申请人（一审第三人、二审上诉人）李某芳及原审第三人杜某贞合资、合作开发房地产合同纠纷案［（2019）豫民再576号，2019.12.31］

裁判精要

河南省高级人民法院认为，关于恒业公司与军赢公司的再审实体权利请求能否成立问题。《最高人民法院关于审理涉及国有土地使用权合同纠纷案件适用法律问题的解释》第二十四条规定："合作开发房地产合同约定提供土地使用权的当事人不承担经营风险，只收取固定利益的，应当认定为土地使用权转让合同。"综合杜某贞与李某芳2007年7月14日、2007年11月3日签订《合资组建公司及其股份转让协议》和《补充协议》的内容，军赢公司系杜某贞与李某芳为取得、转让、开发宗地成立的项目公司，土地项目资产、公司资产与大股东杜某贞资产混同。杜某贞将拟取得的宗地使用权作价4730万元，通过转让军赢公司股权的方式，转让给李某芳。因此，围绕宗地使用权的转让，军赢公司并无独立人格，相应地，李某芳即使有军赢公司总经理、凯旋门项目部负责人的身份，其行为也不必然属于职务行为。综合刘海龙与李某芳签订的《合作开发经营房地产合同书》的约定，军赢公司以其名下的土地使用权作价4730万元投资，分得拟开发项目收益的25%，此内容符合上述第二十四条的规定，该合作开发合同亦为土地使用权转让合同。该合作合同中明确约定李某芳与杜某贞于2007年7月14日签订的《合资组建公司及其股份转让协议》及相关文件可作为协议附件，并注明附上二人所签合同文本。因此恒业公司应当知晓杜某贞和李某芳所签《合资组建公司及其股份转让协议》的内容及围绕宗地使用权转让,杜某贞、李某芳与军赢公司的关系及二人的权益,也即未取得杜某贞同意或授权情况下,就涉案宗地使用权的转让和开发事宜,李某芳的行为非职务行为。根据已查明事实,落款时间为2007年10月7日的军赢公司对李某芳的授权委托书,实际形成于2008年8月前后。也即恒业公司、李某芳均无证据证明二者签订《合作开发经营房地产合同书》时,杜某贞同意李某芳向恒业公司转让涉案宗地使用权,因此李某芳的行为不能代表军赢公司,该《合作开发经营房地产合同书》并非军赢公司的真实意思表示,不能拘束军赢公司。恒业公司依据《合作开发经营房地产合同书》的约定,主张军赢公司双倍返还定金2000万元,并赔偿损失1000万元的理由不能成立。(陈维刚整理)

274. 两公司的法定代表人相同、住所地相同并委托同一家公司代理房屋销售、使用格式相同的销售代理合同,且于同一日签订合同、同一日解除销售代理合同的,可认定两公司构成销售混同。

案件名称

再审申请人(一审被告、二审上诉人)晟道公司与被申请人(一审被告、二审被上诉人)同盛公司、(一审原告、二审被上诉人)赵某雅房屋买卖合同纠纷案[(2020)豫民申3659号,2020.9.9]

裁判精要

河南省高级人民法院认为,关于晟道公司应否承担本案双倍返还定金责任的问题。晟道公司认为案涉商铺系嘉盛置业开发销售,其与赵某雅不存在合同关系,也没有委托同盛公司代收案涉房屋意向金,晟道公司不应承担本案双倍返还定金的责任。赵某雅认为其将购房定金交付给同盛公司,同盛公司与晟道公司系委托代理关系,嘉盛置业与晟道公司系关联公司,相应的法律后果应由晟道公司承担。本院认为,晟道公司在一审庭审调查时,认可案涉商铺系其公司开发的尾盘,且晟道公司与嘉盛置业法定代表人相同、住所地相同并委托同一家公司即同盛公司代理房屋销售,使用格式相同的《销售代理合同》于同一日即2018年11月26日签订合同,亦于同一日即2019年3月26日解除销售代理合同,原审判决认定两公司构成销售混同,足以使赵某雅相信晟道公司与同盛公司就案涉商铺存在委托代理销售关系并无不当。晟道公司与同盛公司签订有《销售代理合同》,在该合同履行期间,同盛公司于2018年12月16日收受了赵某雅的购房意向金15万元。虽然晟道公司与同盛公司此后解除了销售代理合同，但晟道公司在明知案涉商铺已经出卖的情况下仍然将该商铺另行出卖给他人，属于恶意违约。同盛公司代理销售案涉商铺的相关行为系接受晟道公司的委托，且其在办理委托事务的过程中，已经向赵某雅披露了晟道公司系委托人，故赵某雅请求晟道公司承担双倍返还30万元定金有法律依据。原审判决晟道公司承担责任并无不当。

275. 房地产合作开发项目中，非名义上的开发主体与买受人签订合同销售房屋的情况下，根据合同相对性原则，买受人向名义上的开发主体主张权利的，不予支持。

案件名称

再审申请人（一审原告、二审上诉人）李某文与被申请人（一审被告、二审被上诉人）恒基公司、贝多公司商品房预售合同纠纷案〔（2020）豫民申5324号，2020.9.15〕

裁判精要

河南省高级人民法院认为，连带责任须由法律明确规定或者当事人约定。具体到本案，首先，恒基公司与李某文没有合同关系。虽然案涉项目的建设工程规划许可证、建设工程施工许可证、商品房预售许可证均为恒基公司取得，恒基公司是案涉项目向社会公开的特定出卖人，但李某文在签订案涉认购协议时已知晓恒基公司是案涉项目对外公开的出卖人，却并未要求恒基公司在案涉认购协议上加盖印章。故恒基公司既没有与李某文形成合同关系，也没有加入李某文与贝多公司之间的合同关系，亦不承担该认购协议约定的义务。其次，合同具有相对性。恒基公司与贝多公司签订的联合开发协议属于内部协议，只对恒基公司和贝多公司产生拘束力。李某文与贝多公司签订的认购协议书，将案外人欠付李某文的借款转化为购房款，也只对李某文与贝多公司具有约束力。上述房屋认购协议与房地产联合开发协议相互独立，调整不同主体间的法律关系，无法推定恒基公司对另外的法律关系承担连带责任。故恒基公司虽与贝多公司联合开发案涉项目，但并不因此而成为李某文的债务人。因此，原审判决驳回李某文要求恒基公司承担连带责任的诉讼请求，并无不当。

编者说明

联合开发项目中，仅以一方名义对外开发经营的情形下，其他合作方是否需要对合作过程中对外所产生的债务承担连带责任，在司法实践中仍存在较大分歧，理论界亦未达成共识。

一种观点坚持合同相对性。该种观点认为，除非法律有明确规定，否则合同相对性不容突破。在商品房买卖合同纠纷案件中，案件讼争的法律关系是商品房买卖合同纠纷，而不是合作开发房地产合同纠纷。商品房买卖合同只对合同当事人产生约束力，对合同当事人以外的人不发生法律效力。

另一种观点认为，未成立项目公司进行合作开发的合作方之间存在"三个共同"关系，即共同投资、共享利润、共担风险，其合作方式一般是一方出地、一方出资，双方在项目完成后，共同分享利益、共同承担风险，符合合伙关系的特征。既然各方是合伙关系，那在对外债务关系上，无论是否签订合同，均应承担连带责任。对于商品房买卖合同而言，合作开发各方属于合作项目利益共同体，是商品房买卖合同中出卖人一方的权利共同享有者和义务共同承担者，应当对买受人承担连带责任。（郭俊利整理）

276. 当事人在合作开发房地产合同中约定承担连带责任的，不能以没有接受涉案项目、没有参与项目开发并分得项目收益等为由主张免除承担连带责任。

案件名称

上诉人（原审原告）德基公司、（原审被告）大有永固公司与被上诉人（原审被告）城开集团、康城公司、开元公司、大有实业公司合同纠纷案［（2019）豫民终1110号，2020.5.13］

裁判精要

河南省高级人民法院认为，关于一审判决的责任形态是否恰当的问题。如前述分析，德基公司合同相对方并非单一主体，而是城开集团及其集团成员和关联公司。本案中，城开集团是合同缔约方，实际履行中均系城开集团成员和关联公司负责具体实施。《〈合作协议书〉补充协议》第二条约定，乙方城开集团按照以下约定向甲方支付前期投资收益……第五条约定，乙方城开集团及乙方的各公司对本协议约定的义务承担连带责任。从上述条款表述看，城开集团应承担付款义务并与康城公司、开元公司、大有实业公司、大有永固公司承担连带责任。原审法院以城开集团、康城公司、开元公司、大有实业公司没有接受涉案项目，没有证据证明参与项目开发，亦无证据证明分得项目收益等为由，免除城开集团、康城公司、开元公司、大有实业公司的连带责任，没有事实和法律依据，本院不予支持。大有永固公司上诉请求撤销原判，但在庭审中认可合同上述付款约定，德基公司起诉请求城开集团与其他四被告共同承担付款责任，上诉请求城开集团、开元公司、康城公司、大有实业公司与大有永固公司承担连带责任，与《〈合作协议书〉补充协议》的约定亦不矛盾，本院予以支持。（程卫强整理）

277. 合作双方在合资、合作开发协议中约定的股权转让条款并未改变合资、合作开发协议中对地块进行合作开发、共享收益、共担风险的本质特征，该协议仍应认定为合资、合作开发协议。

案件名称 I

上诉人（原审原告）碧源控股公司与被上诉人（原审被告）裕茂兴公司、王某凯、陈某潮、承誉德公司合资、合作开发房地产合同纠纷案〔（2021）豫民终29号，2021.12.31〕

裁判精要

河南省高级人民法院认为，关于《合作开发协议》的性质问题。确定合同性质的关键在于合同当事人的权利义务内容及合同目的，根据《合作开发协议》的内容，明确了双方准备就将要取得使用权的地块进行合作开发，共享收益，共担风险，这符合合资合作开发协议的特征。《合作开发协议》中虽然包含有股权转让的内容，但仅是履行合资合作开发协议的方式和手段，即以转让裕茂兴公司股份的方式完成投资，进而以裕茂兴公司名义进行房地产项目的开发。双方的合作目的是共同开发房地产项目，而非为了裕茂兴公司的经营，股权转让协议的手段已经被合资合作开发的目的所吸收。所以结合《合作开发协议》的名称以及合同的具体权利义务内容，该协议应为合作开发协议，碧源控股公司认为《合作开发协议》系股权转让合同的上诉理由不能成立。

案件名称 II

上诉人（原审原告）恒大公司与被上诉人（原审被告）薛某跃合作开发房地产合同纠纷案［（2021）内民终284号，2021.8.13］

裁判精要

内蒙古自治区高级人民法院认为，关于恒大公司与薛某跃之间形成何种民事法律关系的问题。昌盛泰公司与恒大公司签订《合作开发协议》时，昌盛泰公司仅取得了涉案土地一级整理的资格，双方约定合作开发该地块。该协议第二条约定，昌盛泰公司协调政府相关部门使该地块在2010年9月20日前发布挂牌出让公告，并保证按本协议约定方式成功竞得该地块。昌盛泰公司逾期不能竞得涉案土地超过6个月，恒大公司有权解除该协议，并要求昌盛泰公司返还恒大公司履约保证金，赔偿相应损失。

涉案土地具备挂牌出让时，昌盛泰公司、恒大公司及薛某跃、程某、薛某军签订的《〈合作开发协议〉之补充协议一》约定，薛某跃、程某、薛某军持有的昌盛泰公司74%的股权转让给恒大公司，薛某跃占昌盛泰公司26%的股份，并享有和承担昌盛泰公司在《合作开发协议》中的权利义务。恒大公司承担涉案土地出让金3000万元。2011年3月16日，薛某跃以昌盛泰公司的名义与呼和浩特市土地收购储备拍卖中心签订涉案土地《成交确认书》。薛某跃为甲方，恒大公司为乙方，昌盛泰公司为丙方，程某、薛某军为确认方签订了《〈合作开发协议〉之补充协议二》，本协议各方决定不再另行成立项目公司，直接以昌盛泰公司来开发该项目。该项目由恒大公司进行运作管理，薛某跃不参与昌盛泰公司的具体运作管理。薛某跃与恒大公司仍按主协议约定进行费用分担和收益分配。涉案三块土地成交确认书均确定容积率小于3.0。在开发建设工程未取得建设工程规划许可证的情况下，合作开发能建设多少面积的房屋是不确定的，薛某跃取得26%的合作开发房屋面积是不确定的，其取得的收益亦是不确定的。故综合三份协议签订的过程，薛某跃与恒大公司形成合作开发房地产的法律关系。

编者说明

在合资、合作开发房地产领域中，合作方以转让股权作为履行合资、合作开发协议的方式较为常见。准确界定争议的民事法律关系是合资、合作开发房地产合同

纠纷还是股权转让合同纠纷，是正确解决争议的重要前提。（王兴整理）

278. 合资、合作开发房地产合同纠纷中，双方约定逾期还款一方要将一定比例的股权调整给按时还款一方所有的，因股权未评估作价、缺乏股权转让对价，不符合股权转让合同基本要素的要求，应认定为借款合同。

案件名称

原告融创奥城置业公司与被告开元房地产公司、大有永固置业公司合同纠纷案［（2019）豫民初21号，2020.12.15］

裁判精要

河南省高级人民法院认为，首先，本案双方所依据的《借款备忘录》系借款合同，借款关系发生在开元房地产公司与大有永固置业公司之间，两种违约责任方式均是基于逾期还款这一违约行为产生，系对违约行为的惩罚措施，只是其中一种违约责任是对融创奥城置业公司承担。其次，从该条款约定看，随着逾期还款的期限变化，逾期还款数额也发生变化，计算的调整股权比例亦处于不断变化状态，在股权未评估作价价值不明、缺乏股权转让对价的情况下，认定该条款系特定条件下的股权转让关系不符合股权转让合同基本要素的要求，可能会导致利益严重失衡的情况。因此该条款应视为借款合同中逾期还款违约责任的约定，违约责任的承担应根据借款合同的性质及关于违约金法律规定综合予以考虑。

编者说明

在房地产项目合作开发协议中，通常约定各合作方按照一定比例（持股比例）向项目公司实缴注册资本金、向项目公司提供股东借款和为项目公司融资向第三方提供担保。若一方无资金、资产实现上述约定，另一方可以提供借款给该方、承担更多融资担保份额，即提供"超股权比例缴纳注册资本金、超股权比例股东借款、超股权比例提供融资担保"，基于承担责任重者权益大、事先控制以防事后生变的原则，在签订合作协议时即将借款合同、反担保合同、股权转让协议等系列协议提前签订，约定若逾期不归还借款，借款人将持有项目公司的一定比例股权转让给出借人作为一种救济方式。但若股权转让条款约定不明确、不全面或股权转让协议签订不完备、缺乏实操性，有可能被认定为"借款协议"而无法实现股权转让以保护出借人合法权益的合同目的，本案即是如此。

为有效维护此种情况下股东超股权比例承担义务后的权益，根据合作对象、具体合作模式、项目的具体情况，作者提示注意以下几个问题：

1.关于借款对象。所谓"提供股东借款"是指项目公司成立之初缺乏资金，每个股东按照其持有项目公司的股权比例向项目公司提供借款。"股东间借款"是指若一方股东缺乏向项目公司提供借款的资金（或者缺乏实缴注册资本金，下同），为了维护项目的正常开发建设需要，另一方股东可以"选择"是否向缺乏资金的股东提供借款（包括提供超股权比例融资担保，在此明确或另有单独条款明确，此非股东必须履行的义务），缺乏资金的股东收到借款后再出借（实缴）到项目公司。实操中一般有两种模式：一是股东间直接支付借款，即从一方股东账户直接支付到另一方股东账户；二是通过协议约定、财务账目处理，出借股东将资金直接支付到项目公司账户不经过借款股东账户。若借款股东信誉良好、当时无重大诉讼等，不会发生资金无法从借款股东支付到项目公司的风险，可采取第一种方式，该种方式下可以非常明确借款对象是借款股东；若存在上述风险，可以直接支付到项目公司账户，但需注意协议明确约定和一定的财务处理，以防止被认定为项目公司借款而非股东借款。

另外，若经研判借款股东存在资产实力不足、未来发展有一定风险等无法还款的风险，也可以选择以项目公司作为借款对象，将超股权比例借款直接借给项目公司，以项目公司为借款人，同时约定除项目公司承担协商的利息外，未出借的股东需另行承担一定费用（占用借款股东的现金流），其他诸如担保、逾期还款转让股权等风控措施仍然采取。该种方式也需注意研判项目公司未来的风险问题，若出现市场形势不好、合作方无法正常合作等导致项目亏损甚至资不抵债的情况，也会有一定无法收回借款的风险。

应根据股东情况、项目情况进行综合研判，确定以何者为借款对象。

2.关于借款担保。通常情况下，一般都是以借款股东所持有项目公司的股权做担保，但是在市场形势不好的情况下项目公司可能亏损，甚至资不抵债，无法实现有效担保；另外，在项目公司找融资机构进行融资时股权通常会转让、质押给融资机构，若仅以项目公司股权做担保存在债权无法实现的风险，还应当考虑由借款股东（或借款股东找的第三方）提供其独立持有的固定资产做担保或者由借款股东的股东做担保等。同时约定，出借股东有权选择担保方式或股权调整方式实现自己的权益，以防出现被认定为流质条款而无效、项目公司亏损股权无价值等情况。

3.关于股权比例调整。一般协议约定"未按协议约定归还另一个股东超股权比例承担的实缴出资、借款等,应按各方实际'出资',包括但不限于向项目公司实缴注册资本金、提供的股东借款、垫付的各种费用的比例调整各方股权比例,未承担义务的股东将一定比例的股权份额转让给多承担义务的股东"。实践中,即使在前期签订股权转让协议及相关工商变更登记的材料,若是转让方不配合去工商登记部门现场办理、验证等,也可能无法实现股权比例在工商登记材料中的调整。但是,根据公司法相关规定及有关此类纠纷的司法裁判文书,股东之间关于股权比例调整和股东会、董事会决策机制及公司管理的约定对内部是有效力的。股东之间可就逾期归还借款情况出现后如何调整各方股权比例、利润分配比例以及股东会董事会决策机制、公司财务等方面的管理进行明确约定,并明确合作协议等文件与公司章程有同等效力,公司章程中有关规定与该协议约定不一致的以该协议为准。股东的权益最终体现在权益分配决策权行使和利润分配比例上,无法实现股权比例调整在对外公示的工商登记中时,可以退一步在内部实现。由于可能出现无法对抗善意第三人对未还款股东股权的冻结、拍卖等司法措施的情况,所以还应结合担保的约定来规避此类风险。

4.关于过程的风险防控。虽然有上述约定,但仍应当注意过程中的管控,一般而言,根据合作对象、项目情况的不同,出借股东可以采取以下方式:(1)在归还借款前要独立管控公司印章、执照等,若是共管,一定要求保险柜保存在己方办公室;(2)在归还借款前,应对未承担义务的股东在董事会、股东会的决策权进行限制,对其使用项目公司富余资金、分配项目公司利润等方面的权利也进行一定的限制,协议约定尽量明确详细,以防对方以"大股东损害小股东利益"为由提起诉讼;(3)在协议中明确约定超股权比例承担义务股东,有权优先将应支付给未承担义务的股东的任何资金在应还款范围内直接支付给自己,优先使用项目公司富余资金以弥补对自己现金流的影响,但具体操作时应注意防范对方主张挪用资金、抽逃出资等风险。另注意,管控、限制期间需要保障股东的知情权等其他合法权益。

5.其他注意事项。若协议约定一方股东在另一方无法承担出资、出借等义务时必须超比例承担义务的,应当注意根据项目资产、销售等情况限定可出借的金额。此外,还要约定兜底条款,即超比例承担义务股东在超额承担义务的情况下产生的任何损失有权向未承担义务的股东追偿。(陈维刚整理)

279. 当事人签订的合同中没有关于双方共同投资、共享利润、共担风险约定的，不能认定为合资、合作开发合同。

案件名称

上诉人（原审原告）天韵实业公司与被上诉人（原审被告）嵩县城关镇人民政府及第三人嵩县人民政府、嵩县高都建设发展有限公司、河南恒康建设有限公司嵩县分公司建设用地使用权出让合同纠纷案［（2020）豫民终13号，2020.12.5］

裁判精要

河南省高级人民法院认为，关于嵩县城关镇人民政府与李某、天韵实业公司分别签订的案涉合同的性质，应为土地使用权出让合同。《最高人民法院关于审理涉及国有土地使用权合同纠纷案件适用法律问题的解释》第十四条规定"本解释所称的合作开发房地产合同，是指当事人订立的以提供出让土地使用权、资金等作为共同投资，共享利润、共担风险合作开发房地产为基本内容的协议"，第二十四条规定"合作开发房地产合同约定提供土地使用权的当事人不承担经营风险，只收取固定利益的，应当认定为土地使用权转让合同"。本案中，案涉合同内容涉及约51.6亩高都小区安置房建设和约171.95亩高都片区土地出让，双方约定将51.6亩高都小区安置房建设的费用与171.95亩的开发用地安置补偿费和土地出让金捆绑结算，以安置小区的垫资建设冲抵购买开发用地的款项，天韵实业公司在案涉合同的目的是取得案涉土地使用权，嵩县城关镇人民政府为天韵实业公司取得案涉土地使用权进行协调，即相当于土地使用权土地出让方的义务。案涉合同中并无双方共同投资、共享利润、共担风险的约定，嵩县城关镇人民政府也并不承担经营风险，故案涉合同并非合作开发房地产合同，应为土地使用权出让合同。（陈维刚整理）

280. 以设立项目公司方式合资、合作开发房地产的，项目公司利润分配既要符合法律规定和合同约定，还要制定相应方案，否则主张利润分配的诉请不能成立，但可以就利润提起盈余分配之诉。

案件名称

上诉人（一审原告）华耀城公司与被上诉人（一审被告）恒大郑州公司、华裕公司、恒大集团公司合资、合作开发房地产合同纠纷案［（2021）豫民终236号，

2021.6.28〕

🔍 裁判精要

河南省高级人民法院认为，首先，根据《中华人民共和国公司法》（2018年修正）第一百六十六条规定，公司弥补亏损和提取公积金后所余税后利润，有限责任公司依照本法第三十四条的规定分配。因案涉项目所涉及的各项税款未核算和全部缴纳，故不符合公司法有关有限责任公司股东分配利润的上述规定。其次，根据《最高人民法院关于适用〈中华人民共和国公司法〉若干问题的规定（四）》（2020年修正）第十五条规定，股东未提交载明具体分配方案的股东会或者股东大会决议，请求公司分配利润的，人民法院应当驳回其诉讼请求。但违反法律规定滥用股东权利导致公司不分配利润，给其他股东造成损失的除外。本案中，华裕公司并没有召开股东会就利润分配通过具体的分配方案决议，华耀城公司提交的2018年12月13日的《周口恒大名都项目股东会会议纪要》以及2018年12月27日的《周口恒大名都项目股东沟通会会议纪要》并不是就利润的具体分配方案通过的股东会决议。再次，利润的分配还要遵循合同的约定。双方签订的《合作开发协议》第六条"利润分配"约定："1.甲（华耀城公司）、乙（恒大郑州公司）双方按项目公司各期实际实现的可分配利润，在项目交楼并实现结转收入后每半年分配一次，利润分配比例按甲乙双方持股比例（即甲方30%，乙方70%）。如项目公司发生亏损，甲方按股权比例所承担的亏损，由乙方全额承担。2.项目开发完毕，甲方有权聘请有资质的审计机构进行审计和工程造价审核部门进行造价审核，以保证各项成本收入等信息真实、合法、合理。剩余净资产由甲、乙双方按股权比例享有，具体清算时间及方式由甲、乙双方另行协商。在进行税务清算后，项目公司对甲、乙双方分配的利润进行多退少补。同时审计费用由甲方单独承担。"根据上述约定，案涉项目二期在实现交楼和结转收入后每半年分配一次利润。全部项目开发完毕，双方应进行审计和工程造价审核，在税务清算后对已分配利润进行多退少补，实现最终的项目清算。本案中，恒大郑州公司、华裕公司提交的证据表明，案涉二期工程项目在2021年8月才能将房屋交付购房人，目前二期项目还未施工完毕，工程款未支付完毕，税费未缴纳完毕等，无论从交楼时间还是从分配利润的条件看均未达到合同约定的各期先行分配利润的节点和条件。最后，华耀城公司提交两次股东会会议纪要和相关工作联系函，以证明华耀城公司提出分配利润、进行预清算和审计，并要求制定项目公司利润分配方案，恒大郑州公司、华裕公司均未积极配合，致使利润无法分配。

本院认为，有限责任公司的利润分配要符合法律规定和合同约定，在满足上述情况下项目公司即华裕公司还要制定利润分配方案，否则，华耀城公司不能提起利润分配诉讼，但可以要求华裕公司分配利润，提起公司盈余分配诉讼。故华耀城公司要求分配利润的请求不应得到支持。

编者说明

《中华人民共和国公司法》（2023年修订）第二百一十条规定："公司分配当年税后利润时，应当提取利润的百分之十列入公司法定公积金。公司法定公积金累计额为公司注册资本的百分之五十以上的，可以不再提取。公司的法定公积金不足以弥补以前年度亏损的，在依照前款规定提取法定公积金之前，应当先用当年利润弥补亏损。公司从税后利润中提取法定公积金后，经股东会决议，还可以从税后利润中提取任意公积金。公司弥补亏损和提取公积金后所余税后利润，有限责任公司按照股东实缴的出资比例分配利润，全体股东约定不按照出资比例分配利润的除外；股份有限公司按照股东所持有的股份比例分配利润，公司章程另有规定的除外。公司持有的本公司股份不得分配利润。"

《最高人民法院关于适用〈中华人民共和国公司法〉若干问题的规定（五）》（2020年修正）第四条[①]规定："分配利润的股东会或者股东大会决议作出后，公司应当在决议载明的时间内完成利润分配。决议没有载明时间的，以公司章程规定的为准。决议、章程中均未规定时间或者时间超过一年的，公司应当自决议作出之日起一年内完成利润分配。决议中载明的利润分配完成时间超过公司章程规定时间的，股东可以依据民法典第八十五条、公司法第二十二条第二款规定请求人民法院撤销决议中关于该时间的规定。"（李振锋整理）

281. 合作项目土地尚未挂牌出让，一方请求按照合同约定办理房屋建设项目的报批、登记、备案等用地手续的，属于事实上履行不能，不予支持。

案件名称 I

上诉人（原审原告）义安公司与被上诉人（原审被告）岱博公司合资、合作开发房地产合同纠纷案［（2021）豫民终1366号，2022.4.27］

---

① 《中华人民共和国公司法》于2023年修订，自2024年7月1日起施行，相关内容参见现行规定。

裁判精要

河南省高级人民法院认为，义安公司与岱博公司所签订的《定向开发协议》，从内容及履行情况来看，应属于合资、合作开发房地产性质的合同。双方在协议签订时，对拟开发项目土地的性质及现状均是明知的。从双方在协议中对房屋价格、不办理房产证以及如办理房产证，土地出让费另计的约定来看，双方对土地性质的转化以及房屋建设项目的报批登记、备案等手续在办理过程中存在不确定因素是有预判的。现一期项目的建设及用地手续尚在办理之中（一期土地0.093亩为耕地），二期、三期项目的土地性质为耕地，尚未转化为建设用地，一、二、三期土地尚未收储，更未挂牌出让，案涉项目的土地出让金尚未发生，一审法院未准许义安公司对案涉土地价格进行评估的申请并无不当。该项目目前未能办理国有土地使用权证不能归责于岱博公司，义安公司请求岱博公司支付土地出让金没有事实依据。尽管双方在协议中约定岱博公司负责对建设用地及项目建设到政府相关部门备案等所有手续办理并承担费用，但同时也约定在办理征地、规划、报建等相关手续时，义安公司应尽力协助配合岱博公司争取各职能部门的大力支持，尽快完成该项目的审批、征地、开工建设等工作。现项目停工，另案生效判决判令义安公司支付岱博公司已完工部分的工程款，双方已陷入合同僵局，在岱博公司未能取得案涉项目土地使用权证的情况下，义安公司请求岱博公司办理房屋建设项目的报批登记、备案等手续存在事实上的履行不能。一审法院驳回义安公司该诉讼请求的处理结果正确。

案件名称Ⅱ

上诉人（一审被告、反诉原告）文旅公司与被上诉人（一审原告、反诉被告）中洲公司及原审第三人中旅公司合资、合作开发房地产合同纠纷案〔（2021）最高法民终942号，2021.12.18〕

裁判精要

最高人民法院认为，《中华人民共和国民法总则》第六条规定："民事主体从事民事活动，应当遵循公平原则，合理确定各方的权利和义务。"根据已查明的事实，中洲公司已依约定受让了文旅公司所持中旅公司4%的股权，文旅公司收取了1.04亿元的股权转让款；中洲公司通过竞买的方式取得821.23亩的出让土地。文旅公司在明知仁寿县政府已发函告知其国家政策变化，文旅公司与仁寿县政府签订的《合作协议》不具备实质性的履行条件，仁寿县政府请其对原合同进行重新修订的情况下，仍拒绝中洲公司与其协商股权转让事宜的要求，并要求中洲公司继续履行竞买中旅公司剩余股权的义务，有违双方签订《投资合作协议》的目的，将合作的风险让中洲公司单方承担，有违公平原则。

编者说明

《中华人民共和国民法典》第五百八十条规定："当事人一方不履行非金钱债务或者履行非金钱债务不符合约定的，对方可以请求履行，但是有下列情形之一的除外：（一）法律上或者事实上不能履行……"房地产开发项目中，土地出让手续的办理时间在后续用地手续之前，在土地尚未出让的情况下，当事人要求合作方按照合同约定办理用地手续，事实上不能履行。（杨贺飞整理）

282. 项目公司盈余利润是否分配是公司的商业决策，本质上属于公司的内部自治事项，除法定情形外，通常情况下司法不宜介入。

案件名称

上诉人（原审原告）金某与被上诉人（原审被告）金銮公司及原审第三人张某阳盈余分配纠纷案［（2020）豫民终1104号，2021.1.25］

裁判精要

河南省高级人民法院认为，公司盈余利润是否分配是公司的商业决策，本质上属于公司的内部自治事项，通常情况下司法不宜介入。故《中华人民共和国公司法》及相关司法解释仅规定了只有在公司已通过分配利润的股东会决议后，公司无正当理由未予执行；或公司未通过分配利润的股东会决议，但大股东滥用股东权利导致公司不分配利润，给其他股东造成损失的情况下，司法方有限度地介入公司盈余分配，以适当调整、保护股东利益。本案中，金銮公司主张"对金某的诉讼请求，可按照金銮公司评估总资产价值，减去2000万元的注册资本金、10%的法定公积金、20%个人所得税后，再按金某和杨某伟各50%的比例分配，即金某应分配盈余利润为68069340元"，该主张亦得到金某的认可，并请求按照该主张予以分配。金銮公司、金某共同认可的该项主张实为金銮公司自主处理公司内部经营事项，系公司自治、股东自治范围，且金銮公司、金某对此亦无争议，该事项并无司法介入的必

要。金某的该项主张不符合公司法及司法解释规定的人民法院受案范围，对金某的该项主张本院不予审查。（陈维刚整理）

283. 既存在约定固定收益的投资，又存在投资者提供融资并有项目检查监督职责的，约定固定收益的投资部分不宜认定为借款。应综合投资者是否参与了项目建设、是否承担了一定的经营风险、其负责融资的款项是否能够收回等情况来判断具体法律关系。

案件名称

再审申请人（一审被告、二审上诉人）峰基公司与被申请人（一审原告、二审被上诉人）银冠公司合资、合作开发房地产合同纠纷案[（2019）豫民申5140号，2019.11.16]

裁判精要

河南省高级人民法院认为，关于银冠公司与峰基公司之间的法律关系的认定问题。2013年4月2日、4月3日，银冠公司与峰基公司签订《合作协议书》，约定银冠公司向峰基公司投资2000万元，峰基公司应当在2013年10月2日支付收益人民币共计500万元整；在2014年4月2日支付收益人民币共计2500万元整，峰基公司不得以当年无收益或收益不到位等理由拒付银冠公司的收益。虽然从以上约定的内容看，银冠公司获取的收益是固定的，但该协议同时约定了银冠公司对该项目负有检查监督职责，且在合同履行过程中，银冠公司除合同约定的2000万元外又融资了部分资金支付给峰基公司用于涉案项目，双方又分别于2015年1月2日、7月2日、12月21日签订了《项目结算协议书》《项目结算补充协议》《归还欠款协议》，对双方的权利义务再次作出了约定，从以上协议约定的内容及履行情况看，银冠公司不仅参与了项目建设，而且承担着一定的经营风险，即涉案项目是否能够顺利进行及是否能够盈利，与银冠公司约定的本金及分红款能否实现、其负责融资的款项是否能够收回存在着直接的关系，而峰基公司也按照约定履行了部分的偿还投资本金和分红的义务，故生效判决认定银冠公司与峰基公司之间形成的是合作开发房地产合同纠纷并无不当。峰基公司所主张的双方签订的协议名为合作开发房地产、实为民间借贷的再审申请理由，与双方多次签订协议对双方合作事宜作出的约定以及履约情况明显不符，也不符合《最高人民法院关于审理涉及国有土地使用权合同纠纷案件适用法律问题的解释》第二十六条规定的情形，同时也违背了民事活动应当遵循的诚实信用原则，该再审申请理由依法不能成立。（陈维刚整理）

284. 合作双方约定一方对开发房产具有优先购买权，应结合约定中包含的房屋单价、面积、性质等是否符合买卖合同的基本特征及优先的实质意义，认定该约定是商业房优先购买权还是商业房预售条款。

案件名称

再审申请人（一审原告、二审上诉人）濮阳市食品公司与被申请人（一审被告、二审被上诉人）安阳市商业网点开发公司合资、合作开发房地产合同纠纷案［（2019）豫民再451号，2019.6.28］

裁判精要

河南省高级人民法院认为，本案双方争议的焦点为濮阳市食品公司与安阳市商业网点开发公司所签库区开发合同第四条是商业房优先购买权的内容，还是商业房预售条款。库区开发合同约定，濮阳市食品公司以其占用的国有划拨土地使用权投资，与安阳市商业网点开发公司合作开发房地产。该合同第四条的内容为："甲方（濮阳市食品公司）按每平方米850元的价格优先在乙方（安阳市商业网点开发公司）所建东侧临街的商品房中购置200平方米左右的商业网点用于现有职工安置"，该条款有数个关键词，每平方米850元、优先购置、200平方米商业房，该内容符合买卖合同的基本特征。另通观库区开发合同关于濮阳市食品公司权利义务的约定，濮阳市食品公司低价转让土地使用权，负责拆迁地面建筑和附属物，以优惠价格获取一栋职工安置商住楼和200平方米安置职工商业房。200平方米商业房具有补偿性质，是濮阳市食品公司收益的重要组成部分。因此前述合同第四条应定性为商业房预售条款，"优先"体现为价格优惠。（陈维刚整理）

附　　录

涉不动产异议之诉案件审理的若干问题
河南高院执行裁决庭

为切实解决执行异议之诉案件审理中的突出问题，统一全省法院裁判尺度，依据《中华人民共和国民事诉讼法》和《最高人民法院关于人民法院办理执行异议和复议案件若干问题的规定》等相关法律法规和司法解释，针对司法实践中的疑难问题，召开全省部分中院座谈会进行了讨论，形成共识，请全省法院在审理相关案件时予以参考。

一、基本原则

1.【权利顺位原则】案外人执行异议之诉案件的办理应当遵循权利顺位原则，即按照权利的优先性来确定优先保护哪一种权利。权利顺位一般按照被拆迁人安置权＞商品房消费者生存权＞建设工程价款优先受偿权＞担保物权＞一般买受人物权期待权＞普通债权的顺序来确定。

2.【利益平衡原则】执行异议之诉涉及申请执行人被执行人与案外人的权利平衡，一方面要依法维护申请执行人的合法权益，防止被执行人拖延执行，另一方面要依法保障案外人的合法权益，在案件办理中，应妥善平衡申请执行人、被执行人与案外人的利益。在商业利益与生存（生活）利益难以平衡的情况下，法律的天平适当向普通民众的生存（生活）利益倾斜，以维护正常的社会生活秩序，防止群体性案事件的发生。

3.【全面审慎原则】坚持全面审慎的办案理念，防止简单机械办案。既要防止简单机械理解和适用法律也要防止简单机械认定事实。要认识到社会生活的复杂性，全面、综合、审慎的审核证据，不应对购房人科加过于严苛的举证责任和注意义务。法官负有努力寻找案件事实真相的义务，通过行使释明权引导当事人举证、依职权调查取证等方式尽量还原客观真相，而非刻板地坚持中立立场，消极被动地审核判断证据。

4.【防范和打击虚假诉讼原则】案外人执行异议之诉是虚假诉讼的高发领域，审理时应注意对是否存在倒签合同、虚假赠与、虚假离婚协议、虚假陈述、伪造收据等情况进行审查，严防借虚假诉讼逃避执行。经认定属于虚假诉讼的，依有关规定予以惩处。

5.【调解例外原则】执行异议之诉案件涉及对执行标的权属的确定，案件的裁判结果不受当事人处分权的约束。在案件办理中，除庭外达成和解，一方申请撤诉并经法院许可外，执行异议之诉案件一般不得进行调解，不出具调解书。

二、关于《最高人民法院关于人民法院办理执行异议和复议案件若干问题的规定》第二十七条的理解与适用

6.【适用条件】案外人未否定申请执行人对案涉不动产享有担保物权或其他优先权，但以其享有顺位更优的民事权益提起执行异议之诉的，可依法予以支持。

7.【第二十七条但书的情形】第二十七条规定的"但法律、司法解释另有规定的除外"中，"另有规定"主要是指第二十九条规定的消费者生存权、建设工程价款优先受偿权、被拆迁人安置权等，一般不包括第二十八条规定的物权期待权。

但在"先卖后抵"的情形下，被执行人先把不动产出售给案外人，又在案外人不知情的情况下抵押给申请执行人，且案外人已经占有使用，而抵押权人尤其是银行等专业机构未审慎审查所抵押的不动产是否已经出售，存在明显过错，而案外人系善意、无过错的一方又符合第二十八条所规定的条件，享有物权期待权，此种情况下，案外人要求排除执行的，一般应予支持。

三、关于《最高人民法院关于人民法院办理执行异议和复议案件若干问题的规定》第二十八条的理解与适用

（一）关于在查封之前已签订合法有效的书面买卖合同

8.【查封的时间节点】查封裁定作出并送达之时发生法律效力，因此，查封时间是指查封裁定送达的时间而非裁定作出的时间。

9.【未取得预售许可证情形下合同效力的认定】房地产开发企业未取得商品房预售许可证，一般应当认定房屋买卖合同无效；但房地产开发企业日后可以取得商品房预售许可证，或者经人民政府、人民法院等合法途径将不动产处分给买受人的，不因房地产开发企业未取得预售许可证而影响房屋买卖合同的效力。

10.【书面买卖合同的范畴】案外人与被执行人就案涉不动产形成买卖合意，以认购书、网签备案或其他形式载明买卖主体信息、不动产基本情况、价款支付方式、交付时间等房屋买卖合同基本要素的，可以认定为书面买卖合同。

案外人与被执行人虽未签订书面买卖合同，但以支付价款凭证、实际装修或出租等事实行为证明房屋买卖存在的，可以认为双方形成事实上的房屋买卖关系。

（二）关于在查封之前已合法占有该不动产

11.【合法占有的认定】合法占有包括以下情形：

（1）直接占有：案外人提供案涉不动产查封之前形成的交房证明、装修合同、物业服务合同、水电气网费及物业费支付凭证等足以证明占有事实的，应予支持。案外人提供验房记录等客观证据足以证明在案涉不动产查封之前已经交付钥匙的，可以认定为实际占有。仅凭商品房买卖合同网签备案不能认定为实际占有。

（2）间接占有：案外人提供案涉不动产查封之前与他人签订的委托经营合同、租赁合同或转租合同及租金收取凭证等足以证明实际使用和收益事实的，应予支持。

12.【非法占有不予支持】判断是否为合法占有，应对案外人占有的原因和占有行为本身是否合法进行评价，未经出卖方同意擅自抢占的不属于合法占有，不予支持。

13.【未经竣工验收房屋的占有问题】房屋未经竣工验收合格不得交付使用，但未经竣工验收的房屋是由有关部门统一安排组织交付，或者虽然未经竣工验收但开发商擅自将房屋交付给购房人的，可以认定为合法占有。

（三）关于已支付全部价款，或者已按照合同约定支付部分价款且将剩余价款按照人民法院的要求交付执行

14.【支付价款的认定】支付价款包括以下情形：

（1）以转账方式支付的情形下，案外人应当提供转账支付购房款的相关凭证或银行交易明细。

（2）以现金方式支付的情形下，案外人仅提供出卖方的收款收据以主张现金支付的，应结合案外人的购房资金来源、出卖方财务会计账簿等证据及交易习惯生活经验等因素综合认定。

（3）案外人主张以房抵债方式支付全部价款的，应当提供证据证明在查封之前与被执行人存在真实、合法有效的到期债权债务关系，且双方协商以房抵债，被冲抵的到期债权与案涉不动产的价值大致相当。

15.【剩余价款交付执行的认定】在执行和诉讼过程中，案外人应当按照人民法

院的要求，将剩余价款交到指定的账户，未经法院许可，私自向被执行人支付的因可能损害其他债权人的合法权益，一般不予认定。

（四）关于非因买受人自身原因未办理过户登记

16.【非因买受人自身原因的认定】具有下列情形之一的，应认定非因案外人自身原因未办理过户登记：

（1）案外人提起诉讼或仲裁要求开发商办理过户手续，但尚未完成物权变动登记手续的。

（2）案外人为被征收人，案涉不动产因政府征收安置调换经济适用房等政策原因未办理过户的。

（3）因登记机构未及时办理、出卖方拒不协助，或者案涉不动产存在诸如无法单独办理权属证书等客观障碍的。

（4）在"先抵后卖"情形下，案涉不动产存在抵押并不影响转让，但在抵押权人与抵押人明确约定禁止转让抵押物，且将该约定在登记簿上作出登记的情形下抵押人仍将房屋出售，而案外人未尽合理注意义务的应认定系案外人自身原因。

一般而言，买受人只要向房屋登记机构递交了过户登记材料，并积极向出卖方提出办理过户登记的请求等，即可认为符合该条件。

17.【因买受人自身原因的认定】具有下列情形之一的，原则上应认定系案外人自身原因未办理过户登记：

（1）案外人对符合办理过户登记条件的不动产无正当理由未在合理期限内及时办理的。对合理期限的把握，有约定的从当事人约定，没有约定的，结合同类交易中的交易惯例进行判断。

（2）案外人知道或者应当知道自身因政策原因限购或者案涉不动产属于经济适用房等限制流通情形的。

（3）案外人知道或者应当知道案涉不动产存在共有等权利限制且未征得权利人书面同意的。

（4）在判断是否系案外人自身原因时应区分重大过失或轻微过失，轻微过失不应认定为"因自身原因导致的过错"。

18.【未取得产权证即转让房屋的情形】依据《城市房地产管理法》第三十八条之规定，未取得产权证的房屋不得转让。那么，案外人受让未取得产权证的房屋存在一定的过错，但基于市场普遍存在交房多年仍无法办理产权证，且案外人已经实际入住等情况，经审查符合第二十八条规定其他要件的，一般支持案外人排除执行的请求。

19.【无证房产的处理】如果案涉不动产为小产权房、安置房，该类房屋可以长期占有、使用，具有财产价值，可以成为执行标的进行现状处置，案外人对该类房产主张排除执行的，应当重点审查买卖关系的真实性价款支付及占有使用情况等，以判断案涉无证房产是否仍属于被执行人责任财产的范畴，进而裁决是否准许不予执行，但在裁决时不得进行确权。

四、关于《最高人民法院关于人民法院办理执行异议和复议案件若干问题的规定》第二十九条的理解与适用

（一）关于所购商品房系用于居住且买受人名下无其他用于居住的房屋

20.【买受人名下的理解】在判断"买受人名下"无其他房屋时，应当将买受人及其配偶、未成年子女一并考虑。

21.【唯一住房的判断】"无其他用于居住的房屋"可理解为在案涉房屋所在地的（县）市或设区的市区范围内无其他居住房屋，原则上应以不动产登记中心出具的无房证明为判断依据。

22.【改善性住房的认定】案外人原有住房已经不能满足家庭成员居住需求，现又购买其他房屋用于改善居住条件，仍属于满足生存权范畴的，原则上应予支持。判断是否仍属于生存权范畴，应当结合家庭成员数量、当地人均住房面积标准等综合判断。

（二）关于已支付的价款超过合同约定总价款的百分之五十

23.【支付价款的认定】根据第二十九条之规定，案外人已支付的价款应当超过合同约定总价款的百分之五十。但按照《九民会纪要》第一百二十五条的规定如果商品房消费者支付的价款接近于百分之五十，且已按照合同约定将剩余价款按照人民法院的要求交付执行的，可以理解为符合该规定的精神。

24.【消费者身份的认定】如果案外人系通过"以物抵债"的方式取得房屋，但该房屋系其唯一住房，该案外人也可视为商品房消费者。

案外人系法人或其他消费主体，执行标的系具有投资属性的商铺、写字楼、储物间等不动产的，不适用第二十九条规定。

25.【多手转让情形下诉讼的提起】案外人从前手受让案涉房屋，且已经与房地产开发商直接补签合同的情形下，前手又提起诉讼请求排除执行，因其已不是案涉房屋的权利人，原则上应当裁定驳回起诉。

26.【多手转让情形的处理】案涉房屋被开发商出售后，又经过多手转让，案外人从前手购得房屋后，与开发商签订了房屋买卖合同，但尚未办理过户登记，当开发商作为被执行人时，案外人可以通过举证自身符合第二十八条或第二十九条的规定请求排除执行。

来源：《公民与法》2023年1月上（总第649期）

后　　记

建设工程与房地产纠纷案件数量在民商事司法审判领域的占比较高，审判实践中，此类案件的审理除了依照法律和司法解释的规定外，还需要参照地方政策，从而导致不同地区的法院对此类案件的裁判观点也有所不同。基于此，本书编委成员决定以最高人民法院、河南省高级人民法院等近年来的裁判案例为基础，提炼并总结建设工程与房地产纠纷案件的一般性裁判规则，以供各位同人在司法实务中参考使用。

在此，特别感谢北京大成（郑州）律师事务所党支部书记李煦燕、杜炳富主任、吕海振主任、王振涛主任、倪晓律师在本书编写和出版过程中提供的大力支持与帮助，也感谢本书编委成员的辛勤付出。全体编委成员利用休息时间，历时数月，方能呈现本书。不足之处，欢迎大家斧正！

在编委成员们的仔细挑选下，本案例集重点整理收录了最高人民法院、河南省高级人民法院及其他省（市、自治区）高级人民法院的相关裁判观点。本书主编团率马以骥，策划选题和组稿，把控质量与方向，共提炼观点143个；其中，主编陈维刚提炼总结33个建设工程裁判观点，16个房地产裁判观点；副主编赵静提炼总结11个建设工程裁判观点，11个房地产裁判观点；副主编雷军提炼总结4个建设工程裁判观点，15个房地产裁判观点；副主编吴利波提炼总结32个建设工程裁判观点，21个房地产裁判观点。

在主编团的带领下，编委会团队发挥专业优势、汇集集体智慧，历经数轮筛选与反复斟酌，共提炼观点458个，至此完成本案例集的归纳；经出版社编辑审校后，两卷共采用观点593个。

感谢之余，谨借此机会，通过个人简介展示各位编委的风采。

编委成员柴永胜，提炼总结房地产裁判观点11个。柴永胜，中共党员，北京大成（郑州）律师事务所合伙人、执业律师，不动产与建设工程部副主任。2002年执业至今，是具有工程师任职资格和律师执业资格的专业建工律师，已获得中国国际工程咨询协会全过程工程总咨询师和全过程工程法律风险管理师资格。

编委成员李振锋，提炼总结11个建设工程裁判观点，9个房地产裁判观点。李振锋，北京大成（郑州）律师事务所专职律师，西北政法大学法律硕士，具有法律和计算机双专业学科背景，具有数字法务-数字合规官、证券从业资格。

编委成员杨贺飞，提炼总结28个建设工程裁判观点，28个房地产裁判观点。杨贺飞，中共党员，北京大成（郑州）律师事务所合伙人、三级律师，大成不动产与能源专业委员会委员，中国法学会会员，郑州大学法学学士，德国明斯特大学法学硕士。2021年被河南省律师协会评定为建筑房地产专业律师，具有基金从业资格。

编委成员李亚宇，提炼总结21个建设工程裁判观点，19个房地产裁判观点。李亚宇，北京大成（郑州）律师事务所专职律师，清华大学法学学士。主要业务领域为建设工程与房地产、民商事争议解决、公司与并购。

编委成员曹代鑫，提炼总结20个建设工程裁判观点，19个房地产裁判观点。曹代鑫，中共党员，北京大成（郑州）律师事务所专职律师，本科毕业于西北政法大学、硕士研究生毕业于西南政法大学。曾供职于深圳、北京、天津多家上市公司及郑州当地龙头房企法务部，担任法务部负责人、国有房企事业部风控负责人、法务总监等职务，拥有8年公司法务工作经验。主要业务领域为建设工程与房地产、尽职调查、民商事争议解决、公司投并购、企业合规、公司综合治理、企业法务制度制定、机构搭建等机制建设。

编委成员曹亚伟，提炼总结19个建设工程裁判观点，15个房地产裁判观点。曹亚伟，北京大成（郑州）律师事务所合伙人，大成不动产与能源专业委员会委员，河南财经政法大学法律硕士。主要业务领域为建设工程与房地产、民商事争议解决。

编委成员郭俊利，提炼总结19个建设工程裁判观点，20个房地产裁判观点。郭俊利，中共党员，北京大成（郑州）律师事务所专职律师，大成不动产与能源专业委员会委员，西南政法大学刑法学硕士研究生。主要业务领域为建设工程与房地产、民商事争议解决、公司与并购。

编委成员姚池，提炼总结18个建设工程裁判观点，6个房地产裁判观点。姚池，民建会员，北京大成（郑州）律师事务所合伙人、三级律师，拥有双学士学位，具有上市公司独立董事资格。担任河南省律师协会房地产委员会委员，河南省律师协会宣传委员会执委，河南省法学会律师学研究会常务理事，新乡市第十三届青年联合委员会委员。主要业务领域为房地产与建筑工程、公司法律顾问与股权争议。

编委成员郑舒文，提炼总结17个建设工程裁判观点，15个房地产裁判观点。郑

后　记

舒文，中共党员，北京大成（郑州）律师事务所专职律师、三级律师，大成不动产与能源专业委员会委员，美国波士顿大学国际商事实务方向法学硕士。具有高级企业合规师资格。主要业务领域为房地产与建设工程、公司与并购、银行与金融及争议解决。

编委成员王兴，提炼总结17个建设工程裁判观点，12个房地产裁判观点。王兴，中共党员，北京大成（郑州）律师事务所专职律师，具有证券从业资格。主要业务领域为建设工程与房地产、问题楼盘处置。

编委成员苗卉，提炼总结14个建设工程裁判观点，12个房地产裁判观点。苗卉，中共党员，北京大成（郑州）律师事务所专职律师，法学硕士。具有二级心理咨询师、高级企业合规师资格。主要业务领域为房地产与建设工程、民商事争议解决、刑事诉讼。

编委成员丁一，提炼总结8个建设工程裁判观点，7个房地产裁判观点。丁一，民革党员，北京大成（郑州）律师事务所专职律师，郑州大学法律硕士，河南省地方政府专项债券评审专家。具有证券从业、基金从业资格。

编委成员胡玉芹，提炼总结8个建设工程裁判观点，15个房地产裁判观点。胡玉芹，北京大成（郑州）律师事务所专职律师，郑州大学法律（法学）硕士。主要业务领域为不动产与建设工程、民商事争议解决、破产重整与清算。

编委成员郭红春，提炼总结10个建设工程裁判观点，9个房地产裁判观点。郭红春，中共党员，北京大成（郑州）律师事务所专职律师，郑州大学法律（法学）硕士，具有高级企业合规师资格。主要业务领域为不动产与建设工程、民商事争议解决。

编委成员程卫强，提炼总结4个建设工程裁判观点，16个房地产裁判观点。程卫强，北京大成（郑州）律师事务所专职律师。主要业务领域为建设工程与房地产、民商事争议解决、公司与并购。

编委成员阮崇翔，提炼总结10个建设工程裁判观点，6个房地产裁判观点。阮崇翔，中共党员，北京大成（郑州）律师事务所兼职实习律师，中共河南省委党校（河南行政学院）法学教研部讲师，武汉大学诉讼法学博士（民诉法方向），河南法学会民事诉讼法学研究会理事，郑州大学检察公益诉讼研究院特聘研究员。

编委成员徐润溟，提炼总结9个建设工程裁判观点，6个房地产裁判观点。徐润溟，中共党员，北京大成（郑州）律师事务所专职律师，西南政法大学法学学士。主要业务领域为民商事诉讼、政府与国企法律服务、行政诉讼、房地产与建设工程。

图书在版编目（CIP）数据

建设工程与房地产纠纷裁判规则.下 / 北京大成（郑州）律师事务所编著；陈维刚主编. -- 北京：中国法治出版社，2025.8. -- ISBN 978-7-5216-5334-2

Ⅰ. D922.297.5；D925.118.5

中国国家版本馆CIP数据核字第2025ZM0468号

策划编辑：刘　悦

责任编辑：吴权弟　　　　　　　　　　　　　　　　封面设计：李　宁

建设工程与房地产纠纷裁判规则.下
JIANSHE GONGCHENG YU FANGDICHAN JIUFEN CAIPAN GUIZE.XIA
编著 / 北京大成（郑州）律师事务所
主编 / 陈维刚
经销 / 新华书店
印刷 / 三河市紫恒印装有限公司
开本 / 787毫米×1092毫米　16开　　　　　　　　　　印张 / 22.25　字数 / 397千
版次 / 2025年8月第1版　　　　　　　　　　　　　　2025年8月第1次印刷

中国法治出版社出版
书号 ISBN 978-7-5216-5334-2　　　　　　　　　　　　定价：145.00元（上下两册）

北京市西城区西便门西里甲16号西便门办公区
邮政编码：100053　　　　　　　　　　　　　　　　传真：010-63141600
网址：http://www.zgfzs.com　　　　　　　　　　　编辑部电话：010-63141733
市场营销部电话：010-63141612　　　　　　　　　　印务部电话：010-63141606
（如有印装质量问题，请与本社印务部联系。）